中经教育

中国特色高水平高职学校建设项目成果

Practice on International Trade Documentation

国际贸易制单实务

◎第四版◎

陈　广　李　珊◎主　编
陈丽云　周　健◎副主编

中国经济出版社
CHINA ECONOMIC PUBLISHING HOUSE
·北 京·

图书在版编目（CIP）数据

国际贸易制单实务/陈广，李珊主编．--4版．--
北京：中国经济出版社，2024.3
ISBN 978-7-5136-7684-7

Ⅰ．①国… Ⅱ．①陈… ②李… Ⅲ．①国际贸易-原
始凭证-高等职业教育-教材 Ⅳ．①F740.44

中国国家版本馆CIP数据核字（2024）第053370号

责任编辑 焦晓云
责任印制 马小宾
封面设计 任燕飞

出版发行 中国经济出版社
印 刷 者 北京富泰印刷有限责任公司
经 销 者 各地新华书店
开　　本 787mm×1092mm 1/16
印　　张 22.5
字　　数 559千字
版　　次 2024年3月第4版
印　　次 2024年3月第1次
定　　价 68.00元
广告经营许可证 京西工商广字第8179号

中国经济出版社 **网址** http://epc.sinopec.com/epc/ **社址** 北京市东城区安定门外大街58号 **邮编** 100011
本版图书如存在印装质量问题，请与本社销售中心联系调换（联系电话：010-57512564）

第四版前言

本书第三版于2015年9月出版，至今已逾8年。8年间发生了很多事，国际国内经济形势有很大变化，国际贸易[①]局势风起云涌。其间，党的二十大召开，提出“加快建设海南自由贸易港，实施自由贸易试验区提升战略，扩大面向全球的高标准自由贸易区网络”（2022）；国际商会推出了《国际贸易术语解释通则2020》（INCOTERMS2020）（2020）；《国际标准银行实务》（ISBP745）经修改升级为《关于审核UCP600下单据的国际标准银行实务》（ISBP821）（2023）；SWIFT对其信用证报文系统进行了重大升级（2018）；中国加入了《国际公路货物运输合同公约（CMR）》（2017）；多数给惠国取消了对中国的普惠制待遇；国务院机构改革，原国家质量监督检验检疫总局的出入境检验检疫管理职能与人员并入中国海关，在进出口货物通关过程中实施“关检合一”（2018）。第三版教材出版之后，中国—韩国自由贸易协定、中国—澳大利亚自由贸易协定（下称“自贸协定”）正式实施，我国又与格鲁吉亚、马尔代夫、毛里求斯、柬埔寨、尼加拉瓜、厄瓜多尔、塞尔维亚等7个国家分别签署了自贸协定，其中4个已经实施。由东盟发起，中国、日本、韩国、澳大利亚、新西兰5国参与的《区域全面经济伙伴关系协定（RCEP）》也于2022年1月正式实施，至2023年6月2日，RCEP在15个成员区域全部生效。截至2023年12月，我国已对外签署23个自贸协定（优惠贸易协定），自贸伙伴达34个。《中华人民共和国出口货物原产地证书签证管理办法》正在面向社会公开征求意见，有望在2024年正式出台，以夯实原产地证书签证工作法治基础。

基于以上变化，结合近5年参与中国特色高水平高职学校和专业建设计划（简称“双高计划”）“国际经济与贸易专业群”建设心得，以及8年来的教学实践、企业调研和读者反馈，我们启动了本次改版工作，除了对此前修订后仍存在的问题与错漏进行修正外，本次改版融入了党的二十大精神，以及海南自由贸易港建设及我国经贸外交成果等内容，具体修改如下：

第一，对教材贯穿式案例的信用证进行了重构。这是基于SWIFT信用证报文的重大升级和RCEP等自贸协定实施后，一个国家（地区）可能适用多个贸易协定，出口商需考虑为进口商提供最优惠产地证的问题（也是出口货物报关单申报要素之“出口享惠情况”必须要申报的内容）。这个重构不只影响本书第三章（信用证）与原第八章（原产地证明书）的内容，单据缮制章节（原第四章至第十二章）对应的由贯穿式案例信用证派生的实务样单也会改变。

第二，对全书涉及信用证的内容进行全面梳理并进行格式与内容的调整。本书收录的信用证实例丰富，但在格式与内容上已与2018年升级后的SWIFT信用证报文不相符，因此对照

---

① 特别说明：“国际贸易”中的“国”不是一般的“国家”概念，它更多指的是关境，不同关境区域间进行的贸易都列入海关的国际贸易统计范畴，比如我国的台湾、香港、澳门以及国内的海关特殊监管区域和一些国家的海外领地。由于关税同盟的存在，有些地区的关境是大于国境的，比如欧盟。

SWIFT User Book（2023），在内容与格式上做了调整，主要涉及第二章（开证申请书）、第三章（信用证）、原第十三章（单据审核）、原第十四章（综合训练）以及各章中的信用证条款例子或课后练习中的信用证片段。

第三，对“关检合一”的内容进行了重构。2018 年国务院机构改革，原国家质量监督检验检疫总局的出入境检验检疫管理职能与人员并入中国海关，在进出口货物通关过程中实施“关检合一”，经过一段时间的磨合，海关形成了进出口通关过程中检验检疫与报关的新流程、新规范。在第四版教材中，我们把原来的第六章（检验检疫证书）与第七章（报关单证）整合成一章（通关单证）。这部分内容不是本书重点，但却是外贸流程中不可或缺的一环，也是实务中变化最多最频的一环，读者使用时，须结合最新实务加以考虑。

第四，对原第八章“原产地证明书”相关内容进行增删修正。结合多数给惠国取消对我国的普惠制待遇以及中国—格鲁吉亚、中国—毛里求斯、中国—柬埔寨、中国—尼加拉瓜等 4 个自贸协定以及 RCEP 的实施，对本章所涉普惠制原产地证的缮制说明与实例做了调整，增加了上述 5 个自贸协定对应的优惠原产证的缮制说明，并结合本次重构的贯穿式案例的信用证，增加了亚太贸易协定、中国—韩国自贸协定、RCEP 原产地证实务样单，着重介绍在“中国国际贸易单一窗口”（下称“单一窗口”）申请 RCEP 原产地证的流程。结合“一带一路”沿线国家（地区）学生留华的现实，新增中国给予最不发达国家特别优惠关税待遇原产地证的介绍，以期这些国家的留华学生学成归国后能成为贸易精英，增加其国家的对华贸易量。这个证书可使中国进口商享受特别优惠关税（零关税）待遇，前提是出口这些享惠货物的最不发达国家的出口商能够提供种类正确、内容缮制无误的原产地证。

第五，对附录内容进行了增删修正。结合海南自由贸易港建设成果及面向全球高标准自由贸易区网络的扩大，在附录一中新增 10 种原产地证样单（中国—格鲁吉亚、中国—毛里求斯、中国—柬埔寨、中国—尼加拉瓜等 4 个自贸协定优惠原产地证，RCEP 原产地证，CEPA 香港优惠原产地证打印本，CEPA 澳门优惠原产地证打印本，中国给予最不发达国家特别优惠关税待遇原产地证，加工装配证书，转口证明书），删除了过时的出境货物报检单、原产地证明申请书，替换了新版的进出口货物报关单。

第六，对参考文献进行了调整。在教学过程中，教材只是主要的参考书，不可能面面俱到，也不可能对每个问题都进行深入讨论，本书在编写与修订改版的过程中，不断参考最新的文献资料，一并列于书后，供广大读者拓展阅读，在参考的过程中，请一定带着批判的目光，结合实际情况进行甄别，因为所有参考文献都成文于本书成型之前（当然，动态的网络数据库资源除外，如 *SWIFT User Book*），其局限性是显而易见的，其存在的不足与错谬是可以理解的。

第七，其他必要说明。本次改版因对教材贯穿式案例信用证进行了重构，不再涉及海关发票的缮制，因此对原来版本中海关发票部分的内容做了删减处理。另外，现在的职业教育教材体例，多以项目、任务的形式展开，但大多数只是形式改变，并不得项目任务要领，早在十几年前本教材初版编写时，编写团队就认为，信用证制单就是一个项目，其项下的各种单据缮制就是任务的分解，而不是项目的分解，因此不宜以项目任务的形式组织，而宜以章节的形式，按信用证单据缮制的流程顺序展开，每一章贯穿式案例信用证的任务完成以教的成果展现，学生分组或教师指定依葫芦画瓢缮制教材最后一章综合信用证中的单据任务，输出其学的成果。因此，本书最后一章的信用证就是项目 1、项目 2……项目 N，有待学生据以展现其学习成果。这些材料的运用，视学生的学习与接受能力，以及各学校各专业人才培养方案对本门课程的要求与课时长短而定，需要授课教师在教学实施方案中去设计与落实。

此外，特别需要注意的是，外贸单证种类很多，涉及多种语言文化，且没有统一的标准和规范，理解单据内容须依据单据本身上下文内容及国际贸易中适用的惯例，不能先入为主地去套用相关意思。举个例子，学习者第一次接触“Date of issue”这个词组时，一般是在信用证中，它是信用证的一个栏目“开证日期”，但这个词组在任一单据中都占有一栏——出单日期栏，我们不能先入为主地将其理解为“开证日期”。大多数单据都有“货物描述”栏，但交易合同（信用证）项下的一套单据是由多个单位出具的，其对“货物描述”的标题可能是“Description of goods”“Specification of commodities”“Name of commodity and specification”“Nature and quantity of goods”，等等，有的还附加“Number and kind of package”，甚至更详细的“including quantity where appropriate and HS number of the importing country”或类似表述。理解与翻译单据栏目或内容以及横向审核单据时，不应机械地逐字翻译或理解某些内容应该在某个栏目出现，只要单据表面汇总的内容与其他单据所反映的内容不矛盾、不遗漏即为相符。学习外贸单证缮制本身很重要，但对知识与技能的迁移与灵活理解及应用更重要，学习者如能在外贸单证实务课程的学习中做到这一点，那就达到学习的目的了。

本次改版工作由海南省高职高专“双师型”教学名师、海南经贸职业技术学院专任教师陈广和海南莉布拉贸易有限公司总经理李珊统筹完成。具体分工如下：陈广、李珊任主编，陈丽云、周健任副主编；陈广处理第一章、第二章、第三章、第七章、第八章、第九章、附录及参考文献，李珊处理第十二章、第十三章，陈丽云（海南经贸职业技术学院）处理第十章、第十一章，肖勇（海口经济学院）处理第四章、第五章，周健（海南经贸职业技术学院）处理第六章。

8 年间，用书院校的师生给我们提出了很多建设性的意见，尤其要感谢海南莉布拉贸易有限公司总经理李珊，福州宝华进出口有限公司运营总监、佛山欧唯斯陶瓷有限公司副总经理林隆杰，一直以来他们对本书各个版本中的错漏及表述欠周的地方提出了诸多修改建议，并给我们提供许多他们工作中的真实案例，这些内容与见解都吸纳于第四版教材中。这两位企业精英是海南经贸职业技术学院 2012 届与 2013 届优秀毕业生，他们在校期间使用的是本教材第一版，并且都参加了海南省职业院校技能大赛“国际商务单证技能”项目竞技，是一、二等奖的获奖选手，毕业后一直从事一般货物与免税品的进出口贸易，现均为海南经贸职业技术学院外贸单证实务等专业课程的企业兼职教师。2014 届报关与国际货运专业毕业生林孝坎、赵展翔一直从事关务工作，本次修订涉及的单一窗口操作由他们提供最新操作截图（截图只能反映截图当时的情形，系统变化太快，读者在使用单一窗口时一定要结合实时的使用说明），在校生 2022 级关务与外贸服务专业陈可鑫同学进行了后期处理。在校生 2022 级关务与外贸服务专业谢雨涵同学在经多次修订后的教材中仍发现了些许错漏及细节描述欠周的地方，并从学生视角多次与我们讨论教材的内容如何安排才会更易于被学生接受，给了我们莫大的启发。在此一并深致谢忱。

本次改版虽然充分考虑与吸纳了广大读者与用书师生的意见与建议，对相关内容进行了修正与补充，但由于间隔时间长，实务变化较大较多，加之编者时间与能力有限，书中错漏还是在所难免，希望广大读者一如既往，在使用本书遇到问题时能够及时告知我们（邮箱：cashmeonline@163. com，77150302@qq. com），以便下次修订时做出处理，使本书真正成为一部从实践中走出来的紧跟国际贸易实务发展步伐的精品教材。

本书付梓之际，正是我国职业教育第一轮“双高计划”收官之时，谨以此版本作为“双高计划”践行者的纪念。

编者

2023 年 12 月

教材内容取舍与教学安排建议

“外贸单证实务”或相近名称的课程是国际商务、国际经济与贸易、商务英语、关务与外贸服务等涉外经济专业都会开设的专业课程，是一门岗位实务操作与课堂学习零距离的实践型课程，虽然各院校各专业在课程设置上有所偏向，课时安排上有长有短，但无论如何，从高职高专培养高素质高技能应用型人才的目标出发，都建议本课程的理论讲授与实践操作的课时比例按1：1来安排（参见附后“海南经贸职业技术学院‘外贸单证实务’课程教学计划”），有些院校这门课程的实训是专门另设的，那么建议课时比例为1：2，也就是在理论授课部分还是要安排一半的课时来进行单项的实训模拟。

本教材或课程不专门安排草拟合同的章节，是因为合同是“国际贸易实务”课程的核心内容，是学生在学习了国际贸易实务课程后要掌握的内容，“外贸单证实务”课程要授以学生的是合同签订之后在履行阶段的实务操作。本教材以信用证结算方式展开单据缮制的讲解，是因为不管是汇付、托收还是信用证结算，买卖双方都离不开单据交流，卖方都需要向买方提供发票、装箱单、运输单据及产地证，以供买方顺利清关，使货物快捷地进入目标市场销售，“外贸单证实务”的教科书一般以信用证项下单据为载体，是因为信用证项下单据的要求严格规范，学生如能以信用证的要求规范操作，缮制结汇单据，那么按照这样的制单标准严格规范缮制托收或汇付合同项下的单据也就不成问题。一门课程的教学课时是有限的，因此教材与课程内容的安排必须科学、高效。

本教材共十三章，除第十三章的综合实训内容外，其余十二章的内容安排是以实务中一笔进出口合同的履行顺序来进行的，其中第六章的通关单证为选讲内容，因为有些院校相关专业开设了专门的“通关实务”课程，有关报检与报关的单据在对应的专业课程里讲授更为合适，本教材之所以列出，是为了课程体系的完整，也顾及一些没有另开通关实务课程的院校在专业教学上的需要。

在实施教学时，我们建议先讲授信用证的内容，再返回去讲授开证申请书，这是因为如果学生没有对信用证内容的感性认识，先讲开证申请书的话，会让学生无法把填写在开证申请书里的内容与信用证的相应条款对应起来，教学效果可能会事倍功半。信用证内容的教学是本课程的重点与难点，建议授课教师以SWIFT信用证来讲解，因为实务中的信用证多是SWIFT开证（也有极少数的信开证），可结合第三章第三节的信用证样例以及第十三章的信用证内容把MT700报文的39个栏位代码含义讲授清楚，如果能给学生扫除这个障碍，那么这门课程的学习将会事半功倍。为了便于学生学习与掌握信用证，我们特地对样例信用证进行了全文的中文翻译并中英文对照排版，全书各主要单据的缮制都是结合样例信用证来进行讲授的，课程讲完，一套信用证项下的兑用单据也就缮制出来了。在第十三章，我们安排了进阶式的信用证片段或实例，供实训教学使用。这些信用证均来自实务，类型涉及信开证、电开证、可转让证、转让证（MT720）、转通知证（MT710）、红条款证（预支信用证）、假远期证等，国家涉及印度、越南、日本、韩国、巴基斯坦、孟加拉、尼日利亚等，运输方式有海洋运输、航空运输、公路运输、铁路运输等，有利于学生在走上工作岗位之前全面了解信用证。

第十三章第一节“操作训练三”中的信用证与第三章样例信用证为来自同一个国家的类似信用证，每讲完一种单据，学生可用此份信用证来进行分章模拟实训。第二节的内容来自实务，编者仅对其中的一些商业信息做了必要的处理，信用证中条款的不合理性或单词的拼写错误等均保留原样（包括英文内容的大小写，由于各银行的信用证格式不尽相同，保留原样能让学生在上岗前就接触并适应不同银行的信用证格式），供学生在进行综合实训时审证之用。实训形式各专业可据教学计划安排在课内或课外完成，可分小组抽取其中一份信用证合作完成，也可以单人完成。商务英语专业还可以就第十三章第二节的12份信用证进行信用证英语的专门教学。

附：海南经贸职业技术学院“外贸单证实务”课程教学计划

一、教学课时分配（64课时）

教学内容	讲　课	实训（验）课	讨论课	其　他	小　计
绪论	2				2
信用证	8	8			16
开证申请书	4	4			8
商业发票、其他发票	4	4			8
包装单据	2	2			4
运输单据	2	2			4
保险单据	2	2			4
通关单证	专设课程			自学	–
原产地证明书	4	4			8
其他单据	2	2			4
汇票	2	2			4
单据审核	分组课外完成	分组方法与实训方案附后	2		2
合计	32	30	2		64

使用说明：分小组的综合实训在课外完成，最后一周为本小组审核其他小组的单据（起到开证行审单的作用），也是课外先完成，在课堂上主要由学生指出审单中看到的问题，然后教师进行总结点评，如果分组的过程操作控制得好，效果是非常不错的。

二、外贸单证实务课程分组综合实训实施方案

（一）分组原则

各班原则上以5人为一小组，最多每组不超过6人。女生平均分配，须保证每个小组至少有一名英语过四级或六级的同学。保证综合成绩排名靠前、靠中与靠后的学生均衡分配在每个小组中，班干部均衡分布于各小组，班长与学习委员负责按以上原则进行小组组

合。每小组选出一名小组长，负责协调组内成员分工。第三周之前学习委员把各小组的组成按以下格式打印呈报给任课教师：

	姓　名	性别	手机号码	QQ	邮　箱	备　注
第 组						

（二）实训内容与实施方法

一定要在第三周之前分好小组，选出小组长，小组长代表小组在第三周上机课时间上台抽取要操作的信用证（第十三章第二节的信用证）。各小组抽取一份（抽签后小组以这份信用证的编号为小组名），在学期教学周结束前两周完成以下操作：

1. 以受益人的身份对本小组处理的信用证进行审核，从受益人角度考虑各条款的合理性，如不合理，请提出修改意见。（如果觉得合理，可不修改，但也应表达不修改的意见）

2. 对信用证进行全文翻译。（纸质一份，电子版一份）

3. 正确缮制交单一览表，供组员操作各项业务时参考。（纸质一份，电子版一份）

4. 以原证为蓝本，还原一份销售合同或销售确认书。（纸质一份，电子版一份）

5. 以原证为蓝本，以开证申请人的身份还原一份开证申请书。（纸质一份，电子版一份）

6. 写出完整的本证项下货物从备货出运到交单结汇各业务环节的详细流程报告，要考虑货物的真实情形，比如本证项下货物是否须报检，海关凭什么文件放行；又如货物用多大尺寸的纸箱或其他包装材料包装，是否集装箱运输，是拼箱还是整箱，整箱的话，是 20 英尺还是 40 英尺，普箱、高柜还是冷藏箱，以及装多少个这样的集装箱，等等，都要符合真实性。每个业务环节须注明凭什么材料办理（缮制出来作为报告附件编号提交），办理后会产生什么单据（缮制出来作为报告附件编号提交）。（实际上就是小组成员分工合作完成这个报告，会涉及外贸出口业务中各个环节使用与产生的单据，有结汇单据，也有非结汇单据，须一并缮制）（纸质一份，电子版一份）

7. 以原证［包括原证所附的修改书（如有）］为蓝本缮制全套符合信用证要求的单据，以能相符交单兑用信用证项下金额，交单前须由小组专人审单，缮制银行客户交单联系单，连同全套结汇单据提交。（复印一式 N 份，以及电子版一份）（N 为小组数量）

请注意：如果信用证没有要求原产地证，请缮制一份该进口商从中国进口商品的最优惠的原产地证。如果信用证要求的是一般原产地证，而中国与该进口国（地区）有优惠贸易协定的，也须缮制一份这种区域优惠原产地证。

以上内容在学期教学周结束前两周完成。提交时须附一份本小组成员的分工与贡献表，列明每一单据、每一内容是由谁完成，如是小组讨论完成，注明各成员贡献度，并做好第 8 项实训“开证行审单”分工，每个成员至少要审核一套非本小组的单据，任课教师会按照这个分工表事先把各小组的单据派发到负责组员手中，供事先做好审单结果以便后两周审单员在课堂上进行不符点陈述（小组其他成员可以协助），被审的小组成员要做好现场抗辩的准备（反驳不符点的不成立，因为单据是被审小组经过审单，认为单证相符才交单的)。

8. 以开证行的身份审核另外 N-1 个小组缮制提交的结汇单据，做出相符交单或不符交单的判断（如有不符，列出所有的不符点)，这个内容在本学期最后两个授课周在课堂上由负责审单的组员讲解。

(三）实训成绩评定

在分组时已经均衡地配置了各小组的成员，分组操作的目的是要培养学生一种团结互助的团队精神，各小组成员会有个人表现分，但小组的综合成绩以本小组成员的最低成绩计，这符合“水桶短板”原理的计分方法，也是促进小组成员相互帮助、共同进步的有效方法。

目 录

第一章 国际贸易单证概述

【学习目标】 了解国际贸易单证的概念和分类、国际贸易单证的流转程序和发展趋势、与信用证相关的国际惯例；熟悉联合国设计并推荐使用的国际标准化代号和代码；掌握缮制国际贸易单证的基本要求。

第一节 国际贸易单证的概念与分类

一、国际贸易单证的概念

国际贸易单证简称“单证”(Documents)，是指在国际贸易业务中所应用的单据、文件和证书，并凭以处理国际货物的交付、运输、保险、检验检疫、清关与结汇等。狭义的单证，是指结汇环节涉及的单据及信用证；广义的单证，是指各种文件和凭证。在国际贸易实务中，买卖双方达成协议，交易合同签订后，就到了合同的履行阶段，如以信用证方式结算，有关货物的交接与货款的结算往往通过各种单证的转移来实现，即买卖双方凭借单证来处理货物的交付、运输、保险、检验检疫、清关与结汇等。就出口贸易而言，出口单证是出口货物推定交付的证明，是结算的工具，贸易最终完成往往以单证交流形式实现。因此，对出口企业而言，在完成了货物的出运后，正确、完整、及时、清晰地完成全套单证缮制，是企业安全、顺利结汇的关键。

二、国际贸易单证的分类

根据不同的分类标准，国际贸易单证有不同的类别。

（一）根据单证的性质划分

根据单证的性质划分，可分为金融单据和商业单据。

金融单据：包括汇票、支票、本票或其他类似用以取得款项的凭证。

商业单据：包括发票、运输单据、物权凭证或其他类似单据及非金融单据。

（二）根据单证的用途划分

根据单证的用途划分，可分为资金单据、商业单据、货运单据、保险单据、官方单据、附属单据。

资金单据：汇票、支票、本票等。

商业单据：商业发票、海关发票、装箱单、重量单等。

货运单据：至少涵盖两种不同运输方式的运输单据，海运提单，不可转让海运单，租船合同提单，空运单，公路、铁路、内河运输单据，快递（邮政）收据等七大类运输方式的单据。

保险单据：保险单、保险凭证、预约保险单等国际货物运输保险单据。

官方单据：领事发票、原产地证明书、检验检疫证书、配额许可证等官方出具的单据和证明。

附属单据:寄单证明、寄样证明、船长收据、船公司证明、航程证明、装运通知等。

(三)根据贸易双方涉及的单证划分

根据贸易双方涉及的单证划分,可分为出口单证和进口单证。

出口单证:信用证、出口许可证、出口货物报关单、包装单据、出口货运单据、商业发票、保险单、汇票、检验检疫证书、原产地证明书等。

进口单证:进口许可证、开证申请书、进口货物报关单、进口检验检疫证书、保险单等。

(四)根据不同结算方式的结汇单据划分

根据不同结算方式的结汇单据划分,可分为信用证单据、托收单据和汇付单据。

结汇单据包括:

金融单据:汇票。

商业单据:商业发票、装箱单、提单(运输单据)、保险单、原产地证书、受益人证明、船公司证明、海关发票、邮政(快递)收据等。

在以上结汇单据中,要求最严格的是信用证单据。信用证对单据的缮制要求最高,难度也最大,因教学课时有限,本书主要介绍信用证单据。读者在掌握了信用证单据的缮制方法后,也应能触类旁通地以其规范与标准来根据合同及实际出货情况缮制托收或汇付项下的单据。

第二节 缮制国际贸易单证的基本要求

在国际贸易中,当贸易双方分属两个国家或关税区时,货物进出关境要凭单办理清关手续,贸易双方免不了单据交流,因此不论是汇付、托收还是信用证结算方式,出口商都应该向进口商提供发票、装箱单、提单(运输单据)、原产地证等与货物相关的单据,以便进口商尽快顺利办结货物的进口清关手续,进入市场销售。不论是哪种结算方式,出口商向进口商提供相关单据的标准都应该是单货相符,相关单据应满足进口商进口清关的需要,只是汇付或托收项下的单据由出口商根据合同与实际出货情况缮制。汇付时,出口商在货物出运后择时通过快递向进口商自行寄单;托收时,出口商则在货物出运后向其银行交单,委托银行代收货款,银行只负责转递单据,并无审单义务。在信用证结算方式下,银行有审单的义务,但又不是买卖合同的缔结者,管不到货物。国际商会第600号出版物《跟单信用证统一惯例》2007年修订本(UCP600)第5条规定:“银行所处理的是单据,而不是单据可能涉及的货物、服务或履约行为。”UCP600第14条a款规定:“按指定行事的被指定银行、保兑行(如有的话)及开证行须审核交单,并仅基于单据本身确定其是否在表面上构成相符交单。”第16条a款规定:“当按照指定行事的被指定银行、保兑行(如有的话)或者开证行确定交单不符时,可以拒绝承付或议付。”可见,信用证是一项纯粹的单据业务,单据是信用证业务的核心。银行审单的原则是“单证相符、单单相符”。卖方(信用证的受益人)应遵循“单证相符”“单单相符”的制单原则,正确缮制各种结汇单据,才能达到安全、迅速收回货款的目的;反之,即便货物符合合同规定的质量条件,完好无缺地到达进口国(地区),而交单不符,银行也有理由拒付货款,原因是这些不符单据可能导致进口商无法顺利清关,进口商不接受单据。

在国际贸易中,缮制单证水平的高低直接关系到卖方能否安全迅速收汇和买方能否顺利接货。缮制单证必须符合国际贸易惯例、相关的法律规定和双方的实际需要。缮制国际贸易单证的基本要求：正确、完整、及时、简洁、清晰。

一、正确

正确是单证工作的前提，单据不正确就不能安全结汇。这里所说的正确，包括两方面内容：一是各种单据的内容必须与相关的贸易合同、信用证的规定不相矛盾并与卖方所交的货物相符；二是各种单据必须符合相关的国际贸易惯例、进口国（地区）的相关法令和条例规定。

（一）各种单据“四相符”要求

一是单证相符。在信用证结算方式下，“单证相符”是指单据的内容应符合信用证的条款、UCP600的适用条款以及国际标准银行实务做法。虽然UCP600不要求提交单据的内容与信用证“严格相符”，仅要求“不得相互矛盾”（must not conflict with），但这并不表明银行审单放弃了“相符”的原则。例如，制单时将“model 321”写成“model 123”，实质上改变了商品的型号，与原型号相矛盾，属于单证不相符；又如，信用证规定“blue cotton wears”，而发票显示“colored cotton wears”，则视作单证不符；对于信用证上将“model”写成“modle”，将“apple juice”写成“aple juice”，诸如此类属于单词拼写或录入错误不构成另一个单词，从而不构成歧义的，受益人无须要求修改，在缮制单据时，按照正确单词拼写不会导致不符点，信用证“相符交单”的原则不变。为了使缮制的单据与信用证规定相符，在制单过程中，应掌握以下5个原则：

（1）当信用证条款与合同条款不符时，如果卖方不能接受，应要求开证申请人通过开证行修改信用证，直至“证同相符”，即当信用证条款与合同条款相符时，才能备货装运以及制单结汇。

（2）如信用证出现原则性差错，必须要求开证申请人修改信用证并在出口方（受益人）接受后，方可备货装运以及制单结汇。例如，来证规定“From Chinese Port to Hong Kong”，由于香港是中国的领土，将香港与中国并列会产生不良的政治影响，应要求开证申请人修改为“From×××（国内具体港口名称）to Hong Kong”。

（3）可改或可不改的内容，如不要求改证，就按信用证条款缮制单据。

（4）单据内容在逻辑上要与信用证的规定保持一致。单证相符并不意味着在缮制单据时必须原文照搬。信用证常常规定在某单据中证明某项事情，例如，在提单条款中规定“Stating/Evidencing/Indicating shipment from Shanghai to Seattle not later than March 20,2022”，是强调受益人必须在提单上像信用证所要求的那样去证实“装运港和目的港及装运的时间”这一事实。受益人在缮制提单时，不能照搬原文，而是要在上海装运，运到西雅图，提单的装运港填“Shanghai”，目的港填“Seattle”，且提单的装运日不能迟于2022年3月20日，这样单据内容与信用证的规定在逻辑上就保持了一致。

（5）卖方（受益人）出具的各种单据的名称、正副本份数和出证机构应与信用证要求相符。

二是单单相符。“单单相符”是指缮制的各种单据之间相应的内容需相符，不能相矛盾。例如，发票的数量为“100 Cartons”，提单上的数量为“100 Cases”，提单上的包装单位“Cases”与发票上的包装单位“Cartons”就构成了单单不相符。“单单相符”还反映在各种单据的签发日期必须保持合理，符合逻辑及国际惯例等方面。

三是单货相符。“单货相符”是指单据的内容和实际装运的货物情况相符。如信用证规定“Packed in cloth bag”（布袋包装），实际货物用麻袋（Gunny bag）包装，单据上如按信用证规定制单，船方无法按布袋签发，就会导致单货不符而造成提单与信用证规定不相符。

四是证同相符。“证同相符”是指信用证的条款和合同的条款相符。因此,在以信用证方式结算的交易中,出口企业制单和审单的标准是“单证相符”“单单相符”“单货相符”“证同相符”,其中“证同相符”是其他三个相符的前提。

(二)单据必须与相关的惯例和法律规定相符

各种单据不仅要与信用证规定相符,还必须与信用证适用的国际惯例和进口国(地区)的法律规定相符。信用证上往往会注明适用“UCP LATEST VERSION”(适用 UCP 最新修订本),则银行在审单时,以现行的 UCP600 作为审单的依据。因此,在缮制单据时,应注意不要与 UCP600 的规定有抵触,否则,也会被银行当成出单不符而退单或拒付。在缮制单据时,还应注意满足进口国(地区)对贸易单证制作的特殊要求。

二、完整

单证的完整体现在以下三个方面:

第一,单据的种类必须齐全。各种所需单据必须齐全。如 FOB 合同,卖方必须提供装运单据,而 CIF 合同,卖方除了提供装运单据外,还必须提供保险单据。

第二,单据内容必须完备。单据都有其特定作用,这种作用是通过单据本身的格式、项目、文字、签章等来体现的。如果格式使用不当、项目遗漏、文理不通、签章不全,就不能构成有效文件,也不能为银行所接受。如 UCP600 规定,提单中“承运人或其代理人签字”(Signed for or on behalf of the carrier)一栏的签署方法是:承运人或其代理人签字后还须标明其身份,即标明是承运人(As carrier)或是承运人的代理人[As agent for or on behalf of the carrier ×××(承运人的名称)]。若只签字而漏标其身份,即签章不全,银行将视作交单不符处理。

第三,单据份数必须齐全。每种单据的正副本份数要按信用证规定提供,不得遗漏。即使信用证未规定具体份数,如提单要求提供“Full set”(全套),必须提交提单表面注明签发的正本份数的全部数量的正本提单,如果只签发一份正本提单,提交这一份正本提单也构成全套。

三、及时

单证工作的时间性很强,各种单证都有一个适当的出单日期。信用证业务虽未对所有出口单据明确规定出单日期,但各种单据的出单日期在签发时必须符合国际惯例和逻辑性,如 UCP600 第 14 条 i 款规定“单据日期可以早于信用证的开立日期,但不得晚于交单日期”。例如,提单日期不得迟于信用证规定的最迟装运日期;保险单、检验检疫证书和原产地证书的日期一般不得迟于提单日期。

单据的时间性还反映在及时交单兑用上。信用证关于及时交单兑用的要求是,卖方(受益人)在交单兑用时要满足两个期限,即在信用证规定的有效期(Validity)和交单期(Period for Presentation)内交单兑用。按 UCP600 规定,如信用证要求提交 UCP600 第 19~25 条中的正本运输单据,但未规定交单期限,则单据要在发运货物日(运输单据日)后 21 个公历日内,且要在信用证的有效期内交单兑用。

四、简洁

单证的内容应力求简洁,避免不必要的烦琐。“简洁”要求各种单据在述及各项内容时,造句流畅，语法规范，措辞力求简明扼要。在制单实务中，往往除了要求商业发票的内容按信用证的规定详细缮制外，其他单据的某些内容则可从简。例如，缮制发票的“货物描述”一栏时，必须将信用证上的品名（Commodity）、规格（Specification）、尺码（Measurement）等一一反映在发票上，而在提单、保险单、原产地证书等的“货物描述”一栏只需缮制货物的品名。又如，保险单中“Marks & Nos.”（运输标志）与“Slg. on or abt.”（开航日期）栏目的内容可分别简单地制成“As per invoice No. ×××”和“As per B/L No. ×××”。

五、清晰

清晰是指单证表面是否清洁、美观、大方，单据中各项内容是否完整。如果说正确和完整是单证的内在质量，那么清晰则是单证的外观质量。单证的外观质量在一定程度上反映单证员的业务水平和技术水平。单据清晰的具体要求：单证格式的规范化，内容排列的行序整齐，字迹清晰，纸面洁净，格式美观等。不允许在一份单据上有多处涂改，更改处一定要加盖校对章或简签，若涂改过多，应重新缮制单据。修改应视具体情况而定，如商业发票是反映一整笔交易的中心单据，提单是物权凭证，汇票是支付工具，原产地证书是进口国（地区）海关进行贸易统计、计征关税的依据等，这些主要单证一般不宜更改，以保持单证的真实性。

第三节　国际贸易单证的工作流转程序

一、信用证项下出口单证的工作流程

国际贸易单证的工作流转程序就是买卖双方履约的过程。由于贸易方式和运输方式的不同，以及各出口企业的组织分工不同，单证工作的程序也不可能有固定模式。以 CIF 价格术语、即期议付信用证成交的出口合同为例，信用证项下出口单证的工作流转程序可概括为货（备货）、证（催证、审证、改证）、船（托运、报关、保险）、款（制单、审单、交单兑用）四个基本环节。

（一）备货

备货工作是履行合同的基础。货物如属现货，卖方应先将货物的出库资料（出仓单或提货单）与合同核对，核实应交货物的品质、规格、数量，确定“货同相符”，进行整理、包装和刷制运输标志；需要加工生产的期货，应与供货部门签订购货协议，落实生产，按规定交货。如是法检商品，须在国际贸易单一窗口或“互联网+海关”平台办理海关出口货物属地查检及出口检验检疫证书申请手续，以便获得电子底账及或相关检验检疫证书，才能报关出运。

（二）货、证、船的衔接

在备货的同时，卖方应抓紧催促买方开证并在收到信用证后仔细审核，如信用证内容与合同条款不符，应尽早提请买方通过开证行修改信用证条款，并在接受信用证修改后办理租船或订舱手续。订舱时，应按信用证条款缮制托运单（Shipping Note）或订舱委托书（Booking Note，B/N），递送船公司或委托货运代理公司预订舱位。

在此阶段，当“证同相符”时，要注意货、证、船的衔接，核对货物并计算货物的件数、毛重、净重、尺码、单价和金额等，为缮制单据准备各种数据。

(三)缮制商业发票和包装单据

商业发票载有合同的主要交易条款,如货物的品名、规格、数量、重量、单价和总金额等,是卖方发货的清单,也是缮制其他单据的中心单据。包装单据是商业发票的补充单据。商业发票缮制完成后,根据需要还可能要申请与本批货物相关的出口许可证或配额许可证等,供出口报关使用。

(四)办理出口货物报关手续

卖方必须在货物出运24小时以前凭出口货物报关单、合同、商业发票、装箱单、装货单(Shipping Order,S/O)、涉检货物电子底账数据编号及出口许可证(如需要)等单证向海关办理出口申报手续(如是涉检货物,需提前在单一窗口的货物申报模块进行申报)。海关经审核单证和查验货物,确认单货相符、手续齐全,才会在单一窗口放行,然后即可凭以办理装船。

(五)办理运输投保手续

以CIF或CIP条件订立的合同,卖方必须在货物集港之前缮制投保单,凭以向保险公司申请办理货物运输保险,并取得相应的保险单。保险单由保险公司缮制和签发。

(六)办理运输手续,取得运输单据(提单)

完成订舱的出口货物进港后,托运人会取得船公司的配舱回单(即场站收据或托运单的第五联)及收货单(Mate's Receipt,M/R)。这种收货单在装船完毕后,由大副审核属实后签字,退给托运人。大副签字的收货单为"大副收据"。货代或托运人在货物装船后,凭"大副收据"到承运人或其代理人处换取正本提单(Bill of Lading,B/L)。在取得提单之前,须认真做好提单信息的核对工作,确认提单各栏目内容与实际装运的货物及信用证要求一致。

(七)缮制装船通知

按照国际贸易惯例或信用证的要求,货物装船后,卖方应及时向买方发出装船通知(Shipping Advice),以便买方准备付款赎单、办理运输保险(如需要)、进口报关和接货等手续。

(八)审单与交单兑用

在取得正本提单后,卖方应对所有单证进行一次全面性的审核,确认全套单据是否齐全完备,单单之间、单证之间是否相符,单证正副本份数是否符合信用证要求,单证上的签章是否齐全等。在确保单单相符、单证相符的情况下,缮制汇票(如信用证要求),并在信用证规定的交单期和有效期内向银行交单兑用。

二、信用证项下进口单证的工作流程

以不同贸易术语成交的进口合同操作流程略有不同,如按FOB价格条件和信用证结算方式成交,履行进口合同的一般程序:申请开立信用证、修改信用证(或有)、安排运输和办理保险、审单付汇、清关提货、索赔(或有)。

(一)申请开立信用证

进口合同签订后,买方缮制开证申请书并在合同规定的期限内,随附购买外汇申请书、合同、可能需要的进口许可证等文件向开证行申请开立信用证。

(二)修改信用证

开证行应开证申请人(买方)的申请开出信用证并通过电讯传递或信函寄交国(境)外通知行,由通知行将其转交卖方(信用证的受益人)。信用证如需修改,由买方(信用证的开证申请人)缮制信用证修改申请书并向开证行递交,办理修改信用证手续。

(三)安排运输和办理保险

买方应在收到卖方预计装船日期的通知后,及时办理租船或订舱手续,并将船名、航次及船期或委托办理运输的货代公司名称通知卖方,以便卖方备货及联系装运。

在办理保险业务时,买方可以办理预约保险,即与保险公司事先签订预约保险单(Open Policy),对每批进口货物,买方在收到国(境)外装运通知时,即通知保险公司,保险立即生效。当进口货物数量不多时,买方也可以采取逐笔投保方式,即在收到卖方发货通知后,缮制投保单,送交保险公司,保险公司根据投保单内容缮制并签发保险单。

(四)审单付汇

按 UCP600 的规定,开证行在收到国(境)外被指定银行寄交的单据和汇票后,必须在收到单据次日起 5 个银行工作日内,对单据进行审核和处理,开证行在审单无误后,就应直接对外办理付款,不必事先征得开证申请人的同意。

(五)清关提货

货物抵港后,进口企业凭提单与到货通知向船公司或其代理换取提货单,办理进口货物申报手续,即通关手续。然后,进口企业在国际贸易单一窗口向海关进行进口货物申报(同时申报法检商品检验),同时发送商业发票、包装单据、提货单、合同及可能需要的进口许可证等文件扫描件办理通关手续。海关验讫,单一窗口放行,进口企业方可向船公司或其代理办理提货手续。

第四节　与国际贸易单证相关的国际贸易惯例

国际贸易惯例(International Trade Customs)是指在长期的国际贸易实践中形成的习惯性做法。这些习惯性做法由国际组织或某些国家(地区)的商业、学术团体加以规范成文,成为国际贸易活动中当事人的行为准则。与国际贸易单证相关的国际贸易惯例有以下四个:

一、《跟单信用证统一惯例》(UCP)

国际商会(International Chamber of Commerce, ICC)制定的《跟单信用证统一惯例》(*The Uniform Customs and Practice for Documentary Credits*,2007 年修订本,第 600 号出版物),通常被称为 UCP600。

该惯例明确了信用证业务的各种注意事项,以及各有关当事人的责任、权利和义务,对信用证项下单据的要求做了较详尽的规定,规范了信用证结算方式的操作。该惯例是世界上最具影响力、使用频率最高、最为成功的国际惯例之一,目前世界上 100 多个国家和地区近万家银行在信用证上声明适用 UCP600。本书将在各章节中对 UCP600 的相关内容进行解析。

二、《审核跟单信用证项下单据的国际标准银行实务》(ISBP)

国际商会首次于 2002 年制定《审核跟单信用证项下单据的国际标准银行实务》

(*International Standard Banking Practice for the Examination of Documents under Documentary Credits*),简称《国际标准银行实务》或“ISBP”,为国际商会第 645 号出版物,简称“ISBP645”。为适应 UCP600 的修订,ISBP 分别于 2007 年、2013 年、2023 年做了三次修订,对应的修订本分别为 ISBP681、ISBP745、ISBP821。

该出版物对信用证结算方式下的各种主要单据的审核标准做了较详细的规范和说明,是一份供单据审核员在审核跟单信用证项下提交的单据时使用的审查项目(细节)清单。ISBP 作为 UCP 必不可少的补充,缩小了概括性的 UCP 规则与信用证使用者日常操作之间的差距,是信用证单据业务中不可或缺的工作准则。

三、《〈跟单信用证统一惯例〉电子交单的附则》(eUCP)

国际商会制定的《〈跟单信用证统一惯例〉电子交单的附则》(*Supplement to UCP for Electronic Presentation*),简称“eUCP”。

制定该附则是为适应电子通信技术的发展及其在国际经贸领域的广泛应用,填补有关电子交单规定的空白,eUCP v.1.0 适用于 UCP500,eUCP v.1.1 适用于 UCP600,新修订的 eUCP v.2.0 于 2019 年 7 月 1 日开始实施。eUCP 的制定将加速世界金融、国际贸易无纸化的实现。

四、《国际备用信用证惯例》(ISP98)

国际商会制定的《国际备用信用证惯例》(*International Standby Practices* 1998),简称“ISP98”,反映了已被广泛接受的有关备用信用证的惯例、习惯和用法,如同 UCP 对于商业信用证和独立银行保函所起的作用一样,ISP98 为备用信用证提供了单独的规则。

此外,国际商会还就托收结算方式制定了《托收统一规则》(*Uniform Rules for Collections*),简称“URC522”。该规则于 1996 年 1 月 1 日起施行。URC522 统一规范了托收结算方式下各方当事人的责任、权利和义务。国际商会于 2019 年 7 月 1 日开始实施《〈托收统一规则〉电子交单的附则》(eURC v.1.0)。

第五节 国际贸易单证的发展趋势

国际贸易单证交易是国际货物贸易的一大特点,制作一套合格的单证是国际货物贸易的主要组成部分。传统的国际贸易单证都是手工制作,内容繁杂,形式多样,份数也多。一笔业务经常要缮制数十种单据,加上副本甚至可达到上百份,其中任何一个差错都会给企业造成莫大损失。国际贸易单证的简化、标准化与电子化是国际贸易单证发展的主要趋势。

一、国际贸易单证的简化

瑞典是最早进行单据简化的国家,于 20 世纪 50 年代创设出一种“套合一致”的单据形式,不仅减少了 70%的制作成本,还降低了差错率。为了实现单证的简化和规范化,减少国家(地区)间在单证方面的争执,促进国际贸易的发展,联合国贸易简化与电子业务委员会(UN/CEFACT)从 20 世纪 60 年代就开始了国际贸易单证格式标准化的尝试,并于 1981 年发布了第一个推荐标准“联合国贸易单证样式”;同时减少单证份数,精简单证内容。例如,精简提单正本份数,取消领事签证发票,用商业发票代替海关发票等,使用正面没有船公司名称、背面没有详细条款的简式提单,这样船代公司就不必保存不同船公司提供的各种提单,只在使用时打上船公司的名称即可,而提单背面的条款可予以简化。

二、国际贸易单证的标准化

单证标准化的目的是,既要使国际贸易能顺利开展,又要使各方在理解和执行单证所述及的内容方面获得一致。对此,联合国设计并推荐使用下列国际标准化代号和代码。

(1)运输标志(唛头)代码:由收货人简称、参考号、目的地、件数件号四个部分组成。

(2)国家和地区代码:由两个大写英文字母组成,如中国—CN、英国—GB、美国—US。

(3)货币代号:由三个大写英文字母组成,前两个字母代表国家或地区名称,后一个符号代表货币基本单位,如人民币—CNY、英镑—GBP、美元—USD。

(4)地名代码:由五个大写英文字母组成,前两个字母代表国家或地区名称,后三个字母代表地名,如上海—CNSHG、伦敦—GBLON、纽约—USNYC。

(5)用数字表示日期代码:由 YYYY-MM-DD(年-月-日)8 个数字组成,如 2023-11-19。需注意的是,国际上对日期的使用并没有统一的规范,以致国际商会在 ISBP821 第 A16 段也无奈表示"日期可以用任何格式表示"。

使用国际标准代号和代码有利于规范化和电脑处理,也是单证改革的一个方面。

三、国际贸易单证的电子化

20 世纪 80 年代以后,计算机因储存量大、运算能力强和编辑功能强等优点很快被运用到国际贸易单证制作中,如利用 Word、Excel 等办公软件进行制单,操作简便、功能齐全、速度快捷,对单据信息可方便地进行修改、复制、剪切、粘贴、储存等操作,还可以综合处理文字与表格。

进入 20 世纪 90 年代,以信息技术尤其是网络技术为基础的电子商务迅速发展和普及,如运用 IT 技术,使用电子通关、电子签名、电子原产地证书、电子配额许可证申领等。EDI 技术的采用,使传统纸质单证体系变为数据,过去由人工处理的纸质单证逐渐被计算机自动处理的 EDI 报文所取代,国际贸易单证成为"无纸贸易"(Paperless Trade)。单证电子化突破了时空的限制,大大提高了贸易效率,降低了贸易成本。电子单证的优势还在于能够确保有关票据、单证的安全、迅速处理,从而加速资金的周转。

思考与练习

1.列出国际贸易单证的四种分类标准,并简述由此分类产生的不同类别的单证名称。

2.缮制国际贸易单证的基本要求是什么?

3.简述与信用证业务相关的国际惯例。

4.简述联合国推荐使用的运输标志代码、国家和地区代码、日期代码以及货币代码的组成。

▪第二章▪ 开证申请书

【学习目标】 了解进口商申请开证的一般程序与注意事项；掌握根据贸易合同缮制开证申请书的操作要领；了解信用证的修改程序与修改申请书的缮制。

第一节 申请开立信用证

进口商与出口商签订以信用证为结算方式的国际货物买卖合同后，进口商应在合同规定的时间内向有关银行申请开立信用证，这是履行进口合同的第一步，也是进口业务的重要环节，从这一点看，申请开证的进口商（开证申请人）是信用证业务的发起人。

一、申请开立信用证的程序

进口商在合同规定的时间内向其外汇账户开户行或其他经营外汇业务的银行办理申请开立信用证手续，具体程序如下：

(1)递交有关合同的副本及附件。进口商在向银行申请开证时，要向银行递交有关买卖合同的副本及外贸进口批文（如进口配额许可类证明、机电产品进口登记证明等）、外汇管理部门规定的有关文件（如购汇申请书、进口付汇备案表等）等必要的附件。

(2)填写开证申请书。进口商根据银行规定的统一格式填写开证申请书，一式三份，其中一份交银行，另两份交公司的业务部门和财务部门留存。开证申请书是银行开立信用证的依据，也是进口商凭以审核收到的装运单据并据以向开证行付款赎单的依据，因此必须符合买卖合同的具体规定，列明对信用证的各项要求，内容要明确、完整、无词义不清的记载。

(3)缴付保证金。银行一旦接受进口商的开证申请对外开出信用证，则构成银行对受益人（出口商）独立的付款承诺，在受益人相符交单时须承付信用证项下款项，而信用证项下的单据是进口商要求的，如果进口商不来付款赎单，处理单据项下的货物将非常麻烦并会对银行带来资金方面的损失及声誉方面的损毁，因此，开证时银行一般会要求进口商按开证金额一定比例缴付保证金，此比例视进口商的资信状况而定，从百分之几到百分之几十不等。在我国的进口业务中，企业开证金额在其银行账户人民币或外汇存款余额或综合授信额度内的，经申请，银行可直接开证；或者银行会根据企业和交易的具体情况，要求开证企业缴付一定比例的人民币保证金，然后才开立信用证。

(4)支付开证手续费。开立信用证是银行有偿服务的一项中间业务，因此进口商在申请开证时，须按规定支付给银行一定金额的手续费。

(5)银行开立信用证。银行在对进口商提交的开证申请书、开证必须提供的有效文件进行审查以及对申请开证的进口商进行资信调查后，决定是否接受其申请。如果接受，银行会根据进口商的资信及资产状况收取保证金或抵押品、质押品，然后按照其开证申请书的要求开立正式的信用证，并向银行在受益人所在地的代理行或联行发出信用证，指示其代为通知受益人，同时将信用证副本送交开证申请人，收取开证手续费。

二、申请开立信用证应注意的问题

申请开立信用证应注意以下问题：

（1）开证时间。如果买卖合同规定开证期限，进口商应在规定的期限内开立信用证；如果没有规定开证期限，合同有装运期的起止日期，那么最迟应让出口商在装运期的第一天就收到信用证；如果合同只规定最晚装运日，那么进口商应在合理的时间内开证，一般在合同规定的最晚装运日前一个月到一个半月，以给足出口商备运的时间，保证出口商在收到信用证后能在合同规定的装运期内出运货物。

（2）申请开证前，要落实付汇的外汇来源，如果进口商品受许可证管理，还须办妥进口许可证申领的相关手续。

（3）填写开证申请书时，要保证其内容与买卖合同一致，银行根据申请书的内容开立正式信用证，买卖合同约束的是进出口商双方，开证申请书约束的是申请开证的进口商与开证的银行，信用证约束的是开证行与作为受益人的出口商，它们是相互独立的，因此，合同中规定的要在信用证中明确的条款都须在申请书中列明，尽量不要使用“As per Contract No. ××”（参阅第××号合同）或“Goods As per Proforma Invoice No. ×× Date yyyy-mm-dd”（货物详见某年某月某日签署的第××号形式发票）等语句，更不能将有关贸易合同或形式发票作为信用证附件附在信用证之后。

（4）如合同规定为远期付款，要明确信用证的兑用方式是承兑还是延期付款，并确定远期汇票的期限或延期付款的时间。价格条款必须与相应的单据要求以及费用负担、表示方法等不相矛盾，如合同采用 CIF 或 CIP 价格术语时，开证申请书应该表明要求出口商提交“Freight Prepaid”（运费预付）的运输单据，并对保险单做出要求，如果要求提交“Freight Collect”（运费到付）的运输单据或不要求保险单，就是与合同的贸易条件相矛盾。

（5）信用证项下银行处理的是单据，不涉及相关合同与货物。为了使货物质量符合合同规定，进口商可在申请书中要求出口商提供商品检验机构签署的装船前检验证明，明确货物的规格、品质，并指定检验机构（须在合同中明确约定）。

（6）申请书的内容应该明确填写。应明确规定各种单据（商业发票、运输单据、保险单及汇票除外）的出单人以及各单据应表述的内容。

（7）进口商在根据合同填写开证申请书时，须把合同中的要求转化为要求在信用证中规定的单据，并在开证申请书中列明，以便开证行在开证时照搬，如果开证申请书只是照搬合同的规定，而没有列明应在何种单据中满足这些条件，那么银行最后审单时会认为此为非单据条款，将不予理会。

（8）国（境）外通知行由开证行指定。如果出口商在合同中指定了通知行，仅供开证行选择通知行时做参考。如果该行与开证行无代理或往来关系，开证行一般会给开证行国（境）外的代理行发送信用证，然后在发送的信用证中把这家申请人指定的通知行列在 57a 项下（SWIFT 开证时),作为收讯银行以外的通知行,由收讯银行决定是直接把信用证通知给出口商还是把信用证转给 57a 项下的银行由其通知(这时这家银行叫第二通知行)。

(9)合同中应该明确是否允许部分装运、是否允许中途转运、是否接受第三方运输单据或只是接受或不接受第三方运输单据,开证申请书也应根据合同相关条款明确表示。

(10)我国的银行开证一般不接受保兑条款,因此不应签订有保兑条款的信用证结算合同,以免造成开证时的被动。

(11)因对第一受益人的资信难以了解,我国银行一般不开立可转让信用证(Transferable L/C),但在特殊情况下,如大额合同项下开证要求多家出口商交货,考虑实际需要,可与银行协商开出可转让信用证。此外,我国银行一般不开接受电讯索偿条款(T/T Reimbursement Is Acceptable)的信用证。

第二节　开证申请书

开证申请书是银行开出正式信用证的依据。目前我国银行使用的开证申请书的格式有两种。一种是以中国银行为代表的遵从 ICC516 标准的老格式(见表 2-1);另一种是以中国工商银行为代表的 SWIFT 格式信用证申请书(见附表 1-1),这种格式标上了 SWIFT MT700 信用证报文的栏目代码,能够比较直观地反映信用证开证申请书与正式信用证对应内容间的关系。两种格式虽形式不尽相同,但主要内容基本一致,均包括两部分:第一部分是信用证内容,在申请书的正面,是开证银行凭以向国(境)外受益人开证的依据;第二部分是进口商对开证行的声明和保证,用以明确双方的责任,在申请书的背面。

开证申请人填制开证申请书后,连同所需附件交开证行,向开证行申请开具信用证。

一、信用证申请书的内容与缮制

开证申请书的正面内容是开证申请人对开证行的法律有效文件,其正本一般由银行印发,其内容由申请人填写。现以表 2-1 中国银行信用证开证申请书为例进行介绍(为解释方便,作者对各栏目进行了编号):

(1)文件名称:IRREVOCABLE DOCUMENTARY CREDIT APPLICATION,不可撤销的跟单信用证申请书。

(2)致开证行(To):此栏一般已印就开证行名称,或只需填分支行名称即可。

(3)申请开证的日期(Date):申请人填写本申请书的日期。

(4)信用证的传递方式:有四种方式供选择,依次为 Issue by airmail(航空邮寄通知)、With brief advice by teletransmission(简电通知)、Issue by express delivery(快递通知)、Issue by teletransmission(电讯通知),在所适用项前面的"□"中打"×"表示选择该项。需注意,航空邮寄通知与快递通知都是信开方式,只是在传递方式与传递速度上有所差别;如果选择了简电通知,须同时在其他三项中选择一项正式信用证的传递方式;在选择电开时,还需注明是电报开证(Cable)、电传开证(Telex)还是 SWIFT 开证,当然现在大多数银行的电开证是 SWIFT 电讯传递。

表 2-1 中国银行信用证开证申请书

IRREVOCABLE DOCUMENTARY CREDIT APPLICATION (1)

To: (2) Date: (3)

□Issue by airmail □With brief advice by teletransmission (4) □Issue by express delivery □Issue by teletransmission (which shall be the operative instrument)	Irrevocable Documentary Credit | Number (5) Date and place of expiry (6)
Applicant (7)	Beneficiary (8)
Advising Bank (9) Ref.nr	Amount (14)
Partial shipments (10) □Allowed □Not allowed | Transhipment (11) □Allowed □Not allowed	Credit available with (15) □by sight payment □by acceptance □by negotiation □by deferred payment at against the documents detailed herein □and beneficiary's draft for % of invoice value at on
Loading on board/dispatch/taking in charge at/from (12) not later than for transportation to:	
□FOB □CFR □CIF (13) □or other terms	

Documents required: (marked with ×) (16)

1.( ) Manually Signed Commercial Invoice in copies indicating this L/C No.and Contract No.(Photo copy and carbon copy not acceptable as original)

2.( ) Full set (included original and non-negotiable copies) of Clean On Board Ocean Bills of Lading made out to order and blank endorsed, marked "Freight " Notifying

3.( ) Air Waybills showing "Freight " and consigned to

4.( ) RailWay Bills showing "Freight " and consigned to

5.( ) Memorandum issued by consigned to

6.( ) Full set (included original and copies) of Insurance Policy/Certificate for 110% of the invoice value, showing claims payable in China in currency of the draft blank endorsed, covering ([ ] ocean marine transportation/[ ] air transportation/[ ] overland transportation) All Risks and War Risks.

7.( ) Weight Memo/Packing List in copies issued by indicating quantity/gross and net weights of each package and packing conditions as called for by the L/C.

8.( ) Certificate of Quantity/Weight in copies issued by indicating the actual surveyed quantity/Weight of shipped goods as well as the packing condition.

9.( ) Certificate of Quality in copies issued by

10.( ) Beneficiary's certified copy of cable/telex dispatched to the applicant within hours after shipment advising [ ] name of vessel/[ ] flight No./[ ] wagon No.date, quantity, weight and value of shipment.

11.( ) Beneficiary's Certificate certifying that extra copies of documents have been dispatched according to the contract terms.

12.( ) Shipping Co's Certificate attesting that the carrying vessel is chartered or booked by Applicant or their shipping agents.

13.( ) Other documents, if any:

Covering: (17)

Additional instructions: (18)

1.( ) All banking charges outside the opening bank are for beneficiary's account.

2.( ) Documents must be presented within days after the date of issuance of the transport documents but within the validity of this credit.

3.( ) Third party as shipper is not acceptable.Short form/blank back B/L is not acceptable.

4.( ) Both quantity and amount % more or less are allowed.

5.( ) Prepaid freight drawn in excess of L/C amount is acceptable against presentation of original charges voucher issued by shipping Co./Air Line/or it's agent.

6.( ) All documents to be forwarded in one cover, unless otherwise stated above.

7.( ) Other terms, if any:

Account No.: with (name of bank)

Transacted by: (19) (Applicant: name, signature of authorized person)

Telephone No.: (with seal)

(5)信用证的类型与号码(Number):根据 UCP600 对信用证的定义,所有信用证均为不可撤销信用证,不可撤销跟单信用证(IRREVOCABLE DOCUMENTARY CREDIT)一般已印在申请书上,如果需要保兑或可转让等可以加上(有的银行如我国交通银行的开证申请书有专门的是否保兑条款、是否可转让条款等供申请人选择)。信用证的号码是开证行对其开出的信用证的业务编号,由开证行编写。

(6)信用证的截止日期和截止地点(Date and place of expiry):此栏由开证申请人填写,填写时须注意合同中装运期及交单期条款的规定,应该按此公式加以把握,31D≥44C+48。其中,31D 是 expiry date,即信用证有效期;44C 是最后装运日(详见第 12 项);48 是信用证中规定的交单期限[详见第(18)项之②]。到期的地点应按合同约定填写,合同中未约定的,为方便受益人工作,应选择在受益人所在国家(地区)。另外,这个地点还应是第(15)项内容中的信用证兑用银行所在地。

(7)开证申请人(Applicant):填写与合同一致的买方的名称、地址,并注明电话、传真等号码,以便于联系。

(8)受益人(Beneficiary):应填写与合同一致的卖方的名称及详细地址、电话、传真号码等。

(9)通知行(Advising Bank):此栏一般留空供开证行选择,但如果合同卖方要求通过某家银行通知信用证,可以在此栏填列,供开证行参考,如果开证行与该银行无往来或代理关系,开证行一般不会直接把信用证发给这家银行,而是把它列在信用证的 57a 栏目中。

(10)部分装运(Partial Shipments):应根据合同规定明确表示“Allowed”(允许)或“Not Allowed”(不允许),在选择项目前面的“□”中打“×”表示选择该项。2018 年 11 月 SWIFT 信用证报文升级后,还有 Conditional 选项,如果选此项,须在其他地方说明允许部分装运的具体条件。

(11)转运(Transhipment):应根据合同的规定明确表示“Allowed”(允许)或“Not Allowed”(不允许),在选择项目前面的“□”中打“×”表示选择该项。2018 年 11 月 SWIFT 信用证报文升级后,还有 Conditional 选项,如果选此项,须在其他地方说明允许转运的具体条件。

(12)装运条款。这部分填写运输的起讫地点及装运时间。

货物的装运港、发货地或承运人接收货物的地点(Loading on board/dispatch/taking in charge at/from):要按合同的约定来填写,但这一栏的内容与 SWIFT 信用证的栏目不匹配,它对应的是 SWIFT 信用证的 44A 栏(Place of Taking in Charge/Dispatch from .../Place of Receipt)和 44E 栏(Port of Loading/Airport of Departure),应结合 13 项的价格术语来处理,如果是 FAS、FOB、CFR、CIF 术语,应特别在所填写的港口后面标注 44E。其他术语应结合合同约定,分别填写运输起点(44A)与装运港口或机场(44E),因为这两个地点是买卖双方风险责任与费用的划分点,标注不正确,会产生运输费用与风险纠纷。

最晚装运日(not later than):按合同约定填写。这一栏的内容与 SWIFT 信用证的栏目不太匹配,因为 SWIFT 信用证的装运期有两个栏目(44C 与 44D),44C 是最晚装运日(Latest Date of Shipment),44D 是装运期间(Shipment Period),两者不能同时出现在同一份信用证中。因此,如果合同不是以最晚装运日的方式来约定装运时间的，而是约定了一段时间或不同时间段装不同的货物，则在填写开证申请书的这部分内容时，应先标注上44D，再把合同约定的装运时间段或分期分批装运的约定内容抄上。

卸货港/最终目的地/交货地(for transportation to)：要按合同的约定来填写。但这一栏的内容与SWIFT信用证的栏目不匹配，它对应的是SWIFT信用证的44F栏(Port of Discharge/Airport of Destination)与44B栏(Place of Final Destination/For Transportation to .../Place of Delivery)，应结合(13)项的价格术语来处理，如果是FAS、FOB、CFR、CIF术语，应特别在所填写的港口后面标注44F。其他术语应结合合同约定，分别填写运输所至的卸货港口或机场(44F)与终点(44B)，标注不正确可能会涉运输费用与风险的纠纷与纠缠。

(13)价格术语(Terms)：选择与合同一致的价格术语，在其前面的"□"中打"×"，在价格术语后面加上其在合同中所接的地名或港口名称，如果合同中的价格术语不在印就之列，选择"or other terms"(其他术语)项，然后在其后面完整地标上合同中约定的价格术语。

(14)信用证金额(Amount)：应按合同中约定的凭信用证结算的金额，不一定是合同全额(详见15项汇票条款说明)。填写时须填大小写金额，即用阿拉伯数字与英文单词分别表示金额(In figure and word)，并且币种要表示清楚，应与合同币种一致。信用证金额是开证行付款的最高限额，必须根据合同的规定表示清楚，如果允许其金额有一定比例的上下浮动幅度，应写清楚。

(15)信用证兑用银行与兑用方式的选择(Credit available with)：本栏须填一家信用证可在其处兑用的银行，这家银行应该与下面信用证四种有效兑用方式结合选择，即by sight payment(即期付款)、by acceptance(承兑)、by negotiation(议付)、by deferred payment(延期付款)。兑用方式如何选择应根据合同的规定，在所适用方式前的"□"中打"×"。一般即期付款与延期付款及承兑的信用证的兑用银行填开证行，议付的信用证的兑用银行可依据合同选择通知行、出口商所在地的通知行以外的另一家银行或任一银行，如果填写任一银行(any bank)，则应是合同规定的可自由议付的信用证。如果兑用方式是by deferred payment(延期付款)，还须在其后所接的介词at处填列以确定的方式表达的将来延期付款的时间；如果不需要汇票的议付，须在negotiation一词后加注付款时间at sight(即期)、at ×× days after sight(见单后若干天)或类似的远期付款时间，这些不需要汇票的议付或延期付款的付款时间条款，开证行会依照申请书的内容在SWIFT信用证的42P栏(Negotiation/Deferred Payment Details，议付或延期付款详情)说明。如果兑用方式是承兑或需要汇票的议付，还须选择填写下面的汇票条款(在and beneficiary's draft前面的"□"中打"×")，延期付款信用证则无须选择汇票条款。即期付款与议付信用证是否要求汇票，由买方根据其国(境)内法律在合同中做具体要求，不是必选条款。

汇票条款(Draft)：for ____% of invoice value为汇票金额与发票金额的比例，应根据合同的规定，填写信用证项下应支付发票金额的百分比。如合同规定所有货款都用信用证结算，则应填写信用证项下汇票金额是发票金额的100%。如果合同规定该笔货款70%用信用证结算，30%为预付款，则应填写信用证项下汇票金额是全部发票金额的70%，这个金额一般与上面第(14)项的信用证金额一致,如合同金额含有佣金或折扣,支付时扣除佣金与折扣,则这个比例也不是100%发票金额,需按具体的佣金率或折扣率减去相应金额。

介词at后面填汇票的付款期限,如果是即期,应填写at sight,如果是远期,应按合同的约定期限表达方式填写,如"at 30 days after sight"(见票后30天付款)、"at 45 days after B/L date"(提单日后45天付款)等。

介词on后面填汇票付款人,根据UCP600的规定,信用证项下汇票的付款人必须是开证行或指定付款行,不能是开证申请人,因此申请人填写时可填"you""issuing bank"或"opening bank",开证行在最后开出信用证时除可按申请人的指定由开证行付款外,也可以根据实际需要指定另一家银行作为汇票付款人。

(16)单据条款(Documents required):信用证所要求的单据其实是开证申请人在货物进口办理清关手续时需要的,因此在填写开证申请书时应根据进口国(地区)对该进口货物的要求选择相应的单据。一般的开证申请书银行会事先印就一些单据条款,本申请书银行印制好的单据要求共有13条,其中第1条到第12条针对具体的单据,第13条是"其他单据",即以上12种单据以外的单据要求可填在第13条中。填制单据条款时应注意:a.在所需要单据前的括号里打"×";b.在所选择单据条款后填写具体的要求,如果印制好的要求不完整,可在该单据条款后面补充填写;c.必须严格按照合同规定填写单据条款,既不能随意提出超出合同规定的要求,也不能随意降低或减少合同规定的要求。

(17)货物描述(Covering):货物描述主要包括货物名称、规格、数量、包装、单价等内容,所有内容都必须与合同规定一致。如果合同中的货物描述等内容过多,可加注"详情参照……合同"(Detail as per S/C No.…)。

(18)附加条款(Additional instructions):印制好的有7条,其中第1~6条是具体的条款要求,如果需要可在其前面的括号里打"×",如果有附加条款,可根据合同规定和买方的具体需要填写在第7条"Other terms, if any"(若有其他条款,在此填列)中。

本项中印就的6个条款的内容依次为:

①All banking charges outside the opening bank are for beneficiary's account.

开证行以外的所有银行费用由受益人支付。

②Documents must be presented within ________ days after the date of issuance of the transport documents but within the validity of this credit.

单据须在运输单据签发日后________天内提交,且须在信用证的有效期内。

③Third party as shipper is not acceptable. Short form/blank back B/L is not acceptable.

第三方作为托运人不接受。简式提单/背面空白的提单不接受。

④Both quantity and amount ________% more or less are allowed.

数量与金额上下浮动________%是可接受的。

⑤Prepaid freight drawn in excess of L/C amount is acceptable against presentation of original charges voucher issued by shipping Co./Air Line/it's agent.

可接受凭提交船公司或航空公司或其代理人开具的正本的运费发票超证支取预付的运费。

⑥All documents to be forwarded in one cover, unless otherwise stated above.

除非上面另有规定,所有单据须一次性寄送。

(19)申请人信息:填写申请人的开户银行、银行账号、申请人(法定代表)或其受权人签字以及联系电话等信息。

账号(Account No.):填写申请人的银行账号,with 后填写该账号的开户银行。

执行人(Transacted by):填写联系人。

电话(Telephone No.):填写联系电话。

申请人(Applicant)法人代表(name, signature of authorized person):此处填写开证申请人(公司)名称,需盖公章并由受权人签字。

二、信用证的修改申请

(一)申请信用证修改的程序

开证行应开证申请人请求开出信用证后,开证申请人认为或者应受益人的要求,需要对原信用证的内容或条款进行修改时,可向开证行提出申请,银行凭修改申请书办理,具体手续如下:

(1)申请人提交信用证修改申请书。修改申请书的内容应包括需修改的信用证号码及修改内容。

(2)银行审查修改申请书的内容。开证行收到信用证修改申请书后,应根据申请书所列的信用证号码,调出存档的原信用证副本对照审核。具体来说,应注意以下几个问题:a.修改申请书所列的信用证号码、申请人名称必须与银行存档的原证相符,以免串证或重复修改。b.修改后的条款之间应无相互抵触之处。c.修改后的条款对开证行及其所在国家(地区)应无不利之处。d.修改的内容如与原证有关条款矛盾,须提醒申请人做相应的完善,使修改后的信用证各条款之间相互吻合、衔接。e.凡增加金额的修改,需补足增额部分的资金或增加抵押品或质押品。

(3)缮制信用证修改通知书。银行审核修改申请书后,可缮制修改通知书(详见第三章 SWIFT MT707 跟单信用证的修改),按原信用证的通知路径向各有关当事人发出信用证修改通知书。开证行应收取信用证修改手续费,如手续费由受益人支付,须在修改通知书中列明,在相符交单偿付时扣除相应费用。

(4)存档与备份。修改通知书发出后,银行应将修改通知书副本按修改日期依次粘附于信用证留底备查,同时,将另一副本送交申请人。

(二)信用证修改申请书的缮制

与开证申请书一样,各银行的信用证修改申请书也有固有的格式(见表 2-2、附表 1-2),但在具体内容上大致相同。现以表 2-2 新加坡星展银行香港分行信用证修改申请书为例进行介绍（为解释方便，编者对各栏目进行了编号）：

（1）银行编号，开证行对本信用证修改申请书的编号，由银行编写。

（2）原信用证号码，申请人应注明原信用证号码，以便开证行核对。

（3）致开证行的申请信用证修改的日期。

（4）开证申请人的全称与地址（须与原证一致）、联系人、联系电话与传真号码。

（5）修改之前的信用证受益人的全称与地址（须与原证一致），本栏是修改前的受益人，如信用证需修改受益人，须在第(9)栏填列。

（6）通知行，此栏留空由开证行处理，按 UCP600 的规定，信用证修改书的通知须由原信用证的通知行通知。

（7）信用证修改书的传递方式，四种选择依次为电讯通知、挂号信通知、快递通知、在开证行柜台交给开证申请人或受益人，选择相应的通知方式并在前面的"□"中打"×"，在选择第四项时，还应该在开证申请人或受益人的"□"中打"×"，表示是在柜台交给申请人还是受益人，这种通知方式与香港特殊的地理位置与贸易环境有关。

（8）相关内容修改从上至下依次为：

第一行，信用证金额增额修改，前面横杠填原金额，后面横杠填增加后的金额。如果金额无须修改，此行留空；如果金额是做减额修改，则须在第(9)栏标明，此行留空。

第二行，信用证有效期的展期，把延长后的截止日填列在横杠处。如果信用证截止日无须修改，此行留空；如果信用证有效期需缩短，须在第(9)栏填写，此行留空。

第三行，最后装运日的展期，把延长后的最后装运日填列在横杠处。如果最后装运日做了延长修改，第二行的信用证截止日也应做等距延长；如果最后装运日无须修改，此行留空；如果最后装运日需要提前，须在第(9)栏填写，此行留空；如果原证不是使用最后装运日（Latest Date of Shipment）表示装运期，而是表示为装运期间（Shipment Period），那么其修改应在第(9)栏标明，此行留空。

第四行、第五行是对分批装运与/或转运的修改，选择对应的允许或不允许的"□"打"×"，2018 年 SWIFT 升级后还有"Conditional"选项，如选择此项，须在第 9 栏作条件说明。如无须修改，则留空。

（9）非第(8)栏列明的项目的修改都可在本栏描述。除第(8)栏与本栏列明的修改内容外，原信用证的其他条款保持不变。

（10）本项内容主要表明修改费用由谁负担，在前一个"□"打"×"表明由受益人负担，如果在后一个"□"里打"×"，则表明由开证申请人负担，需在下面的 account No.处填写供扣费的银行账号，在 fax number 处填写接收修改书副本的申请人传真号码。

（11）开证申请人盖章签字处。

（12）开证行审批栏。

表 2-2 新加坡星展银行香港分行信用证修改申请书

DBS 星展银行

Bank Ref:________(1)

APPLICATION FOR AMENDENT TO DOCUMENTARY CREDIT

<table>
<tr><td>TO: DBS Bank (Hong Kong) Limited (" the bank ", "you", or "your", including, in each case, successors and assigns)
(3)
Date:________</td><td>AMENDMENT TO DOCUMENTARY CREDIT NUMBER____ ____ (2)
This amendment if accepted by the bank is to be considered as part of the above credit and must be attached thereto</td></tr>
<tr><td>Applicant (Full Name and Address)
________ (4)
Contact Person:________
TEL Number:________FAX Number:________</td><td>Beneficiary (Full name and Address)
________ (5)</td></tr>
<tr><td>Advising Bank (For Bank Use Only)
________ (6)
Advising Bank ref.</td><td>Please amend the above mentioned documentary credit by:
□Full Telex/swift (7)
□Registered Airmail
□Courier Service
□Delivery at your counter by
(□Applicant □Beneficiary)</td></tr>
<tr><td colspan="2">Amount of credit increased by ________ to ________ in all.
The expiry date of the credit is extended until ________. (8)
The latest shipment date is extended until ________.
Partial shipment are □ allowed □ not allowed.
Transshipment is □ allowed □ not allowed.</td></tr>
<tr><td colspan="2">Other amendments:
________ (9)
All other terms and conditions remain unchanged.</td></tr>
</table>

This application for amendment to the Documentary Credit shall be governed by the provisions of the Uniform Customs and Practice for Documentary Credit, to which the Documentary Credit is subject.

This amendment charge is for A/C □ Beneficiary □ Applicant and to be debited to my/our account No.____.

Please fax DC copy fax number ________(10)

-End of Application Form-

We declare that this application form is produced from the standard template of the Bank and we understand any unauthorized amendment to the text of the form will be invalid and of no effect (Whether or not the amended form is accepted by any of your staff and/or acted upon by your Bank)

<table>
<tr><td colspan="4">For Bank Use Only (12)</td></tr>
<tr><td colspan="4">Date</td></tr>
<tr><td>CSO</td><td>Processor</td><td>Releasr1</td><td>Releasr2</td></tr>
</table>

________(11)________

Authorized signature(s) & Company's stamp

思考与练习

一、思考题

1.简述开证申请的程序。

2.开证申请书的背面条款一般有哪些内容?

3.缮制开证申请书时应注意哪些事项?

4.信用证金额、汇票金额、发票金额与合同金额之间有什么关系?

5.简述信用证修改申请的程序。

6.信用证的受益人可以办理信用证的修改吗?信用证的受益人可以修改吗?

7.为什么开证行不愿意开出接受电讯索偿条款的信用证?

二、实操题

1.根据P54的销售合同,以进口商身份,缮制一份开证申请书(参考表2-1的开证申请书样式)。

2.根据第三章P40的信用证样例,以进口商身份,还原开证申请书(参考附表1-1的开证申请书样式)。

第三章 信用证

【学习目标】 了解信用证的特点与信用证有关当事人的权利和义务；熟悉信用证的基本条款以及SWIFT信用证的格式与内容；理解信用证条款并掌握审核信用证的要领；掌握修改信用证的方法；熟悉有关信用证的国际惯例。

第一节 信用证概述

一、信用证的定义与特点

（一）信用证的定义

信用证（Letter of Credit，L/C）是指一项约定，无论其如何命名或描述，该约定不可撤销并因此构成开证行对相符交单予以承付（honor）的确定承诺。这是UCP600对信用证的定义。其含义如下：

（1）信用证是银行开立的有条件支付款项的确定的书面承诺。

（2）在信用证的有效期内，未经受益人（通常为出口商）及保兑行（如有）的同意，开证行不得任意修改信用证的内容，更无权擅自撤销信用证。

（3）自信用证开立之时起，开证行即不可撤销地受到承付责任的约束，即在信用证的有效期及交单期内，只要受益人提交与信用证规定相符的全套单据，开证行就必须按规定向受益人支付信用证款项。

（二）信用证的特点

依信用证的定义，信用证具有以下三个特点：

（1）信用证是一种银行信用，开证行承担第一性付款的责任。只要受益人提交的单据表面符合信用证、UCP600及ISBP821的规定，开证行就必须履行第一性的付款责任。

（2）信用证是一项自足文件。信用证的开立必须以买卖合同为基础，但一经开立，信用证就成为独立于合同之外的另一份契约。UCP600第4条a款规定，信用证与销售合同是相互独立的交易。即使信用证中提及该合同，银行也与该合同完全无关，且不受其约束，银行方面只管信用证而不过问合同。

（3）信用证业务是纯粹的单据业务。信用证项下的业务，银行处理的是单据，而非与单据有关的货物、服务或其他行为，银行方面只管单据表面相符而不过问实际货物的情况。

二、信用证开立的方式

银行开立信用证的方式有两种：信开信用证和电开信用证。

（一）信开信用证(Mail Credit)

信开信用证是指以信函格式开立，并以信函、快递函件等方式寄出，送达受益人或通知行的信用证。也是有效文件，信开信用证是早期信用证的主要形式。

（二）电开信用证(Teletransmission Credit)

电开信用证是指采用电文格式开立，并以电讯方式传递的信用证。电开信用证可用电报(CABLE)、电传(TELEX)开证，也可用SWIFT格式开证。电报、电传开具的信用证费用较高、手续烦琐、条款文句缺乏统一性且容易造成误解等，加之电讯技术的发展，在实务中逐渐被方便、迅速、安全、格式统一、条款明确的SWIFT信用证取代。目前，信用证大多采取SWIFT方式开具。

电开信用证从其效力上看可分为全文电开本和简电本两类。全文电开本是以电文形式开出的完整信用证。这种信用证属有效文件，可以凭以交单兑用。在SWIFT中，全文电开信用证为MT700报文格式，MT701报文为其补充格式。简电本将信用证金额、有效期等主要内容用电文预先通知受益人，供受益人备货、租船。简电本由于内容不完整，且常注明"随寄证实书"(Mail confirmation to follow)等词语，不属信用证的有效文件，因此不可凭以交单兑用。在SWIFT中，简电本信用证为MT705报文格式。

根据UCP600第11条a款的规定，全文电开证和简电开证的主要区别在于：信用证中不出现"详情后告"(Details follow)、"随寄证实书"或类似词语，则属全文电开本；反之，属于简电本。

三、信用证的当事人

（一）开证申请人(Applicant)

开证申请人是指发出开立信用证申请的一方(UCP600定义：Applicant means the party on whose request the credit is issued)。

开证申请人一般是买卖合同中的买方(进口商)，有时也可以是银行本身。开证申请人有支付信用证业务活动中的费用与从银行取得代表货物的全套单据的权利和义务。

（二）开证行(Issuing Bank)

开证行是指应申请人要求或代表其自身开立信用证的银行(UCP600定义：Issuing bank means the bank that issues a credit at the request of an applicant or on its own behalf)。

开证行一般是申请人的开户银行。开证行接受进口商的开证申请书，开立信用证，即承担按信用证规定条件保证付款的责任。开证行对受益人相符交单的付款承诺属第一性付款责任，且为终局性付款。开证行一般是进口商所在地的银行。

（三）通知行(Advising Bank)

通知行是指应开证行要求通知信用证的银行(UCP600定义：Advising bank means the bank that advises the credit at request of the issuing bank)。

通知行是受开证行的委托，将信用证通知给受益人的银行，它一般为开证行在出口商所在地的代理行或分行。UCP600第9条增加了第二通知行(Second Advising Bank)的概念，即通知行可以利用另一家银行(第二通知行)的服务向受益人通知信用证及其修改。无论是第一通知行还是第二通知行，其权利和义务仅是证实信用证和修改书的表面真实性，并将信用证和修改书通知受益人，收取通知费。

(四)受益人(Beneficiary)

受益人是指信用证中受益的一方(UCP600 定义:Beneficiary means the party in whose favour a credit is issued)。

受益人是开证行在信用证中授权使用和执行信用证并享受信用证所赋予权益的人,受益人一般是买卖合同中的卖方(出口商)。

(五)保兑行(Confirming Bank)

保兑行是指应开证行的授权或请求对信用证加具保兑的银行(UCP600 定义:Confirming bank means the bank that adds its confirmation to a credit upon the issuing bank's authorization or request)。

保兑行是一家特殊的被指定银行。在一笔信用证业务中,保兑行可仅担当保兑行的角色,也可兼有保兑行和纯粹被指定银行双重角色(既是保兑行,又是兑用银行)。根据 UCP600 第 8 条 a 款的规定,保兑行无论是在保兑还是议付时,一经偿付或议付,对受益人都是无追索权的。在实务中,开证行一般授权通知行担当保兑行角色,这个授权在 SWIFT 信用证的 58a 栏指定,但还是要看信用证通知书中通知行的表示。

(六)被指定银行(Nominated Bank)

被指定银行是指有权兑用信用证的银行,对于可供任何银行兑用的信用证而言,任何银行都是被指定银行(UCP600 定义: Nominated bank means the bank with which the credit is available or any bank in the case of a credit available with any bank)。SWIFT 信用证中被指定银行在 41a 栏出现。

被指定银行可以接受开证行的委托和指示,对受益人的相符交单予以承付或议付。

承付(Honour)是指:

(1)即期付款信用证项下的"即期付款"(此时,被指定银行的身份为付款行"Paying Bank")。

(2)延期付款信用证项下的"承诺到期付款并在承诺到期日付款"(此时,被指定银行的身份为付款行"Paying Bank")。

(3)承兑信用证项下的"承兑受益人开出的远期汇票并在汇票到期日付款"(此时,被指定银行的身份为承兑行"Accepting Bank")。

议付(Negotiation)是被指定银行在相符交单下,向受益人预付或同意预付款项而购买相符交单的单据及/或汇票(此时,被指定银行的身份为议付行"Negotiating Bank/Negotiation Bank")。如属限制议付信用证,议付行由开证行在信用证中指定;如属自由议付信用证,则信用证中不具体指定议付行,所有银行均是有权议付的银行。如被指定银行因交单不符被开证行或保兑行拒付,则承付信用证项下的被指定银行对受益人无追索权,而议付信用证项下的被指定银行对受益人有追索权。

四、跟单信用证业务的操作流程

信用证结算方式在出口国(地区)的业务程序一般有以下五项:

(一)催证

买卖双方在贸易合同中明确以信用证为结算方式,卖方为保证按时交货,往往在合同中规定信用证开到卖方所在地的日期,以促使买方按时申请开证。按时开证是买方必须履行的义务，但在实务中，买方由于种种原因，不按规定的时间办理开立信用证手续的情况时有发生。卖方为保证按时履约，有必要在适当的时候提醒、催促买方按时开立信用证。催开信用证不是履行每笔信用证业务的必要程序。催证的方法，一般是直接向买方发电函催促。电函的形式如下：

RE：S/C No. ××× OPENING L/C DATE：YYYY-MM-DD

DEAR SIR OR MADAM，

PLEASE OPEN THE L/C AT THE END OF THIS MONTH ACCORDING TO THE TERMS OF S/C TERMS SO THAT WE CAN MAKE SHIPMENT ON TIME.

BEST WISHES

DA HAI I/E CO.

×××（MANAGER）

（二）通知行受理信用证和通知信用证

开证行接受了开证申请人的委托，根据开证申请书的内容和要求开立信用证，并送达通知行。通知行接受开证行的委托，互换两个控制文件（电开密押和信开签样）。通知行收到信用证即核对开证行的签字（信开本进行印鉴核符）或密押（电开本中的 Test Key ×××）并确认其真实性后，一般在 24 小时内（除去节假日）将信用证通知或转交受益人。

（三）审核信用证和修改信用证

根据 UCP600 第 9 条的规定，通知行只有两个义务：证实信用证和通知信用证。通知行无审核信用证的义务。我国的做法是由银行和出口企业共同审核信用证。经审核，如发现信用证条款与合同或 UCP600 规定不符或有其他错漏，且卖方无法接受，即通知买方向开证行提出修改信用证的申请和要求（审证和改证将在本章第四节、第五节介绍）。

（四）交单兑用

信用证经审核或修改并被受益人接受后，受益人按时装运并取得货运单据，在信用证有效期和交单期内，缮制汇票（如信用证要求）及备齐全套单据向被指定银行交单兑用。按 UCP600 第 29 条的规定，如在信用证的有效期或交单期的最后一天交单，而这一天恰逢被指定银行或开证行的非营业日，则信用证的有效期或最迟交单期将顺延至该银行营业后的第一个工作日。

在我国出口业务中，使用议付信用证比较多。根据 UCP600 第 2 条对议付的定义，议付意指被指定银行在其应获得偿付的银行日或在此之前，通过向受益人预付或者同意向受益人预付款项的方式购买相符交单项下的汇票（汇票付款人为被指定银行以外的银行）及/或单据[Negotiation means the purchase by the nominated bank of drafts（drawn on a bank other than the nominated bank）and/or documents under a complying presentation, by advancing or agreeing to advance funds to the beneficiary on or before the banking day on which reimbursement is due to the nominated bank]，明确了议付是对票据及或单据的一种买入行为，将议付行对受益人的融资纳入了受惯例保护的范围。在国际贸易中，实务界有把“议付”称为“买单结汇”或“出口押汇”者，但在法律上，对“买单结汇”或“出口押汇”没有严格统一的定义。

（五）寄单索汇与结汇

根据 UCP600 第 14 条的规定，银行审单的时限最多为收单翌日起 5 个银行工作日。因此，出口地的议付行在此期限内，审单并确定相符交单后，买入受益人的汇单及或票据，垫付货款给受益人，然后议付行按信用证规定的寄单要求，缮制 BP（Bill Purchase）通知书，连同单据立即向开证行寄单索偿，如信用证规定“All documents are to be sent by courier service to the issuing bank”（所有单据用快递方式寄交开证行）。

开证行同样在收到单据翌日起 5 个银行工作日内进行审单，确定相符交单，偿付货款给议付行或者确定不符点，以电讯方式发出正式的书面拒付通知。

第二节 信用证的基本内容

信用证无论是信开本还是电开本，基本内容是相同的。

一、信用证本身的说明

（一）开证行名称及地址（Name and Address of Issuing Bank）

如属信开信用证，这两项内容一般已印就，在信用证的顶端和右下角；如属电开信用证，MT700 电文开头的发电行即是。通过第三家银行通知的信用证（MT710）或转让信用证（MT720），开证行在 52a 栏。开证行的英文表达还可以为“Opening Bank”“Establishing Bank”等。

（二）信用证的类型（Form of Credit）

关于信用证的类型，表示的方法一般有两种：一是与信用证的名称联用，如“Irrevocable Documentary Credit”或“Irrevocable D/C”（不可撤销的跟单信用证）、“Irrevocable Transferable L/C”（不可撤销的、可转让的信用证）等。二是在信用证条款里表示，如即期信用证是在兑用方式（如 41a 项中表达为“by Payment”）或汇票条款中付款期限为即期（at sight）来确定；保兑信用证据信用证的保兑指示（Confirmation Instructions）及通知行的通知书来确定，在 SWIFT 信用证代号“49”中，若此栏为“Without”，则为不保兑信用证，若此栏为“Confirm”，则开证行指示 58a 栏的银行要对信用证加具保兑，若此栏为“May add”，则是开证行指示 58a 栏的银行可对信用证加具保兑。在这两种情况下，受益人可从通知行的信用证通知书中看到被指示银行对信用证是否保兑的明确通知。

（三）信用证号码（L/C Number）

这是信用证必不可少的栏目，各种单据都会引用。缮制汇票的出票依据（Drawn under）的内容就须引用信用证号码；有的信用证要求“All documents must show L/C No. ...”（所有单据均需显示信用证号码……），那么在制单时，所有的单据都要打上该信用证号码。转让信用证上有原证号码（21 栏位中）和转让行的编号（20 栏位中）两个号码，制单时要注意加以区别。

（四）开证日期（Date of Issue）

信用证一般会注明开证日期。此日期有时与装运日期有关。例如，有的信开信用证规定装运日期为“Shipment within ×× days after L/C date”（开证后××天内装运）；此日期也会被各种单据引用，如汇票的出票依据（Drawn under）的内容包括开证行、开证日期和信用证号码等。

（五）开证申请人（Applicant）

此栏目包括开证申请人的名称和详细地址，也是信用证的必要栏目。商业发票的“受票人”

或称“抬头人”(To:)、提单中的“被通知人”(Notify party)往往需要填上开证申请人的名称和详细地址。在信用证中,开证申请人的英文表达还有:principal、accountee、accreditor、opener、at the request of (Messrs)××、on behalf of(Messrs)××、by order of (Messrs)××等。

(六)受益人(Beneficiary)

此栏目包括受益人的名称和详细地址,同样是信用证的必要栏目。各种单据中的“发货人”(Consignor)、提单中的“托运人”(Shipper)往往是受益人,需填上名称和详细地址。受益人的英文表达还可为 in favour of ××、in one's favour、favouring ××等。

(七)信用证的有效期及到期地点(Date and Place of Expiry)

信用证均须规定有效期限及到期地点,否则无效。信用证上一般用“Expiry”或“Expiry Date”表示期满,也可用 Validity、Validity Date、Valid till 等表示,并加上到期地点。例如,“Date and place of expiry:April 15,2023 in country of beneficiary.”(有效期及到期地点:2023 年 4 月 15 日在受益人所在国到期)。

(八)信用证金额(L/C Amount)

信用证金额包括货币名称和金额数目。此项的表述方式有:Amount(金额),for the amount of…(金额……),To the amount of…(金额达到……),In the amount of…(金额是……),Amount not exceeding(金额不超过……),Amount maximum(最高金额达……)等。如是 SWIFT 电开证,一般表示为“Currency Code;Amount”。当信用证金额前写有“About or Approximately USD××,00”(大约或大致××美元)字样时,按 UCP600 惯例,解释为本证允许金额有 10%的增减幅度。

(九)通知行(Advising Bank)

通知行的英文表达方式有:“Advising/Notifying Bank”(通知行)或“Advising through×× Bank”(由××银行通知)。

(十)信用证的兑用方式(Credit Available with…by)

“兑用”(Avail)是指受益人凭相符交单向开证行或被指定银行支取信用证款项的行为。UCP600 第 6 条 b 款规定:“信用证必须规定其是以即期付款、延期付款、承兑还是议付的方式兑用。”信开证中关于信用证兑用的表示方式有:

(1)即期付款。例如,“41D:Available with us by payment.”(由我行即期付款)。

(2)延期付款。例如,“Available with…by deferred payment.”(可由……银行延期付款)。

(3)承兑。例如,“Available with us by acceptance.”(由我行承兑)。

(4)议付。例如,“Available with any bank (×× Bank) by negotiation.”(由任何银行或××银行议付)。信用证如规定“Available with any bank by negotiation”,则为自由议付信用证,即受益人可向任何一家银行(包括国内外的银行)交单议付(即全球交单),只要这家银行愿意购买受益人提交的单据和汇票。信用证如规定“Available with ×× Bank(某被指定银行)by negotiation”,则为限制议付信用证,即受益人只能向指定的银行交单议付。

根据 UC600 第 6 条 a 款的解释,规定在被指定银行兑用的信用证也可以在开证行兑用。

二、信用证的汇票条款

信用证中汇票条款的表示方式一般为“Beneficiary's draft at sight drawn on us for full invoice value”(受益人按发票全额开具以我行为付款人的即期汇票)。此条款包含如下内容:

(1)出票人(Drawer)。“Beneficiary's draft”(受益人的汇票)表示汇票的出票人为受益人,即信用证项下受益人开具商业汇票。

(2)汇票期限(Tenor)。根据汇票付款期限不同,可写成:①“at sight”(即期付款);②“at…days after/from…”(远期付款);③“at…July 2023 fixed”(定日付款)。

(3)受票人(Drawee)。根据 UCP600 第 6 条 c 款的规定,不得开立包含有以申请人为汇票付款人条款的信用证(A credit must not be issued available by a draft drawn on the applicant),即信用证项下汇票付款人必定是银行,多为开证行。因此,信用证中一般规定“drawn on us”(汇票开给我行),在 MT700 SWIFT 信用证里作为第一人称代词的“us”指开证行,即以开证行为汇票受票人,即付款人。

(4)汇票金额。信用证中汇票金额的表达一般为“for full invoice value”(发票金额全额)或“for ××% of invoice value”(发票金额的百分之几)。

三、信用证的货物条款

货物条款的写法一般为“Covering; Evidencing shipment of…”(证明装运如下……货物)等字样。如是 SWIFT 电开证,写法为“45A:Description of Goods and /or Services”(货物描述或服务)。关于货物描述,如“Flower brand playing card Art.No.778-07,500 gross,USD15.20 per gross CFR Dubai”(货号为 778-07 的花牌扑克牌,500 罗,每罗 15.20 美元成本加运费在内价,目的港迪拜)。货物条款一般包括如下内容:

(1)货物名称和规格(Name of Commodity and Specification)。货物的名称和规格包括品名、品牌、规格或货号等。如“Flower brand”为品牌,“Playing card”为品名,“Art.No.778-07”为货号。

(2)数量(Quantity)。数量由计量单位和数值组成。如“500 gross”(500 罗,1 罗 = 12 打)。

(3)单价(Unit Price)。单价由四个内容组成,即计价货币、单位金额、计价单位和贸易术语。例如,“USD15.20 per gross CFR Dubai”,计价货币为 USD,单位金额为 15.20,计价单位为 gross,贸易术语为 CFR Dubai。如果货物的规格繁杂,不便在证中一一罗列,信用证往往只把品名、品牌、数量及单价列出,其余内容写上“as per S/C No.…”(根据……号合同)等。

四、信用证的装运条款

信用证的装运条款一般包括如下内容:

1.装运港(Port of Loading/Shipment)和卸货港或目的港(Port of Discharge/Destination)

关于装运港和目的港的写法,信开证一般为“Shipment from…(装运港)to…(目的港)”或“Shipment from Chinese port(任何中国港口) to…(目的港)”,SWIFT 电开证的装运港在 44E 栏,卸货港在 44F 栏。

2.装运日期(Date of Shipment)

装运日期的写法有:

(1)“Latest date of shipment…”或“Latest shipment date…”(最迟装运日……)

(2)“Shipment must be no later than…”(装运日不得晚于……)

(3)“Bills of Lading must be dated no later than…”(提单日期不得迟于……)

3.分批装运(Partial Shipments)和转运(Transhipment)

合同与信开信用证中分批装运和转运一般有以下写法：

(1)“Partial shipments are allowed/not allowed.”(允许或不允许分批装运。)

(2)“Partial shipments are permitted/not permitted.”(准许或不准许分批装运。)

(3)“Partial shipments are prohibited.”(禁止分批装运。)

(4)“Transhipment is allowed/not allowed.”(允许或不允许转运。)

(5)“Transhipment is permitted/not permitted.”(准许或不准许转运。)

(6)“Transhipment is prohibited.”(禁止转运。)

SWIFT 电开证在 43P 与 43T 栏只有三种选择：ALLOWED、NOT ALLOWED 和 CONDITIONAL。

五、信用证的单据条款(Shipping Documents)

装运单据的表示方式有：“Documents Required”(需要的单据)；“Accompanied by the following documents marked‘×’”(随附下列有“×”标志的单据)等。

跟单信用证中常见的单据有商业发票、提单、保险单或保险凭证、检验证书、原产地证书、包装单据、装船通知。

(一)商业发票(Commercial Invoice)

商业发票的表示方式一般有：

(1)“Signed commercial invoice in duplicate.”(签署的商业发票一式两份。)

(2)“Commercial invoice in 3 folds.”(商业发票一式三份。)

(3)“Invoice is 2 copies.”(发票一式两份。)

(4)“Manually signed commercial invoice one original plus 4 copies.”(手签的商业发票正本一份加上副本四份。)

(二)提单(Bill of Lading)

提单条款通常为：

(1)“Full set clean on board ocean bill of lading made out to order and blank endorsed marked freight prepaid and notify applicant.”(全套清洁的、货已装船的海运提单，做成空白指示抬头，空白背书，注明运费预付并通知开证申请人)。

(2)“3/3 set of clean on board marine bill of lading made out or endorsed to our order, mark freight to collect and notify applicant.”[全套 3 份正本清洁的已装船的海运提单，抬头做成或背书成凭我行(即开证行)指示，注明运费到付并通知开证申请人]。

(三)保险单或保险凭证(Insurance Policy or Insurance Certificate)

保险条款通常为“Insurance policy or certificate in…for 110% of invoice value covering…risk and…risk subject to ocean marine cargo clauses of CIC dated 09/18/2009 , Claim (if any) payable at…”[保险单或保险凭证一式×份，按发票金额的 110%，根据 2009 年 9 月 18 日订立的中国海运货物保险条款投保××险及××附加险，在××(一般为目的港/地)索赔(如有)]。

(四)检验证书(Inspection Certificate)

商品不同，要求的检验证书的种类也不同，此条款的一般写法有：

(1)“Certificate of quality in...”(品质证书一式……份。)

(2)“Certificate of quantity in...copies.”(数量证书一式……份。)

(3)“Inspection certificate of(for) quality, quantity, weight in...copies issued by Entry Exit Inspection and Quarantine of the People's Republic of China.”(由中国出入境检验检疫机构签发的品质、数量和重量检验证书一式……份。)

(五)原产地证书(Certificate of Origin)

原产地证明条款一般写法有:

(1)“Certificate of origin in...copies issued by CCPIT/GACC.”[由贸促会或中国海关签发的原产地证明书一式……份。]

(2)“Regional Comprehensive Economic Partnership Agreement certificate of origin Form RCEP in...”(区域全面经济伙伴关系协定原产地证书 RCEP 格式一式……份。)

(六)包装单据(Packing Documents)

包装单据一般写法有:

(1)“Packing list in...copies.”(装箱单一式……份。)

(2)“Weight and measurement list in...copies.”(重量及尺码单一式……份。)

(七)装船通知(Shipping advice)

装船通知一般写法有:

(1)“Shipping advice stating quantity shipped, name of vessel, total amount...send to applicant by courier service within 2 days after shipment.”(装船通知在装船后 2 天内通过快递寄给开证申请人,通知声明装运详情包括装运货物数量、船名、总金额等情况。)

(2)“A fax from sellers advising the buyers of the shipment date, the name, the quantity of goods and the name of the carrying vessel...within 48 hours after shipment.”(在装船后 48 小时内卖方将装运日期、货名、数量及船名等装运细节传真通知买方。)

除上述单据外,有的信用证还要求提供受益人证明或其他证明等,以证明某事件已发生。

六、信用证的其他条款(Other Terms)

(一)特别或附加条款(Special Terms or Additional Conditions)

此条款主要是对单据的一些特别要求或是进口国(地区)的某些特殊规定的需要而增加的条款。例如:

(1)“All documents presented must be written in English or Spanish language.”(所有提交的单据必须用英文或西班牙文缮制。)

(2)“Charter party B/L and third party documents are acceptable.”(租船提单和第三方单据可以接受。)

(3)“Both quantity and amount 10 percent more or less are allowed.”(允许数量和金额有 10%的增减幅度。)

(4)“5% commission to be deducted from the invoice value.”(5%的佣金必须在发票金额中扣除。)

（二）交单期（Period for Presentation）

交单期一般写法有：

（1）"Documents must be presented within 15 days after shipment, but within credit validity."（必须在装船后 15 天内，且要在信用证的有效期内提交单据。）

（2）"Documents must be presented within 21 days after the date of issuance of the transport documents but within the validity of the credit."（必须在运输单据签发后 21 天内，且要在信用证的有效期内提交单据。）

（三）银行费用条款

银行费用的一般规定有：

（1）"All banking charges outside the country of issuance of this credit are for the account of beneficiary."（发生在开证国家以外的所有银行费用由受益人承担。）

（2）"All banking charges inside China are for beneficiary's account."（发生在中国的费用由受益人承担。）

（四）开证行对被指定银行的指示

开证行对被指定银行的指示一般包括如下内容：

（1）兑用金额背批条款。如："The amount of each drawing must be endorsed on the reverse side of this credit by the negotiating bank."（每次支用的金额须由议付行在本证背面签注。）

（2）寄单条款。如："Please send all documents by courier service to us in one lots."（请将所有的单据用快递方式一次性寄交我行）。"courier service"是指"特快专递"，如 DHL、EMS、UPS 等，与传统的邮政服务"Post Service"，如 Air mail（航空邮件）有区别。

（3）偿付条款。如："In reimbursement, we shall reimburse you in accordance with your instructions."［我行（开证行）将依照贵行（兑用银行）的指示偿付款项。］

（4）开证行的声明文句。如："Credit is subject to ICC Uniform Customs and Practice for Credits（UCP600）."［本信用证受国际商会修订的《跟单信用证统一惯例》（UCP600）约束。］

第三节　SWIFT 信用证

SWIFT 是环球银行金融电信协会（Society for Worldwide Interbank Financial Telecommunication）的英文简称，该组织成立于 1973 年，是国际银行同业间的国际合作组织，专门从事传递各国（地区）之间的非公开性国际金融电信业务，同时承担国际账务清算及银行间的资金调拨等业务，包括开立信用证、办理信用证项下的汇票业务等。目前，全球 200 多个国家和地区超过 11500 家银行和非银行金融机构通过 SWIFT 系统办理银行国际业务。

SWIFT 具有以下四个特点：

第一，需要会员资格。每个会员有自己的 SWIFT 代码，称为"SWIFT CODE"。采用信用证结算方式，卖方需把其开户银行的 SWIFT 代码告诉买方（外商），以便买方到银行申请开立信用证时，知道给卖方哪个银行发信用证报文。我国大多数专业银行是 SWIFT 会员。

第二，费用较低。同样多的内容，其费用只有 TELEX（电传）的 18%左右，只有 CABLE（电报)的2.5%左右。

第三,安全性较高。SWIFT可自动加核密押,半年一换,通过接收银行系统自动解密来确保电文的安全真实。它比电传的可靠性高,保密性高,且具有较高的自动化程度。

第四,具有标准化格式。对于SWIFT电文,SWIFT组织有着统一的要求和格式。SWIFT电文标准格式已经成为国际银行间数据交换的标准语言。凡通过SWIFT开立或通知的信用证,称为"SWIFT信用证",也称"环球电协信用证"。由于SWIFT具有标准化格式,目前,信用证的传递主要是使用SWIFT电文,因此有必要对SWIFT信用证进行了解。在SWIFT系统中,MT700是开证行发送本行开立的信用证的基本报文格式,MT701是其补充格式,在MT700报文字符超过10000字符时补充使用,不能单独使用;MT710是非银行金融机构开立或通过第三家银行发送的信用证报文格式(即开立信用证的非银行机构把信用证送给某银行,或开证行通过MT700格式把信用证发送给某银行,这家银行再用MT710格式把信用证发送给受益人所在地银行),MT711是其补充格式,不能单独使用;MT720是可转让信用证在转让行转让时的报文格式,MT721是其补充格式,不能单独使用。MT720发送的不是可转让信用证,而是可转让信用证的转让内容,MT700与MT710发送的有的是可转让信用证,可转让信用证如果不转让,跟不可转让信用证没什么两样。信用证修改书的报文格式为MT707,MT708是其补充格式。

一、SWIFT信用证电文表示方式

(一)项目表示方式

一份SWIFT信用证报文由若干个栏目构成,每个栏目的格式固定,由"栏目编号、条款属性和条款内容"三部分组成。如"40A:FORM OF DOCUMENTARY CREDIT:IRREVOCABLE",其中,"40A"为栏目编号,"FORM OF DOCUMENTARY CREDIT"为条款属性,即"跟单信用证的类型","IRREVOCABLE"是条款内容,指"不可撤销"。全句的意思是,该信用证为不可撤销的跟单信用证。有些条款内容很长,中间还分好几个部分,通常用"+"来分割。如"46A:Documents Required"与"47A:Additional Condition","46A"栏目的条款属性为"单据要求","47A"栏目的条款属性为"附加条款",这两大栏目的条款内容则按合同的规定,要求受益人提交相应的各种单据与附加条件,每种单据或附加条件就用"+"来分割。单证类型的表述往往有"/"间隔号,意为"或",选择其中一类即可,如信用证要求受益人提供保险单据的表述为"INSURANCE POLICY/CERTIFICATE..."(保险单或保险凭证……),受益人可在保险单与保险凭证中择一交单。

SWIFT信用证报文中的栏目分必选栏目(Mandatory Field)和可选栏目(Optional Field),分别用大写英文字母"M"与"O"表示。其中,"M"指必选栏目,"O"指可选栏目。在MT700、MT701格式中,仅27、40A、20、31C、40E、31D、50、59、32B、41a、49为必选栏目,其余各栏目根据信用证业务性质选用或不用,每个栏目在其报文格式中出现的顺序与位置是固定的。

(二)日期表示方式

SWIFT报文的日期表示为:YYMMDD(年月日)。例如:2023年7月20日表示为230720;2000年12月5日表示为001205;1999年1月8日表示为990108。

(三)数字表示方式

在SWIFT报文中,数字分隔号用"."表示,小数点用","表示。例如:735,690.50表示为

735.690,50;4/5 表示为 0,8。

（四）货币表示方式

在 SWIFT 报文中，货币名称使用国际上统一的货币代码，每种货币都是用三个大写字母表示。例如，人民币—CNY，美元—USD，英镑—GBP，港元—HKD，日元—JPY，欧元—EUR，澳大利亚元—AUD，加拿大元—CAD。

二、SWIFT 信用证的格式及内容

SWIFT 每年 11 月都会对其系统进行升级，其中对信用证报文影响最大的升级发生在 2006 年和 2018 年。2006 年的升级主要变动如下：

第一，在报文中增加了 40E“适用规则”这一必选栏目，即栏目号 40E，条款属性名称“Applicable Rule”（适用规则），条款的内容须选下列 5 种之一：a.UCP LATEST VERSION（于开证之日生效的最新版跟单信用证统一惯例）；b.EUCP LATEST VERSION（于开证之日生效的最新版跟单信用证统一惯例电子交单规则）；c.UCP URR LATEST VERSION（于开证之日生效的最新版跟单信用证统一惯例和银行间偿付统一规则）；d.EUCP URR LATEST VERSION（于开证之日生效的最新版跟单信用证统一惯例电子交单规则和银行间偿付统一规则）；e.OTHR（其他规则），如果选择这一条，此处会出现由“/”开始另起一行的具体适用规则。

SWIFT 在增加这一项的同时，也把其会员手册中的第一条“通过 SWIFT 系统开立的信用证自动受开证之日生效的跟单信用证统一惯例约束”的文字表述删除了，这样便于受益人清楚了解约束信用证的规则，从而减少发生误会的可能性。

第二，对运输路线的栏目进行了全面调整。将原先用于表示各种运输方式的 44A 栏“装船/发运/接受监管地”及 44B“运输至”进行分解，调整成 44A、44E、44F、44B 这四个栏目来体现不同运输方式下不同运输单据对装运起讫地点的具体要求。这一变动对申请人正确提出开证申请、受益人提交正确的运输单据均有很大的帮助。

SWIFT 于 2018 年 11 月专门对其第 7 类业务中的信用证相关报文进行了重大升级，变动最大的是信用证的修改报文 MT707，其栏目内容由原来的 23 项变更为 47 项，并增加了一个补充报文类型 MT708，其他主要变化如下：

第一，发文次数。MT700、MT710、MT720、MT707 报文仅能发送 1 次，其对应的补充报文 MT701、MT711、MT721、MT708 不能独立使用，仅在其基础报文内容超限（10000 个字符）时补充发送没有发完的内容，补充报文最多可以使用 7 次（升级之前最多可发送 3 次）。

第二，其他主要变化。

（1）栏目代码的增删。删去了一个可选项：39B（Maximum Credit Amount，信用证最大金额）。增加了三个可选项：49G（Special Payment Conditions for Beneficiary，对受益人的付款条件说明）、49H（Special Payment Conditions for Bank only，仅对银行的付款条件说明）、58a（Requested Confirmation Party，被指定的保兑行）。

（2）栏目性质的变化。可选项 31C（Date of Issue，开证日期）变更为必选项。

（3）栏目代码或名称的变化。42P（Deferred Payment Details）变更为 42P（Negotiation/Deferred Payment Details）；43T（Transshipment）变更为 43T（Transhipment）；71B（Charges）变更为 71D（Charges）；48（Period for Presentation）变更为 48（Period for Presentation in Days）；72（Sender to Receiver

Information)变更为 72Z(Sender to Receiver Information)。

(4)栏目内容的变化。45A、46A、47A、71D、78、72Z 等栏目的内容由原来的字符集 X 变更为字符集 Z,使得更多的字符如@、引号等可在对应的栏目内容中直接使用。43P 与 43T 两个栏目增加了一个选择项:CONDITIONAL(有条件的)。42P 与 48 两个栏目由于名称有变化,涉及的内容或表现形式也有所改变,希望引起学习者与实务工作者的注意。

(5)栏目代码在不同报文类型间的调整。原来在 MT701、MT711、MT721 报文中使用的 45B、46B、47B 调整为 45A、46A、47A;原来在 MT707 报文中使用的 45A、46A、47A 调整为在 MT707 及 MT708 报文中统一使用 45B、46B、47B,规则中删除了同一个栏目不能同时出现在基础报文与补充报文中的规定。

一份 SWIFT 信用证报文由报头(Head Block)、正文(Tex Block)和报尾(Trailer Block)组成。报头与报尾的内容是银行间系统通信的内容。受益人只需理解和审核正文。以下分别介绍 SWIFT 第七类业务中 SWIFT 信用证开立 MT700/MT701 和信用证修改书 MT707/MT708 报文格式、报文正文内容,并按照各栏目出现的顺序做一浅解。

(一)MT700 跟单信用证的开立

MT 700 ISSUE OF A DOCUMENTARY CREDIT

(报头略)

必选 27:Sequence of Total(报文次序)。

[该栏目内容表示信用证的电文发报次数与发送顺序,如果信用证条款能够容纳在该 MT700 报文中,那么,该栏目内容显示“1/1”;如果信用证由一份 MT700 报文和一份 MT701 报文组成,那么在 MT700 报文的此栏目中显示“1/2”,在 MT701 报文的此栏目中显示“2/2”,依此类推。当跟单信用证内容超过 MT700 报文格式的容量时,先用 MT700 发送一次,再使用一个或多个(最多 7 个)MT701 报文格式传送剩下的有关跟单信用证条款,一般是货物条款(45A)、单据条款(46A)、附加条款(47A)、对受益人的付款条件说明(49G)或仅限对银行的付款条件说明(49H)。]

必选 40A:Form of Documentary Credit(跟单信用证类型)。

[该栏目填法二选一:①IRREVOCABLE(不可撤销跟单信用证);②IRREVOCABLE TRANSFERABLE(不可撤销可转让跟单信用证)。]

必选 20:Documentary Credit Number(跟单信用证号码)。

[SWIFT 第 7 类报文中,20 栏的内涵是发报银行对其发出的报文进行编号。]

可选 23:Reference to Pre-Advice(预先通知编号)。

[如果信用证采取预先通知方式,该栏目内应填入“PREADV/”再加上预先通知的编号。]

必选 31C:Date of Issue(开证日期)。

必选 40E:Applicable Rules(信用证适用的规则)。

必选 31D:Date and Place of Expiry(信用证的到期日及到期地点)。

可选 51a:Applicant Bank(开证申请人的银行)。

[开证申请人在其开户行以外的银行开证时,用这个代码显示其开户银行,以 51A 出现的是其银行的 SWIFT CODE,以 51D 出现的是以文字描述的形式来标示银行,如银行的名称地址。]

必选 50:Applicant(开证申请人)。

必选 59:Beneficiary(受益人)。

必选 32B:Currency Code,Amount(信用证的币种代码和金额)。

可选 39A:Percentage Credit Amount Tolerance(信用证金额允许浮动的百分比)。

[该栏目表示的方法较为特殊,以两位数值表示金额可上下浮动的百分比数值,如 05/05,“/”前边的数值表示可上浮的百分比,后边的数值表示可下浮的百分比。]

可选 39C:Additional Amounts Covered(额外金额)。

[表示信用证所涉及的保险费、运费、利息等货值以外的额外费用金额。]

必选 41a:Available with...by...(信用证兑用的被指定银行和信用证的兑用方式)。

[1.银行表示方法:当该栏目代号为 41A 时,银行用其 SWIFT CODE 表示。当该栏目代号为 41D 时,以文字描述的形式来标示银行,如银行的名称地址。如信用证为自由议付信用证时,该栏目代号为 41D,银行用“Any Bank”表示,则表示该信用证可以在 31D 栏目标明的国家或地区的任一家银行或开证行兑用。

2.兑用方式的表示方法:一份信用证对应一种兑用方式,分别表示如下:

By Payment (即期付款);By Acceptance(承兑付款);By Negotiation(议付);By Deferred Payment(延期付款,具体信用证中表现为 BY DEF PAYMENT);By Mixed Payment(混合付款,具体信用证中表现为 BY MIXED PYMT)。

如果该信用证为延期付款信用证,有关付款的详细条款将在栏目 42P 中列明(不需要汇票的议付信用证的付款期限安排也在 42P 中列明)。如果该信用证系混合付款信用证,有关付款的详细条款将在栏目 42M 中列明。]

可选 42C:Draft at(汇票付款期限)。

可选 42a:Drawee(汇票付款人)。

[该栏目不能出现汇票付款人的账号。必须是开证行或开证行指定的另一银行,不能是开证申请人。当具体的一份信用证该栏目代码为 42A 时,银行用其 SWIFT COOE 表示,当该栏目代码为 42D 时,以文字描述的形式来标示银行,如银行的名称地址。42A(42D)与 42C 必须同时出现。如没有 42C 与 42A(42D)栏目,则一般不需要汇票。有的银行因使用汇票需要交印花税,所以拒绝汇票。]

可选 42M:Mixed Payment Details(混合付款条款说明)。

[该栏目列明混合付款跟单信用证项下的付款日期、金额及确定的方式。]

可选 42P:Negotiation/Deferred Payment Details(议付/延期付款条款说明)。

[该栏目列明延期付款跟单信用证项下的付款时间或不需要汇票的议付信用证的付款时间。]

可选 43P:Partial Shipments(部分装运条款)。

[该栏目列明跟单信用证项下部分装运是否允许。有 Allowed、not Allowed、Conditional 三种可选用。如标明“Not Allowed”,则需一次性把货物全部出运;如出现“Conditional”,则应在信用证的其他地方列出分批装运的条件。]

可选 43T:Transhipment(转运条款)。

[该栏目表示该信用证的货物是直接运达还是可以通过第三地转运到目的港/目的地,有 Allowed、not Allowed、Conditional 三种方法选用。]

可选 44A:Place of Taking in Charge/Dispatch from…/Place of Receipt(接受监管地/发货地/收货地)。

[多式联运时涉及该选项,FAS、FOB、CFR 和 CIF 等价格术语不应涉及该选项。]

可选 44E:Port of Loading/Airport of Departure(装运港/出发机场)。

可选 44F:Port of Discharge/Airport of Destination(卸货港/目的地机场)。

可选 44B:Place of Final Destination/For Transportation to……/Place of Delivery(最终目的地/运往…/交货地)。

[多式联运时涉及该选项,FAS、FOB、CFR 和 CIF 等价格术语不应涉及该选项。]

可选 44C:Latest Date of Shipment(最迟装运日期)。

[不能与 44D 同时出现。]

可选 44D:Shipment Period(装运期间)。

[不能与 44C 同时出现。]

可选 45A:Description of Goods and/or Services(货物描述和/或服务条款)。

[该栏目表述的是比较具体的货物描述和价格条款。]

可选 46A:Documents Required(单据要求)。

[受益人须按此栏目规定的种类、内容与正副本份数提交单据。]

可选 47A:Additional Condition(附加条款)。

[对各方当事人、货物或单据的一些特殊要求均可列于此。常见的附加条款有:单据须用英语缮制;第三方单据是否接受;某些具体内容需在全部或某些单据中显示;关于不符单据的扣费和处理条款等。某些国家(地区)开来的信用证把 46A 和 47A 的条款全部混在一起,给单证员带来一定难度,这种情况下单证员需细心地做好每个细节。]

可选 49G: Special Payment Conditions for Beneficiary(对受益人的付款条件说明)。

[该栏目用来说明需要对受益人特别的付款安排,比如后融资的需求或条件。]

可选 49H: Special Payment Conditions for Bank Only(对银行的付款条件说明)。

[该栏目用来说明需要对不向受益人公开的银行特别的付款安排,比如后期融资的需求或条件。]

可选 71D:Charges(费用负担)。

[该栏目用来说明对受益人的收费。有下列几项:代码 AGENT 为代理商佣金,代码 COMM 为发报行的佣金,代码 CORCOM 为发报行联行的佣金,代码 DISC 为商业折扣,代码 INSUR 为保险费,代码 POST 为寄单费,代码 STAMP 为印花税,代码 TELECHAR 为电讯费,代码 WAREHOUS 为码头与仓储费用。]

可选 48:Period for Presentation in Days(以天数表示的交单期限)。

[表明货物装运日后若干天内交单。若无此栏目,如信用证要求 UCP600 项下第 19~25 条中的正本运输单据,则表示在货物装运日后 21 天内交单;如信用证要求的正本运输单据不属于 UCP600 第 19~25 条的规定,或不要求正本运输单据或者运输单据,则交单期最晚可到信用证截止日。]

必选 49:Confirmation Instruction(保兑指示)。

[该栏目的填法三选一:CONFIRM(要求 58a 的银行保兑该信用证);MAY ADD(58a 的银行可以对信用证加具保兑);WITHOUT(该证不需要保兑)。]

可选 58a: Requested Confirmation Party(被要求保兑的银行)。

[该栏目在 48 栏目出现 CONFIRM(保兑)或 MAY ADD(可加保兑)时,必须出现一家由开证行要求作为保兑行的银行,但是否保兑由被要求的银行自行决定。]

可选 53a:Reimbursement Bank(偿付行)。

[如果存在替开证行偿付被指定银行垫款的银行时出现该栏目,一般是信用证货币流通国家(地区)的开证行的分行或联行。出现 53A,则银行以 SWIFT CODE 表示,出现 53D,银行以文字描述的方式标示。]

可选 78:Instructions to the Paying/Accepting/Negotiation Bank(给付款行/承兑行/议付行的特殊指示)。

[该栏目一般包含寄单路线、偿付保证等内容。]

可选 57a:Advise through...Bank(收报行以外的通知行)。

[如果开证行对信用证的通知路线与申请人的要求不一致时出现该栏目,一般申请人要求的通知行会出现在这里。出现 57A,则银行以 SWIFT CODE 表示;出现 57B,是要求收报银行的下属分支行通知;出现 57D,银行以文字描述的方式标示。]

可选 72Z:Sender to Receiver Information(发报银行对收报银行的信息)。

[该栏目用来列出发报行对收报行的附加信息,代码 PHONBEN 表示电话通知受益人,代码 TELEBEN 表示用快捷有效的电信方式通知受益人。]

(报尾略)

(二)MT707 跟单信用证的修改

MT707 AMENDMENT TO A DOCUMENTARY CREDIT

(报头略)

必选 27:Sequence of Total(报文次序)。

[该栏目旨在提醒收报银行及受益人检查收报内容的完整性。其内容为一个分数,分子表示报文发送顺序,分母表示报文发文总次数。如 1/1 表示本修改仅一次 MT707 报文就发送完成。如果是 1/n(8≥n>1),则表示这是 MT707 发送的内容,后面还有用 MT708 补充发送的 2/n,…,n/n,主要是货物条款(45B)、单据条款(46B)、附加条款(47B)、对受益人的付款条件说明(49M)或仅限对银行的付款条件说明(49N)等条款的修改内容。]

必选 20:Sender's Reference(发报银行的编号)。

[这是发出这份信用证修改的银行对其发出的这份修改的唯一编号。]

必选 21:Receiver's Reference(收报银行的编号)。

[这是收到这份信用证修改的银行对其收到的这份修改的唯一编号。]

必选 23:Issuing Bank's Reference(开证银行的编号)。

[这是开证银行对其开出的信用证的编号,也就是被修改的信用证的号码。]

可选 52a：Issuing Bank（开证银行）。

[该栏目在修改由第三方银行通知时出现，用来表明开证行。不能与 50B 同时出现。]

可选 50B：Non-Bank Issuer（非银行的开证机构）。

[该栏目在修改由第三方银行通知时出现，用来表明开证的机构非银行。不能与 52a 同时出现。]

必选 31C：Date of Issue（开证日期）。

[该栏目列明原跟单信用证的开立日期，即开证行开立信用证的日期。]

必选 26E：Number of Amendment（修改次数）。

[该信用证修改次数，要按顺序排列，该栏目内的数字表示到该报文为止信用证共做了几次修改。]

必选 30：Date of Amendment（修改日期）。

[该栏目列明开证行修改信用证的日期。]

必选 22A：Purpose of Message（报文用途）。

[该栏目列明本次报文的目的，有 3 个用途代码，三选一：ACNF 表示由发报行通知并保兑该修改报文；ADVI 表示由发报行通知该修改报文；ISSU 表示该修改报文是发报行做出的。]

可选 23S：Cancellation Request（要求删除的内容）。

[该栏目内容为 CANCEL，表明撤销。]

可选 40A：Form of Documentary Credit（信用证类型）。

[该栏目在信用证类型做修改时出现。IRREVOCABLE 表明修改为不可撤销的信用证；IRREVOCABLE TRANSFERABLE 表明修改为不可撤销的可转让的信用证。]

可选 40E：Applicable Rules（适用规则）。

[该栏目在信用证的适用规则有修改时出现。]

可选 31D：Date and Place of Expiry（信用证的截止日与交单地点）。

[该栏目在信用证的截止日及或交单地点有变化时出现。]

可选 50：Changed Applicant Details（开证申请人的变化）。

[该栏目在信用证的开证申请人的信息有变化时出现。]

可选 59：Beneficiary（受益人）。

[该栏目在信用证的受益人变更为新的一方时出现。]

可选 32B：Increase of Documentary Credit Amount（信用证金额的增加）。

[该栏目在信用证的金额有增加时出现，包含货币符号与金额数目两部分，货币符号须与原证的货币符号一致。]

可选 33B：Decrease of Documentary Credit Amount（信用证金额的减少）。

[该栏目在信用证的金额有减少时出现，包含货币符号与金额数目两部分，货币符号须与原证的货币符号一致。]

可选 39A：Percentage Credit Amount Tolerance（信用证金额的浮动幅度）。

[该栏目在信用证金额允许的浮动幅度有改变时出现。]

可选 39C：Additional Amounts Covered（信用证可附加的金额）。

［该栏目在信用证可附加的金额内容有变化时出现。］

可选 41a：Available with…by…（信用证的兑用银行与兑用方式）。

［该栏目在信用证的兑用银行及/或兑用方式发生改变时出现。］

可选 42C：Drafts at…（汇票期限）。

［该栏目在信用证规定的汇票期限发生变化时出现。］

可选 42a：Drawee（汇票付款人）。

［该栏目在信用证规定的汇票付款人发生变化时出现。］

可选 42M：Mixed Payment Details（混合付款指示）。

［该栏目在混合付款信用证的付款细节有修改时出现。］

可选 42P：Negotiation/Deferred Payment Details（议付/延期付款指示）。

［该栏目在议付信用证或延期付款信用证的付款期限有变化时出现。］

可选 43P：Partial Shipments（部分装运）。

［该栏目在信用证货物是否分批出运安排有变化时出现。］

可选 43T：Transhipment（转运）。

［该栏目在信用证货物的运输是否允许转运的安排有变化时出现。］

可选 44A：Place of Taking in Charge/Dispatch from …/Place of Receipt（货物运输的监管地/发货地/收货地）。

［该栏目在信用证货物的运输监管地、发货地或收货地发生变化时出现。］

可选 44E：Port of Loading/Airport of Departure（装运港/起飞机场）。

［该栏目在信用证货物的装运港或起飞机场的安排有变化时出现。］

可选 44F：Port of Discharge/Airport of Destination（卸货港/抵达机场）。

［该栏目在信用证货物的卸货港或抵达机场的安排有变化时出现。］

可选 44B：Place of Final Destination/For Transportation to …/Place of Delivery（最后目的地/运至地/交货地）。

［该栏目在信用证货物的最后目的地/运至地/交货地的安排有变化时出现。］

可选 44C：Latest Date of Shipment（最晚装运日）。

［该栏目在信用证货物的最晚装运日有变化时出现，不能与 44D 同时出现。］

可选 44D：Shipment Period（装运期间）。

［该栏目在信用证货物的装运期有变化时出现，不能与 44C 同时出现。］

可选 45B：Description of Goods and/or Services（货物及/或服务描述）。

［该栏目在信用证货物或服务的描述有变化时出现。代码 ADD 后接需要添加的句子或段落文本内容；代码 DELETE 后接需要删掉的句子或段落文本内容；代码 REPALL 后的内容为把 45A 的全部内容替换掉，不能再有其他代码。］

可选 46B：Documents Required（单据要求）。

［该栏目在信用证的单据要求有变化时出现。代码 ADD 后接需要添加的句子或段落文本内

容;代码 DELETE 后接需要删掉的句子或段落文本内容;代码 REPALL 后的内容为把 46A 的全部内容替换掉,不能再有其他代码。]

可选 47B:Additional Conditions(附加条件)。

[该栏目在信用证的附加条款有变化时出现。代码 ADD 后接需要添加的句子或段落文本内容;代码 DELETE 后接需要删掉的句子或段落文本内容;代码 REPALL 后的内容为把 47A 的全部内容替换掉,不能再有其他代码。]

可选 49M:Special Payment Conditions for Beneficiary(对受益人的付款条件说明)。

[该栏目在信用证对受益人的特殊付款条件有变化时出现。代码 ADD 后接需要添加的句子或段落文本内容;代码 DELETE 后接需要删掉的句子或段落文本内容;代码 REPALL 后的内容为把 49G 的全部内容替换掉,不能再有其他代码。]

可选 49N:Special Payment Conditions for Bank Only(仅限对银行的付款条件说明)。

[该栏目在信用证对银行的特别付款安排条件有变化时出现。代码 ADD 后接需要添加的句子或段落文本内容;代码 DELETE 后接需要删掉的句子或段落文本内容;代码 REPALL 后的内容为把 49H 的全部内容替换掉,不能再有其他代码。]

可选 71D:Charges(费用)。

[该栏目在信用证项下对受益人的收费栏目有变化时出现。]

可选 71N:Amendment Charge Payable By(修改费支付方)。

[该栏目用来明确信用证的修改费用由何方支付。以下代码三选一:APPL 表示由开证申请人支付;BENE 表示由受益人负担;OTHR 表示由其他当事人支付。]

可选 48:Period for Presentation in Days(用天数来表示的交单期限)。

[该栏目在交单期限有变化时出现。]

可选 49:Confirmation Instructions(保兑指示)。

[该栏目在对被要求保兑的银行指示有变化时出现。]

可选 58a:Requested Confirmation Party(被要求保兑的银行)。

[该栏目在 49 栏目出现 Confirm(保兑)或 May add(可加保兑)时出现,也会随 49 栏的修改而相应修改,也可能因更换授权保兑银行而修改。]

可选 53a:Reimbursing Bank(偿付银行)。

[该栏目在信用证项下对偿付银行的安排有变化时出现。]

可选 78:Instructions to the Paying/Accepting/Negotiating Bank(对付款银行/承兑银行/议付银行的指示)。

[该栏目在对付款银行/承兑银行/议付银行的指示有变化时出现。]

可选 57a:“Advise Through”Bank(收报行以外的通知银行)。

[该栏目在信用证的修改需要通过收报银行以外的银行通知时出现。]

可选 72Z:Sender to Receiver Information(发报行对收报行的信息)。

[该栏目在对收报行有附加要求时出现。]

(报尾略)

三、SWIFT 信用证样例翻译与解释

（一）SWIFT 信用证实例原文（韩国信用证）

MT S700　　ISSUE OF A DOCUMENTARY CREDIT

Sender：BKCHKRSEICN
BANK OF CHINA SEOUL BRANCH
INCHEON BRANCH
SINPO-DONG INCHEON KOREA，REPUBLIC OF
Receiver：BKCHCNBJ95E
BANK OF CHINA
CHANGZHOU BRANCH
29 YANLINGXI ROAD CHANGZHOU CHINA

SEQUENCE OF TOTAL	*27	1/2
FORM OF DOC.CREDIT	*40A	IRREVOCABLE
DOC.CREDIT NUMBER	*20	BMT0629292IM
DATE OF ISSUE	*31C	221228
APPLICABLE RULES	*40E	UCP LATEST VERSION
DATE/PLACE EXP.	*31D	DATE 230415 PLACE COUNTRY OF BENEFICIARY
APPLICANT	*50	APOTEX INC. 114，YEONG JONG-DAERO，JUNG-GU INCHEON KOREA
BENEFICIARY	*59	CHANGZHOU BAOYAO PHARMACEUTICALS CO.LTD MEILONGBA SOUTHERN SURRBS CHANGZHOU JIANGSU，213004 CHINA
CURRENCY CODE，AMOUNT	*32B	CURRENCY USD AMOUNT 28.920，00
AVAILABLE WITH…BY…	*41D	ANY BANK ON COUNTRY OF BENEFICIARY BY NEGOTIATION
DRAFTS AT…	42C	AT SIGHT
DRAWEE	42A	BKCHUS33 *BANK OF CHINA NEW YORK BRANCH *1045 AVENUE OF THE AMERICAS *NEW YORK UNITED STATES
PARTIAL SHIPMENTS	43P	ALLOWED
TRANSHIPMENT	43T	ALLOWED
PORT OF LOADING/AIRPORT OF DEPARTURE	44E	SHANGHAI OR NINGBO PORT CHINA
PORT OF DISCHARGE/AIRPORT OF DESTINATION	44F	INCHEON KOREA
LATEST DATE OF SHIPMENT	44C	230331

(二)SWIFT 信用证实例翻译与解释(韩国信用证)

MT S700　　　　ISSUE OF A DOCUMENTARY CREDIT

MT700 为 SWIFT 信用证的基本格式,每份信用证开立时都要使用并只能使用一次,发不完的内容可用 MT701 补充格式发送

开立跟单信用证

Sender:	BKCHKRSEICN BANK OF CHINA SEOUL BRANCH INCHEON BRANCH SINPO-DONG INCHEON KOREA,REPUBLIC OF	← 发报银行:SWIFT CODE 银行名称 银行地址
Receiver:	BKCHCNBJ95E BANK OF CHINA CHANGZHOU BRANCH 29 YANLINGXI ROAD CHANGZHOU CHINA	← 收报银行:SWIFT CODE 银行名称 银行地址

报文发讯次序	*27	1/2(总共两次发报,此文为第一次报文)	
跟单信用证类型	*40A	不可撤销	
跟单信用证号码	*20	BMT0629292IM	
开证日期	*31C	2022 年 12 月 28 日	
适用规则	*40E	UCP 最新版(即现行有效的 UCP600)	
截止日期与地点	*31D	2023 年 4 月 15 日在受益人所在国家	
开证申请人	*50	APOTEX INC. 114,YEONG JONG-DAERO,JUNG-GU INCHEON,KOREA	
受益人	*59	CHANGZHOU BAOYAO PHARMACEUTICALS CO.LTD MEILONGBA SOUTHERN SURRBS CHANGZHOU JIANGSU,213004 CHINA	
金额币别	*32B	28,920.00 美元	
信用证兑用银行与兑用方式	*41D	在受益人国家的任意银行议付	
汇票期限	42C	即期	
汇票付款人	42A	BKCHUS33	→ 付款银行 SWIFT CODE,42a 代码以 42A 方式出现时会有此代码
		* BANK OF CHINA NEW YORK BRANCH * 1045 AVENUE OF THE AMERICAS * NEW YORK UNITED STATES	付款银行名称
分批装运	43P	允许	
转运	43T	允许	
装货港口或机场	44E	中国上海港或宁波港	
卸货港口或机场	44F	韩国仁川	
最晚装运日	44C	2023 年 3 月 31 日	

DOCUMENTS REQUIRED	46A	+1 ORIGINAL AND 1 COPY COMMERCIAL INVOICE MUST INDICATE APPLICANT'S PO NUMBER 4500189719 +1 ORIGINAL AND 2 COPY PACKING LIST MUST INDICATE APPLICANT'S PO NUMBER 4500189719 +1 ORIGINAL INSURANCE POLICY/CERTIFICATE IN NEGOTIABLE FORM ENDORSED IN BLANK COVERING ALL RISKS AND WAR RISKS AS PER OCEAN MARINE CARGO CLAUSES, WAR RISKS CLAUSES (9/18/2009) FOR THE PEOPLE'S INSURANCE COMPANY OF CHINA (ABBREVIATED AS C.I.C ALL RISKS AND WAR RISKS) (WAREHOUSE TO WAREHOUSE CLAUSE IS INCLUDED) FOR 110 PERCENT OF INVOICE VALUE. +1 ORIGINAL AND 1 COPY CERTIFICATE OF ANALYSIS FOR EACH LOT +1 ORIGINAL CERTIFICATE OF ORIGIN +1 ORIGINAL AND 1 COPY BENEFICIARY CERTIFICATE STATING THAT CERTIFICATE OF ANALYSIS FOR EACH LOT HAS BEEN INCLUDED WITH SHIPMENT AND A COPY OF CERTIFICATE OF ANALYSIS HAS BEEN FAXED TO 82-32-881-3255 ATTN LEE TEUK +FULL SET OF CLEAN ON BOARD BILL OF LADING CONSIGNED TO THE ORDER OF ISSUING BANK MARKED NOTIFY APOTEX INC., 114, YEONG JONG-DAERO, JUNG-GU INCHEON KOREA AND MARKED FREIGHT PREPAID QUOTING OUR L/C NUMBER.
ADDITIONAL CONDITIONS	47A	+BENEFICIARY PHONE NUMBER:865198811915 +ALL DOCUMENTS MUST BE COMPLETED IN ENGLISH UNLESS OTHERWISE SPECIFIED. + IN CASE OF SINGLE PRESENTATION COVERING B/L, COMPLETE SET OF DOCUMENTS MUST BE ACCOMPANIED BY ITS OWN DRAFT FOR EACH SHIPMENT. +IF WE SEND A NOTICE OF DISCREPANCIES TO THE PRESENTING BANK OR OTHERWISE REFUSE DOCUMENTS PRESENTED TO US, NOTWITHSTANDING THE PROVISIONS OF UCP600, UPON OUR RECEIPT OF ACCEPTANCE/PAYMENT FROM APPLICANT FOR ANY WAIVER OF DISCREPANCIES, WE WILL RELEASE THE DOCUMENTS TO APPLICANT WITHOUT FURTHER NOTICE TO THE PRESENTING BANK UNLESS PRIOR NOTICE IS RECEIVED BY US TO THE CONTRARY FROM THE PRESENTING BANK. +REIMBURSING BANK'S CHARGES ARE FOR ACCOUNT OF BENEFICIARY. +EACH SET OF DOCUMENTS PRESENTED WITH DISCREPANCIES UNDER THIS DOCUMENTARY CREDIT WILL BE SUBJECT TO A DISCREPANCY FEE OF USD 50.00 WHICH WILL BE DEDUCTED FROM THE PROCEEDS.
CHARGES	71D	ALL BANKING CHARGES OTHER THAN THE ISSUING BANK'S CHARGES ARE FOR THE ACCOUNT OF THE BENEFICIARY. SEE ADDITIONAL CONDITIONS FOR FURTHER CHARGES INFORMATION.

单据要求	46A	+商业发票一份正本及一份副本，须注明开证申请人的采购单号 4500189719。 +装箱单一份正本及两份副本，须注明开证申请人的采购单号 4500189719。 +可转让格式的保险单或保险凭证一份正本，空白背书，按中国人保公司的海运货物一切险、战争险条款（2009 年 9 月 18 日制定）（简称 CIC 一切险与战争险）投保一切险与战争险（含仓至仓条款），投保金额为发票金额的 110%。 +每批次的分析证明一份正本与一份副本。 +原产地证一份正本。 +受益人证明一份正本及一份副本，证明每批次的分析证明已随货同行，并且副本的分析证明已经传真给传真号 82-32-881-3255，注明收件人：LEE TEUK。 +全套清洁的已装船的海运提单，收货人抬头做成凭开证行指示，被通知人注明“APOTEX INC.，114，YEONG JONG-DAERO，JUNG-GU，INCHEON，KOREA”，提单标明“运费预付”及我行信用证号码。
附加条款	47A	+受益人的电话号码：865198811915。 +除非有特别说明，所有的单据都要用英文完成。 +每份提单独立提交时都应含包括汇票在内的全套单据（即分批装运，分批制单结汇）。 +如果我行给交单行发出了一份不符点通知或表示拒绝接受提交给我行的单据，尽管 UCP600 有规定，但我行在收到开证申请人放弃不符点接受单据或付款时，会放单给开证申请人而不再对交单行有进一步的通知，除非我行在此之前已收到交单行与此相反的指示。 +偿付行的费用记在受益人账上。 +在本证项下每次提交含有不符点单据时，将会从款项中扣减 50 美元的不符点费。
银行费用	71D	除开证行费用外的其他银行费用由受益人承担，另见附加条款中的详细费用说明（指偿付行费用，本应由开证行承担）。

PERIOD FOR PRESENTATION IN DAYS	48	005
CONFIRMATION INSTRUCTIONS	*49	WITHOUT
INSTRUCTIONS TO THE PAYING/ACCEPTING/NEGOTIATING BANK	78	ALL DOCUMENTS MUST BE SENT IN ONE LOT BY COURIER TO (BANK OF CHINA SEOUL BRANCH INCHEON BRANCH SINPO-DONG INCHEON KOREA, REPUBLIC OF) DRAFTS AND REIMBURSEMENT INSTRUCTIONS TO BANK OF CHINA NEW YORK BRANCH 1045 AVENUE OF THE AMERICAS NEW YORK UNITED STATES. UPON RECEIPT BY US OF DOCUMENTS DRAWN IN CONFORMITY WITH THE TERMS AND CONDITIONS OF THIS CREDIT, WE SHALL PAY THE NEGOTIATING/PRESENTING BANK IN ACCORDANCE WITH THEIR PAYMENT INSTRUTIONS.
TRAILER		ORDER IS<MAC:><PAC:><ENC:><CHK:><TNG:><PDE:> MAC:88E7CAA9 CHK:93047D5D3375

MT S701 ISSUE OF A DOCUMENTARY CREDIT

Sender: BKCHKRSEICN
BANK OF CHINA SEOUL BRANCH
INCHEON BRANCH
SINPO-DONG INCHEON KOREA, REPUBLIC OF

Receiver: BKCHCNBJ95E
BANK OF CHINA
CHANGZHOU BRANCH
29 YANLINGXI ROAD CHANGZHOU CHINA

SEQUENCE OF TOTAL	*27	2/2
DOC.CREDIT NUMBER	*20	BMT0629292IM
DESCRIPTION OF GOODS AND/OR SERVICES	45A	COVERING 100 PERCENT OF INVOICE VALUE AS 500 KGS CHLORDIAZEPOXIDE HCL KOREAN PHARMACOPOEIA CIF INCHEON KOREA
TRAILER		ORDER IS<MAC:><PAC:><ENC:><CHK:><TNG:><PDE:> MAC:62A44D19 CHK:3D2A4A5DA5D1

交单期间(天数)	48	装船日后 15 天内
保兑指示	*49	本证不加保兑
对付款行/承兑行/议付行的指示	78	所有单据须一次性通过快递寄给:BANK OF CHINA SEOUL BRANCH INCHEON BRANCH SINPO-DONG INCHEON KOREA, REPUBLIC OF(韩国仁川新浦市中国银行首尔分行仁川分行),偿付指示及汇票寄给:BANK OF CHINA NEWYORK BRANCH 1045 AVENUE OF THE AMERICAS NEW YORK UNITED STATES(美国纽约美洲大道 1045 号中国银行纽约分行) 在我行收到本证项下相符单据时,我行将会按议付行/交单行的付款指示偿付。
报尾		ORDER IS<MAC:><PAC:><ENC:><CHK:><TNG:><PDE:> MAC:88E7CAA9 CHK:93047D5D3375

MT S701　　　　ISSUE OF A DOCUMENTARY CREDIT

↓

MT701 为 SWIFT 信用证的补充格式,在 MT700 报文内容发不完时进行补充发报,最多可以发 7 次,一般用来发送货物描述(45A)、单据要求(46A)、附加条款(47A)、对受益人的特殊付款条件(49G)、仅对银行的特殊付款条件(49H)等 5 项内容。

Sender:	BKCHKRSEICN BANK OF CHINA SEOUL BRANCH INCHEON BRANCH SINPO-DONG INCHEON KOREA, REPUBLIC OF	←	发报银行:SWIFT CODE 银行名称 银行地址
Receiver:	BKCHCNBJ95E BANK OF CHINA CHANGZHOU BRANCH 29 YANLINGXI ROAD CHANGZHOU CHINA	←	收报银行:SWIFT CODE 银行名称 银行地址

报文发讯次序	*27	2/2(总共两次发报,此文为第二次报文)
信用证号码	*20	BMT0629292IM
货物或服务描述	45A	按发票金额全额计收以下货物: 500 千克盐酸氯氮卓(盐酸利眠宁),按照韩国药典标准执行 价格术语:CIF INCHEON KOREA
报尾		ORDER IS<MAC:><PAC:><ENC:><CHK:><TNG:><PDE:> MAC:62A44D19 CHK:3D2A4A5DA5D1

第四节　审核信用证

一、审核信用证的依据

审证是指卖方对国(境)外买方通过银行开来的信用证内容进行全面审核,以确定是接受或需要修改。审证的依据是:国际货物买卖合同及相关的国际惯例(如《国际贸易术语解释通则2020》、UCP600、ISBP821 等)。

国(境)外来证,原则上信用证的内容应与买卖合同相符。但在实务中,由于工作疏忽或该买卖商品的国际市场行情下跌等,买方申请开立的信用证会与合同不完全相符,这将给卖方履行合同、安全收取货款带来隐患。对此,卖方应对国(境)外来证进行严格仔细的审核。

二、审核信用证的要点

根据 UCP600 的规定,通知行只负有证明信用证的表面真实性,包括证实开证行的印鉴核符(信开证)、密押核符(电开证)后将信用证原文转交受益人的责任,无审核信用证的义务。在我国对外贸易信用证结算实务中,我国银行收到国(境)外来证,应着重审核以下内容:

(1)审核信用证的各项内容是否符合我国的方针政策以及是否有歧视性内容。如信用证规定所有单据要求注明的进口方地址中含有"R. O. C"(中华民国),不能接受,必须修改为"TAIWAN CHINA"。

(2)审核开证行的资信能力,以确定其所开立的信用证是否需要加具保兑。

(3)审核开证行的付款责任与索汇路线是否清晰、可行。

出口企业则应结合 UCP600 的解释和规定,依据买卖合同审核信用证条款。以 SWIFT 跟单信用证 MT700/MT701 为例,重点审核以下项目条款:

(一)审核信用证报文文件是否完整

首先阅读信用证,特别要注意查看每页的末行和下页的开头是否语句衔接正常,以避免传真复印中的人为疏忽遗漏。然后看编号归大类,再看"+"或"-"分小类(46A、47A 尤为明显)。

(二)开证申请人与受益人的名称和地址是否正确

审核必选栏目 50 与 59:开证申请人与受益人的名称和地址是否正确。若不正确,必须修改。开证申请人和受益人一般为合同中的买方和卖方,但开证申请人也可能是买方的客户。为防止错发错运,保证安全结汇,开证申请人的名称和地址必须正确无误。又因为绝大多数单据(中性单据除外)会显示受益人的名称和地址,即使有一个字母或数字出现错漏,都可能导致所有单证不符。

(三)信用证的币种代码与金额须与合同规定一致

审核栏目 32B:信用证的币种代码与金额须与合同规定一致。该项审核应注意以下几点:

(1)金额数字小数点用逗号","、数字分隔号用"."来表示。如 32B:Currency Code, Amount: USD118.750,00 即为 118,750 美元。

(2)该栏目要结合 39A 及或 39C 一起审核。如"39A:Percentage Credit Amount Tolerance:

05/05”，就是该证金额允许上下浮动最大为5%。如果合同规定包装费用或卖方代付保险费等额外费用在信用证中一并支付，那么这部分费用不能出现在32B的货款中，必须以39C另列，否则可能造成即便信用证开来的金额(32B)中包含了这部分金额也不能使用的情况。

(3)兑用的汇票金额不能超过信用证规定的总金额。根据UCP600第18条b款与第30条a、b、c款的规定，对“信用证的允许金额”的理解如下：

①SWIFT信用证如果没有39A及/或39C栏，应理解为在信用证项下能使用的金额就是指32B本身的信用证金额。

②当信用证在其总额前面注明了“about”(约)或“Approximately”(大约)一类字眼，或在39A栏明确规定了金额的溢短幅度时，则信用证可使用金额按信用证总金额可以再增加或减少相应的幅度。“about”或“Approximately”的增减幅度依UCP600第30条理解为不超过10%。

③当发票货物(品名、规格、数量等)符合信用证规定，金额超过了信用证的允许金额时，银行只支付信用证允许的金额，对超过的部分不给予支付。

(4)核对货物的数量与总金额是否相符。实务中常有部分汇款(预付或到付)、部分信用证结算的付款方式，这时往往会出现货物足额却只显示部分金额的情况。例如：我国出口某矿产品到日本，买方为了控制卖方交货的数量，在信用证中规定95%货款为即期信用证结算；余下5%货款待货到目的港买方核验货物的数量后电汇结算。在此种情况下，受益人凭单只能收取95%的货款。如果合同中订有溢短装条款，信用证金额应有相应规定。

(四)审核信用证的有效期、装运期、交单期及信用证到期地点

审核44C/44D与31D，同时参照栏目48。审核内容包括有效期(31D)、装运期(44C/44D)、交单期(48)(简称“三期”)及信用证到期地点。信用证的有效期一般是“三期”中最晚的日期。审核时需掌握：

(1)审核栏目“31D”(信用证的有效期及到期地点)。应掌握：信用证一定会规定有效期，否则为无效信用证。信用证的到期地点应为受益人所在地的国家或地区，即到期地点应为“In China”或“At Beneficiary's Country”。如到期地点在境外，无法掌握单据到达国(境)外银行的确切时间，容易延误，具有潜在风险，应要求修改。

(2)审核装运日期44C(最迟装运日期)或44D(装运期间)，受益人能否按要求及时装船。信用证的装运期原则上应与合同一致，如不能如期装运，可要求展期。信用证的展期包括展延装运期和展延信用证的有效期。在对信用证进行展期时，应注意：展延信用证有效期时，应同时展延装运期。因为最迟装运期并不因信用证有效期的展延而顺延。同样，只展延装运期并不意味着信用证有效期也相应得到展延。

信用证如无装运期，则信用证的有效期即为装运期，这种装运期与有效期为同一天到期的信用证，习惯上称为“双到期信用证”。在使用“双到期信用证”时，将实际装运期提前10~15天为宜，以便留出足够的时间制单并及时交单。

(3)审核信用证的栏目“48”(交单期)是否合理。信用证一般都规定受益人必须在运输单据出具后若干天(如15天)内且要在信用证的有效期内提交单据要求付款、承兑汇票或议付的特定期限，这个期限称为“交单期”(Period for Presentation of Documentary in Days)，要注意该期限规定是否合理，卖方能否满足交单期限。若信用证中未显示48栏交单期，根据UCP600的规定，在信用证有规定提交UCP600项下第19~25条中所提及的正本运输单据时，受益人必须要在货物装运日后 21 天内，且要在信用证的有效期内，向银行交单，否则将构成单证重大不符。如果信用证没有要求运输单据，或要求的不是 UCP600 项下第 19~25 条中所提及的正本运输单据，则交单的时间可把握在信用证的有效期内。

(4)要求修改信用证的装运期和交单期时，也要相应修改信用证的有效期，否则将可能导致"虽在交单期内交单，却仍逾过信用证有效期"的后果。

(五)货物描述是否与合同规定一致

审核 45A 的内容：货物描述是否与合同规定一致，如果不一致，卖方能否接受。有的开证申请人出于避税等目的，对货物的描述过于笼统，会影响到相关检验检疫单证的出具。如把"猪二层革"写成"皮革"，但在出口商品检验检疫时，海关不允许过于简化，从而容易造成单证不符。所以，如果不能按信用证要求办理，要及时通知开证申请人修改信用证。

(六)运输条款能否接受

(1)审核装运日期 44C 栏(最迟装运日期)或 44D 栏(装运期间)时，应熟悉 UCP600 对装运日期的解释，严格把握信用证的装运日期。

①装运日期如规定"on or about…"(在……日或前后)，应解释为可在所述日期之前或之后 5 天内(含头尾共 11 天)装运。

②装运日期如规定"before""after"(之前或以后)，不包括所述日期。

③"to"(止)、"until"(至)、"till"(直至)、"from"(从)、"between"(之间)解释为包括所述日期。

④"first half/second half of a month"(上半月、下半月)，分别解释为一个月的第一天至第十五天和第十六天至当月最后一天。

⑤"beginning of a month"(月初)、"middle of a month"(月中)、"end of a month"(月末)，分别解释为当月的第一天至第十天、第十一天至第二十天和第二十一天至当月最后一天。

(2)审核栏目"44A"(接受监管地/发货地/收货地)、"44E"(装运港/出发机场)、"44F"(卸货港/目的地机场)和"44B"(最终目的地/运往……/交货地)。

为了便利我国受益人自行选择发货地点，起运地应争取为"China"(中国)或"Any Chinese City/Port"(任何中国城市或港口)。目的地(港)必须与价格条款相符。如合同中的价格条款为"CIF Seattle"(成本加保险费、运费在内价，目的港西雅图)，信用证规定为"CIF New York"(成本加保险费、运费在内价，目的港纽约)，因从我国出口货物到美国的东海岸港口(纽约)比到美国西海岸港口(西雅图)距离远，涉及运费将增加的问题，须改证。

(3)审核栏目"43P"(部分装运)和"43T"(转运)条款是否与合同条款相符。此外，还应注意该条款与信用证其他方面的关联性，例如：

- Partial shipments are permitted only in two lots(只能分两批)。
- 100M/T in June，200M/T in July(与时间关联)。
- 50M/T to London，70M/T to Paris(与目的港关联)。
- One set by air，two units by sea(与运输方式关联)。
- Partial shipments permitted and a separate set of documents is required for each shipment(与单据关联)。
- Transhipment allowed only in Hongkong(只允许在某港口转运)。

- Transhipment allowed only goods in container(只允许在某种运输组织方式下转运)。

(七)审核单据条款与附加条款

栏目46A与47A:单据要求与附加条款是审核的重点,需逐字审阅,不得有丝毫含糊。要注意核对单证规定是否有前后矛盾的地方,最好把所需的单证类别、正副本份数和要求专门列表(见P53交单一览表),以便操作。

1.审核保险条款

CIF或CIP出口合同,以信用证方式结算,信用证中保险条款原则上应与合同规定相符。在审证时应注意以下问题:

(1)投保金额。投保金额至少应为CIF或CIP发票金额的110%。如按发票金额的120%或130%投保,需征得保险公司的同意,同时考虑可能增加的保费,否则,应洽开证申请人改证。

(2)投保的险别。投保的险别应与合同规定相符,若超出合同的规定,买方如果同意超出的保费在信用证中额外支取,则可接受,否则需修改信用证。投保的险别可按中国保险条款(CIC)或伦敦保险协会保险条款(ICC)的险别投保,但在一份保单中,不能将两个保险条款的险别混合使用。例如,信用证规定"Covering:the Institute Cargo Clauses All Risks and…"则不能接受,应修改为"Covering:the Institute Cargo Clauses (A)…"(承保险别为伦敦保险协会A条款)。

(3)投保的货币应与合同和信用证规定的货币相符。

(4)保险勘查代理人应由保险公司自主选择。如信用证指定保险勘查代理人,即信用证自行指定买方选择的代理人,则不可接受,应要求改证。

2.审核检验条款

(1)检验机构。原则上不接受"客检"条款,即如果有由开证申请人或其授权的代理人实施检验并出具检验证书等的条款,应删除或修改为由我国海关实施检验。

(2)检验的时间与地点。关于检验的时间与地点,原则上只接受在出口国(我国)实施检验检疫,所签发的检验证书作为兑用信用证款项的单据之一。有的信用证规定须由装运地的检验机构出具某证书,而实际上装运地无此机构,无法获得该单据,也应要求改证。

3.审核其他单据条款

信用证规定某些单据需由开证申请人会签的条款,不能接受。例如,规定商业发票由开证申请人会签(Counter-signed by applicant),必须要求修改信用证,将此类条款删除。又如FOB合同,信用证规定提单上要标明"Freight prepaid"(运费预付)或FAS、FOB、CFR合同项下来证要求提交保险单据等,容易导致贸易纠纷,必须改证。

有的信用证不仅在"46A"(单据条款)中规定了受益人需提交的各种单证,还在"47A"(附加条款)中提出受益人必须证明某事,有些根据需要可能要提供某证明才能满足信用证的要求。因此,信用证中的附加条款也是审核的重点。

(八)银行费用条款的审核

审核栏目71D银行费用,看银行费用是否公平。UCP600第37条C款规定:指示另一银行提供服务的银行有责任负担被指示方因执行指示而发生的佣金手续费、成本或开支费用。如果信用证规定费用由受益人负担而该费用未能收取或从信用证款项中扣除,开证行依然承担支付此费用的责任。UCP600做出如此规定是公平合理的,但在实务中,绝大多数信用证的银行费用规定"All banking charges outside the country of issuance of this credit are for the account of beneficiary"

(开证行以外的所有银行费用由受益人承担)。这样,受益人除了承担国(境)内通知行、兑用银行的费用外,还要承担一笔为数不小的转递、转让或保兑费(如果有),或者因信用证中偿付行的出现而增加的额外的偿付费,这是有悖于上述惯例的规定的。据此,在签订合同时,应最大限度地争取将银行费用改为"All banking charges inside China are for beneficiary's account"[受益人所在国(中国)的费用由受益人承担]。一方面,发生在受益人所在国(地区)的银行费用受益人看得见、摸得着,容易掌握;另一方面,这样规定也容易被买卖双方所接受,而且我国银行费用相对较低。有的信用证甚至规定"All banking charges are for beneficiary's account"(所有的银行费用由受益人承担),这就更不合理了,必须要求修改,否则权当只亏不赚的生意。

(九)审核信用证中的软条款

"软条款"是指信用证中规定有保留或限制的条款,这些条款足以改变信用证的付款保证性质。信用证的软条款一般设置在信用证生效、检验、装船、单据、验收等环节。信用证中常见的软条款有:

(1)变相的可撤销信用证条款。就是在信用证中规定,当开证行在某条款得不到满足时,如规定"未收到买方的汇款或保函"等时,可利用条款随时单方面解除其保证付款责任。

(2)暂不生效条款。如在信用证中规定:待进口商取得进口许可证后,开证行以信用证修改形式通知信用证生效,或以买方取得进口许可证为生效条款。

(3)开证申请人说了算条款。即在信用证中规定一些非经申请人指示不能按正常程序进行的条款。如在信用证中规定:由开证申请人或其指定人检验货物并签发检验证书、由开证申请人或其指定人会签某些单据、由开证申请人通知方可装运等条款。

(4)要求受益人装船后将一份正本提单(1/3 set)径寄开证申请人,这就意味着开证申请人未付款赎单,货物就有可能已被提走的风险。

(5)要求检验证书、发票等单据由进口国(地区)某机构或某人员手签或出具的条款。

(6)CIF、CIP、CPT、CFR 等价格术语要求,由开证申请人指定装船日期或船名、船公司等。

(7)要求的产地证类别非货物进口国(地区)所适用的优惠原产地证。

通常可用几个"不"字来概括信用证的软条款:开证行不通知生效,不发修改书,开证人不开具证书或收据,不来验货,不通知船公司、船名,等等。对信用证的软条款必须修改。

第五节 修改信用证

一、修改信用证的规则

信用证的修改(Amendment of L/C)是对开证行开出的信用证进行修改的行为。受益人经过审核,如发现信用证条款与合同或 UCP600 规定不符,且无法接受,就要洽开证申请人修改信用证。信用证修改的规则如下:

(1)只有开证申请人(买方)才能向开证行提出修改信用证的申请。信用证的修改可由信用证的受益人提出,也可由信用证的开证申请人提出,无论何方提出,都必须由开证申请人(买方)向开证行提出修改申请,再由原通知行通知受益人。

(2)受益人(卖方)有权决定是否接受信用证的修改。受益人收到信用证修改书后,有权决定接受或拒绝信用证的修改。受益人如接受信用证的修改，则必须按修改后的内容行事，否则受益人只需按原信用证的内容行事。

二、修改信用证的流程

对不可撤销信用证在其有效期内的任何修改，均须取得有关当事人的同意方能生效。修改信用证的流程如下：

（1）如信用证条款与买卖合同规定不符，且又无法接受，应由受益人（卖方）向开证申请人（买方）提出，其流程为：受益人去电征得开证申请人同意；开证申请人向开证行申请修改信用证，征得开证行同意；开证行开出信用证修改书并发送给通知行；通知行将修改书送交受益人；经信用证各有关当事人特别是受益人同意，修改方能生效。

一封规范的改证函通常包括以下内容：a.感谢对方通过银行开来信用证；b.列明信用证中与合同不符之处及不能接受的条款，并说明如何修改；c.感谢对方的合作，并希望信用证修改书早日到达，以便按时履约。

受益人向开证申请人发送修改信用证的函电举例如下（在实务中，横线处的内容可根据实际情况替换）：

Dear Mr.Hans,

We are pleased to receive your L/C No.1234.Thank you for your prompt issuing.

However, when we checked the L/C with the relevant contract, we are sorry to find it contains the following discrepancies.Please amend:

(1) The L/C expiry place should be in Haikou, not in Hongkong.

(2) L/C amount in words and the figure should be read: "SAY U.S. DOLLARS TWENTY-SIX THOUSAND AND FOUR HUNDRED ONLY (USD 26400.00)."

(3) Beneficiary's draft should be paid at sight instead of at 30 days after sight.

(4) Insurance value should be insured for 110% of invoice value, not 130%.

(5) Partial shipments and transhipment should be "allowed", not "not allowed".

(6) Delete the clause Certificate of quality in one original issued and signed by applicant 25 days before shipment whose authority and signature must be in conformity with records held in issuing bank, and add the words quality certificate is issued by Entry-Exit Inspection and Quarantine of P.R.China.

Please let us have your L/C amendment soon so that we can effect shipment within the contracted delivery time.

Thank you.

Yours truly,

Hainan International Trade Company

Hao bo

June 15, 2023

（2）对信用证主要项目的缺漏和重大差错，如无有效期、无金额、装运期迟于信用证有效期等，应通过通知行提请开证行澄清。

三、修改信用证应注意的问题与相关国际惯例

根据 UCP600 对修改信用证规定的解释,对不可撤销信用证内容的修改应注意如下问题:

(1)凡需要修改的内容,应一次性向客户提出,避免多次修改信用证而导致费用增加的情况。

(2)对不可撤销信用证中任何内容的修改,必须取得所有当事人同意后方能生效。

根据 UCP600 第 10 条的规定,受益人对信用证修改内容的接受或拒绝有两种表示形式:

①受益人做出接受或拒绝信用证修改的通知,即受益人收到信用证修改书后就明确表示接受或拒绝,并与通知行联系。

②受益人可以行动表示接受或拒绝。受益人可保留其接受或拒绝修改的权利直至交单为止。以受益人提交的单据作为判断接受或拒绝的依据。如受益人提交的单据符合修改书的内容,即被认为修改书已被受益人接受;如提交的单据符合原信用证的内容,则视作拒绝信用证修改书。值得注意的是,受益人收到修改书后保留其接受修改的权利直至交单这段时间的缄默并不等于接受。

(3)对信用证修改书的内容,受益人要么全部接受,要么全部拒绝,部分接受修改书内容视为拒绝。

(4)应明确修改费用由谁承担。宜事先在合同中约定按责任归属来确定费用由何方负责。

(5)应注意保兑信用证的修改,其修改书的内容也应由保兑行保兑,否则保兑行只对原信用证保兑。保兑行如不愿意保兑修改书,必须毫无延迟地将此情况通知开证行和受益人,对此,出口商须加以注意。

思考与练习

一、思考题

1.简述信用证结算的特点。

2.简述 SWIFT 信用证的电文表示方式。

3.简述 UCP600 对开证行、付款行、保兑行和兑用银行的付款责任的规定。

4.简述信用证兑用的表示方式。

5.何谓“双到期”信用证?在处理“双到期”信用证时应注意什么问题?

6.何谓信用证的交单期?信用证如未规定交单期,受益人向银行交单时应如何掌握交单期?

7.在要求展延双到期信用证的有效期时,是否意味着信用证最迟装运期也因信用证有效期的展延而顺延?

8. 信用证规定装运期为“on or about...”时,依 UCP600 应如何理解?

9.根据 UCP600 的解释,信用证如使用“after/before/to/until/till/from/between”等介词对装运日期进行表述,应如何理解?

10.信用证如规定“Goods to be shipped in two lots...”或“Goods to be shipped in two sets...”,受益人应如何制单?在装船时,可否同船装运?

11.如果信用证规定不允许部分装运,受益人在装运时,将货物装上同一船只、同一航次,船公司出具的数套提单上显示出不同的装船港口和不同的提单签发日期,此情形可否视作部分装运?

12.信用证规定“all banking charges are for beneficiary’s account”,受益人应如何处理?

13. UCP600 对开证行、付款行、保兑行审单的时间是如何规定的?

14.本章第三节样例中的韩国信用证要求的原产地证一定是一般原产地证吗?

15.审核信用证的依据及主要内容有哪些?

16.简述修改信用证的规则和流程。

17.在对不可撤销跟单信用证进行修改时,应注意哪些问题?

二、实操题

1.交单一览表是信用证分析的核心内容,只有列表正确,才能按照信用证要求的单据种类与数量正确缮制出来,请根据本章第三节中的信用证实例正确填写下列交单一览表。

交单一览表

<table>
<tr><td rowspan="2">受单对象</td><td>单据名称</td><td></td><td></td><td></td><td></td><td></td><td></td><td></td><td></td><td></td><td></td><td></td><td></td></tr>
<tr><td>信用证
对应条款</td><td></td><td></td><td></td><td></td><td></td><td></td><td></td><td></td><td></td><td></td><td></td><td></td></tr>
<tr><td rowspan="2">被指定银行</td><td>正本数量</td><td></td><td></td><td></td><td></td><td></td><td></td><td></td><td></td><td></td><td></td><td></td><td></td></tr>
<tr><td>副本数量</td><td></td><td></td><td></td><td></td><td></td><td></td><td></td><td></td><td></td><td></td><td></td><td></td></tr>
<tr><td rowspan="2">客户</td><td>正本数量</td><td></td><td></td><td></td><td></td><td></td><td></td><td></td><td></td><td></td><td></td><td></td><td></td></tr>
<tr><td>副本数量</td><td></td><td></td><td></td><td></td><td></td><td></td><td></td><td></td><td></td><td></td><td></td><td></td></tr>
<tr><td>备注</td><td colspan="13"></td></tr>
</table>

2.请根据下列合同,以受益人身份审核附后的信用证,找出不符合合同的条款或信用证本身的不妥之处,提出修改意见,写一封改证函发送给开证申请人。

（1）销售合同。

海南天茂贸易有限公司

HAINAN TIANMAO TRADE CO.,LTD.

No.167 Guomao Road, Haikou, Hainan, P.R.of China

销售合同

SALE CONTRACT

To:

EASTERN TRADING COMPANY
81 WORDFORD STREET,
LONDON
UNITED KINGDOM

Contract No.: Hk2023X826
Date: 26 AUG.,2023

This sales contract is made between the sellers and buyers whereby the sellers agree to sell and the buyers agree to buy the under-mentioned goods according to the terms and conditions stipulated below:

Description of Goods	Quantity	Unit Price	Amount
WOOLLEN BLANKETS			CIF LONDON
ART.NO.H666	600PCS	@ USD15.50/PC	USD9300.00
ART.NO.HX88	600PCS	@ USD16.30/PC	USD9780.00
ART.NO.HE21	720PCS	@ USD18.50/PC	USD13320.00
TOTAL:	1920PCS		USD32400.00
5% MORE OR LESS AMOUNT AND QUANTITY ARE ALLOWED.			

Total amount in words SAY U.S.DOLLARS THIRTY TWO THOUSAND FOUR HUNDRED ONLY.

Packing 24Pcs in one CTN, total packed in 80CTNS.

Delivery Sea freight from Haikou to London allowing partial shipments and transshipment.

Shipping Mark EASTERN /2023X826/LONDON/NO.1-UP

Time of Shipment On or before 15 Oct.,2023

Terms of Payment By 100 pct irrevocable letter of credit in favour of the Seller to be available by drafts at sight to open and to reach the seller before 05 Sep.,2023 and to remain valid for negotiation in China until the 15th days after the foresaid time of the shipment.The L/C must mention this contract number.All banking charges outside U.K are for A/C of the beneficiary.

Insurance To be effected by the sellers for 110 pct of the invoice value covering ICC(A) and war risk of Institute Cargo Clause Date 01/01/2009.

Documents Required

1.Signed invoice in triplicate.

2.Full set clean on board Bill of Lading made out to order blank endorsed notify the buyer.

3.Insurance policy in duplicate.

4.Packing list in triplicate.

5.Certificate of Origin in duplicate issued by a relevant authority.

The Seller
HaiNanTianMao Trade Co., Ltd.
林强
签署

Buyer
Eastern Trading Company
Whuit Brown
Signature

(2)信用证。

MT S700 ISSUE OF A DOCUMENTARY CREDIT

Sender: SCBLGB2L
STANDARD CHARTERED BANK
ALL U.K. OFFICES
Receiver: BKCHCNBJ740
BANK OF CHINA HAINAN BRANCH
33 DATONG ROAD HAIKOU CHINA

SEQUENCE OF TOTAL	*27	1/1
FORM OF DOC.CREDIT	*40A	IRREVOCABLE
DOC.CREDIT NUMBER	*20	LOD88095
DATE OF ISSUE	*31C	230901
APPLICABLE RULES	*40E	UCP LATEST VERSION
DATE/PLACE EXP.	*31D	231020 PLACE U.K.
APPLICANT	*50	EASTERN TRADING COMPANY 81 WORDFORD STREET, LONDON UNITED KINGDOM
BENEFICIARY	*59	HAINAN TIANMAO TRADE CORP. No.167 GUOMAO ROAD, HAIKOU, HAINAN, P.R.OF CHINA
CURRENCY CODE, AMOUNT	*32B	USD32040.00
PERCENTAGE CREDIT AMOUNT TOLERANCE	39A	05/05
AVAILABLE WITH...BY...	*41D	US BY ACCEPTANCE
DRAFTS AT...	42C	AT 30 DAYS AFTER SIGHT
DRAWEE	42D	ON US
PARTIAL SHIPMENTS	43P	NOT ALLOWED
TRANSHIPMENT	43T	ALLOWED
PORT OF LOADING/AIRPORT OF DEPARTURE	44E	HAIKOU
PORT OF DISCHARGE/AIRPORT OF DESTINATION	44F	LONDON
SHIPMENT PERIOD	44D	231015
DESCRIPTION OF GOODS AND/OR SERVICES	45A	WOOLLEN BLANKETS, CIF LONDON ART.NO.H666 600PCS @USD15.50/PC USD9300.00 ART.NO.HX88 600PCS @USD16.30/PC USD9780.00 ART.NO.HE21 720PCS @USD18.00/PC USD12960.00 TAL: 1920PCS USD32040.00 AS PER CONTRACT NO.KH2023X806
DOCUMENTS REQUIRED	46A	

* SIGNED COMMERCIAL INVOICE IN TRIPLICATE.
* PACKING LIST IN TRIPLICATE.
* FULL SET OF CLEAN ON BOARD MARINE BILLS OF LADING ISSUED TO EASTERN TRADING COMPANY MARKED FREIGHT PREPAID NOTIFY SAME AS CONSIGNEE.
* GSP FORM A CERTIFYING THAT THE GOODS ARE OF CHINESE ORIGIN ISSUED BY COMPETENT AUTHORITIES.

*INSURANCE POLICY/CERTIFICATE COVERING ALL RISKS INCLUDING WAREHOUSE TO WAREHOUSE CLAUSE UP TO FINAL DESTINATION AT LONDON FOR AT LEAST 110 PCT OF CIF VALUE AS PER CIC DATE 09/18/2009.
*SHIPPING ADVICES MUST BE SENT TO APPLICANT WITHIN 2 DAYS AFTER SHIPMENT ADVISING THE INVOICE VALUE, NUMBER OF PACKAGES, GROSS AND NET WEIGHT, VESSEL NAME, BILL OF LADING NO. AND DATE, CONTRACT NO., SHOWING SHIPPING MARK AS:
EASTERN
Hk2023X826
LONDON
NO.1-UP

ADDITIONAL CONDITIONS	47A	+REIMBURSEMENT CHARGES USD65.00 FOR THE ACCOUNT OF BENEFICIARY.A DOCUMENT HANDING FEE OF USD40.00 PAYABLE BY THE BENEFICIARY. +A DISCREPANCY FEE OF USD65.00 IS PAYABLE BY THE BENEFICIARY FOR EACH DRAWING PRESENTED WHICH DOES NOT STRICTLY COMPLY WITH THE TERMS OF THIS LETTER OF CREDIT AND WHICH HAS TO BE REFERRED TO APPLICANT.
CHARGES	71D	ALL BANKING CHARGES ARE FOR BENEFICIARY'S ACCOUNT.
PERIOD FOR PRESENTATION IN DAYS	48	10
CONFIRMATION INSTRUCTIONS	*49	WITHOUT
INSTRUCTIONS TO THE PAYING/ACCEPTING/NEGOTIATING BANK	78	THE NEGOTIATION BANK MUST FORWARD THE DRAFTS AND ALL DOCUMENTS BY REGISTERED AIRMAIL DIRECT TO US IN TWO CONSECUTIVE LOTS.UPON RECEIPT OF THE DRAFTS AND DOCUMENTS IN ORDER, WE WILL REMIT THE PROCEEDS AS INSTRUCTED BY THE NEGOTIATING BANK.

(3)改证函。

HAINAN TIANMAO TRADE CO.LTD.
No.167 Guomao Road, Haikou, Hainan, P.R.of China

Date:

Dear sir.

We are pleased to receive your L/C No.________ dated ________ against S/C No.________. However, we are Sorry to find it contains some discrepancies. Please amend the credit as follows:

1.
2.
3.
4.
5.
⋮

Please see to it that the L/C amendment soon so that we may effect shipment within the contracted delivery time.

Thanks for your kind cooperation.

Yours
Sun Lee

第四章 发 票

【学习目标】 了解商业发票的含义与作用;熟悉商业发票的内容并理解信用证有关商业发票的条款;掌握商业发票的填制方法并能处理制单中常见的问题。

发票是出口商对进口商开立的销售货物价目清单,它是装运货物的总说明,也是进出口双方交接货物和结算货款的凭证。就广义而言,发票包括形式发票(Proforma Invoice)、商业发票(Commercial Invoice)、领事发票(Consular Invoice)、样品发票(Sample Invoice)、厂商发票(Manufacture's Invoice)、收讫发票(Receipt Invoice)、详细发票(Detailed Invoice)、海关发票(Customs Invoice)等;就狭义而言,发票通常指商业发票。

第一节 商业发票

一、商业发票的含义及作用

(一)商业发票的含义

商业发票(Commercial Invoice)简称发票(Invoice),是出口贸易结算中最主要的单据之一。它是卖方向买方开具的销售货物价目清单,是装运货物的总说明。在制单工作中,一般应先制作发票,再制作其他单据。因此,可以说发票是整套单据的核心,是中心单据。

(二)商业发票的作用

(1)商业发票是卖方发货、买方收货的记账凭证。

(2)商业发票是买卖双方清关、纳税的依据。

(3)商业发票是货物损坏、损失、索赔和理赔的凭据。

(4)商业发票是国际贸易单据的基础单据,是缮制其他各种单据的依据。

(5)在不要求汇票的情况下,商业发票可替代汇票作为付款的依据。

商业发票由出口商自行制作,目前还没有统一的格式,但内容大致相同。商业发票主要包括品名、品质、数量、单价、金额和包装等条款,并直接反映买卖双方的详细名称和地址、与货物买卖有密切关系的文件(如合同、信用证、订单)号码等内容。发票内容必须符合合同和信用证的相关规定,以及 UCP600、ISBP821 的解释,文字描述应与信用证一致。

二、商业发票的基本内容与缮制

(1)发票名称(Document's Name)。出口商名称下面要用粗体字标出 COMMERCIAL INVOICE 或 INVOICE,以体现单据的性质和种类(见表 4-1)。发票的名称一般应与信用证的规定一致。

表 4-1　商业发票样例(以第三章信用证样例为例)

(2) Issuer CHANGZHOU BAOYAO PHARMACEUTICALS CO.LTD MEILONGBA SOUTHERN SURRBS CHANGZHOU JIANGSU,213004 CHINA		(1) **商业发票** **COMMERCIAL INVOICE** **ORIGINAL**		
(3) To APOTEX INC. 114,YEONG JONG-DAERO,JUNG-GU INCHEON KOREA		**(4) No.:** CH23010 **(4) S/C No.:** CHBY23316	**(4) Date:** 16 MARCH 2023 **(4) L/C No.:** BMT0629292IM	
(5) Transport details SHIPMENT FROM NINGBO,CHINA TO INCHEON KOREA BY SEA		**(6) Terms of payment** BY L/C AT SIGHT		
(7) Marks and numbers	**(8) Number and kind of package** **Description of goods**	**(9) Quantity**	**(10) Unit price**	**(11) Amount**
APOTEX 4500189719 INCHEON CTN No.1-50				CIF INCHEON KOREA
	CHLORDIAZEPOXIDE HCL KOREAN PHARMACOPOEIA PO NUMBER 4500189719	500KGS	@ USD 57.84/KG	USD 28,920.00
		(12) Total:500KGS		USD 28,920.00
(12) Say total: **U.S.DOLLARS TWENTY-EIGHT THOUSAND NINE HUNDRED AND TWENTY ONLY.** (13)				
		(14) CHANGZHOU BAOYAO PHARMACEUTICALS CO.LTD 张珍		

(2)出票人(Issuer)。填写开立发票一方的名称和地址。发票的出票人应是出口商(Exporter),即合同中的卖方(Seller)。在信用证业务中,根据 UCP600 第 18 条的规定,除已转让信用证外,发票必须由信用证的受益人(Beneficiary)出具。如果信用证已被转让,银行也可接受由第二受益人出具的发票。一般地,出口商会预先设置好固定的发票格式,该发票的顶端醒目地印有出口商名称、地址。出口商的名称、地址应与信用证上受益人的名称、地址一致,当受益人的名称、地址有变更时,发票要做出相应更改。

(3)发票的收货人(To)。发票的收货人即抬头人或受票人,一般填写进口商名称、地址。根据 UCP600 第 18 条的规定,商业发票必须以信用证开证申请人为抬头,除非信用证另外指定发票的抬头人。填写时应注意,进口商名称、地址不应放在同一行,对那些已更名或独立的国家(地区),应使用新名称。

(4)发票号码(Invoice No.)、发票日期(Date)、合同号码(S/C No.)、信用证号码(L/C No.)。发票号码一般由出口商按顺序自行编制,这样有利于事后核查。发票号码代表全套单据的号码,如汇票号码即按此号码填写。

发票日期,即发票的出单日期。在信用证项下,发票日期一般在信用证开证日期之后,提单签发日期之前,且不能晚于信用证的交单期和有效期。根据 UCP600 第 14 条 i 款的规定,商业发票的出单日期可早于信用证的开证日期,但信用证若规定"Any documents prior to the date of issuance of this L/C are not acceptable"(任何早于信用证开立日期的单据不可接受),则商业发票的出票日期应为信用证开立后至信用证的装运日期之前的某一合理日期。

合同号码应与信用证上列明的号码保持一致,如果一笔交易涉及几个合同号码,都应在发票上打出来。

信用证号码一般也应在发票上列明。

(5)起运地和目的地、运输工具(From…To…By…)。填写装运港(地)、目的港(地)、运输方式或运输工具等内容,如"Shipment from Shanghai to New York by sea(by vessel)"(从上海运至纽约,海运方式)。起运地和目的地应明确、具体。如果信用证笼统地规定装运港为"Chinese port",则在缮制发票时此栏不能照搬,应填入货物实际装运的港口名称。又如,信用证规定"Destination:Canadian Ports",则在此栏填入具体港名,如"Toronto"(多伦多)或"Vancouver"(温哥华)。对有重名的目的地、目的港,后面要加打国家(地区)名称,甚至是省州名称,尤其是海运,港口在世界上重名很多。例如,"Victoria Harbour"(维多利亚港),中国香港、加拿大、南非都有叫此名的港口。又如,我国江苏省与福建省都有"江阴港",订舱与制单时都要注意检查与标注其所在省份。因此,在填写时要多加小心,以免造成不必要的误会。

(6)付款方式(Terms of Payment)。填写该笔业务的付款方式,如电汇、托收、信用证等支付方式分别填写为"By T/T"、"By D/P"或"By D/A"、"By L/C"。如是多种支付方式或分期支付的组合,须分别填写各支付方式或不同期限支付的比例或金额。

(7)运输标志(Marks and Numbers)。运输标志即唛头,是指出口货物包装上的装运标记和号码。信用证或合同有指定唛头的,必须严格按照规定缮制唛头;信用证或合同没有指定唛头的,出口商可自行设计唛头,设计唛头应遵循容易识别、简洁明了的原则,唛头内容包括买方名称的缩写、合同号(或发票号)、目的港、件数件号等。缮制时应注意以下几个问题:

①信用证或合同规定唛头上的件数往往为"1—UP"或"1—TOP"。缮制唛头时,应写上实际装运的包装数量,如实际装运 100 箱,唛头应缮制成"1—100"。

②信用证或合同无规定唛头:a.属于箱装货物,卖方按实际装箱设计的唛头缮制;b.属于散装货物或其他包装,则在此栏打上"N/M"(NO MARKS)字样;c.当货物以集装箱方式运输时,整箱装运可以不用制作唛头,由集装箱上已有的集装箱号取代;d.拼箱运输时,货物包装上一定要刷制唛头。

③如唛头设计复杂,不好填写,或在分配相应栏内打不下,可用一张与发票大小相同的白纸制作唛头,将其附在发票后页,在发票唛头栏内加注"See attachment"(见附页)字样,再加盖骑缝章即可。

(8)货物描述(Description of Goods)。该栏主要包括货物的名称(Commodity)、规格(Specification)、数量(Quantity)、包装(Packing)及重量(Weight)等项目。根据 UCP600 第 18 条c 款的规定,商业发票上的货物描述必须与信用证描述完全一致。又根据 UCP600 第 14 条 e 款的规定,商业发票上的货物描述不能使用概括性用语即简称,因此信用证项下商业发票中的货物描述必须严格按信用证中的描述填写。

对于货物的名称,不能随意添加或省略有关的字或句;对于货物的规格,无论是以数字表示的货物规格,还是以文字表示的货物规格,都必须逐字、逐句核对,不能有任何出入,否则会造成单据与信用证不符,影响收汇安全。如信用证中"45A Description of Goods and/or Services"条款内容为"1200 Dozen Bath towels, article No.BC5600, packed in 20 cartons as per contract No.1057"(货物描述:1200打浴巾;货号:BC5600;包装:20个纸箱;参见1057号合同),则以上信用证关于货物描述的内容必须完整地显示在发票上。

另外,如果L/C中货物描述栏载明了合同号码或订单号码,如"As per S/C No.×××"或"As per Indent No.×××",则在发票中也要列出;如果信用证有附件,相关条款规定"Details as per attached S/C No.××× which is the integral part of credit."(具体细节按所附第×××号销售合同,它是信用证的一部分),则要参照附件内容制单。

(9)数量(Quantity)。本栏填写货物实际发运的数量及计量单位。按计价单位算的数量与计量单位,如果信用证货物描述中涉及计价单位以外的数量,如按包装件数算的数量,则在发票的货物描述栏处理。

(10)单价(Unit Price)。单价是发票的主要项目,包括币制、单位金额、计量单位和贸易术语。以上内容填写的顺序举例如下:USD150.00 PER SET CIF TORONTO 或 USD150.00/SET CIF TORONTO。

贸易术语即价格条款,应按信用证或合同上的规定在发票上表现出来。如信用证价格条款有变形,应照打,如信用证规定价格条款为"CIF TORONTO Liner Terms",则在发票上对单价的描述不能省去"Liner Terms"。

(11)总值(Amount)。除非信用证另有规定,发票的总值应是实际的发货金额,非部分发运时,应与合同总金额一致。因此,一定要慎重填制此栏。应注意以下几个问题:

①如果信用证的金额仅为合同金额的一定比例,另一部分用其他结算方式在证外结算,则发票金额按实际发运的货物总金额即合同金额开列,再在发票自由处理区或付款方式栏(TERMS OF PAYMENT)标明"××% AMOUNT PAY OUTSIDE THIS L/C BY T/T(D/P)"。例如,合同金额为USD10000,规定80%的货款信用证结算,20%的货款电汇预付,那么开列的信用证金额是USD8000,合同项下货物全部发运时的发票金额应该填写USD10000,然后在发票的自由处理区或付款方式栏(TERMS OF PAYMENT)注明"20% AMOUNT i.e. USD2000 HAD BEEN PAID BY T/T ADVANCE"。最后,在做汇票时按信用证金额也就是发票金额的80%缮制。

②如果信用证的总金额是按含佣价计算的,则发票、汇票上的总金额也应按含佣价总额计算,不要减佣,待收汇后再把佣金回付给买方。

③如果信用证单价为含佣价(CIFC),但总额已预扣佣金,则在发票CIFC总金额下要减去佣金(Less C ××%),以CIF价作为发票、汇票的最高金额。

④正确掌握有关伸缩条款。UCP600对数量、单价和金额的解释是,信用证如在金额、数量、单价前面有"about"(约)、"approximately"(大约)字样,可理解为受益人装运货物的数量、发票和汇票金额允许有不超过10%的增减幅度。信用证如只在数量前面规定有"大约"字样,这时不超过10%的增减幅度只管数量,出口时,实际装运最好不要多装,如由于超装货物导致金额的增加,可与信用证下兑用的金额分开办理,将超出信用证金额的部分另外制作以进口商为付款人的汇票,按证下托收方式随证收汇。

⑤根据UCP600第18条的规定,发票的货币币种要与信用证上的货币币种完全一致。

12.大小写合计(Total, Say total)。小写合计项目一般包括总数量、总金额,在其项目下方汇总(Total)。大写合计项目用英文单词标出总金额数目,在小写汇总数字下方缮打。大写金额的表示一般由货币全称、整数金额与小数金额三部分组成,举例如下:

USD156.30 表示为 Say U.S.Dollars one hundred and fifty-six point thirty only.

或 Say U.S. Dollars one hundred and fifty-six cents thirty only.

注意,小数点用 point 或 cents 表示,先表示货币名称与整数金额部分,然后表示小数部分,把小数部分当作一个整体在小数点后面表示。另外,小数部分也可用百分数表示,即上例也可表示为

Say U.S.Dollars one hundred and fifty-six 30% $(\frac{30}{100})$.

(13)加注的各种声明文句(Declaration)。由于各国法令或习惯的差异,部分来证要求在发票上加注各种费用金额、原产地、特定号码等声明文句,可在发票大写合计项目下方的空白处(也称"自由处理区")按信用证要求反映出来。

下面将发票中的第 7~13 栏的缮制方法举例如下:

如国外来证规定:

Description of goods:

1700 cartons of canned mushroom pieces & stems 24 tins×425 grams net weight at USD7.80 per carton CFR Damman port, Saudi Arabia.

shipping mark:

HIGH TECH

S/C NO.AE-673

DAMMAN

CTN NO.1-UP

Documents required:

Signed commercial invoice in triplicate original and must show break down of the amount as follows: FOB value, freight charges and total amount CFR.

按上述信用证规定,发票 7~13 栏的缮制方法见表 4-2。

(14)出单人签名或盖章(Signature)。商业发票只能由 L/C 规定的受益人出具。UCP 600 第 18 条规定:除非信用证另有规定,商业发票无须签字。但是,如果信用证要求提供签署(signed)的或手签(manually signed)的商业发票,则受益人必须签字。因此,为了避免发票漏签署,在实际的制单操作中都会缮打出票人(出口公司)的名称并由制单员代表公司在发票上签字,或者手签并盖章。

三、信用证关于商业发票条款的举例与说明

信用证关于商业发票条款的表述不尽相同,通常表述为"Signed commercial invoice in triplicate showing L/C number"(签署的商业发票为一式三份,并注明信用证号码)。

以下对信用证中的商业发票条款进行说明并举例。

表 4-2　发票 7~13 栏的缮制

(7) Marks and numbers	(8) Number and kind of package Description of goods	(9) Quantity	(10) Unit price	(11) Amount
HIGH TECH S/C NO.AE-673 DAMMAN CTN NO.1-1700			CFR DAMMAN PORT SAUDI ARABIA	
	CANNED MUSHROOM PIECES & STEMS 24 TINS×425GRAMS NET WEIGHT	1700CTNS	@ USD7.80/CTN	USD 13 260.00
(12) Total: 1700CTNS (12) Say total: U.S.DOLLARS THIRTEEN THOUSAND TWO HUNDRED AND SIXTY ONLY.				USD 13 260.00
(13)	FOB VALUE: USD12 260.00 FREIGHT CHARGES: USD1 000.00 TOTAL CFR AMOUNT: USD13 260.00			

(一)关于发票的名称

发票的名称一般应与信用证的规定一致。ISBP821 第 C1 段对信用证要求发票的名称处理有如下解释:

(1)如信用证规定"Certified Invoice"(证实发票)或"Detailed Invoice"(详细发票),则发票的名称也应同样显示。

(2)当信用证要求"Invoice"(发票)而未做进一步定义时,则提交的任何形式的发票都可满足,如商业发票(Commercial Invoice)、海关发票(Customs Invoice)、税务发票(Tax Invoice)、最终发票(Final Invoice)、领事发票(Consular Invoice)等,但不可以使用"Provision Invoice"(临时发票)或"Proforma Invoice"(形式发票)。

应注意,在信用证中经常会出现一些限制性条款,如"Combined documents are not accepted",为保证安全收汇,一般不采用将装箱单、重量单、尺码单合并在一起做成的"Combined Invoice"(联合发票)格式。

(3)信用证如果要求提交"Commercial Invoice"(商业发票),受益人也可用名称为"Invoice"(发票)的单据去满足。

虽然无论名为"Commercial Invoice"还是"Invoice"都不会改变其"商业发票"的实质,但为了满足"相符交单",受益人一般应按信用证规定的单据名称标注,以免交单时产生不必要的麻烦。

(二)信用证关于发票的签署条款

根据 UCP600 的规定,商业发票由受益人出具,可以不加签署。如需签署,来证中应明确规定。例如:

(1)信用证规定:"Signed Commercial Invoice In Duplicate."(已签署的商业发票一式两份)。

(2)信用证规定发票的名称为"Certified invoice"(证实发票)、"Sworn invoice"(宣誓发票)。

(3)信用证要求发票上加注各种证明文句,如"Commercial Invoice certify that shipment contains no solid wood packing materials..."(商业发票上必须证明装运的货物不含木质包装)。

根据上述信用证条款的规定缮制的发票均须签署。

(4)如信用证规定"Manually signed commercial invoice..."(手签的商业发票……),则缮制的

商业发票必须手签。

除此之外，用于报关、退税等国内管理环节的发票，也必须手签。

（三）信用证关于发票的正、副本及份数要求条款

信用证关于发票份数的常见条款为"Signed commercial invoice in 1original and 2 copies…"（已签署的商业发票一份正本和两份副本）。根据 UCP600 第 17 条的规定及 ISBP821 A27～A31 段，对正本单据和副本单据做如下解释：

（1）信用证中规定的每种单据必须提交至少一份正本。如信用证规定"Commercial Invoice in duplicate/in two fold/in 2 copies…"（商业发票一式两份/两份/两套……），则提供的发票中必须有一张是正本，其余可为副本。

（2）正本单据可以当作副本使用，反之则不然，除非信用证另有规定。据此，上述信用证的规定，也可以提交商业发票正本两份，但不可全部提交副本。

（3）如信用证规定"Commercial Invoice in 2 original…"，则必须提交商业发票正本两份。

（4）如果以影印、自动或电脑处理或者复写方法制作的发票作为正本，应在发票上注明"正本"（ORIGINAL）字样，并由出单人签字。

信用证中关于发票份数的写法有很多，常用的有：

In Duplicate	2-Fold	In 2 copies	一式两份
In Triplicate	3-Fold	In 3 copies	一式三份
In Quadruplicate	4-Fold	In 4 copies	一式四份
In Quintuplicate	5-Fold	In 5 copies	一式五份
In Sextuplicate	6-Fold	In 6 copies	一式六份
In Septuplicate	7-Fold	In 7 copies	一式七份
In Octuplicate	8-Fold	In 8 copies	一式八份
In Nonuplicate	9-Fold	In 9 copies	一式九份
In Decuplicate	10-Fold	In 10 copies	一式十份

（四）信用证关于发票的货物描述条款

信用证项下商业发票对货物的描述必须符合信用证中的描述。在实务中应掌握：

（1）信用证只规定货物的统称，在缮制发票时，除了照样显示外，还可以加列详细的货名，但不得与统称矛盾。例如，信用证规定"coloured leather shoes"，发票却显示"coloured shoes"，这就不允许。

（2）信用证列举的货物描述很详细，则发票应按信用证规定一一列明。

例如，信用证上的货物描述为"1,000 Pairs sport shoes ART. No. HP-613, size: 39～45 as per beneficiary's sales contract No.07HAPJ0506 dated 3rd May, 2023 and as per applicant's sample."（1000 双运动鞋，货号：HP-613，鞋码：39～45，按照受益人在 2023 年 5 月 3 日签署的第 07HAPJ0506 号买卖合同及开证申请人的样品）。商业发票上的货物描述必须是信用证的货物描述的完整"复制"，虽然可以分几处（不是一股脑儿地）分头描述，但必须在发票上能够找出以上全部描述的相关文字。按上述信用证的货物描述，发票的缮制见表 4-3。

表 4-3 发票货物描述的缮制

Marks and numbers	Number and kind of package Description of goods	Quantity	Unit price	Amount
	sport shoes ART. No. HP-613, size:39~45 as per beneficiary's sales contract No.07HAPJ0506 dated 3rd May,2023 and as per applicant's sample.	1,000 Pairs		

(3)信用证规定的货名除了英文文字外,还有进口国(地区)文字,缮制发票时应照抄原文;若货名仅有进口国(地区)文字,发票应按信用证规定的显示出来,并在括号内用英文表述。

(4)允许分批装运的信用证规定了多种货名,不可盲目照抄,应将实际发货的货名在发票中注明,除信用证规定的货物外,不能另外显示其他货物或免费样品等。

(五)信用证关于发票的声明文句条款

有的信用证要求在发票上加注诸如"certify/state/evidence/indicate/mark/show/quote..."(证实、声明、证明、表明、注明、显示、引用等)声明文句,大致有以下四种情况:

(1)注明特定号码。有的信用证要求在发票上注明进口许可证号码、配额许可证号码等。例如,"Manually signed commercial invoice in triplicate indicating applicant's ref.No.SCLI-98",该条款要求手签的商业发票一式三份,并在商业发票上显示开证人的参考号码 SCLI-98,那么就应该将开证申请人的参考号码标注在商业发票的自由处理区。

(2)证明原产地。如信用证规定"Commercial invoice...and certifying the goods are of Chinese origin",要求加注原产地证明文句,缮制发票时不可照搬,可填"We hereby certify that the goods mentioned above are of Chinese origin"(兹证明上述货物系中国原产),以满足上述条款的要求,这样的发票信用证没有要求签署,因有证明语句,实际也要签署。

(3)加注运费、保险费和 FOB 金额等。在 CIF 价格条件下,有的信用证要求发票上分别列明运费、保险费和 FOB 金额,则必须按照实际发生的费用在自由处理区缮打,并且三者之和应等于金额栏的 CIF 金额。

(4)特别要求条款。有的信用证对货物、包装等有特别的要求,如"Commercial invoice must indicate table cloth pieces are to be made unjoined"(商业发票上必须表明各块台布没有连接在一起)。根据上述信用证的规定,缮制商业发票时,应在自由表达区加注声明文句如下:

We hereby certify that table cloth pieces have been made unjoined.

(六)信用证的商业发票条款举例与操作

(1) Manually signed commercial invoice in five folds showing a deduction of USD200.00 being commission and the goods are as per Article No. DKRB1047 quoting L/C No.

操作:提交商业发票一式五份(至少一份正本,其余可用副本补足);商业发票必须手签;注明扣除 200 美元作为佣金;在发票上注明货号"DKRB1047"与信用证号码。

(2) Signed commercial invoice combined with certificate of origin and value two original and plus three copies required for imports into Nigeria.

操作:提交商业发票正本两份,副本三份;商业发票须签署;发票是进口到尼日利亚需要的,联合证明货物原产地和货物价值,实际此要求为提供尼日利亚海关发票,有专门格式,可向进口商索要。

(3) Signed commercial invoice in five fold certifying that goods are as per Contract No.12345 of 03.11,2023 quoting L/C Number and BTN/HS NO.

操作:制作商业发票一式五份;货物按照合同描述后注明"above mentioned goods are as per contract No.12345 of 03.11,2023";商业发票需签署;注明信用证号码和布鲁塞尔税则分类号码(即协调制度编码)。

(4) Commercial invoice in triplicate showing separately FOB value, freight charges, insurance premium, CIF value and country of origin.

操作:提交商业发票一式三份;在发票自由处理区分别列明 FOB 价值、运费、保险费、CIF 总值;在发票自由处理区填写声明"We hereby certify that the goods mentioned above are of Chinese Origin"。

(5) Commercial invoice in quadruplicate indicating the following: That each item is labeled "Made in China"; That one set of non-negotiable shipping documents has been airmailed in advance to buyer.

操作:提交商业发票一式四份;在发票自由处理区填写声明"We hereby certify that each item is labeled 'Made in China' and one set of non-negotiable shipping documents has been airmailed in advance to ××× Co."(每件商品已贴"中国制造"标签;一套副本装运单据已提前航邮寄给买方公司)。

(6) Invoice must indicate that goods are marked or stamped or printed or labeled in an irremovable way (according to goods nature) with the name of country of origin.(在发票上注明货物的原产地国名已根据货物的性质用一种不可移动的方式在货物上标注、戳记、打印或贴标签标出。)

操作:根据货物性质选用标注或戳记或贴标签等中的任一方式将"Made in China"字样固定在货物上;在发票的自由处理区加注声明文句"We hereby certify that the goods have been marked (or stamped or printed or labeled)(这几个动词视实际操作选择一个) in an irremovable way with 'Made in China'",并作签署。

第二节　其他发票

一、形式发票(Proforma Invoice)

在实际业务中,进口商有时会要求出口商提供一份有关出售货物的名称、规格、单价等内容的非正式的参考性发票,凭以向本国(地区)外汇管理当局或贸易管理当局等申请外汇支付额度或申请进口许可证等,这种发票叫作形式发票。

形式发票虽然也叫发票，但不是正式的发票，不能用于托收或信用证项下兑用，其所列的单价等内容，是出口商对其商品基本情况的一种估计，对双方无最终约束力。因此，形式发票只是一张估价单或意向书，正式成交后，还需重新制作正式的商业发票作为兑用凭证。

形式发票与商业发票在内容和格式上非常相似，且两者关系密切。信用证的货物内容后常出现"As per proforma invoice No.××× dated ×××"（按某年某月某日之某号形式发票）的条款，此时，出口商应按照形式发票来制单，在商业发票上打上"As per proforma invoice No.××× dated ×××"即可；但若形式发票作为信用证的附件，出口商要完全按形式发票的内容制单，银行也会按形式发票的要求审单。本书第十三章第二节的第十二份信用证即为一份以形式发票为附件的信用证。

二、厂商发票(Manufacturer's Invoice)

厂商发票是由制造厂商提供给出口商的销售货物的证明。它以本国（地区）货币计算价格，用来证明出口货物的出厂价格。信用证要求提供厂商发票，主要是供进口国（地区）海关进行估价、核税之用，并检查出口国（地区）出口商品是否低价倾销，是否应征收反倾销税。因此，厂商发票的货物价值应低于 FOB 价。

厂商发票的内容及制作要求如下：a.单据的名称要用粗体字标明"MANUFACTURER'S INVOICE"字样，表明单据的性质。b.抬头人必须填出口商的名称和地址。c.出票日期应不迟于商业发票的日期。d.货物的品名、规格、数量、件数等应与商业发票的内容相符合。e.价格可按商业发票的 FOB 价格的九折或八五折填写。货币应为出口国（地区）的币制。f.如信用证无特别要求，厂商发票可不缮打唛头；但如果信用证有明确要求，则应按要求缮打唛头。g.厂商发票必须由厂方负责人签字盖章。h.如果是工贸公司，本公司就是生产厂家，那么可以在商业发票上标明"The Seller is the Manufacturer"（卖方即生产商）。

三、领事发票(Consular Invoice)

有些国家（地区）（如拉丁美洲国家、菲律宾等）规定，凡进口货物，必须提供进口国（地区）驻出口国（地区）领事签证的发票，它是货物进口征收关税的前提条件。

领事发票是一份官方签署的单据，可以从出口国（地区）当地的进口国（地区）领事馆获得。在实际业务中，常常由领事在出口商的商业发票上进行认证（Legalization），就是由领事馆的官员在发票上签字盖章，证实商品的实际产地与价值。关于发票认证条款的内容，不同国家（地区）有不同的要求，是否必须认证应视具体条款而定。

在信用证结算方式下，应对领事发票签证或认证条款进行认真审核。应注意：如受益人无法提供此类单据，应与开证申请人洽商从信用证中删除关于领事发票的要求或改为由贸促会进行商业发票认证。

四、海关发票(Customs Invoice)

（一）海关发票的概念

海关发票是进口国（地区）海关制定的、由出口商填制、供进口商凭以进口清关用一种特定格式的发票。它是一种从性质到作用直至填制方法都与商业发票不同的特殊单据,可供进口商凭以向海关办理进口报关、纳税等手续。

(二)海关发票的作用

第一,它是进口国(地区)海关估价完税的凭证;第二,它是进口国(地区)海关核查货物的原产地、征收差别待遇关税或征收反倾销税的依据;第三,它是进口国(地区)海关作为统计资料的依据。

(三)海关发票的种类

目前,使用海关发票的主要有新西兰、美国、加拿大、加勒比共同体、加纳以及东非和西非的一些国家(地区)。有些国家或地区在要求提供海关发票的同时,还要求提供商业发票,有些则不要求提供商业发票,此时,海关发票兼具双重作用。

常见的海关发票格式有以下几种:美国海关发票(Special Customs Invoice)、加拿大海关发票(Canada Customs Invoice)、牙买加海关发票格式 C23(Invoice and Declaration of Value Required for Shipment to Jamaica Form C23)、加勒比共同体海关发票 Caricom(Caribbean Common Market Invoice)、新西兰海关发票格式 59A(Certificate of Origin of Goods for Exports to New Zealand Form 59A)、尼日利亚海关发票(CCVO Form C16,Combined Certificate of Value and Origin Form C16)。

思考与练习

一、思考题

1.发票有哪些种类?何谓商业发票?商业发票的主要作用有哪些?

2. UCP600 对商业发票有哪些要求?

3.不同方式的佣金支付,在有关发票上需如何进行处理?

4.根据 UCP600 的规定,商业发票的抬头应如何填制?

5.出口箱装货物,信用证如未规定运输标志,受益人能否按实际装箱设计的唛头印制,并将自制的唛头填入发票的相关栏目内?

6.按惯例,商业发票中的货物描述能否使用货物的统称?

7.当信用证规定“signed commercial invoice…”或“manually signed commercial invoice…”时,缮制商业发票时,应如何满足该信用证条款?

8.商业发票上的单价应包括几个部分?

9.在缮制商业发票时,应如何满足信用证关于发票的声明文句条款?

10.海关发票的主要内容和作用是什么?其他发票的作用是什么?

二、实操题

根据下列信用证的相关内容及补充资料缮制商业发票。

（一）信用证相关资料摘录

SEQUENCE OF TOTAL	27	1/1
FORM OF DOC,CREDIT	40A	IRREVOCABLE
DOC,CREDIT NUMBER	20	ABL-AN107
DATE OF ISSUE	31C	230405
APPLICABLE RULES	40E	UCP LATEST VERSION
EXIPRY	31D	DATE 230615 AT NEGOTIATING BANK'S COUNTER
APPLICANT	50	ITOCHU CORPORATION,OSAKA,JAPAN
BENEFICIARY	59	SHANGHAI TEXTILES IMP.AND EXP.CORPORATION. 27 ZHONGSHAN ROAD E,1.SHANGHAI,CHINA
AMOUNT	32B	CURRENCY USD AMOUNT 88.500,00
AVAILABLE WITH/BY	41D	ASAHI BANK,LTD SHANGHAI BRANCH BY NEGOTIATION
DRAFTS AT...	42C	DRAFTS AT SIGHT FOR FULL INVOICE VALUE
DRAWEE	42A	SAIBJPJT ASAHI BANK LTD,TOKYO
PARTIAL SHIPMENTS	43P	ALLOWED
TRANSHIPMENT	43T	ALLOWED
PORT OF LOADING/AIRPORT OF DEPAERURE	44E	SHANGHAI,CHINA
PORT OF DISCHARE/AIRPORT OF DESTINATION	44F	OSAKA,JAPAN
LATEST DATE OF SHIP	44C	230531
DESCRIPT.OF GOODS	45A	100% COTTON APRON AS PER S/C NO.AN107

ART NO.	QUANTITY	UNIT PRICE
49394(014428)	32 100 PIECES	USD1.00
49393(014428)	36 900 PIECES	USD1.00
55306(014429)	15 600 PIECES	USD1.25

PRICE TERM:CIF OSAKA

DOCUMENTS REQUIRED　46A

+ORIGINAL SIGNED COMMERCIAL INVOICE IN 5 COPIES INDICATING S/C NO. SHTEX-230331IT DATED 2023-03-31

...

ADDITIONAL COND.　47A

1.THE GOODS TO BE PACKED IN EXPORT STRONG COLORED CARTONS.

...

（二）补充资料

Invoice No.:23IN-C314

Invoice date:2023 年 5 月 10 日

B/L No.:COSU30088

B/L date:2023 年 5 月 25 日

Vessel name:CHANG GANG V.98097H

Packing:300PCS/CARTON 1 * 20'FCL CY/CY

Measurement:(80×50×20)CM/CTN

N.W.:50KGS/CTN　G.W.:55KGS/CTN

Shipping mark:

ITOCHU/SHTEX-230331IT/OSAKA/NOS.:1-UP

空白发票

SHANGHAI TEXTILES IMP. AND EXP. CORPORATION

27 ZHONGSHAN ROAD E, 1.SHANGHAI, CHINA

COMMERCIAL INVOICE

To:

Invoice No.: ____________

Invoice Date: ____________

S/C No.: ____________

S/C Date: ____________

From: ____________ **To:** ____________

Letter of Credit No.: ____________ **Issued By:** ____________

Marks and numbers	Number and kind of package Description of goods	Quantity	Unit price	Amount

Total:

Say total:

▪第五章▪ 包装单据

【学习目标】 了解包装单据的作用与种类;掌握装箱单、重量单、尺码单的主要内容和缮制方法;根据信用证的有关条款,学会缮制各种包装单据。

第一节 包装单据的种类与作用

包装单据(Packing Documents)是指用于记载或描述商品包装细节的清单,是商业发票的补充单据。除散装货物外,包装单据一般为不可或缺的货运单据,由出口公司根据具体要求缮制,目的是表明合同及/或信用证中有关货物包装的细节,以满足进出口双方及各有关当局对已装箱货物详情的了解。

一、包装单据的作用

(1)包装单据是出口商缮制商业发票及其他单据时计量、计价的基础。

(2)包装单据是进口商清点数量或重量以及销售货物的依据。

(3)包装单据是海关查验货物的凭证。

(4)包装单据是公证或检验检疫机构检验货物的参考资料。

二、包装单据的种类

(一)包装单据的种类

根据不同商品或信用证的规定,有不同类型的包装单据,常用的包装单据有:

(1)装箱单(Packing List)。装箱单也称包装单,是用于说明货物包装形式、包装内容、数量、重量、体积及件数等细节的清单。

(2)重量单(Weight List)。重量单也称磅码单(Weight Memo/Note),是用于说明以重量计量的货物的毛净重的清单。

(3)尺码单(Measurement List)。尺码单是用于说明货物单位包装的长、宽、高及总体(容)积的细节清单。

(4)详细装箱单(Detailed Packing List)。详细装箱单是说明不定量包装商品中每件包装细节的清单,是一种繁式装箱单。

除以上包装单据外,还有包装明细单(Packing Specification)、包装提要(Packing Memo)、规格单(Specification List)、花色搭配单(Assortment List)、集装箱装箱单(分柜明细单)等。

(二)包装单据的内容

包装单据并无统一固定的格式,制作时一般由各公司根据信用证或合同的要求和货物的特点自行设计。包装单据大致包括以下内容:a.编号和日期(Number and Date);b.合同号码或信用证号码(Contract Number or L/C Number);c.唛头(Shipping Marks);d.货物名称、规格和数量(Name of Commodity,Specification and Quantities);e.包装件数及件号、包装件尺码(Numbers and Measurement);f.包装类别(Kinds of Packing);g.货物毛净重(Gross and Net Weight)。

包装单据是发票的补充说明,能够说明发票上没有记载的装箱情况,而不需要记载发票上已有的货物单价和总值。

受益人(出口公司)应按信用证的规定以及进口商的要求,并根据不同商品的特点提供适当的包装单据。本章主要介绍装箱单、重量单和尺码单的内容及缮制方法。

第二节　装箱单、重量单和尺码单

一、装箱单的内容与缮制

(1)单据名称(Document's Name)。单据名称一般为装箱单(Packing List),通常用中英文粗体标注在单据的上方或右上方。

(2)出单人(Issuer)。填写出口商(Exporter)的名称、地址,应与发票的同项内容一致。在信用证结算方式下,出口企业的名称、地址应与信用证受益人的名称和地址一致。出口商一般将名称、地址采用函头的方式事先印在单据上。

(3)抬头(To)。抬头即受单人,填写进口商的名称和地址,并与信用证开证申请人的名称和地址保持一致。在某些情况下也可不填,或填写"To whom it may concern"(致有关当事人)。

(4)发票号(Invoice No.)。填写商业发票的号码。

(5)日期(Date)。装箱单的缮制日期一般与发票日期一致,不能迟于信用证的截止日及交单日期。

(6)运输标志(Marks and Numbers)。出口货物包装上的装运标记和号码,要符合信用证的要求,与发票、提单一致。

(7)包装种类和件数、货物描述(Number and Kind of Packages,Description of Goods)。填写货物名称及包装的详细资料。货物的名称不得与信用证规定的货物描述相抵触。通常要对货物的包装情况做详细说明,当信用证要求"Detailed Packing List"时,更应详细列出有关包装的细节。例如,信用证规定:25 kgs in 4-ply paper sacks with inner polyethylene liner and big bags in 7×20' containers (25 千克装一个四层纸厚的厚纸袋,里面套塑料袋,装入 7 个 20 英尺集装箱)。以上货物包装的详情都要反映到装箱单上。

(8)包装(Package)。一般填写最大包装数量,如货物种类或规格不同,应分别列出每种或每规格货物的最大包装数量,并累计其总数。

(9)数量(Quantity)。填写货物包装内的实际数量,如品质规格不同,应分别列出并累计总数。

(10)货物的毛重、净重、体积(Gross Weight,Net Weight,Measurement)。填写每件货物的单位毛重、净重和体积,并计算出总的毛重、净重和体积,如有不同规格或种类的货物,应分别列出并最后累计其总数。

(11)合计(Total)。此栏对8、9、10栏分别进行合计。

(12)自由处理区。位于单据格式下方,用于表达格式中其他栏目不能或不便表达的内容。例如,信用证对装箱单规定"Packing list in duplicate indicating the goods are of Chinese origin"(装箱单一式两份,并显示货物原产自中国),则须按要求在自由处理区内显示证明的内容:"We hereby certify that the goods mentioned above are of Chinese Origin"。

(13)签章(Signature)。出口企业的签章应与商业发票相符,如果信用证规定中性包装,此栏不可填。

表5-1是根据第三章第三节的信用证样例及第四章表4-1的发票实例处理的装箱单。

表5-1 装箱单样例(以第三章信用证样例为例)

Issuer(2) CHANGZHOU BAOYAO PHARMACEUTICALS CO.LTD MEILONGBA SOUTHERN SURRBS CHANGZHOU JIANGSU,213004 CHINA			装箱单 PACKING LIST (1)			
To(3) APOTEX INC. 114,YEONG JONG-DAERO,JUNG-GU INCHEON KOREA			Invoice No.(4) CH23010		Date(5) 16 MARCH,2023	
Marks and numbers(6)	**Number and kind of package Description of goods (7)**	**Package (8)**	**Quantity (9)**	**G.W. (10)**	**N.W. (10)**	**Meas. (10)**
APOTEX 4500189719 INCHEON CTN No.1-50	CHLORDIAZEPOXIDE HCL PACKED IN TIN OF 5KG EACH AND 2 TIN IN ONE CARTON. PO NUMBER 4500189719	50CTNS	@10KGS 500KGS	@10.4KGS 520KGS	@10KGS 500KGS	@80×50×30CM 6.000M³
	(11)Total:	**50CTNS**	**500KGS**	**520KGS**	**500KGS**	**6.000M³**
(11)Say total:FIFTY CARTONS ONLY **(12)** CHANGZHOU BAOYAO PHARMACEUTICALS CO.LTD (13) 张珍						

信用证对装箱单的表述方法有很多,如"Packing list in 3-fold showing the gross weight, net weight and measurement of each package"(装箱单一式三份并显示每个包装的毛重、净重和尺码)。

装箱单第7—13栏的填制举例见表5-2。

如国外来证规定:

L/C NO.:0187-5679

DESCRIPTION OF GOODS:

5000 SETS OF TABLE LAMPS AT USD15.00 PER SET CFR ROTTERDAM.

ART.NO.001　　2400SETS

ART.NO.002　　2600SETS

DOCUMENTS REQUIRED:

PACKING LIST IN DUPLICATE AND SHOW L/C NO.

…

附实际出运货物的资料：

纸箱装，四台一纸箱

净重：每箱 4KGS

毛重：每箱 5KGS

尺码：80×40×40CM

表 5-2　装箱单 7—13 栏填写举例

Marks and numbers	Number and kind of package Description of goods	Package	Quantity	G.W.	N.W.	Meas.
	TABLE LAMPS		@ 4SETS	@ 5KGS	@ 4KGS	@ 80×40×40CM
	ART.NO.001	600CTNS	2400SETS	3000KGS	2400KGS	76.800M^3
	ART.NO.002	650CTNS	2600SETS	3250KGS	2600KGS	83.200M^3
	Total：	1250**CTNS**	5000**SETS**	6250**KGS**	5000**KGS**	160.000**M^3**
Say total：ONE THOUSAND TWO HUNDRED AND FIFTY CARTONS ONLY						
L/C NO.：0187-5679						
						××× **COMPANY** (**SIGNATURE**)

二、重量单的内容与缮制

重量单无统一格式，在制作内容上侧重于货物的每箱净重（Net Weight）和毛重（Gross Weight），并且计算出来的总毛重应与提单上的一致。

（1）出口企业的名称和地址（Exporter's Name and Address）。填写出口企业的名称和地址，一般事先打印在出口公司印制好的重量单上。

（2）单据名称（Name of Document）。单据名称通常用英文粗体标出"Certificate of Weight"或者"Weight List"，实际使用中应与信用证要求的名称相符。

（3）重量单编号（No.）。一般填发票号码，也可填合同号码。

（4）出单日期（Date）。填发票签发日期。

（5）运输标志（Marks and Numbers）。应与发票和提单保持一致。

（6）品名和规格（Name of Commodity and Specifications）。必须与信用证的描述相符。

（7）数量（Quantity）。填写实际件数，如品名、规格不同，应分别列出，并累计其总数。

（8）毛重（Gross Weight）。包括包装在内的每件货物的重量，并累计其总量。

（9）净重（Net Weight）。每件货物的实际重量并计总量。

（10）签章（Signature）。出单人签章应与商业发票相符，如信用证规定为中性包装，此栏不可填。

信用证对重量单的表述也是各式各样，如"Weight list in triplicate issued by beneficiary indicating quantity, gross and net weight of each package"（由受益人签署的重量单一式三份，显示每件包装的数量、毛重和净重）。

另外,如果信用证对重量单有特别规定,如“...certifying that the weights are true and correct”,则应在重量单的自由处理区证明并签署(不管信用证是否要求签署)。

重量单的填制样例见表5-3(背景资料见P72-73)。

表5-3 重量单样例

SHANGHAI TEXTILES I&E CORPORATION

WEIGHT LIST

NO.:×××

DATE:20××-××-××

Marks and numbers	Number and kind of package Description of goods	Quantity	Package	G.W.	N.W.
	TABLE LAMPS ART.NO.001 ART.NO.002	@4SETS 2400SETS 2600SETS	 600CTNS 650CTNS	@5KGS 3000KGS 3250KGS	@4KGS 2400KGS 2600KGS
	Total:	5000**SETS**	1250**CTNS**	6250**KGS**	5000**KGS**

WE HEREBY CERTIFY THAT THE WEIGHTS ARE TRUE AND CORRECT.

SHANGHAI TEXTILES I&E CORPORATION
(SIGNATURE)

三、尺码单的内容与缮制

尺码单无固定格式,由出口企业自行拟制。其主要内容有:

(1)出口企业的名称和地址(Exporter's Name and Address)。填写出口企业的公司名称和地址,一般事先打印在出口公司印制好的尺码单上。

(2)单据名称(Name of Document)。单据名称通常用英文粗体标出“Certificate of Measurement”或者“Measurement List”。在实际使用中,应与信用证要求的名称相符。

(3)尺码单编号(No.)。一般填发票号码,也可填合同号码。

(4)出单日期(Date)。填发票签发日期。

(5)运输标志(Marks and Numbers)。应与发票和提单保持一致。

(6)品名和规格(Name of Commodity and Specifications)。必须与信用证的描述相符。

(7)数量(Quantity)。填写实际件数,如品名、规格不同,应分别列出,并累计其总数。

(8)尺码(Measurement)。包括包装在内的每件货物的尺码并累计其总量。缮制时,应对不同货物的尺码及长、宽、高的尺寸做重点说明。

(9)签章(Signature)。出单人签章应与商业发票相符,如要求中性包装,此栏不可填。

尺码单的填制样例见表5-4(背景资料见P72-73)。

表 5-4　尺码单样例

SHANGHAI TEXTILES I&E CORPORATION

MERSUREMENT LIST

NO.:×××

DATE:20××-××-××

Marks and numbers	Number and kind of package Description of goods	Quantity	Package	Measurement
	TABLE LAMPS ART.NO.001 ART.NO.002	@ 4SETS 2400SETS 2600SETS	 600CTNS 650CTNS	@ 80×40×40CM 76.800M^3 83.200M^3
	Total:	**5000SETS**	**1250CTNS**	**160.000M^3**
				SHANGHAI TEXTILES I&E CORPORATION (SIGNATURE)

四、缮制包装单据的注意事项

缮制包装单据时,应注意以下几个问题:

(1)包装单据名称以与信用证规定一致为宜。信用证如何规定单据名称,在缮制时使用与其一致的单据名称。如信用证规定“Detailed packing list in duplicate”,那么包装单据名称就注明“Detailed packing list”。

(2)装箱单、重量单与尺码单中的毛重、净重、尺码应列明每件的毛重、净重和尺码,小计数及合计数必须与发票、提单、产地证以及出口许可证的数字相符。

(3)包装单据的货物描述不能与信用证规定的货物描述相抵触。

(4)包装单据中一般不应显示单价和总值,以避免泄露中间商的商业秘密。

(5)信用证如同时要求提交装箱单和/或重量单,应视信用证规定而定。如规定“Packing list/weight list...”或“Packing list or weight list...”,可以两者选其一,只提交其中一种包装单据;如规定“Packing list and weight list...”,可以单独提供每一种包装单据,也可以提供联合的包装单据,如“Weight list and Measurement list”,除非信用证有特别规定“Combined documents are not allowed”。

(6)信用证如要求提交中性包装单据,如“Neutral Packing List”或“Packing List in white paper/in plain paper”,在单据上不得显示买卖双方的名称和地址,也不得签署。

(7)信用证如无规定,包装单据可以不签字、不盖章,也不必注明出单日期。

(8)信用证如未规定包装单据的份数,按 UCP600 第 17 条,理解为提交一份正本即可。

思考与练习

一、思考题

1.包装单据包括哪些单据？每种单据的具体用途有哪些？
2.简述装箱单的含义与作用。
3.如何缮制装箱单？
4.缮制包装单据时应注意哪些问题？

二、实操题

请根据第四章中实训操作题的信用证及补充资料，缮制一份装箱单（空白装箱单附后）。

空白装箱单

<table>
<tr><td colspan="3">Issuer</td><td colspan="4">装箱单
PACKING LIST</td></tr>
<tr><td colspan="3" rowspan="2">To</td><td colspan="2">Invoice No.</td><td colspan="2">Date</td></tr>
<tr><td colspan="4"></td></tr>
<tr><td>Marks and numbers</td><td>Number and kind of package
Description of goods</td><td>Quantity</td><td>Package</td><td>G.W.</td><td>N.W.</td><td>Meas.</td></tr>
<tr><td colspan="7">Total:
Say total:</td></tr>
</table>

第六章　通关单证

【学习目标】 了解检验检疫证书的种类与作用；了解进出口货物报关与报关单的含义与种类、进出口货物报关的一般程序；熟悉我国的检验检疫制度和检验检疫证单的申领程序及各种检验检疫证书的主要内容和缮制方法；熟悉报关单的主要内容，并学会根据相关资料缮制报关单；掌握出入境货物电子底账的办理流程；掌握进出口货物报关单填制的一般要求。

第一节　检验检疫证书

一、检验检疫证书概述

（一）检验检疫证书的含义与作用

1.含义

检验检疫证书（Inspection Certification）是由政府机构（官方）或公证机构（非官方）对进出口商品进行检验检疫或鉴定后，出具并签署的证明货物已检验达标或评述检验结果的书面单证。

2.作用

在国际贸易中，检验检疫证书是有关各方履行契约义务、处理争议及索赔、仲裁、诉讼举证的有效证件，也是海关验放、征收关税和优惠减免关税的必要证明，具有重要的法律地位。检验检疫证书的作用主要表现在以下五个方面：

（1）检验检疫证书是证明货物的品质、数量、包装以及卫生条件等是否符合合同规定的依据。

（2）检验检疫证书是银行兑用和出口结汇的单证。

（3）检验检疫证书是进出口海关验放的凭据。

（4）检验检疫证书是解决进出口异常商品责任归属的主要依据。

（5）检验检疫证书是进口商品检验对外索赔的依据。

（二）检验检疫证书的种类

在实务中，由于商品的种类、特性及各国（地区）贸易习惯、政府有关法令的不同，检验证书的种类也有差别。目前，我国检验检疫机构签发的检验证书、监管类证单、电子底账和记录报告等共有近百种，常见的证书种类有：

（1）品质检验证书（Inspection Certificate of Quality）。用于证明进出口商品的品质、规格、等级、成分、性能等商品质量方面的实际情况，明确履约情况，便于交接货物。

（2）重量或数量检验证书（Inspection Certificate of Weight or Quantity）。用于证明进出口商品重量或数量，如毛重、净重、皮重等。该证书是出口商交货结汇、签发提单和进口商结算索赔的有效凭证。出口商品的重量证书也是进口商报关缴税和计算运费、装卸费用的证书。

（3）包装检验证书（Inspection Certificate of Packing）。该证书用于证明进出口商品包装及标志情况。

（4）兽医检验证书（Veterinary Inspection Certificate）。该证书证明出口动物产品或食品经过检疫合格，适用于冻畜肉、冻禽、禽畜罐头、冻兔、皮张、毛类、绒类、猪鬃、肠衣等出口商品，一般由主任兽医签署。

（5）卫生/健康证书（Sanitary/Health Inspection Certificate）。该证书用于证明可供人类食用的出口动物产品、食品等经过卫生检验或检疫合格，适用于肠衣、罐头、冻鱼、冻虾、食品、蛋品、乳制品、蜂蜜等。

（6）消毒检验证书（Inspection Certificate of Disinfection）。该证书用于证明出口动物产品经过消毒处理，能够保证安全卫生要求，适用于猪鬃、马尾、皮张、山羊毛、羽毛、人发等商品。

（7）熏蒸证书（Inspection Certificate of Fumigation）。该证书用于证明出口粮谷、油籽、豆类、皮张等商品，以及包装用木材与植物性填充物等，已经过熏蒸灭虫。该证书主要证明使用的药物、熏蒸的时间等情况。

（8）残损检验证书（Inspection Certificate on Damaged Cargo）。用于证明进口商品残损情况，适用于进口商品发生残、短、渍、毁等情况，可作为收货人向发货人或承运人或保险人等有关责任方索赔的有效证件。

（9）温度检验证书（Certificate of Temperature）。用于证明出口冷冻商品温度符合合同或有关规定。如果国外仅需证明货物温度，不一定要单独的温度证书，可将测温结果列入品质检验证书。

（10）船舱检验证书（Inspection Certificate on Tank/Hold）。该证书用于证明承运出口商品的船舱清洁、牢固、冷藏效能及其他技术条件符合保护承载商品的质量和数量完整与安全的要求，可作为承运人履行租船契约适载义务、进出口贸易关系方进行货物交接和处理货损事故的依据。

（11）货载衡量检验证书（Inspection Certificate on Cargo Weight & Measurement）。该证书用于证明进出口商品的重量和体积吨位，可作为计算运费和制订配载计划的依据。

（12）价值证明书（Certificate of Value）。该证书主要用于证明发票所列商品的价格真实正确，可作为进口国（地区）管理外汇和征收关税的凭证。在发票上签盖检验检疫机构的价值证明章与价值证明书具有同等效力。

如果合同、信用证规定由检验检疫部门检验出证的，或国（境）外客户要求检验证书的，则应按合同或信用证要求签发检验证书，提交的证书种类一定要与信用证相符，否则会影响出运和收汇。但是，对于非法检的商品，如果客户未提要求，可以不用提供检验证书。

（三）签发检验证书的机构

根据我国《商检法》、《动植物检疫法》及其实施条例、《卫生检疫法》及其实施细则、《食品安全法》及其他有关法律法规的规定，出入境检验检疫机构依法对出入境人员、货物、运输工具、集装箱及其他法定检验检疫物（统称“法定检验检疫对象”）实施检验、检疫、检定等检验检疫业务，称为“法定检验检疫”，又称“强制性检验检疫”。所有列入国家检验检疫机构指定、调整的必须实施检验的进出口商品目录的商品，必须实施强制检验。

除国家法律、行政法规规定必须由出入境检验检疫机构检验检疫的货物以外，输入国（地区）规定必须凭检验检疫机构出具的证书方准入境的和有关国际条约规定必须经检验检疫机构检验检疫的进出境货物，货主或其代理人也应在规定的时限和地点向检验检疫机构报检。

接受报检、实施检验检疫并出具商品检验证书的检验检疫机构，一般分为官方、半官方和民间机构三大类型。

1.官方检验检疫机构

官方检验检疫机构是指由主权国家或地方政府投资并直接设立的行政机构，它们按照国家(地区)有关法律、行政法规对进出口商品实施法定检验检疫和监督管理，是为了保护本国(地区)利益而执行强制性检验检疫措施的机构。中华人民共和国各直属海关和隶属海关是我国的官方检验检疫机构，主管全国出入境商品检验检疫、动植物检疫、国境卫生检疫工作。其基本任务是实施进出口商品的法定检验和公证鉴定，监督管理进出口商品检验工作和统一管理并签发原产地证书。

2.半官方检验检疫机构

半官方检验检疫机构是由政府批准设立的公证检验机构。一般地，政府授权该类机构代表政府负责商品检验鉴定工作和部分管理工作，此类机构出具的商品检验检疫证明或其他鉴定证明是有效文件，具有权威性，如我国的中国商品检验公司(CCIC)。

3.民间检验检疫机构

民间检验检疫机构是指非政府的民间商品检验机构，包括商会、协会、同业公会等具有专业检验鉴定技术能力的公证行或检验公司等。目前，我国各行各业有许多第三方检测机构，如上海化工研究院检测中心等，其中包括多家国际著名检验检测机构在中国设立的分支机构及办事处，如瑞士通用公证行(SGS)、英国英之杰检验集团(IITS)、日本海外货物检验株式会社(OMIC)、美国安全试验所(UL)、法国船级社(B.V)、中国香港天祥公证化验行等。

(四)检验检疫证单的申领流程

目前，我国海关对出入境货物实行整合申报，需检验检疫的货物可在“单一窗口”的“货物申报”界面进行申报。进出口货物的检验检疫工作由报检、抽样、检验、建立电子底账/发证四个环节组成。

(1)报检。报检是指在海关备案的企业(即进出口货物收发货人、报关企业或其分支机构)就拟出境(入境)的货物向海关提出检验检疫申请。上述企业在“单一窗口”货物申报界面录入出(入)境检验检疫申请，在系统中上传随附出口(进口)合同或销售确认书、商业发票、装箱单、信用证或有关往来信函、生产商出具的厂检结果单等扫描件。凡属法定检验检疫的商品、列入实施检验进出口商品目录的出口商品及国(境)外进口商要求出具检验检疫证书作为兑用货款单据的货物，出口企业应在报关前向产地或属地海关提出申请，在“单一窗口”申请出口申报前监管服务。

(2)抽样。海关接受报检之后，及时派员赴货物存放地点进行现场抽样。抽样时，要按照规定的方法和一定的比例，在货物的不同部位抽取一定数量的、能代表全批货物质量的样品。

(3)检验。海关接受报检之后，认真研究申报的检验项目，确定检验内容，仔细审核合同(信用证)对品质、规格、包装的规定，弄清检验的依据，确定检验标准、方法，然后进行抽样送检，检验方法有仪器分析检验、物理检验、感官检验、微生物检验等。

(4)电子底账/发证。凡属法定检验检疫的商品、列入实施检验进出口商品目录的出口商品及国(境)外进口商要求出具检验检疫证书作为兑用货款单据的商品，产地或属地海关实施检验检疫监管完成，综合评定后建立电子底账，并向企业反馈电子底账数据号(企业根据需要可自行打印电子报检回执单）。自理报关企业报关时，系统会自动调取电子底账数据号，或者将系统生成的电子底账数据号提供给代理报关企业办理出口报关，海关据此放行货物，准予装船。凡合同、信用证规定由海关检验检疫后出证的，或国（境）外进口商要求检验证书的，按合同或信用证要求签发检验检疫证书。

二、出入境货物报检与检验检疫证书申领

（一）出入境货物报检手续

目前，我国海关对出入境货物实行整合申报，需检验检疫的货物在“单一窗口”的“货物申报”界面填报。列入AB监管条件的，企业须在“单一窗口”的“货物申报”界面左侧菜单栏的“属地查检”菜单下选择“出境检验检疫→检验检疫申请”办理。需要办理检验检疫证单的，须在“单一窗口”的“货物申报”界面左侧菜单栏的“拟证出证”菜单下选择“出境检验检疫证书→证书申请”办理（需要先进行“检验检疫申请”）。

1.电子底账申请

（1）界面进入。点击“属地查检→出境检验检疫→检验检疫申请”，进行电子底账数据申请。

（2）数据填写。界面各栏目不同底色的填写要求不同：黄色为必填项，如在系统录入过程中，栏目右侧弹出红色提示，表明当前录入的数据有误，需根据要求重新录入；灰色为系统自动返填项；白色则为选填项。

1）企业基本信息填写注意事项。

①申请单位、发货人代码需录入海关10位编码而非原检验检疫的注册编码，若输入错误，电子底账在出口报关时将无法使用，需重新申报，必将影响通关效率。未在海关备案企业需先进行海关备案，或进行委托代理申报。

②企业资质名称。填报货物的生产商/出口商企业名称及必须取得的资质类别、编号。例如，竹木草制品必须填写出境竹木草制品生产企业注册登记，系统会自动进行校验。

③申请受理机关需录入或选择四位海关代码，可以输入关区前两位代码快速查找对应海关，但须注意选择具体隶属海关，切勿选择直属海关。例如海口关区输入“64”即可从下拉的12个关区中快速选择“海口港海关（6401）”“美兰机场海关（6407）”“海口综保区海关（6409）”等，但不能选“海口海关（6400）”。

2）商品信息填写注意事项。

产品资质、危险货物信息。按照货物实际情况选择填写，如为特殊物品，需要填写出入境特殊物品卫生检疫审批号。

3）基本信息（其他）填写注意事项。

①所需单证，根据实际需要勾选证单种类，必须勾选电子底账，否则无法生成电子底账。须正确勾选所需证单类型，未勾选证单，将导致无法出证。点击标题栏右边蓝色的“…”，系统自动展示可出具的证书，如健康证书、卫生证书等。证书格式的选择主要涉及证书语种和适用国家（地区），如英文、中文、中英文和输韩、输日等。需要注意的是，企业要在中英文证书和英文证书中作出选择，常用的是英文证书，即证书拟制内容均为英文。

②随附单据，至少录入一条数据，用于触发无纸化系统的数据上传。

③领证机关、口岸机关、目的机关需录入或选择四位海关代码，应注意选择具体业务管辖的

隶属海关,不能选择直属海关。

2.电子底账查询、电子底账分拆申请与电子底账分拆申请查询

出境检验检疫申报成功后,系统会自动生成检验检疫编号,共15位。第1位用1代表进口,2代表出口;第2—3位代表年份;第4位为检验检疫类型代码,如N代表出口商品检验;第5—8位代表业务关区;后面7位为流水号。经检验后生成的电子底账数据号为原来系统生成的检验检疫编号后加上001,变成18位(详见图6-1中的回执流水号5)。例如,图6-1中的"223N07120000116"第1位的"2"与第4位的"N"表示"出口"与"出口商品检验",第2—3位的"23"表示"2023"年申请,第5—8位的"0712"表示关区名称为"呼和浩特海关驻出口加工区办事处"(简称"呼加工区")。

已暂存或已提交的申请数据,可以在"属地查检→电子底账查询"输入申请单号后查到该单的具体信息。

检验检疫申请状态栏可以显示申请数据的当前状态,点击状态文字"报检成功""查检通知"等,下方会出现该份申请数据的具体回执信息,便于企业更详细地了解申请进程。检验检疫申请状态为"查检通知",表示该票货物需查检(见图6-1的回执流水号3)。

☐	序号	检验检疫编号/统一编号	回执号	回执流水号	回执代码	回执信息
☐	1	E20230001175827565	202300000414891075	5	4200	检验检疫编号223N07120000116,已生成电子底账数据号,电子底账数据号为223N07120000116001
☐	2	E20230001175827565	202300000414376291	3	1102	检验检疫编号223N07120000116,需实施属地查检,请您与呼综保区联系查检事宜
☐	3	E20230001175827565	202300000414376027	2	1100	统一编号E20230001175827565电子审核通过,正式生成检验检疫编号:223N07120000116
☐	4	E20230001175827565	202300000414375903	1	1000	申请检验检疫成功!统一编号E20230001175827565,已成功接收数据,待审核
☐	5	E20230001175827565	202300000414375651	-	0000	统一编号E20230001175827565直接申报成功

图6-1 电子底账查询实例

已生成的电子底账,可以在"属地查检→电子底账拆分申请"中进行拆分申请,还可以在"属地查检→电子底账拆分申请查询"中查询拆分结果,以便了解电子底账状态。可以"检验检疫编号""电子底账数据号""签发日期"为查询条件,查询海关属地查检系统返回的"电子底账数据号"的状态信息。若电子底账状态为"正常",可进行后续出口报关单申报。

3.检验检疫证单申请

检验检疫证单申请是指在"单一窗口→货物申报→拟证出证"模块进行证书申请,证书申请条件包括两个:一是属地查检系统已生成电子底账编号。二是电子底账申请数据中所需单证已勾选该证单类型。如果属地查检电子底账申请时所需单证只选择电子底账,"拟证出证→出境检验检疫证书申请"下各种证书申请界面会无法选择证书,需要企业去海关现场在所需单证中填加要出证的证书才能操作。

目前,海关推行检验检疫证单"云签发"模式,将企业证书申请电子化,证书中需企业提供的内容在企业申请时直接录入,企业申请证书智能高效。企业可在证书申请时勾选"需企业确认",则海关关员在完成证书草稿拟制后会先下发企业确认证书相关内容,企业确认无误后最终完成拟制,增加证书拟制的准确性。

此外,企业可以选择多种领证方式,如选择自助打印,可直接打印出带签章与签名的证书,无须到海关就可以实现全天候出证。

(二)检验检疫证书的主要内容和缮制

1.检验检疫证书的主要内容

检验检疫证书的内容因证书种类、出证机构的不同而有所不同(见表6-1)。各类证书的主要内容如下:

(1)证书名称(Title)。检验检疫证书因其证明内容有别、各国(地区)标准不一、货物差异、当事人的要求不同而名称各异。除非信用证另有规定,检验检疫证书的名称应与合同或信用证规定相符。

例如,第三章样例信用证的 Documents Required 要求的检验证书内容为"1 ORIGINAL AND 1 COPY CERTIFICATE OF ANALYSIS FOR EACH LOT",则证明书的名称为"CERTIFICATE OF ANALYSIS"(分析证明书)。

(2)发货人。一般填写出口商名称。该栏内容应符合合同或信用证的规定,并与其他单据保持一致。一般只填写公司名称,无须填写地址。

例如,第三章样例信用证中为"Beneficiary:CHANGZHOU BAOYAO PHARMACEUTICALS CO. LTD. MEILONGBA SOUTHERN SURRBS CHANGZHOU JIANGSU,213004 CHINA",则本栏缮制为"CONSIGNOR:CHANGZHOU BAOYAO PHARMACEUTICALS CO. LTD"。

(3)收货人。收货人一般为信用证的开证申请人,除信用证另有规定外,本栏不用填写具体名称,或仅填写"＊＊＊"即可。如果要求出具中性单据,则可以填写成"To whom it may concern"(致有关当事人)。

例如,第三章样例信用证中为

APPLICANT:APOTEX INC.
114 YEONG JONG-DAERO,JUNG-GU INCHEON KOREA

则本栏缮制为

CONSIGNEE:APOTEX INC.
114 YEONG JONG-DAERO,JUNG-GU INCHEON KOREA

(4)品名、数量、重量、包装种类及件号(数)等内容应与商业发票及提单上所描述的内容完全一致。报检时,每份报检单只限一批货,但对批量小的同一类货物,只要运输工具、目的地、收发货人相同,且属同一报关单的货物,可同一单申报和出证。

1)品名(Commodity)。填写商品名称,即信用证或发票中所表明的货物,如信用证或发票中为"Commodity:Men's Trousers 100% wool",则证明书品名栏缮制为"Commodity:Men's Trousers 100% wool"。

2)数量/重量(Quantity/Weight)、包装种类(Package)。按发票内容填制,如包装描述为"360CTNS,with 27PCS in each carton"(共360个纸箱,每箱27件),则这部分内容缮制为

表 6-1　分析证书样例(以第三章信用证样例为例)

中华人民共和国出入境检验检疫

ENTRY-EXIT INSPECTION AND QUARANTINE OF THE PEOPLE'S REPUBLIC OF CHINA

分析证书(1)

编号 NO:380000209368756

CERTIFICATE OF ANALYSIS

发货人(2)
Consigner CHANGZHOU BAOYAO PHARMACEUTICALS CO.LTD

收货人(3)
Consignee APOTEX INC.

品名(4)
Description of Goods CHLORDIAZEPOXIDE HCL

报检数量/重量(4)
Quantity/Weight Declared -500-KGS

包装种类及数量 (4)
Number and Type of Package -50-CTNS

运输工具(5)
Means of Conveyance BY SEA

标记及号码(6)
Mark & No
APOTEX
4500189719
INCHEON
CTN No.1-50

We hereby certify that: Representative samples were taken at random from the above mentioned goods for inspection with the results as follow: (7)

Molecular Weight	336.2158 [g/mol]
Molecular Formula	$C_{16}H_{15}Cl_2N_3O$
H-Bond Donor	2
H-Bond Acceptor	4
Rotatable Bond Count	1
Exact Mass	335.059218
MonoIsotopic Mass	335.059218
Topological Polar Surface Area	48.2
Heavy Atom Count	22
Formal Charge	0
Complexity	580
Isotope Atom Count	0
Defined Atom StereoCenter Count	0
Undefined Atom StereoCenter Count	0
Defined Bond StereoCenter Count	0
Undefined Bond StereoCenter Count	0
Covalently-Bonded Unit Count	2

The results of this lot of goods is in conformity with the requirements of Distribution Agreement according to Korean Pharmacopoeia.

****

印章

(8)签字地点 Place of Issue CHANGZHOU　　签证日期 Date of Issue 19 MARCH 2023

(9)授权签字人 Authorized officer WANGZHIPING　　签名 Signature 王芝萍

Quantity: 9720 Pieces

Package: 360 Carton

(5)运输工具(Means of Conveyance)。填报运输工具名称,要求与提单中的运输工具名称一致。

(6)唛头(Shipping Mark)。按信用证或合同规定的唛头填制,如果没有具体规定,出口商可自行编制,但必须与其他单据和货物的唛头一致。如果没有唛头,则填"N/M";如唛头为"MARKS & NO.:FURUI DE/LOS ANGELES/C/NO.1-360",则缮制为

Shipping Mark: FURUI DE
LOS ANGELES
C/ NO.1-360

(7)检验结果(Results of Inspection)。此栏是检验证明书中最重要的一项,记载报检货物经检验的状况,是证明货物是否符合合同或信用证要求的关键所在,由检验检疫机构在检验后批注。例如,检验结果可叙述为:"The above mentioned goods comply with the quality requirements of Chinese National Standard GB ××(上述货物品质符合中国国家标准 GB ××的要求)。"

(8)签证地点与日期(Place and Date of Issue)。检验证书的出证地点应是实施检验检疫的机构所在地。检验检疫工作应于装船前进行,检验检疫证书的签发日期可以晚于提单日期,但不得晚于信用证的截止日及实际交单日。检验检疫证书上标明的抽样检验日期不得晚于提单日期。

(9)印章和签署(Stamp & Chief Inspector)。如果信用证指定检验机构,则应由指定的检验机构盖章并签字(手签);如果没有特别指定检验机构,任何检验机构均可出具,但必须盖章和签署。

2.缮制有关证书应注意的事项

(1)证书日期。检验检疫证书的签发日期不得晚于信用证的截止日及实际交单日,证书上标明的抽样检验日期不得晚于提单日期;证书标明的抽样检验日期也不可过分早于提单日(如鲜活商品检验检疫证书的有效期为两周,超过这个期限必须重新检验)。

(2)出证机构及签章。检验证书可由我国出入境检验检疫机构或生产企业出具,也可由外国(境外)公证行、公证人、鉴定人签发,如要求"Competent Authority"出证,则一般由检验检疫机构出具;如果信用证并未规定出证机构,则由出口商根据实际情况决定。如要求手签有关的检验证书,就不可以只加盖图章;加盖图章时,图章内的文字可以不是英文(这不构成不符);出证地点应是实施检验检疫的机构所在地。

(3)检验结果。若信用证对检验结果有明确规定,则检验证书上显示的检验结果应符合信用证的检验要求;若信用证对检验结果没有明确规定,但信用证中具体规定了商品的质量、成分,则检验结果不能含有对货物的规格、品质、包装等的不利陈述,除非信用证特别授权。

(三)信用证关于检验检疫条款的说明与举例

信用证对检验条款的表述不尽相同,但通常都包括证书种类要求、证书份数要求和指定的出证机关等。

例如:Manually signed inspection certificate of quality in duplicate from Entry-Exit Inspection and Quarantine of the People's Republic of China stating the goods comply with the quality requirements of Chinese National Standard GB××。

根据上述信用证条款可知:

第一,检验证书的种类要求为“Inspection certificate of quality”(品质检验证书),则出口商提交的证书名称应为品质证书,不能以数量证书等其他证书来代替。

第二,证书份数要求为“in duplicate”(一式两份),则出口商提交的证书份数应为两份,一正一副。

第三,指定的出证机关为“Entry-Exit Inspection and Quarantine of the People's Republic of China”(中国出入境检验检疫)。出口商应到中国海关注册或备案登记取得报检资格,或者委托有代理报检资格的企业向海关报检,由该机构检验并出具检验证书。

此外,“Manually signed”(手签)表示对检验证书的签字的要求;“stating…”表示对检验证书的特殊要求。

以下就信用证中比较常见的检验条款进行举例说明。

1.关于检验证书的种类

(1)如信用证规定“Certificate of analysis in six copies”(分析证明书一式六份),则检验证书的名称应为分析证明书,不能以品质证书来代替。

(2)如信用证规定“Inspection certificate of Quality and Quantity in duplicate”(品质证书和数量证书一式两份),则出口商应提供的证书名称为品质证书和数量证书,份数均为一式两份。

2.关于检验证书的出证机构

(1)信用证规定:“Inspection certificate of quality in 3 copies issued by manufacturer”(由工厂出具的品质检验证书一式三份)。该证指定的检验证书出证机构为生产厂商,则生产厂商完成生产后需对商品实施检验并出证,证书份数应符合信用证的要求。

(2)信用证规定:“Inspection certificate of quality and weight issued by Entry-Exit Inspection and Quarantine of the People's Republic of China.The item of consignee leave a blank”。根据该条款,质量和重量检验证书只能由中国海关签发,则发货人应当及时向该机构报检,经海关检验后出具检验证书并进行批注,用于证明本批货物的实际品质和数量。关于该证书收货人栏的内容,按本条款的规定应当留空。

3.关于检验证书的份数

(1)信用证规定:“Certificate of analysis in six copies”(分析证明书一式六份)。

(2)信用证规定:“Inspection certificate in one original plus five copies”(检验证书一正五副)。

出口商提交的证书份数以及正副本数量都必须符合信用证要求。

4.关于商检软条款

信用证规定:“Negotiation will be effected with the certificate of quality acceptance that will be issued by accountee within 5 days after arrival of the vessel by means of fax.”本条款规定,凭开证申请人在船到港后5天内传真出具的质量证明议付。

对于信用证中进口商开列的“商检软条款”,应根据具体交易情况进行分析,区别对待,不能一概拒绝;但是,对于那种由申请人或其授权人签发检验证书,且其签字与其在银行留存签字样本一致的条款,应予以修改或拒绝。对不能或很难办到的商检条款,应及时与进口商洽商,通过开证行改证,不宜接受只以进口商出具的检验证书或报告正本作为议付单据,安排检验必须留有足够的时间,以便及早取得符合信用证要求的检验证书。

第二节 报关单证

一、报关单概述

(一)报关与报关单的含义

报关(Customs declaration)是指进出口货物收发货人、进出境运输工具负责人、进出境物品的所有人或者他们的代理人向海关办理货物、物品或运输工具进出境手续及相关海关事务的过程。

进出口货物报关单是由海关总署规定统一格式和填制规范,由进出口货物收发货人或其代理人填制,对进出口货物的真实情况作电子或书面申明并提交海关办理进出口货物申报手续的法律文件,是海关依法监管货物进出口、征收关税及其他税费、编制海关统计及其他事务的重要凭证。

(二)进出口货物报关单的种类

可按不同的方法,对报关单进行分类:a.按进出口的状态,可分为进口货物报关单和出口货物报关单;b.按介质表现形式,可分为纸质报关单和电子数据报关单;c.按海关监管方式,可分为进料加工进(出)口货物报关单、来料加工及补偿贸易进(出)口货物报关单、一般贸易及其他贸易进(出)口货物报关单。

(三)进出口货物报关的一般程序

报关程序按时间先后可分为三个阶段:前期阶段、进出境阶段、后续阶段。

1.前期阶段

前期阶段是指对于保税货物、减免税货物等适用海关特殊监管程序的进出口货物,收发货人或其代理人在货物实际进出境之前,向海关办理备案手续的过程。

2.进出境阶段

进出境阶段是指进出口货物收发货人或其代理人根据海关对进出境货物的监管要求,在货物进出境时,向海关办理进出口申报、配合查验、缴纳税费、提取或装运货物手续的过程。

3.后续阶段

后续阶段是指对于前期办理过备案手续的保税货物、减免税货物等适用海关特殊监管程序的进出口货物,在货物进出境储存、加工、装配、使用、维修后,在规定的期限内,按照规定的要求,向海关办理核销、销案、申请解除监管等手续的过程。

一般进出口货物只涉及进出境阶段。货物在进出境阶段,海关规定的货物报关作业程序为“审单→查验→征税→放行”。

根据海关进出境阶段的报关作业程序,进出口货物收发货人或其代理人应配合完成以下四个环节工作:

1.进出口货物申报

进出口货物收发货人或其代理人应在海关规定的时限内,按照海关规定的形式向海关报告进出口货物的情况,提请海关按其申报的内容放行货物的环节即为进出口货物申报。

1）申报前应做好单证、货物、运输三方面的准备：a.单证准备。申报单证分为进（出）口货物报关单和随附单证两大类。单证准备是进出口货物收发货人或其代理人开始申报的第一步，也是顺利报关的关键一步。b.货物准备。在实务中，一般海运出口货物在船离境48小时前进入码头海关监管区，空运出口货物在飞机起飞24小时前进入空港机场，在运输工具离境24小时前向海关申报出口货物。c.运输准备。出口货物申报前要先办理“出口货物托运”手续；进口货物申报前要先办理“进口货物换单”手续。

2）以上三方面的申报准备完毕后，进出口货物收发货人或其代理人可通过国际贸易“单一窗口”（http://www.singlewindow.cn/）进行货物申报。

货物申报是指进出口货物的收发货人及其代理人依照有关法律、行政法规和规章的要求，在规定的期限、地点，采用规定的形式，向海关报告实际进出口货物的情况。

货物申报是整个进出口业务的中心环节，也是“单一窗口”标准版的重要组成部分，其主要功能包括：进口、出口整合申报，数据查询、统计、修撤、重传、补录等；检验检疫无纸化、其他报检、检验检疫企业信息维护等；转关无纸化、预约通关等。

进出口货物收发货人自行办理报关业务称为自理报关。根据我国海关法的规定，进出口货物收发货人必须依法向海关备案后方能办理报关业务。企业备案后还须报关人员备案，具体如下：登录“单一窗口”，选择“企业资质→海关企业通用资质→企业备案”，填写“报关人员信息”，最后点击“申报”按钮提交申请至海关端审核。海关审核通过，自动返填报关人员备案号（如果企业首次备案没有填写报关人员信息，可使用IC卡登录“单一窗口”，在“企业资质→海关企业通用资质→企业备案→备案信息变更申请”界面按照提示选择“自理”，填写页面信息及报关人员信息后，提交海关审核）。报关人员备案后，还需办理报关员卡，然后就可以使用报关员卡登录“单一窗口”，选择“货物申报”，根据企业实际业务情况选择进/出口整合申报，按照《中华人民共和国海关进出口货物报关单填制规范》填写报关单信息及上传随附单证，点击“申报”发送给海关审核。报关单电子数据由海关系统自动检查，并确认是否接受申报。审核无误后，进入下一程序。

常见的出口报关单证见表6-2，常见的进口报关单证见表6-3。

表6-2　常见的出口报关单证

项目	随附单证			
	基本单证	运输单证	官方单证	备用单证
出口货物报关单	商业发票	装货单	出口许可证	贸易合同
	装箱单	航空货运单	电子底账	知识产权申报单
	代理报关委托书	邮件清单	原产地证	运输条件鉴定书
	加工贸易登记手册	汽车载货清单	特定减免税证明	货物保险单
				退运证明

表 6-3 常见的进口报关单证

项目	随附单证			
	基本单证	运输单证	官方单证	备用单证
进口货物报关单	商业发票	进口提货单	进口许可证	贸易合同
	装箱单	航空货运单	电子底账	货物保险单
	代理报关委托书	邮件清单	原产地证	入境货物调离通知单
	加工贸易登记手册	司机纸	特定减免税证明	退运证明
		提单、海运单	自动进口许可证	

2.配合查验

进出口货物经海关决定查验时,进口货物的收发货人(报关员)应按时到查验现场,配合海关查验货物:如实回答查验关员的询问,提供海关查验货物时所需要的装箱清单或其他资料;按照海关要求搬移货物、开拆包装及重新封装被查验的货样;协助海关提取需进一步检验、化验或鉴定的货样,收取海关出具的取样清单;查验结束后,认真阅读关员填写的“海关进出境货物查验记录单”并签字确认。

3.缴纳税费

进出口货物的收发货人或其代理人接到海关开出的《税费缴纳通知书》后,向海关指定的银行办理税费款项的缴纳手续。

4.提取或装运货物

进出口货物收发货人或其代理人,在办理了进(出)口申报、配合查验、缴纳税费等手续,海关放行后,凭单一窗口海关放行信息提取进口货物或装运出口货物。

二、进出口货物报关单

(一)海关对进出口货物报关单填制的一般要求

进出境货物的收发货人或其代理人向海关申报时,必须填写并向海关递交进出口货物报关单。申报人应当依法如实向海关申报,对申报内容的真实性、准确性、完整性和规范性承担相应的法律责任。

(1)报关人必须按照《海关法》《货物申报管理规定》《报关单填制规范》的有关规定和要求,向海关如实申报。

(2)报关单的填报必须真实,做到“两个相符”:一是单证相符,即所填报关单各栏目的内容必须与合同、发票、装箱单、提单以及批文等随附单据相符;二是单货相符,即所填报关单各栏目的内容必须与实际进出口货物的情况相符,不得伪报、瞒报、虚报。

(3)报关单的填报要准确、齐全、完整、清楚,若有错误,须删单重报。

(4)不同批文或合同的货物、同一批货物中不同贸易方式的货物、不同备案号的货物、不同提运单号的货物、不同征免性质的货物、不同运输方式或相同运输方式但不同航次的货物等,均应分单填报。

(5)一份原产地证书只能对应一份报关单。同一份报关单上的商品不能同时享受协定税率和减免税。在一批货物中,对于实行原产地证书联网管理的,如涉及多份原产地证书或含非原产地证书商品,也应分单填报。

(6)一份报关单最多填报50项商品,超过则应分单填报。一张纸质报关单最多打印8项商品,超过应换页。

(7)在反映进出口商品情况的项目中,须分项填报的主要有下列几种情况:商品编码不同的,商品名称不同的,原产国(地区)或最终目的国(地区)不同的。

(8)已向海关申报的进出口货物报关单,如原填报内容与实际进出口货物不一致而又有正当理由,申报人应向海关递交书面更正申请,经海关核准后,对原填报内容进行更改或撤销。

(二)进出口货物报关单的主要内容与缮制

报关单的栏目,除预录入编号、海关编号及海关批注和签章外,均由收发货人或其代理人填写。

1.预录入编号

预录入编号是指预录入报关单的编号,一份报关单对应一个预录入编号,由系统自动生成。报关单预录入编号为18位,其中,第1—4位为接受申报海关的代码(海关规定的"关区代码表"中相应海关代码),第5—8位为录入时的公历年份,第9位为进出口标志("1"为进口,"0"为出口;在集中申报清单中"I"为进口,"E"为出口),后9位为顺序编号。

2.海关编号

海关编号是指海关接受申报时给予报关单的编号,一份报关单对应一个海关编号,由系统自动生成。报关单海关编号为18位,其中,第1—4位为接受申报海关的代码(海关规定的"关区代码表"中相应海关代码),第5—8位为海关接受申报的公历年份,第9位为进出口标志("1"为进口,"0"为出口;在集中申报清单中,"I"为进口,"E"为出口),后9位为顺序编号。

3.报关单表头栏目的填写

(1)境内收发货人。本栏目填报在海关备案的对外签订并执行进出口贸易合同的中国境内法人、其他组织名称及编码。编码填报18位法人或其他组织统一社会信用代码,没有统一社会信用代码的,填报其在海关的备案编码。

①如果对外签约与执行合同的不是同一单位,则以执行合同的单位为准。

②国内的企业委托进出口企业代理进出口,此栏应填代理方。

③外商投资企业委托进出口企业进出口投资设备、物品的,此栏应填"外商投资企业",在报关单标记唛码及备注栏填上"委托××公司进口"。同时,注明被委托企业的18位法人或其他组织的统一社会信用代码。

④外商投资企业委托进出口企业进出口的不是投资设备、物品,而是一般贸易货物的生产原料,则此栏应填写代理方。例如,外商投资企业北京宇都商贸有限公司(1101220756)在投资总额内委托大连化工进出口公司(2102911013)与韩国签约进口电动叉车,则报关单境内收货人栏应填"北京宇都商贸有限公司1101220756",并在报关单标记唛码及备注栏填上"委托大连化工进出口公司进口";如果是进口冷轧钢板用于生产空调,则进口报关单"境内收货人"处填"大连化工进出口公司2102911013"。

(2)进出境关别。本栏目应根据货物实际进出境的口岸海关,填报海关规定的"关区代码表"中相应口岸海关的名称及代码。例如,货物在天津新港海关出口,经查询,新港海关关区代码为 0202,则该栏目填写“新港海关 0202”。转关运输货物仍应填报进出境地海关的名称和代码。例如,货物从宁波进境,向宁波海关办理转关手续后,运抵杭州海关办理正式进口报关手续,本栏应填报“宁波海关 3101”。无实际进出境的货物,填报接受申报的海关名称及代码。

(3)进口日期/出口日期。进口日期填报运载进口货物的运输工具申报进境的日期。出口日期指运载出口货物的运输工具办结出境手续的日期,在申报时免予填报。无实际进出境的货物,填报海关接受申报的日期。本栏目为 8 位数字,顺序为年(4 位)、月(2 位)、日(2 位)。如装载某货物的运输工具于 2023 年 3 月 26 日申报进境,该进口货物收发货人于 2023 年 3 月 30 日向海关申报,进口日期栏应填“20230326”。

(4)申报日期。申报日期是指海关接受进出口货物收发货人、受委托的报关企业申报数据的日期。以电子数据报关单方式申报的,申报日期为海关计算机系统接受申报数据时记录的日期。以纸质报关单方式申报的,申报日期为海关接受纸质报关单并对报关单进行登记处理的日期。本栏目在申报时免予填报。

(5)备案号。本栏目填报进出口货物收发货人、消费使用单位、生产销售单位在海关办理加工贸易合同备案或征、减、免税备案审批确认等手续时,海关核发的《中华人民共和国海关加工贸易手册》、电子账册及其分册(以下统称《加工贸易手册》),《进出口货物征免税证明》(以下简称《征免税证明》)或其他备案审批文件的编号。备案号的长度为 12 位,其中第 1 位是标记码,不同的标记码代表不同的备案文件。《加工贸易手册》第一位的“A”“B”“C”“D”“E”“F”“G”分别表示备料加工、来料加工、进料加工、加工贸易设备、加工贸易电子账册、加工贸易异地报关分册、加工贸易深加工结转分册,“Z”是征免税证明标记,“Y”是原产地证明标记。

前期阶段无备案审批的进出口货物报关单,本栏目为空,但若有备案审批,则一定要填写,其标记码必须与“监管方式”“征免性质”“征免”等栏目相符。如备案号栏填写“B04026100941”,则对应的“监管方式”和“征免性质”栏都应填报“来料加工”,“征免”栏填报“全免”。

(6)境外收发货人。境外收货人通常是指签订并执行出口贸易合同中的买方或合同指定的收货人,境外发货人通常是指签订并执行进口贸易合同的卖方。

填报境外收发货人的名称及编码。名称一般填报英文名称,检验检疫要求填报其他外文名称的,在英文名称后填报,以半角括号分隔;对于 AEO 互认国家(地区)的企业,编码填报 AEO 编码,填报样式为“国别(地区)代码+海关企业编码”,如新加坡 AEO 企业 SG123456789012(新加坡国别代码+12 位企业编码);非互认国家(地区)AEO 企业等其他情形,编码免予填报;特殊情况下无境外收发货人的,名称及编码填报“NO”。

(7)运输方式。运输方式包括实际运输方式和海关规定的特殊运输方式。前者是指货物实际进出境的运输方式,按进出境所使用的运输工具分类;后者是指货物无实际进出境的运输方式,按货物在境内的流向分类。

本栏目应根据货物实际进出境的运输方式或货物在境内流向的类别,按照海关规定的“运输方式代码表”选择填报。

对于实际进出境的货物,可以根据货运单据的相关信息填写:

①看货运单据种类,一般 BILL OF LADING(B/L)是水路运输,AIR WAYBILL(AWB)是航空运输。

②看运费描述，如 Air Freight 为航空运输。

③其他信息：Flight No.表示航班号为航空运输；By Air 表示航空运输；如果出现（Ocean）Vessel、Steam Ship（S/S）等表示船名的信息，则为水路运输。

（8）运输工具名称（航次号）。本栏目填报载运货物进出境的运输工具名称或编号及其航次编号。填报内容应与运输部门向海关申报的舱单（载货清单）所列内容一致。

一份报关单只允许填报一个运输工具名称。在填写该栏时，在货运单据中一般都能找到相应的栏目，以水路运输为例，运输工具名称从 Vessel 中能够找到，Voyage 是航次号。

①在水路运输方式下，本栏目填写"运输工具名称/航次号"。

例如，"Vessel：MERKUR CLOUD，Voyage：0026E"，则运输工具名称栏填"MERKUR CLOUD/0026E"；"S/S MERKUR CLOUD V0026E"，则运输工具名称栏填"MERKUR CLOUD/0026E"；"M/V MERKUR CLOUD V0026E"，则运输工具名称栏填"MERKUR CLOUD/0026E"。

如果 MERKUR CLOUD 的船舶编号是 12345678，运输工具名称栏也可填"12345678/0026E"。

②在航空运输方式下，本栏目填写"航班号"。

例如，Flight No.：SQ8794，运输工具名称栏填"SQ8794"。

（9）提运单号。本栏目填报进出口货物提单或运单的编号。一份报关单只允许填报一份提单或运单号，当一票货物对应多份提单或运单时，应分单填报。

①在水路运输方式下，本栏目填写进出口提运单号，如有分提运单，填"提运单号＊分运单号"。

②在公路运输方式下，启用公路舱单前，免予填报，启用公路舱单后，填报进出口总运单号。

③在航空运输方式下，填"总运单号_分运单号"，无分运单的，填报"总运单号"。

④在邮件运输方式下，填报邮运包裹单号。

（10）货物存放地点。填报货物进境后存放的场所或地点，包括海关监管作业场所、分拨仓库、定点加工厂、隔离检疫场、企业自有仓库等。

（11）消费使用单位/生产销售单位。

①消费使用单位填报已知的进口货物在境内的最终消费、使用单位的名称，包括自行从境外进口货物的单位和委托进出口企业进口货物的单位。

②生产销售单位填报出口货物在境内的生产或销售单位的名称，包括自行出口货物的单位和委托进出口企业出口货物的单位。免税品经营单位经营出口退税国产商品的，填报该免税品经营单位统一管理的免税店。

③编码填报 18 位法人或其他组织统一社会信用代码；无 18 位统一社会信用代码的，填报"No"；进口货物在境内的最终消费或使用以及出口货物在境内的生产或销售的对象是自然人的，填报身份证号、护照号、台胞证号等有效证件号码及姓名。

（12）监管方式。本栏目应根据实际对外贸易情况，按海关规定的"监管方式代码表"选择填报相应的监管方式简称及代码。一份报关单只允许填报一种监管方式。常见的海关监管方式如下：

①一般贸易 0110：主要适用于我国境内进出口企业单边进口或者单边出口的贸易。

②来料加工 0214:适用于来料加工装配贸易进口料件及加工出口成品。

③进料对口 0615:适用于进料加工装配贸易进口料件及加工出口成品。

④货样广告品 3010:进出口企业进出口的货样广告品。

⑤电子商务 9610:全称“跨境贸易电子商务”,适用于境内个人或电子商务企业通过电子商务交易平台实现交易,并采用“清单核放、汇总申报”模式办理通关手续的电子商务零售进出口商品,通过海关特殊监管区域或保税监管场所一线的电子商务零售进出口商品除外。

⑥保税电商 1210:全称“保税跨境贸易电子商务”,适用于境内个人或电子商务企业在经海关认可的电子商务平台实现跨境交易,并通过海关特殊监管区域或保税监管场所进出的电子商务零售进出境商品[海关特殊监管区域、保税监管场所与境内区外(场所外)之间通过电子商务平台交易的零售进出口商品不适用该监管方式]。此监管方式用于进口时,仅限经批准开展跨境贸易电子商务进口试点的海关特殊监管区域和保税物流中心(B 型)。

⑦跨境电商 B2B 直接出口 9710:全称“跨境电子商务企业对企业直接出口”,适用于跨境电子商务中 B2B 直接出口的货物。跨境电商 B2B 直接出口模式是指国内企业通过跨境电商平台开展线上商品、企业信息展示并与国(境)外企业建立联系,在线上或线下完成沟通、下单、支付、履约流程,实现货物出口的模式。

⑧跨境电商出口海外仓 9810:全称“跨境电子商务出口海外仓”,该模式是指国内企业通过跨境物流将货物以一般贸易方式批量出口到海外仓,在跨境电子商务平台上完成在线交易后,由海外仓将货物运送到境外消费者手中的一种出口货物模式,也就是跨境电商 B2B2C 出口,如“亚马逊 FBA 海外仓”。

(13)征免性质。本栏目应根据实际情况按海关规定的“征免性质代码表”选择填报征免性质简称及代码,持有海关核发的征免税证明的,应按照征免税证明中批注的征免性质填报。一份报关单只允许填报一种征免性质。常见的征免性质有:

①一般征税 101:一般征税进口货物。

②来料加工 502:来料加工装配和补偿贸易进口料件及出口成品。

③进料加工 503:进料加工贸易进口料件及出口成品。

(14)许可证号。本栏目填报以下许可证的编号:进(出)口许可证、两用物项和技术进(出)口许可证、两用物项和技术出口许可证(定向)、出口许可证(加工贸易)、出口许可证(边境小额贸易)。免税品经营单位经营出口退税国产商品,免予填报。一份报关单只允许填报一个许可证号。

(15)启运港。填报进口货物在运抵我国关境前的第一个境外装运港。根据实际情况,按海关规定的“港口代码表”填报相应的港口名称及代码,未在“港口代码表”列明的,填报相应的国家(地区)名称及代码。

(16)合同协议号。本栏目填报进出口货物合同(包括协议或订单)编号。在原始单据(发票)上的合同协议号一般表示为“Contract No.”“Sales confirmation No.(S/C No.)”“Order No.”等。

(17)贸易国(地区)。发生商业性交易的,进口填报购自国(地区),出口填报售予国(地区)。未发生商业性交易的,填报货物所有权拥有者所属的国家(地区)。按海关规定的“国别(地区)代码表”选择填报贸易国(地区)中文名称及代码。

(18)启运国(地区)/运抵国(地区)。启运国(地区)指进口货物启始发出直接运抵我国或在运输中转国(地区)未发生任何商业性交易的情况下运抵我国的国家(地区)。运抵国(地区)指出口货物离开我国关境直接运抵或者在运输中转国(地区)未发生任何商业性交易的情况下最后运抵的国家(地区)。

在发生中转运输的情况下,若中转地发生了商业性交易,则该栏填报中转地,如未发生商业性交易,则进口货物报关单启运国(地区)栏填报启始装运港所在的国家(地区),出口货物报关单运抵国(地区)栏填报运抵地(港)所在国家(地区)。中转地是否发生商业性交易,一个重要的判断指标是发票抬头和出票人的名称与地址。

例如:提单显示 From TOKYO to GUANGZHOU via HONGKONG(从东京经中国香港到达广州),如果发票出票人的地址是日本的,说明该进口货物在我国香港没有发生买卖关系,启运国(地区)填报"日本";如果出票人的地址是中国香港,则说明货物在中国香港发生了买卖关系,启运国(地区)填报"中国香港"。

(19)经停港/指运港。经停港填报进口货物在运抵我国关境前的最后一个境外装运港。指运港填报出口货物运往境外的最终目的港;最终目的港不可预知的,按尽可能预知的目的港填报。本栏目的填报不受是否发生中转、中转地有无发生商业性交易的影响。

无实际进出境的货物,填报"中国境内"及代码。

(20)入境口岸/离境口岸。入境口岸填报进境货物从跨境运输工具卸离的第一个境内口岸的中文名称及代码;采取多式联运跨境运输的,填报多式联运货物最终卸离的境内口岸中文名称及代码。离境口岸填报装运出境货物的跨境运输工具离境的第一个境内口岸的中文名称及代码;采取多式联运跨境运输的,填报多式联运货物最初离境的境内口岸中文名称及代码。

无实际进出境的货物,填报货物所在地的城市名称及代码。

按海关规定的"国内口岸编码表"选择填报相应的境内口岸名称及代码。

(21)包装种类。本栏目应根据进出口货物的实际外包装种类填报。例如,木箱(wooden case)、纸箱(carton)、铁桶(iron drum)、裸装(in nude)、散装(in bulk)等。在原始单据(装箱单或提运单据)上,件数和包装种类一般表示为"No. of pkgs",其后数字表示应填报的件数,其后接的单位名词即包装种类。例如,"Total Packed in ×× Cartons only"包装种类应填"纸箱";又如,"Total ×× Wooden Cases only",包装种类应填"木箱"。

(22)件数。本栏目填报进出口货物运输包装的件数(按运输包装计),只能填报数字。本栏目不得填报"0",裸装货物填报"1"。有关单据仅列明托盘件数,或者既列明托盘件数又列明单件包装件数的,填报托盘件数。例如,"2 PALLETS 100 CTNS",件数应填报"2"。有关单据既列明集装箱个数,又列明托盘件数、单件包装件数的,按以上要求填报。如仅列明集装箱个数,未列明托盘或者单件包装件数,填报集装箱个数。

(23)毛重(千克)。本栏目填报进出口货物及其包装材料的重量之和,计量单位为千克,不足 1 千克的精确到小数点后 2 位,货物的毛重在 1 千克以上且非整数的,其小数点后最多保留 5 位,第 6 位及以后略去。例如,毛重为 3.567899 千克,该栏应填"3.56789";毛重为 123 456.789 千克,该栏应填"123 456.789"。

(24)净重(千克)。本栏目填报进出口货物的毛重减去外包装材料后的重量,即货物本身的实际重量,计量单位为千克,不足1千克的精确到小数点后2位,净重在1千克以上且非整数的,其小数点后最多保留5位,第6位及以后略去。

(25)成交方式。本栏目应根据进出口货物实际成交价格条款,按海关规定的“成交方式代码表”选择填报相应的成交方式代码,无实际进出境的货物,进口填报CIF,出口填报FOB。报关单成交方式与发票中贸易术语的对应关系见表6-4。

表6-4 发票中贸易术语与报关单成交方式的对应关系

发票中的贸易术语	报关单上的成交方式	成交方式代码
CIF、CIP、DPU、DAP、DDP	CIF	1
CFR(C&F、CNF)、CPT	C&F	2
FCA、FAS、FOB	FOB	3
EXW	EXW	7

(26)运费。本栏目填报进口货物运抵我国境内输入地点起卸前的运输费用,出口货物运至我国境内输出地点装载后的运输费用。进口货物成交价格包含前述运输费用(如CIF、CFR)或者出口货物成交价格不包含前述运输费用的(如FOB),本栏目免予填报。运保费合并计算的,填报在本栏目。运费可按运费单价、总价或运费率三种方式之一填报,注明运费标记(运费标记“1”表示运费率,“2”表示每计量单位货物的运费单价,“3”表示运费总价),并按海关规定的“货币代码表”选择填报相应的币种代码。

示例:a.10%运费率填报为“费率数值/标记码:10/1”。b.50英镑的运费单价填报为“货币代码/数值/标记码:303/50/2”。c.3000美元的运费总价填报为“货币代码/数值/标记码:502/3000/3”。

(27)保费。本栏目填报进口货物运抵我国境内输入地点起卸前的保险费用,出口货物运至我国境内输出地点装载后的保险费用。进口货物成交价格包含前述保险费用或者出口货物成交价格不包含前述保险费用的,本栏目免予填报。保费可按保险费总价或保险费费率两种方式之一填报,保险费标记“1”表示保险费费率,保险费标记“3”表示保险费总价,填制格式与运费格式相同。

(28)杂费。本栏目填报成交价格以外的,按照《中华人民共和国进出口关税条例》相关规定应计入完税价格或应从完税价格中扣除的费用。应计入完税价格的杂费填报正值或正率,应从完税价格中扣除的杂费填报负值或负率。可按杂费总价或杂费率两种方式之一填报,杂费标记“1”表示杂费率,杂费标记“3”表示杂费总价,填报格式与运费、保费处理方法一样。

(29)随附单证及编号。本栏目填报“许可证号”栏可填报的许可证件以外海关规定的“监管证件代码表”和“随附单据代码表”中的其他进出口许可证件或监管证件代码及编号。但是,合同、发票、装箱单等必备的随附单据不在本栏目填报。表6-5中的“I”为精神药物进出口准许证。

本栏目分为随附单证代码和随附单证编号两栏,前者按海关规定的“监管证件代码表”和“随附单据代码表”选择填报相应证件代码,后者填报证件编号。

表 6-5　出口货物报关单样例（以第三章信用证样例为例）

中华人民共和国海关出口货物报关单

预录入编号：　　　　海关编号：　　　　页码/页数：

境内发货人 常州宝药制药有限公司（3216000089）	出境关别 宁波海关（3101）	出口日期	申报日期	备案号
境外收货人 APOTEX INC.	运输方式 水路运输	运输工具名称及航次号 Henghe/121	提运单号 23CO-BHY 0709	
生产销售单位 常州宝药制药有限公司（3216000089）	监管方式 一般贸易	征免性质 一般征税	许可证号	
合同协议号 CHBY23316	贸易国（地区） 韩国	运抵国（地区） 韩国	指运港 仁川	离境口岸 宁波港

包装种类 纸箱	件数 50	毛重（千克） 520.0000	净重（千克） 500.0000	成交方式 CIF	运费 502/1500/3	保费 502/159/3	杂费

随附单证及编号
I:310100209001547

标记唛码及备注
APOTEX/4500189719/INCHEON/CTN NO.1-50

项号	商品编号	商品名称及规格型号	数量及单位	单价/总价/币制	原产国（地区）	最终目的国（地区）	境内货源地	征免
1	2933910011	盐酸氯氮卓	500 千克	57.84/28920.00/美元	中国	韩国	江苏常州	照章征税
2								
3								
4								
5								

特殊关系确认：　　价格影响确认：　　支付特许权使用费确认：　　自报自缴：是

报关人员 申报单位	报关人员证号	电话	兹申明以上内容承担如实申报、依法纳税之法律责任 申报单位（签章）	海关批注及签章

(30)标记唛码及备注。本栏目可能填报的内容有:

①标记唛码中除图形以外的文字、数字,无标记唛码的填报"N/M"。

②受外商投资企业委托代理其进口投资设备、物品的进出口企业名称。

③与本报关单有关联关系的,同时在业务管理规范方面要求填报的备案号,填报在电子数据报关单中的"关联备案"栏。

④与本报关单有关联关系的,同时在业务管理规范方面要求填报的报关单号,填报在电子数据报关单中的"关联报关单"栏。

⑤跨境电子商务进出口货物,填报"跨境电子商务"。

⑥加工贸易副产品内销,填报"加工贸易副产品内销"。

⑦进口直接退运的货物,填报"直接退运"。

⑧企业提供ATA单证册的货物,填报"ATA单证册"字样。

⑨属于修理物品的,填报"修理物品"。

⑩集装箱体信息填报集装箱号(在集装箱箱体上标示的全球唯一编号)、集装箱规格、集装箱商品项号关系(单个集装箱对应的商品项号,半角逗号分隔)、集装箱货重(集装箱箱体自重+装载货物重量,千克)。

⑪列入必须实施检验的进出口商品目录的进出口商品及法律、行政法规规定须经出入境检验检疫机构检验的其他进出口商品实施检验的,填报"应检商品"。

⑫申报时,其他必须说明的事项填报在本栏目。

4.报关单表体栏目的填写

(1)项号。本栏目分两行填报及打印。第一行填报报关单中的商品顺序编号;第二行填备案序号,专用于加工贸易及保税、减免税等已备案、审批的货物,填报和打印该项货物在《加工贸易手册》或征免税证明等备案、审批单证中的顺序编号。

(2)商品编号。本栏目应填报由《中华人民共和国进出口税则》确定的进出口货物的税则号列和《中华人民共和国海关统计商品目录》确定的商品编码(8位),以及符合海关监管要求的附加编号(第9、10位)组成的10位商品编号。

(3)商品名称及规格型号。本栏目分两行填报及打印。第一行填报进出口货物规范的中文商品名称,第二行填报规格型号,过长可换行。

①商品名称及规格型号应据实填报,并与进出口货物收发货人或受委托的报关企业所提交的合同、发票等单证相符。

②商品名称应当规范,规格型号应当足够详细,以满足海关归类、审价及许可证件管理要求为准,可参照《中华人民共和国海关进出口商品规范申报目录》中对商品名称、规格型号的要求进行填报。

③已备案的加工贸易及保税货物,填报的内容必须与备案登记中同项号下货物的商品名称一致。

④加工贸易边角料和副产品内销,边角料复出口,填报其报验状态的名称和规格型号。

⑤品牌类型。品牌类型为必填项目。可选择"无品牌"(代码0)、"境内自主品牌"(代码1)、

“境内收购品牌”（代码2）、“境外品牌（贴牌生产）”（代码3）、“境外品牌（其他）”（代码4）。其中，“境内自主品牌”是指由境内企业自主开发、拥有自主知识产权的品牌；“境内收购品牌”是指境内企业收购的原境外品牌；“境外品牌（贴牌生产）”是指境内企业代工贴牌生产中使用的境外品牌；“境外品牌（其他）”是指除代工贴牌生产以外使用的境外品牌。上述品牌类型，除“境外品牌（贴牌生产）”仅用于出口外，其他均可用于进口和出口。

⑥出口享惠情况。出口享惠情况为出口报关单必填项目。可选择“出口货物在最终目的国（地区）不享受优惠关税”“出口货物在最终目的国（地区）享受优惠关税”“出口货物不能确定在最终目的国（地区）享受优惠关税”。进口货物报关单不填报该申报项。

⑦进口货物收货人申报进口属于实施反倾销反补贴措施货物的，填报“原厂商中文名称”“原厂商英文名称”“反倾销税率”“反补贴税率”“是否符合价格承诺”等计税必要信息。

（4）数量及单位。本栏目分三行填报及打印。

①第一行应按进出口货物的法定第一计量单位填报数量及单位。

②凡列明有法定第二计量单位的，应在第二行按照法定第二计量单位填报数量及单位。无法定第二计量单位的，本栏目第二行为空。

③成交计量单位及数量应填报在第三行，如成交计量单位与海关法定计量单位一致，本栏目第三行为空。

（5）单价。本栏目填报同一项号下进出口货物实际成交的商品单位价格。无实际成交价格的，本栏目填报单位货值。如发票显示“Unit Price：USD20.55/DOZ”，则“单价”栏应填“20.55”。

（6）总价。本栏目填报同一项号下进出口货物实际成交的商品总价格。无实际成交价格的，本栏目填报货值。如发票显示“Total Amount：USD300000 CIF Kobe”，则“总价”栏应填“300 000”。

（7）币制。本栏目应按海关规定的“货币代码表”选择相应的货币名称及代码填报，如“货币代码表”中无实际成交币种，需将实际成交货币按申报日海关规定的外汇折算率折算成“货币代码表”列明的货币填报。

（8）原产国（地区）。原产国（地区）是指进口货物的生产、开采或加工制造的国家或地区。对经过几个国家或地区加工制造的进口货物，以最后一个对货物进行经济上可以视为实质性加工的国家或地区作为该货物的原产国（地区）。

本栏目依据《中华人民共和国进出口货物原产地条例》、《中华人民共和国海关关于执行〈非优惠原产地规则中实质性改变标准〉的规定》以及海关总署关于各项优惠贸易协定原产地管理规章规定的原产地确定标准填报。同一批进出口货物的原产地不同的，分别填报原产国（地区）。进出口货物原产国（地区）无法确定的，填报“国别不详”。按海关规定的“国别（地区）代码表”选择填报相应的国家（地区）名称及代码。

（9）最终目的国（地区）。本栏目填报已知的进出口货物的最终实际消费、使用或进一步加工制造国家（地区）。不经过第三国（地区）转运的直接运输货物，以运抵国（地区）为最终目的国（地区）；经过第三国（地区）转运的货物，以最后运往国（地区）为最终目的国（地区）；同一批进出口货物的最终目的国（地区）不同的，分别填报最终目的国（地区）；进出口货物不能确定最终目的国(地区)时,以尽可能预知的最后运往国(地区)为最终目的国(地区)。

按海关规定的"国别(地区)代码表"选择填报相应的国家(地区)名称及代码。

(10)境内目的地/境内货源地。境内目的地填报已知的进口货物在国内的消费、使用地或最终运抵地,其中最终运抵地为最终使用单位所在的地区。最终使用单位难以确定的,填报货物进口时预知的最终收货单位所在地。境内货源地填报出口货物在国内的产地或原始发货地。出口货物产地难以确定的,填报最早发运该出口货物的单位所在地。

(11)征免。本栏目应按照海关核发的"征免税证明"或有关政策规定,对报关单所列每项商品选择海关规定的"征减免税方式代码表"中相应的征减免税方式填报。

加工贸易货物报关单应根据《加工贸易手册》中备案的征免规定填报;《加工贸易手册》中备案的征免规定为"保金"或"保函"的,应填报"全免"。

5.报关单其他栏目

(1)特殊关系确认。出口货物免予填报,加工贸易及保税监管货物(内销保税货物除外)免予填报。此项货物进口报关单的填制方法请参考《中华人民共和国海关进出口货物报关单填制规范》(下同)。

(2)价格影响确认。出口货物免予填报,加工贸易及保税监管货物(内销保税货物除外)免予填报。

本栏内容在"单一窗口"的"货物申报"界面录入时,点开"其他事项确认"按钮填报。

(3)支付特许权使用费确认。出口货物免予填报,加工贸易及保税监管货物(内销保税货物除外)免予填报。

(4)自报自缴。进出口企业、单位采用"自主申报、自行缴税"(自报自缴)模式向海关申报时,填报"是";反之,填报"否"。

(5)申报单位。自理报关的,填报进出口企业的名称及编码;委托代理报关的,填报报关企业名称及编码。编码填报18位法人或其他组织统一社会信用代码。报关人员填报在海关备案的姓名、编码、电话,并加盖申报单位印章。

(6)海关批注及签章。供海关作业时签注。

填制进出口报关单时,除需满足海关对进出口货物报关单填制的一般要求外,还应根据原始商业单据、货运单据填制,并做到填制的报关单与原始单据相符。

报关单中根据发票填制的栏目:境内收发货人、消费使用单位/生产销售单位、运费、保险费、杂费、商品名称、规格型号、数量及单位、原产国(地区)/最终目的国(地区)、单价、总价、币制、合同协议、集装箱号等。

报关单中根据装箱单和提运单据查找的栏目:运输方式、运输工具名称、航次、提运单号、集装箱号、起运国(地区)/运抵国(地区)、装货港/指运港、件数、包装种类、毛重、净重、标记唛码及备注等。

思考与练习

一、思考题

1.简述检验证书的概念及作用。

2.在我国,法定检验的商品应向哪个机构报检?

3.缮制检验证书应注意哪些问题?

4.根据报关单的填制要求,分析“启运国”栏目的填制方法。

5.请根据以下商业发票、装箱单内容填报报关单相应栏目。

Manufacturer:A Electronics Co.,Ltd.(44063 * * * *)

Saler:B Trading INC.(44012 * * * *)

Descriptions:Men's Trousers 100% Wool/L220806-1

Payment Terms:T/T　　Quantity:24000PCS

Unit Price:FOB Guangzhou USD30/PCS

POL/POD:Guangzhou,China/Los Angeles,USA

(1)境内发货人栏应填(　　　)　　(2)生产销售单位栏应填(　　　)

(3)商品名称及规格型号栏应填(　　　)　　(4)单价/总价/币制栏应填(　　　)

(5)运抵国(地区)栏应填(　　　)

二、实操题

(一)请根据以下信息缮制品质检验证书

1.信用证资料:

In favour of ABC Import & Export CO.,LTD.

Description of goods:Chinese white sugar,Shuangxi brand(品名:中国白糖,双喜牌)。

Quantity:500M/TS.

Documents required:Inspection certificate of quality in duplicate issued by Entry-Exit Inspection and Quarantine of P.R. China.

Other conditions:Shipping mark to be“C/No.1-up”only.

Port of loading:Ningbo. Shipment Model:By sea.

2.检验检疫结果:

包装(Packing):In new jute bags with inner polythene bag of 50kg net each(新麻袋装,内衬塑料袋,每袋净重 50 千克);旋光度(Polarization):99.84°。

水分(Moisture):0.043%;

色值(Color):140 ICUMSA units(140 国际糖色值单位)。

3.检验日期:2023 年 11 月 22 日。

空白品质检验证书

中华人民共和国出入境检验检疫

ENTRY-EXIT INSPECTION AND QUARANTINE OF THE PEOPLE'S REPUBLIC OF CHINA

品质检验证书

编号 NO：

CERTIFICATE OF QUALITY

发货人
Consigner ________________________________

标记及号码
Mark & No

收货人
Consignee ________________________________

品名
Description of Goods ________________________________

报检数量/重量
Quantity/Weight Declared ________________________________

包装种类及数量
Number and Type of Package ________________________________

运输工具
Means of Conveyance ________________________________

We hereby certify that：Representative samples were taken at random from the above mentioned goods for inspection with the results as follow：

The results of this lot of goods is in conformity with the requirements of Distribution Agreement.

****

印章

签字地点 Place of Issue ________ 签字日期 Date of Issue ________

授权签字人 Authorized Officer ________ 签名 Signature ________

(二)进口货物报关单缮制实训

天津东升光电子有限公司(121194 * * * *)从韩国 VACUNI 公司购买一台镀膜机。运载该货物的运输工具于 2023 年 6 月 30 日申报入境,永佳报关行接受东升公司的委托,当日向天津新港海关(代码 0202)办理报关手续。请根据以下合同、商业发票及货运单据,填制该批货物的进口报关单。

1.合同。

SALES CONTRACT

DATE: 2023.6.10

NUMBER: UI-2306-10

DONGSHENG EOTECH CO.,LTD.
HEAD OFFICE & FACTORY
JHJ23-7 DONGO-RI,HYANGNAM-MYON,HWASUNG-CITY
KYONGGIDO.KOREA
MESSER:TIANJIN DONGSHENG OPTP-ELECTRONICS CO.,LTD.
NO.19 HUIYUAN ROAD,ZHANGJIAWO INDUSTRY
YUAN XINQIAN ECONOMIC DEVELOMENT,TIANJIN,300380,CHINA

WE HAVE THE PLEASURE TO SALES CONTRACT YOU THE FOLLOWING MERCHANDISE ON THE TERMS AND CONDITIONS MENTIONED HEREUNDER.

DESCRIPTION OF GOODS	QUANTITY	UNIT PRICE	TOTAL AMOUNT
1 SET COATING MACHINE	1 SET	USD 434 000.00	USD 434 000.00

TOTAL: USD434000.00

SHIPPING PORT:BUSAN,KOREA
DESTINATION:TIANJIN CHINA
TRADE TERMS:CFR TIANJIN
SHIPMENT:WITHIN ONE(1) MONTH
PAYMENT:BY T.T REMITTANCE
PAYMENT TERMS:SALES ON CREDIT[WITHIN FOUR(4) MONTHES]
PACKING:IN STANDARD EXPORT PACKING
VALIDITY:THREE (3) MONTHES

FOR AND ON BEHALF OF BUYER

SIGNED BY ________________

FOR AND ON BEHALF OF SELLER

SIGNED BY ________________

2.商业发票。

COMMERCIAL INVOICE

SELLER VACUNI.,LTD. 118 MANGDUNGNI,JUCHONMYUN,GIMHAE, GYEONGNAM,KOREA TEL:82-55-323-××××-×	**NO. AND DATE OF INVOICE** UI-2306-10 AND JUNE 10,2023 **NO. AND DATE OF L/C**
CONSIGNEE TIANJIN DONGSHENG OPTP-ELECTRONICS CO., LTD. NO.19 HUIYUAN ROAD,ZHANGJIAWO INDUSTRY YUAN XINQIAN ECONOMIC DEVELOPMENT,TIANJIN, 300380,CHINA TEL:86-22-××××-××××	**BUYER(IF OTHER THAN CONSIGNEE)** NOTIFY SAME AS "CONSIGNEE"

DEPARTURE DATE	VESSEL/VOY.NO.	PORT OF LOADING	DESTINATION	TERMS OF DELIVERY & PAYMENT
JUNE 24,2023	MERKUR CLOUD 0026E	BUSAN,KOREA	XINGANG CHINA	CFR TIANJIN,CHINA & T/T

SHIPPING MARKS	DESCRIPTION OF GOODS	QUANTITY	UNIT PRICE	AMOUNT
DONGSHENG TIANJIN,CHINA C/NO.1-5 MADE IN KOREA	COATING MACHINE	1 SET	USD434,000.00	USD434,000.00
				CFR TIANJIN,CHINA TOTAL USD434,000.00

VACUNI,LTD.

YOO,Heung Sang/President

3.装箱单。

PACKING LIST

SELLER VACUNI.,LTD. 118 MANGDUNGNI,JUCHONMYUN,GIMHAE, GYEONGNAM,KOREA TEL:82-55-323-××××-×	**NO.AND DATE OF INVOICE** UI-2306-10 AND JUNE 10,2023 **NO.AND DATE OF L/C**
CONSIGNEE TIANJIN DONGSHENG OPTP-ELECTRONICS CO.,LTD. NO.19 HUIYUAN ROAD,ZHANGJIAWO INDUSTRY YUAN XINQIAN ECONOMIC DEVELOPMENT,TIANJIN, 300380,CHINA TEL:86-22-××××-××××	**BUYER(IF OTHER THAN CONSIGNEE)** SAME AS "CONSIGNEE"

DEPARTURE DATE	VESSEL/VOY. NO.	PORT OF LOADING	DESTINATION	TERMS OF DELIVERY & PAYMENT
JUNE 24,2023	MERKUR CLOUD 0026E	BUSAN,KOREA	XINGANG CHINA	CFR TIANJIN,CHINA & T/T

SHIPPING MARKS	DESCRIPTION OF GOODS	QUANTITY	N/WEIGHT	G/WEIGHT	MEASUREMENT
DONGSHENG TIANJIN,CHINA C/NO.1-5 MADE IN KOREA	COATING MACHINE	1 SET	8,500KGS	9,870KGS	51.8CBM
TOTAL		1 SET	8,500KGS	9,870KGS	51.8CBM

VACUNI,LTD.

YOO,Heung Sang/President

4.海运提单。

海运提单

Shipper VACUNI,LTD 118 MANGDUNGNI,JUCHONMYUN,GIMHAE GYEONGNAM,KOREA TEL:82-55-323-××××-×	**BILL OF LADING**
Consignee TIAN JIN DONGSHENG OPTO-ELECTRONICS CO.,LTD. NO.19 HUIYUAN ROUD,ZHANGJIAWO INDUSTRY YUAN XIQIAN ECONOMIC DEVELOPMENT AREA,TIANJIN, * *	
Notify Party SAME AS CONSIGNEE ** 300380 CHINA. TEL:86-22-××××-××××	**HANJIN SHIPPING** (**NON NEGOTIABLE**)

* **Pre carriage by**	* **Place of Receipt** BUSAN,KOREA		
Ocean Vessel Voy. No. MERKUR CLOUD 0026E	**Port of Loading** BUSAN,KOREA		
Port of discharge	* **Final destination**	**Freight payable at**	**Number original Bs/L**
XINGANG,CHINA	XINGANG,CHINA		THERE(3)

Marks and Numbers	Number and kind of packages;Description	Gross weight	Measurement M^3
DONGSHENG	S/H127W2,2	9 870.000	51.800
TIANJIN,CHINA	9870.000KGS 51.800CBM		
C/NO.1-5	5CASES IN A TOTAL		
MADE IN KOREA	I SET COATING MACHINE		

TOTAL PACKAGES(IN WORDS) FIVE CASES ONLY

Freight and charges FREIGHT ALL AS ARRANGED

Place and date of issue BUSAN,KR 25 June,2023	
Signed for the Carrier	

* Applicable only when document used as a Through Bill of Loading

5.进口货物报关单。

进口货物报关单

中华人民共和国海关进口货物报关单

预录人编号：　　　　海关编号：　　　　页码/页数：

境内发货人	进境关别		进口日期		申报日期		备案号	
境外发货人	运输方式		运输工具名称及航次号		提运单号		货物存放地点	
消费使用单位	监管方式		征免性质		许可证号		启运港	
合同协议号	贸易国(地区)		启运国(地区)		经停港	入境口岸		
包装种类	件数	毛重(千克)	净重(千克)	成交方式	运费	保费		杂费
随附单证及编号 随附单证 1：	随附单证 2：							
标记唛码及备注								

项号	商品编号	商品名称及规格型号	数量及单位	单价/总价/币制	原产国(地区)	最终目的国(地区)	境内目的地	征免
1								
2								
3								
4								
5								
6								

特殊关系确认：	价格影响确认：	支付特许权使用费确认：	自报自缴：	
报关人员 申报单位	报关人员证号	电话	兹申明以上内容承担如实申报、依法纳税之法律责任 申报单位(签章)	海关批注及签章

第七章 原产地证明书

【学习目标】 了解原产地证的类型、作用及申领程序与手续;熟悉一般原产地证和区域全面经济伙伴关系协定(RCEP)优惠原产地证的格式与内容,理解信用证有关原产地证的条款;掌握一般原产地证和区域全面经济伙伴关系协定(RCEP)优惠原产地证缮制的方法并能处理制单中常见的问题;掌握其他区域性优惠原产地证缮制的要领。

第一节 原产地证明书概述

一、原产地证明书的含义与作用

原产地证明书(Certificate of Origin)简称"原产地证",是证明货物原产地或制造地的具有法律效力的书面文件。它一般是出口商应进口商要求而提供的,由政府机构、行业协会、出口商或生产商出具。原产地证是贸易关系人在交接货物、结算货款、索赔理赔、进口国(地区)海关统计、征收关税时的有效凭证,还是进口国(地区)对出口国(地区)或进口商品进行配额限制、采取不同的国别(地区)政策、实行差别关税的凭证。

二、原产地证明书的类型

(一)按用途划分

按用途划分,原产地证可分为以下两类:

(1)非优惠原产地证。非优惠原产地证的作用是证明货物原产于某一特定国家或地区,享受进口国(地区)正常关税(最惠国关税)待遇的证明文件。它适用于征收关税、贸易统计、保障措施、歧视性数量限制、反倾销和反补贴、原产地标记、政府采购等方面,证书主要有一般原产地证(Certificate of Origin)、金伯利进程国际证书(The Kingberley Process Certificate)等。

(2)优惠原产地证。优惠原产地证是根据相关国家(地区)的优惠原产地证规则和有关要求,由出口受惠国(地区)官方或其授权机构出具的,具有法律效力的受惠国(地区)的出口产品在给惠国(地区)享受在最惠国税率基础上进一步减免进口关税的官方凭证,分单向优惠的优惠原产地证和互惠的优惠原产地证。目前在我国,单向优惠的优惠原产地证有普惠制原产地证、CEPA 原产地证、最不发达国家特别优惠关税待遇原产地证等。互惠的优惠原产地证有亚太贸易协定原产地证、中国—东盟自由贸易区优惠原产地证、中国—巴基斯坦自由贸易区优惠原产地证、中国—智利自由贸易区优惠原产地证、中国—新西兰自由贸易协定优惠原产地证、中国—新加坡自由贸易区优惠原产地证、中国—秘鲁自由贸易协定优惠原产地证、中国—哥斯达黎加自由贸易协定优惠原产证、中国—瑞士自由贸易区优惠原产地证、中国—冰岛自由贸易区优惠原产地证、中国—韩国自由贸易协定优惠原产地证、中国—澳大利亚自由贸易协定优惠原产地证、中国—格鲁吉亚自由贸易协定优惠原产地证、中国—毛里求斯自由贸易协定优惠原产地证、区域全面经济伙伴关系协定(RCEP)优惠原产地证、中国—柬埔寨自由贸易协定优惠原产地证、中国—尼加拉瓜自由贸易协定优惠原产地证及海峡两岸经济合作框架协议(ECFA)原产地证等。

(二)按签发人划分

按签发人划分,原产地证可分为以下三类:

(1)海关出具的原产地证。由中华人民共和国各直属与隶属海关出具上述原产地证。

(2)商会(贸促会)出具的原产地证。中国商会即中国国际贸易促进委员会(CCPIT),原来只出具一般原产地证书,简称"贸促会产地证书"(CCPIT CERTIFICATE OF ORIGIN)。根据海关总署2009年3月1日实施的第181号令《中华人民共和国海关进出口货物优惠原产地管理规定》第十一条的规定,中国贸促会及其地方机构作为国家法律明确授权签发出口货物原产地证书的机构之一,将承担优惠贸易协定项下出口货物原产地证书的签发工作。从2009年8月1日起,全国贸促会系统陆续开始签发除普惠制原产地证外的上述互惠原产地证。

(3)制造商或出口商出具的原产地证。如果合同或信用证没有规定具体的原产地证出具人,可由制造商或出口商出具产地证明。

在国际贸易实务中,应该提供哪种原产地证,主要依据合同或信用证的要求。提供原产地证应以使进口货物顺利通关,让进口商获取最优惠进口关税待遇为目的。一般对于货物出口到给予我国普惠制待遇的给惠国家,要求出具普惠制原产地证明书;对于货物出口到与我国签署了优惠贸易协定或自由贸易协定的国家与地区,应了解出口货物是否在进口国(地区)海关的该协定项下关税减让清单上,如果是,则需提供相应的优惠原产地证。如果我们是从上述国家或地区进口商品,则需了解该商品是否在中华人民共和国海关的相应优惠贸易协定项下关税减让清单上,如果是,则应要求出口商为我们提供相应的优惠原产地证,以便在商品进口时获取相应比例的关税减让待遇。从目前与我国建交的世界上最不发达国家进口货物时,应要求出口商提供最不发达国家特别优惠关税待遇原产地证,以便我国进口商能享受到零关税待遇。如果信用证并未明确规定原产地证书的出具者,那么银行应该接受任何人出具的原产地证明书。

三、原产地证明书的申领

不同的原产地证有不同的签发机构,本章仅介绍向海关系统申请原产地证的程序。

原产地证是根据相关原产地规则签发的证明货物原产地或原产资格的文件,是货物进入国际贸易领域的"经济护照"。目前,我国的原产地证申请人可直接通过"单一窗口"、"互联网+海关"、贸促会原产地证书申报系统等申领原产地证书。此处主要对向海关办理原产地证书业务流程进行介绍。

(一)原产地证申请入口

1.海关系统原产地证申请入口

申请人通过"单一窗口(https://www.singlewindow.cn/)→业务应用→标准版应用→原产地证→海关原产地证书"(见图7-1),或者"互联网+海关(http://online.customs.gov.cn/)→税费业务→原产地管理→原产地证书签发"(见图7-2),向海关申请办理出口货物原产地证。

图 7-1　中国国际贸易单一窗口原产地证申办注册(登录)界面

图 7-2　“互联网+海关”原产地证申办注册(登录)界面

2.贸促系统原产地证书申请入口

申请人可通过“单一窗口→业务应用→标准版应用→原产地证→贸促会原产地证书”,或者“贸促会官网(https://www.ccpit.org/)→业务子站→原产地证(https://co.ccpit.org/)”,向贸促会申请办理出口货物原产地证书。

(二)原产地证的申领流程

下面以本书第三章的信用证业务在海关原产地证系统申领 RCEP 原产地证为例简述原产地证的申领流程。

1.登录系统

在“单一窗口”或“互联网+海关”,使用已注册用户密码登录。

2.申请人及申报员信息维护

首次申领原产地证的申请人须对申请人基本信息进行维护。具体操作:进入“企业基本信息→企业基本信息维护”模块。已在海关企业通用资质系统完成备案的申请人，系统会自动反填企业相关信息，申请人可对企业信息进行修改完善；尚未在海关企业通用资质系统进行备案的申请人，自行填写界面所需信息即可。企业基本信息录入完成后，勾选“申请人承诺”，点击“提交”按钮，刷新界面，当“同步状态”为“同步成功”时，表示信息维护成功（见图7-3）。原来还需要企业备案与产品备案，现在这两项备案已经不需要了。

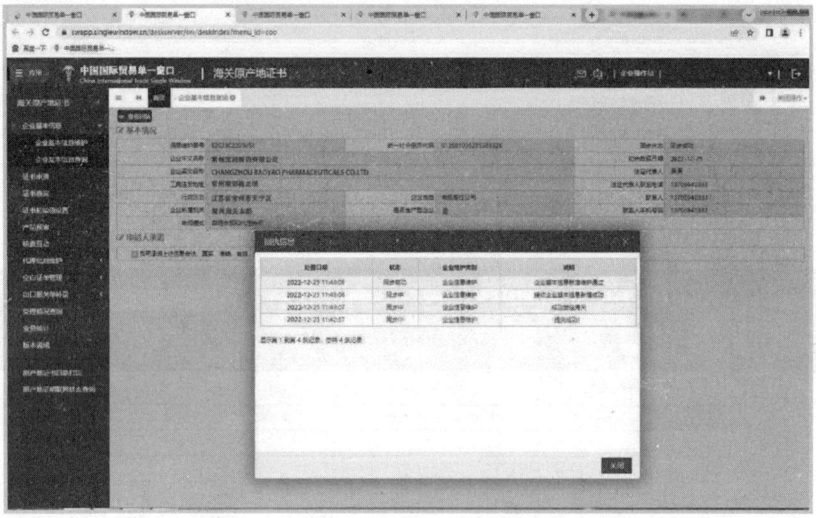

图7-3　原产地证申请之企业基本信息维护

申领企业还需要添加申报员信息才能进行原产地证的申领。申报员需要参加所要申领的原产地证签发部门（海关或贸促会）的申报员培训，通过考核，留下签字样本并在申领系统的“新增受权人员信息维护”（在“信息维护”菜单里）中填报受权的申报员信息。

企业应当如实维护企业基本信息，保证信息合法、真实、准确、有效。

3.选择证书类型

点击左侧菜单栏“证书申请”，选择“RCEP原产地证书”（见图7-4）。

图7-4　中国国际贸易单一窗口原产地证书选择界面

4.证书信息录入

点击“RCEP原产地证书”图标进入申报界面（见图7-5），如实准确填报证书基本信息及货物信息。申请人录入信息时，应注意界面提示的各栏目录入要求，黄色字段为必填项，白色字段依实际情况选择填写。如不清楚某个栏目如何填写，可点击“填制说明”菜单查看说明。

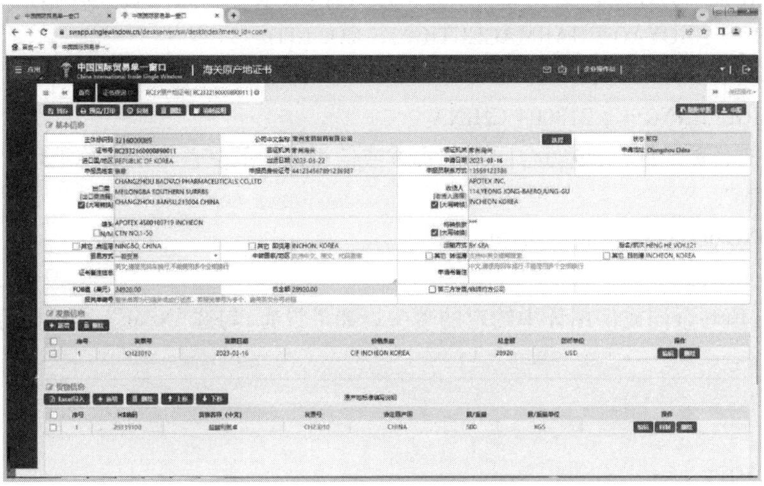

图 7-5　RCEP 原产地证申请基本信息录入

（1）基本信息录入。

1）证书号码栏：RC233216000890011 是系统根据申请企业常州宝药制药有限公司（321600089）在本年度（2023 年）该原产地证（RCEP）类型已申请的数量自动生成的，本例为企业在 2023 年申领的第 11 份 RCEP 原产地证。海关系统的原产地证的编码规则与证书类型码详见图 7-6 与表 7-1。

海关的原产地证号码由 16（或 17）个字符组成，其编码规则如图 7-6 所示。

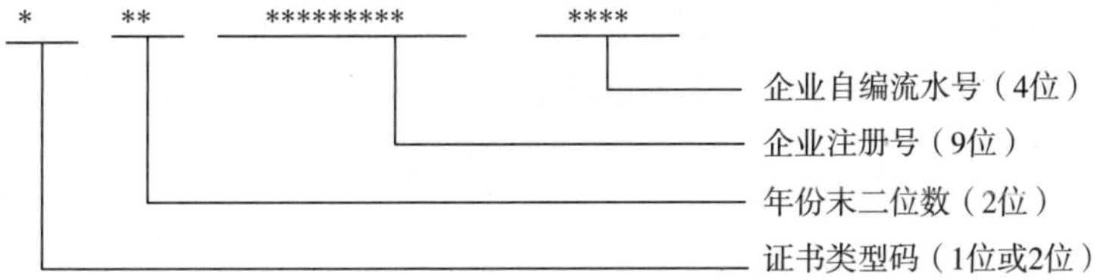

图 7-6　原产地证号码的编码规则示意

在图 7-6 中，第 1 个 * 号是证书类型码，为 1 个或 2 个大写英文字母，如 C 是非优惠原产地证（一般原产地证）的证书类型码，这里 RC 是 RCEP 优惠原产地证的证书类型码（其他优惠原产地证的类型码见表 7-1）；第 2～3 个 * 号是年份代码，为 2 个阿拉伯数字，是公历年份的末两位数，如这里的“23”就是“2023 年”；第 4～12 个 * 号为企业在海关原产地证系统里的注册号，这里“321600089”是第三章样例信用证中受益人企业常州宝药制药有限公司的企业注册号；第 13～16 个 * 号是证书流水号，即截至申请当天，企业当前年份办理的该类原产地证的数量，这里的“0011”即常州宝药制药有限公司在 2023 年办理的第 11 份 RCEP 原产地证。

2）进口国/地区栏：根据合同与信用证的背景信息，本例货物是出口到韩国的，在系统中选择，填入“REPUBLIC OF KOREA”。

3）出运日期栏：填写实际订舱的船期（不是合同或信用证规定的最晚装运日），本例为

2023-03-22。

4)出口商的名称地址栏:填写合同中的卖方或信用证中的受益人的英文名称地址。勾选"大写转换"可在证书打印时使英文文句以大写形式输出(其他栏目同)。本例为

CHANGZHOU BAOYAO PHARMACEUTICALS CO. LTD
MEILONGBA SOUTHERN SURRBS
CHANGZHOU JIANGSU, 213004 CHINA

5)进口商的名称地址栏:填写合同中的卖方或信用证中的受益人的名称地址。本例为

APOTEX INC.
114, YEONG JONG-DAERO, JUNG-GU
INCHEON KOREA

6)唛头栏:填写合同或信用证中约定的唛头。如果没有,勾选"N/M",本例内容填写

APOTEX
4500189719
INCHEON
CTN No.1-50

7)特殊条款栏:本栏填写信用证规定的不能在其他栏目填写的特殊内容,如信用证号码等。在特殊条款栏填写的信息出现在证书货物描述终止线(＊＊＊)以下。

8)运输信息。

①启运港:填写符合合同或信用证要求的货物实际出运的港口,依本例,货物是从宁波港实际出运的,因此填"NINGBO CHINA"。

②卸货港:填写符合合同或信用证要求的货物实际卸货的港口,依本例,货物是在韩国的仁川港卸货的,因此填"INCHEON KOREA"。

③运输方式:按符合合同或信用证约定的实际的运输方式填(有些价格术语本身就确定了运输方式,如 FAS、FOB、CFR、CIF 等术语仅适用于水上运输),依本例,填"BY SEA"(海运)。

④船名航次:填实际订舱确定的船名航次或其他运输方式的航班号或车次号。本例实际是海运,船名航次为"HENGHE VOY.121"。

⑤中转国家/地区:如实际发生可填,但优惠贸易协定都规定了直航原则,如果在第三国或第三地发生转运,须提供转运国(地区)海关提供的未加工证明。

⑥转运港:如实际发生可填,但优惠贸易协定都规定了直航原则,如果在第三国或第三地发生转运,须提供转运国(地区)海关提供的未加工证明。

⑦目的港:填写实际到达的最终港口,本栏虽然是白色,但在 RCEP 项下也是必填栏目。依本例,填"INCHEON KOREA"。

9)贸易方式:根据实际贸易情况从下拉菜单中选择,须与出口报关单的贸易方式一致。本例为"一般贸易"。

10)证书备注信息栏:本栏不是每种原产地证都有,RCEP 原产地证的备注栏为第 5 栏,不能在其他编号栏目填写的内容都可以在这一栏填写,如信用证要求的信用证号码、开证行名称、开证日期等信息须注明在所有单据中,此时也可以把相关信息填入本栏,在实际出证时,所填内容会出现在 RCEP 原产地证的第 14 栏(Remarks,备注)。

11)第三方发票/非缔约公司栏:如存在三方贸易,则勾选此栏,在弹出的浮窗中填写相关公司信息(见图 7-7)。基本信息录入完成后,点击"暂存"进行保存。

图 7-7　RCEP 原产地证申请基本信息录入之第三方发票/非缔约公司信息录入

（2）发票信息录入。在“发票信息”处，点击“新增”（见图 7-8），会弹出发票信息填写的浮窗（见图 7-9）。此处需填写发票号、发票日期、价格条款及货币单位。所填写的发票号、发票日期、价格术语与货币单位应与货物在进口方海关清关使用的发票上的信息一致。发票日期不能迟于离港日期和证书申请、签证日期。

图 7-8　RCEP 原产地证发票信息录入（1）

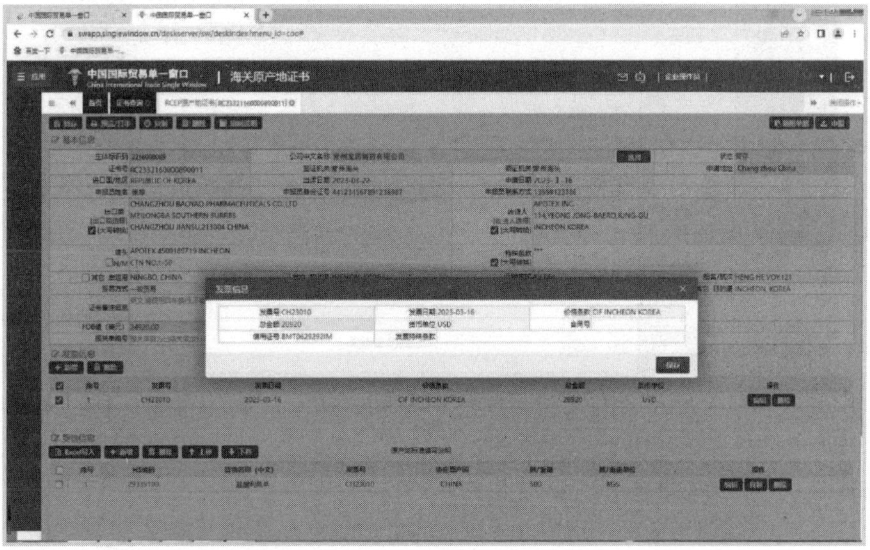

图 7-9　RCEP 原产地证书发票信息录入（2）

如使用第三方发票，此处必须填写第三方发票号码和日期。依本案例，此处填与第四章发票一致的号码、日期、价格术语与货币单位：CH23010，2023-03-16，CIF INCHEON KOREA，USD。

此处的信用证号码不是必填内容，但本例是信用证结算，可据实填写“BMT0629292IM”。

一份 RCEP 原产地证可以关联同一批次货物两份以上发票，即货物 1 和货物 2 可以分别对应单独的发票号（见图 7-10）。

6. Item number	7. Marks and numbers on packages	8. Number and kind of packages; and description of goods.	9. HS Code of the goods (6digit-level)	10. Origin Conferring Criterion	11. RCEP Country of Origin	12. Quantity (Gross weight or other measurement), and value (FOB) where RVC is applied	13. Invoice number(s) and date of invoice(s)
1	NM	ONE (1) NUDE CARGO OF CAR	8703.23	"PE"	CHINA	1UNIT	12345-6789 MAR. 10, 2022
2		TWO (2) HANGING GARMENTS OF T-RAILERS *** *** *** *** ***	8716.31	"PE"	CHINA	2UNITS	PU12345 MAR. 22, 2022

图 7-10　RCEP 原产地证发票号与货物信息的关联

(3)货物信息录入。

在“货物信息”处，点击“新增”(见图 7-11)，会弹出货物信息填写的浮窗(见图 7-12)，在弹出的窗口中，录入所有黄色字段，白色字段依实际情况选择填写。

图 7-11　RCEP 原产地证货物信息录入(1)

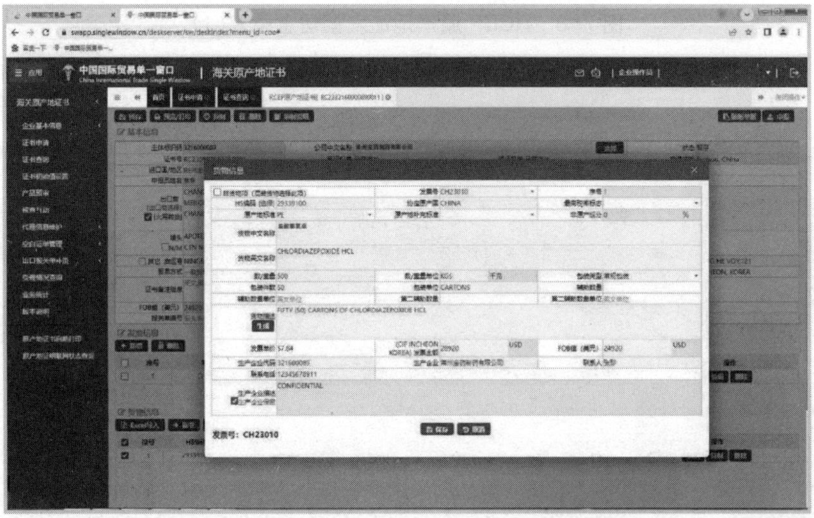

图 7-12　RCEP 原产地证书货物信息录入(2)

1)发票号码:填凭以申请本产地证序号对应的货物的发票号码，本例项下为“CH23010”。

2)序号:有多项货物的，按录入顺序填录入的顺序号，本例仅有一项货物，填“1”。

3)HS 编码:填本序号项下货物的协调制度编码，填写 6 位。本例项下为“293391”。

4)协定原产国:货物为利用原产材料在中国生产的，填“CHINA”。

5)最高税率标志:为了适应关税减让模式的需要，防止获得较低税率承诺的成员方成为其他成员方货物规避较高税率的“漏斗”。RCEP 项下货物具有“RCEP 原产资格”和“RCEP 原产国”两层含义。具体如下:货物获得 RCEP 原产资格，即可享受 RCEP 成员方最高协定税率。但在进口方关税承诺存在税率差异的情况下，出口方在出具原产地证时，还应判定货物的 RCEP 原产国，这样货物在进口方才能享受对应的协定税率。

6）原产地标准：货物在中国完全获得的，填“WO”；利用原产材料在中国完全生产的，填“PE”。含有非原产材料，以税则归类改变标准获得原产资格的，填“CTC”；以区域价值成分标准获得原产资格的，填“RVC”；以制造加工工序获得原产资格的，填“CR”。本例为利用原产材料生产形成的产品，因此填“PE”。其他优惠原产地证的原产地标准栏的缮制方法见表 7-1。

7）原产地补充标准：累积规则（ACU）和微小含量（DMI）是 RCEP 的原产地规则中的补充规则。满足下列条件者，还应在本栏的下拉列表中选择：

①累积规则规定，在完全生产或区域价值成分/制造加工工序形成的标准下，在生产中使用的来自其他 RCEP 成员方的原产货物或者原产材料，可视为中国原产的材料。在这种情况下，填写原产地标准时还应注明“ACU”。可填写的内容包括：“PE ACU”“CTC ACU”“RVC ACU”“CR ACU”。不能出现“WO ACU”——完全获得是不能使用累积规则的。

②微小含量规定，对适用税则归类改变标准的货物，生产中使用了不满足税则归类改变要求的非原产材料，只要价格不超过该货物 FOB 价的 10%（对第 50—63 章的货物，也可以计算不满足税则归类改变要求的非原产材料的重量，只要不超过该货物总重量的 10%），仍然可以获得原产资格。在这种情况下，填写原产地标准时还应注明“DMI”。微小含量的规定针对税则归类改变的情况，所以只能出现“CTC DMI”或“CTC ACU DMI”（同时使用累积规则和微小含量规定）。

8）非原产成分：原产地补充标准做了相应选择的，应填写本栏，即非原产成分占 FOB 价的百分比。

9）货物中文名称：填成交货物的中文名称。本例为“盐酸氯氮卓”，成药叫“盐酸利眠宁”，一种精神类药物。本例项下为原料药，因此填“盐酸氯氮卓”。

10）货物英文名称：填成交货物的英文名称。本例为“CHLORDIAZEPOXIDE HCL”。

11）数量：填成交的数量数目。本例为“500”。

12）数量单位：填成交的数量单位。本例为“kg”（千克）。

13）包装类型：本栏在“常规包装”“非常规包装（混装、裸装、散装、挂装）”中选择。本例中的货物是常规的纸箱包装，因此选择“常规包装”。

14）包装件数：填运输包装的件数数目。本例货物每 10kgs 装一纸箱，因此本栏填“50”。

15）包装单位：有包装货物按包装的种类填写，本例是纸箱包装，因此填“CARTONS”。如果货物无包装，可按货物运输状态选择填写“NUDE CARGO/PACKAGES”（裸装）、“IN BULK”（散装）、“HANGING GARMENTS”（挂装）。

16）货物描述：本栏不用手动录入，在其他栏目录入完成后点击“生成”即可。如有需要补充的货物描述，可在自动生成后手动输入需要添加的字段，也可选择左上角“非货物项”进行填写。本例项下生成的内容为“FIFTY（50） CARTONS OF CHLORDIAZEPOXIDE HCL”。

17）生产企业描述：如果出口商即生产企业，此栏填“SAME”；如果不想公布生产企业信息，可在“生产企业保密”前面打勾，系统直接显示“CONFIDENTIAL”；如果不知道生产商，可填写“NOT AVAILABLE”；如果证书货物由多个生产商生产，此栏填写“SEE BOX 8”，同时在第八栏每项货物描述后列明对应生产商的名称、地址、国家（地区）。

以上信息录入完成后，点击“暂存”保存信息。可点击“预览/打印”查看或下载产地证预览件（见表 7-2）进行信息核对，核对无误即可向海关发送申报。接收到申请人申报的证书申请后，海关会对原产地证书信息进行审核。企业提交证书申报后，可以通过“证书查询”中的“单据状态”查看证书审核状态。如果证书被退回，可以点击“单据状态”查看回执详情，并根据回执提示进行操作；如果证书审核通过，则可进行证书打印。

表 7-1　优惠原产地证书的类型码、原产地标准及适用国家(地区)一览

<table>
<tr><th rowspan="2">证书名称</th><th rowspan="2">证书简称</th><th rowspan="2">证书类型码</th><th colspan="4">原产地标准(Origin Criterion)</th><th rowspan="2">适用国家(地区)</th><th rowspan="2">进口报关单优惠贸易协定代码</th></tr>
<tr><th>完全获得(生产)</th><th colspan="3">含有进口成分</th></tr>
<tr><td>普惠制原产地证</td><td>FORM A</td><td>G</td><td>P</td><td colspan="3">W HS CODE(出口到澳大利亚、新西兰的此栏亦可以留空)*1</td><td>挪威、澳大利亚、新西兰</td><td>不适用</td></tr>
<tr><td>亚太贸易协定原产地证</td><td>FORM B</td><td>B</td><td>A</td><td colspan="3">①B__%含非成员方的进口成分(后接非成员方成分占 FOB 价比例)
②C__%有从成员方和非成员方进口的成分(后接成员方成分占 FOB 价比例)
③D 满足亚太贸易协定*2产品特定规则
④E 符合协定原产地规则第三条(二)规定的原产地标准,在字母“E”的后面填上原产地标准(如“E CTH”)</td><td>韩国、印度、斯里兰卡、孟加拉国、老挝、蒙古国、中国</td><td>01</td></tr>
<tr><td rowspan="6">中国—东盟自由贸易区优惠原产地证</td><td rowspan="6">FORM E</td><td rowspan="6">E</td><td rowspan="6">WO</td><td colspan="2">①在一方境内由取得原产资格的材料生产的</td><td>PE</td><td rowspan="6">中国与东盟 10 国(泰国、马来西亚、新加坡、越南、菲律宾、印度尼西亚、文莱、老挝、柬埔寨、缅甸)</td><td rowspan="6">02</td></tr>
<tr><td rowspan="2">②由含有非原产材料生产</td><td>a.符合区域价值成分标准的,即单一国家成分或中国—东盟自贸区累计成分不低于产品 FOB 价 40%的,填写区域价值的百分比,例如“40%”</td><td>__%(同时第 9 栏需加注货物 FOB 价)</td></tr>
<tr><td>b.符合税则归类改变标准的(4 位税则号改变)</td><td>CTH</td></tr>
<tr><td rowspan="3">③符合特定产品规则</td><td>a.列入协定特定原产地规则清单,但采用完全获得原产地规则的</td><td>WO</td></tr>
<tr><td>b.列入协定特定原产地规则清单,但采用区域价值原产地规则的</td><td>PSR*3(同时第 9 栏需加注货物 FOB 价)</td></tr>
<tr><td>c.列入协定特定原产地规则清单,但采用除以上两种原产地规则外的</td><td>PSR</td></tr>
<tr><td>中国—巴基斯坦自由贸易区优惠原产地证</td><td>FORM P</td><td>P</td><td>P</td><td colspan="3">①__%(进口非成员国家成分,出口国单一国家成分比例在 40%或以上)
②__%(中国和巴基斯坦的原料占 FOB 价的 40%以上)
③PSR(符合协定产品特定规则)</td><td>巴基斯坦、中国</td><td>07</td></tr>
<tr><td>中国—智利自由贸易区优惠原产地证</td><td>FORM F</td><td>F</td><td>WO</td><td colspan="3">①WP(完全使用区域原材料在一成员方完成生产)
②RVC(含有中国和智利进口成分占 FOB 价 40%或以上的)
③PSR(符合协定产品特定规则)</td><td>智利、中国</td><td>08</td></tr>
<tr><td>中国—新西兰自由贸易协定优惠原产地证</td><td>FORM N</td><td>N</td><td>WO</td><td colspan="3">①WP(含有进口成分)
②PSR(符合协定产品特定规则,如果该产品的特定标准是按区域价值成分算的,还需标明区域价值比例)</td><td>新西兰、中国</td><td>10</td></tr>
</table>

续表

证书名称	证书简称	证书类型码	原产地标准(Origin Criterion)				适用国家(地区)	进口报关单优惠贸易协定代码
			完全获得(生产)	含有进口成分				
中国—新加坡自由贸易区优惠原产地证	FORM X	X	P	①RVC(区域价值在40%或以上) ②PSR(符合协定产品特定规则)			新加坡、中国	11
中国—秘鲁自由贸易协定优惠原产地证	FORM R	R	WO	①WP(含有进口成分) ②PSR(符合协定产品特定规则,如果该产品的特定标准是按区域价值成分算的,还需标明区域价值比例)			秘鲁、中国	12
中国给予最不发达国家*4特别优惠关税待遇原产地证		E/P	WO	①货物是在受惠国境内完全由符合中国给予最不发达国家特别优惠关税待遇规则确定的原产材料生产)		WP	从与我国建交并完成换文的最不发达国家进口货物适用(尚未与我国建交的国家:海地、图瓦卢)	13
				②由含有非原产材料生产	a.货物适用四位数税号改变标准	CTH		
					b.货物适用区域价值成分≥40%	RVC __%		
				③符合特定产品规则(应具体注明适用的标准)		PSR		
海峡两岸经济合作框架协议原产地证书	ECFA原产地证	H	WO	①WP(完全是在一方或双方,仅由符合协议附件的临时原产地规则的原产材料生产) ②PSR(符合临时原产地规则的产品特定原产地标准的货物) ③ACU(符合临时原产地规则中的"累计规则"条款的货物) ④DMI(符合临时原产地规则中的"微小含量"条款的货物) ⑤FG(符合临时原产地规则中的"可互换材料"的货物)			中国大陆、中国台湾	14
中国—哥斯达黎加自由贸易协定优惠原产地证	FORM L	L	WO	①WP(完全是在一方或双方,由符合协定原产地规则规定的原产材料生产) ②PSR(符合协定产品特定原产地标准的货物)			哥斯达黎加、中国	15
中国—冰岛自由贸易区优惠原产地证	FORM I	I	WO	①WP(完全是在一方或双方,由符合协定原产地规则规定的原产材料生产) ②PSR(符合协定产品特定原产地标准的货物)			冰岛、中国	16
中国—瑞士自由贸易区优惠原产地证	FORM S	S	WO	①WP(完全是在一方或双方,由符合协定原产地规则规定的原产材料生产) ②PSR(符合协定产品特定原产地标准的货物)			瑞士、列支敦士登、中国	17

续表

<table>
<tr><th rowspan="2">证书名称</th><th rowspan="2">证书简称</th><th rowspan="2">证书类型码</th><th colspan="5">原产地标准(Origin Criterion)</th><th rowspan="2">适用国家(地区)</th><th rowspan="2">进口报关单优惠贸易协定代码</th></tr>
<tr><th>完全获得(生产)</th><th colspan="4">含有进口成分</th></tr>
<tr><td>中国—澳大利亚自由贸易协定优惠原产地证</td><td>FORM A</td><td>A</td><td>WO</td><td colspan="4">①WP(完全是在缔约一方或双方领土内由符合协定原产地规则规定的原产材料生产)
②PSR(在缔约一方或双方领土内使用符合协定产品特定原产地规则及协定其他有关要求的非原产材料生产)</td><td>澳大利亚、中国</td><td>18</td></tr>
<tr><td>中国—韩国自由贸易协定优惠原产地证</td><td>FORM K</td><td>K</td><td>WO</td><td colspan="4">①WP(完全是在一缔约方由符合协定原产地规则规定的原产材料生产)
②PSR(在一缔约方生产,所使用的非原产材料符合协定"产品特定原产地规则"所规定的税则归类改变、区域价值成分、工序要求或其他要求)
③OP 符合协定原产地规则第 3.3 条"特定货物处理"的规定</td><td>韩国、中国</td><td>19</td></tr>
<tr><td>中国—格鲁吉亚自由贸易协定优惠原产地证</td><td>FORM GE</td><td>GE</td><td>WO</td><td colspan="4">①WP(完全是在缔约一方由符合协定原产地规则规定的原产材料生产)
②__%(在缔约一方使用非原产材料生产,且区域价值成分不低于产品 FOB 价的 40%,填区域价值的百分比
③PSR(在缔约一方或双方领土内生产,使用符合协定"产品特定原产地规则"及协定原产地规则其他有关要求的非原产材料)</td><td>格鲁吉亚、中国</td><td>20</td></tr>
<tr><td>中国—毛里求斯自由贸易协定优惠原产地证</td><td>FORM MU</td><td>MU</td><td>WO</td><td colspan="4">①WP(完全是在缔约一方领土内仅由符合协定原产地规则规定的原产材料生产)
②RVC(在缔约一方使用非原产材料生产,且区域价值成分不低于产品 FOB 价的 40%
③PSR(在缔约一方领土内生产,使用符合协定"产品特定原产地规则"及协定原产地规则其他有关要求的非原产材料)</td><td>毛里求斯、中国</td><td>21</td></tr>
<tr><td rowspan="4">区域全面经济伙伴关系协定(RCEP)优惠原产地证</td><td rowspan="4">FORM RCEP</td><td rowspan="4">RC</td><td rowspan="4">WO</td><td colspan="2">①货物符合《中华人民共和国海关〈区域全面经济伙伴关系协定〉项下进出口货物原产地管理办法》(此处统称"办法")仅使用 RCEP 成员方原产材料生产的货物</td><td>PE</td><td rowspan="4">如果货物获得 RCEP 项下原产资格,使用了"累积规则"条款(《办法》第六条)或"微小含量"条款(《办法》第八条),应在填写对应标准的基础上增加填写"ACU"或"DMI",因此含有进口成分的货物栏可填写的原产地标准包括:PE、CTC、RVC、CR、PE ACU、CTC ACU、RVC ACU、CR ACU、CTC DMI、CTC ACU DMI</td><td rowspan="4">日本、韩国、澳大利亚、新西兰、东盟 10 国(泰国、马来西亚、新加坡、越南、菲律宾、印度尼西亚、文莱、老挝、柬埔寨和缅甸)、中国</td><td rowspan="4">22</td></tr>
<tr><td rowspan="3">②货物符合《办法》第三条及《公告》附件 1 的规定,在一成员方使用非原产材料生产,但符合货物特定原产地规则规定的税则归类改变、区域价值成分、制造加工工序或者其他要求的</td><td>a.货物以税则归类改变标准获得 RCEP 项下原产资格的</td><td>CTC</td></tr>
<tr><td>b.货物以区域价值成分标准获得 RCEP 项下原产资格的</td><td>RVC</td></tr>
<tr><td>c.货物以制造加工工序标准获得 RCEP 项下原产资格的</td><td>CR</td></tr>
</table>

续表

证书名称	证书简称	证书类型码	原产地标准(Origin Criterion)				适用国家(地区)	进口报关单优惠贸易协定代码
			完全获得(生产)	含有进口成分				
中国—柬埔寨自由贸易协定优惠原产地证	FORM CA	CA	WO	①在一方境内由取得原产资格的材料生产的		PE	柬埔寨、中国	23
				②符合协定原产地规则第一节第四条第(一)项的规定,用非原产材料生产的产品	a.符合区域价值成分标准的,即单一国家成分或中国—柬埔寨自贸区累计成分不低于产品 FOB 价 40%的,填写区域价值的百分比,例如“40%”	__%(同时第 9 栏需加注货物 FOB 值)		
					b.符合税则归类改变标准的(4 位税则号改变)	CTH		
				③符合协定产品特定原产地标准(PSR)的产品		PSR		
中国—尼加拉瓜自由贸易协定优惠原产地证	FORM NI	NI	WO	①WP(完全是在缔约一方领土内仅由符合协定原产地规则规定的原产材料生产) ②RVC(在缔约一方使用非原产材料生产,且区域价值成分不低于产品 FOB 价的 40% ③PSR(在缔约一方领土内生产,使用符合协定“产品特定原产地规则”及协定原产地规则其他有关要求的非原产材料)			尼加拉瓜、中国	24

注:＊1:本栏仅列目前仍对我国给惠的国家的单证处理,普惠制原产地证原产地标准栏的完整缮制方法详见本书 P127。

＊2:各自由贸易协定的原文、优惠原产地证书样式及填写方法、关税减让表、受惠商品税率及中国目前正在谈判的自由贸易协定的进展均可在“中国自由贸易区服务网”查询,网址:http://fta.mofcom.gov.cn/。

＊3:PSR:Product Specific Rules,产品特定规则,每个协定都有自己的产品特定规则,详见各协定的附件。

＊4:线上签署的电子原产地证编号以 E 字头编码,纸质版原产地证编号以 P 字头编码。最不发达国家名单详见联合国贸易和发展会议官网(2023 年底为 45 个国家)(https://unctad.org/topic/least-developed-countries/list)。

表 7-2 海关系统申请的 RCEP 原产地证核对件(以第三章信用证样例为例)

Original

Verification: origin.customs.gov.cn

1.Goods Consigned from (Exporter's name, address and country)
CHANGZHOU BAOYAO PHARMACEUTICALS CO. LTD
MEILONGBA SOUTHERN SURRBS
CHANGZHOU JIANGSU, 213004 CHINA

Certificate No. RC233216000890011 Form RCEP

REGIONAL COMPREHENSIVE ECONOMIC PARTNERSHIP AGREEMENT

非有效证书

CERTIFICATE OF ORIGIN

Issued in The People's Republic of China
(Country)

2.Goods Consigned to (Importer's/ Consignee's name, address, country)
APOTEX INC.
114, YEONG JONG-DAERO, JUNG-GU INCHEON KOREA

3. Producer's name, address and country (if known)
CONFIDENTIAL

4. Means of transport and route (if known)
Departure Date: 2023-03-15
Vessel's name/Aircraft flight number, etc.: HENGHE VOY.121
Port of Discharge: INCHEON KOREA

5.For Official Use
Preferential Treatment:
☐ Given ☐ Not Given (Please state reason/s)
....
Signature of Authorised Signatory of the Customs Authority of the Importing Country

6. Item number	7.Marks and numbers on packages	8.Number and kind of packages; and description of goods	9.HS Code of the goods (6 digit-level)	10.Origin Conferring Criterion	11. RCEP Country of Origin	12.Quantity (Gross weight or other measurement), and value (FOB) where RVC is applied	13. Invoice number(s) and date of invoice(s)
1	APOTEX 4500189719 INCHEON CTN No.1-50	FIFTY(50) CARTONS OF CHLORDIAZEPOXIDE HCL ************	293391	PE	CHINA	500KGS(N.W.)	CH23010 16 MARCH 2023

14.Remarks
******

15.Declaration by the exporter or producer
The undersigned hereby declares that the above details and statements are correct and that the goods covered in this Certificate comply with the requirements specified for these goods in the Regional Comprehensive Economic Partnership Agreement. These goods are exported to: REPUBLIC OF KOREA
(importing country)

....
Place and date and signature of authorised signatory

16.Certification
On the basis of control carried out, it is hereby certified that the information herein is correct and that the goods described comply with the origin requirements specified in the Regional Comprehensive Economic Partnership Agreement.

....
Place and date, signature and seal or stamp of Issuing Body

17.☐ Back-to-back Certificate of Origin **☐ Third-party invoicing** **☐ ISSUED RETROACTIVELY**

5.证书打印和签发

目前,海关原产地证制证有两种模式,即套打制证和自助打印。原产地证电子信息审核通过后,使用针式打印机在空白证书上打印,根据要求加盖企业印章、经授权申领人员签字后,由签证海关现场签发。对于支持自助打印的原产地证,企业可使用具有自动双面打印功能的彩色打印机,在 A4 纸上自行打印,打印的证书包含海关印章签名及企业印章签名,企业无须到海关现场办理。自助打印证书与用空白证书套打的证书具有同等效力。

选择自助打印的申请人,应在首次申请证书前上传企业印章及申报员签名,并完成授权。申请人须使用电子口岸法人卡登录"单一窗口"→"原产地证书自助打印"→"印章管理"模块,上传印章及签名,之后进入"授权管理"→"印章签名授权"模块,在已上传的印章及签名中选择默认印章及签名完成授权。

第二节　原产地证明书

一、非优惠原产地证明书的内容与缮制

(一)非优惠原产地证明书简介

中华人民共和国原产地证明书(Certificate of Origin of the People's Republic of China)简称"原产地证",它是证明货物原产于中国享受进口国(地区)的正常关税待遇的证明文件。与其他能享受进口国(地区)优惠关税待遇的产地证相比较,它不能让进口商享受优惠进口关税,所以也叫"一般原产地证"(Certificate of Origin,简称"CO 证书")或"非优惠原产地证",由商务部统一规定与印制,由各直属海关及隶属海关或中国国际贸易促进委员会及其各地分会签发(本书均以海关签发的证书为例)。

(二)非优惠原产地证的内容与缮制

非优惠原产地证(见表 7-3)共有 12 个有编号的栏目及 1 个无编号的证书名称与号码栏(右上角),各栏的内容与填写方法如下:

证书右上角为原产地证名称及编号(CERTIFICATE NO.):原产地证名称及签发国家(CERTIFICATE OF ORIGIN OF THE PEOPLE'S REPUBLIC OF CHINA,中华人民共和国原产地证)已印就,证书编号(CERTIFICATE NO.)按签证机构的编码规则填写(表 7-3 是依第三章样例信用证办理的一般原产地证,证书编号为 C233216000890052 表明是受益人企业常州宝药制药有限公司 2023 年办理的第 52 份非优惠原产地证)。此栏不得留空,否则证书无效(本书后面各种优惠原产地证此栏同此要求)。

(1)出口方(Exporter)。填写在中国境内的出口商详细地址,包括街道名、门牌号码及国名等。出口商必须是已办理产地证注册的企业,且公司英文名称应与其在海关注册备案的一致。

(2)收货方(Consignee)。填写最终收货人的名称、地址和所在国家(地区)。通常是出口合同中的买方或信用证的开证申请人。收货人处应为在第 4 栏所填写的进口国家(地区)。

(3)运输方式和路线(Means of transport and route)。填写装运港(地)和目的港(地)、运输方式。若经转运,还应注明转运地。例如,通过海运,由海口港经中国香港转运至汉堡港,应填为:From Haikou to Hamburg by Vessel via Hongkong。

(4)目的地国家(地区)(Country/region of destination)。填写目的地国家(地区)。应与最终收货人或最终目的港(地)国别(地区)一致。

(5)签证机构使用栏(For certifying authority use only)。由签证机构在签发后发证书、补发证书或加注其他声明时使用。证书申领单位应将此栏留空。一般情况下,该栏不填。

(6)运输标志(Marks and numbers)。填写唛头。应按信用证、合同及发票上所列唛头填写完整图案、文字标记及包装件数(号),不可简单填写"见第×××号发票"(As per invoice No. ×××)或者"见第×××号提单"(As per B/L No. ×××)。货物如无唛头,应填写"无唛头"(No mark 或 N/M)字样。此栏不得留空,如唛头过多,本栏目不够填写,可填写在第7—9栏内的空白处,如还是不够,可用与原产地证书尺寸一致的附页填写。

(7)商品描述、包装数量及种类(Number and kind of packages;description of goods)。填写商品描述及包装数量。商品名称要具体,以便进口国(地区)海关能对其进行归类,不得用概括性表述,如Garment(服装)、Food(食品)等。包装数量及种类要按具体单位填写,不应与信用证及其他单据矛盾。包装数量应在英文表述后用括号加注阿拉伯数字,如"Colour TV sets,total:one hundred(100)cartons"(100箱彩电),"Total:one thousand(1000) M/T only pigiron in bulk"(1000公吨散装生铁)。如货物为散装,在商品名称后加注"In bulk"(散装)字样。本栏商品描述完后须换行打上表示结束的终止线符号(**************),以防加添额外的商品内容。有时信用证会要求在所有单据上加注合同号码、信用证号等,可加注在终止线下方。

(8)商品编码(HS Code)。填写HS编码的前6位,应与报关单一致。若同一证书包含几种商品,则应将相应的HS编码全部对应填写。此栏是原产地证的核心栏目,是进口国(地区)海关据以征收最惠国关税的主要依据,不得留空。

(9)数量(Quantity)。填写出口货物包装内的总数量及其计量单位。如果是重量单位,需注明是毛重(G.W.)还是净重(N.W.)。一般是按计价单位算的数量填写或该货物的法定计量单位算的数量填写。

(10)发票号码及日期(Number and date of invoice)。填写商业发票号码及日期。此栏不得留空,为避免对月份、日期的混淆,月份一律用英文表述,如2023年9月10日,则为SEP 10,2023。

(11)出口方声明(Declaration by the exporter)。填写出口商的名称、申报地点及日期,由已在签证机构注册的申领人员签名(手签)并加盖中英文印章。此栏填写的申报日期不得早于本证第10栏内的发票日期,可与其日期为同一天。

(12)由签证机构签字、盖章(Certification)。填写签证地点、日期。签证机构签证人经审核后在此栏(正本)签名,并盖签证印章。

应注意第(11)栏与第(12)栏的签字不能与盖章重叠。

表 7-3 非优惠原产地证样例(以第三章信用证样例为例)

ORIGINAL

<table>
<tr><td colspan="2">1.Exporter
CHANGZHOU BAOYAO PHARMACEUTICALS CO.LTD
MEILONGBA SOUTHERN SURRBS
CHANGZHOU JIANGSU,213004 CHINA</td><td colspan="3" rowspan="2">Certificate No.C233216000890052

CERTIFICATE OF ORIGIN
OF
THE PEOPLE'S REPUBLIC OF CHINA</td></tr>
<tr><td colspan="2">2.Consignee
APOTEX INC.
114,YEONG JONG-DAERO,JUNG-GU INCHEON
KOREA</td></tr>
<tr><td colspan="2">3.Means of transport and route
FROM NINGBO CHINA TO INCHEON KOREA BY SEA
ON/AFTER 2023-03-22</td><td colspan="3" rowspan="2">5.For certifying authority use only</td></tr>
<tr><td colspan="2">4.Country/region of destination
KOREA</td></tr>
<tr><td>6.Marks and numbers</td><td>7.Number and kind of packages; description of goods</td><td>8.HS Code</td><td>9.Quantity</td><td>10.Number and date of invoices</td></tr>
<tr><td>APOTEX
4500189719
INCHEON
CTN No.1-50</td><td>FIFTY(50)CARTONS OF
CHLORDIAZEPOXIDE HCL
************************</td><td>293391</td><td>500Kgs
(N.W.)</td><td>CH23010
16 MAR,2023</td></tr>
<tr><td colspan="2">11.Declaration by the exporter
The undersigned hereby declares that the above details and statements are correct, that all the goods were produced in China and that they comply with the Rules of Origin of the People's Republic of China.

CHANGZHOU BAOYAO PHARMACEUTICALS CO. LTD.
(章)
张珍
16.MARCH,2023 CHANGZHOU

Place and date, signature and stamp of authorized signatory</td><td colspan="3">12.Certification
It is hereby certified that the declaration by the exporter is correct.

中华人民共和国常州海关(章)

杜生财
16 MARCH,2023 CHANGZHOU

Place and date, signature and stamp of certifying authority</td></tr>
</table>

二、转口证明书与加工装配证书

(一)转口证明书的内容与缮制

转口贸易又称“中转贸易”或“再输出贸易”,是指国际贸易中进出口货物的买卖不是在生产国(地区)与消费国(地区)之间直接进行,而是通过第三方转手进行的贸易。转口贸易通常分为两大类:一类是传统的转口贸易,即货物不经过第三国或第三方,直接由供货方发货至购货方所在地,贸易中间商分别与两个境外上下游供销客户签订供货和购货合同,货物不经过境内(俗称“两头在外”);第二类为国内兴起的保税区转口贸易,即货物由供货方发货至中间商指定的保税区域,在保税区域内实现物权交换,大宗商品通常会采用这种方法。转口贸易项下的货物在转口国(地区)不发生任何加工、装配等行为。

党的二十大报告提出“加快推进自由贸易试验区、海南自由贸易港建设”,随着“对标国际最高水平”的中国特色海南自由贸易港建设的深入推进,锚定中国香港和新加坡两个世界上最发达的自由贸易港(两者既是国际金融中心,又是国际航运中心),其发展基础都是转口贸易。因此,海南自由贸易港要成为国际金融中心和航运中心,必须大力支持和发展转口贸易。转口贸易具有良好的发展前景,对转口证明书的需求也会越来越多。

1.转口证明书的适用

转口证明书(CERTIFICATE OF RE-EXPORT)作为原产地证书的一种,又称“复出口证明书”或“再出口证明书”,是指经中华人民共和国转口的国(境)外货物,由于不能取得中华人民共和国的原产地证书,而由我国签证机构出具的证明货物系他国(地区)原产、经中国转口的一种证明性文件。企业申请转口证明书,有利于海关进行出口贸易统计,也会涉及其他国家(地区)海关所给予的货物原产国(地区)的关税优惠待遇。

转口证明书适用于原产于国(境)外的商品经我国中转(处于监管状态下、未经任何加工)运至另一国(地区)的情况。从宏观上看,转口证明书能够真实反映货物流转过程,建立证明货物“国籍”的“证据链”,为贸易统计提供较为客观准确的依据;从微观上看,转口证明书为中间商赚取货物买卖差价、获取物流增值服务收益、对冲国(境)内外市场风险、支撑大宗商品期价提供了程序上的便利。

2.转口证明书的缮制

转口证明书(证书样式见附表 1-45)共有 15 个有编号的栏目,以及右上角证书本身的编号栏。

(1)证书编号栏。如果在海关原产地证书申领系统里选择转口证明书,进入申领页面后,系统会自动生成证书编号,以字母 TR 开头,编码规则如图 7-6 所示。

(2)第 1、2、4、10、11、12、13、14 栏的内容缮制方法以及要求与非优惠原产地证对应的第 1、2、4、6、7、8、9、10 栏相同。

(3)第 3 栏为离港日期[Departure date(on or about)],指货物离开我国的日期。一般填写提单日期,须满足合同、信用证的规定。此栏日期可以填准确日期,也可以填大约日期。

(4)第 5 栏为运输工具名称(Vessel/Flight/Vehicle No.),应按转口货物实际的运输工具填制，如火车、汽车、轮船、飞机等，并标明运输工具的具体名称。

（5）第6栏为装运地（Place of loading），应按货物在我国的实际装运地点填写。

（6）第7栏为卸货港（Port of discharge），该栏的卸货港须在国外或境外，应按照提单、出口合同或信用证规定的卸货港填写。

（7）第8栏为最终目的地（Final destination if on carriage），指货物的最终运抵地，一般应填写最终运抵地的国家或地区名称，也可以与第7栏（卸货港）一致。如不知货物所达目的国（地区），此栏可以留空。

（8）第9栏为原产国（Country of origin）。此栏应填写货物的实际原产国（地区），应按照货物进口时的合同或其他能证明货物原产国（地区）的单据填写。

（9）第15栏为签证机构证明、签字、盖章栏，签证机构的证明内容为已印就的“It is hereby certified that the goods described above were from...（country/territory）and re-exported from China.”（兹证明上述货物系来自××国或地区，经中国复出口）。空格处需如实填写货物原产国或地区，与第9栏一致。填写签证日期和地点。由签证机构签字、盖章。签字和印章不能重合，签发日期不得早于第3栏的离港日期及第14栏的发票日期。转口证明书不需要企业盖章、签字。本栏其他内容的缮制要求与非优惠原产地证相同。

（10）缮制证书一般使用英文。

3.转口证明书的办理程序

转口证明书是原产地证书的一种，可以在海关系统或贸促会系统申领，在海关系统申领的转口证明书的证书编号以字母TR开头。

（1）通过原产地证书申领系统选择“转口证书”项目进行网上申请，填写相关证书信息。

（2）信息录入完成后，点击“暂存”保存信息。如有需要，可点击“预览/打印”查看产地证书预览件（显示为“非有效证书”）进行核对。

（3）证书信息核对无误，点击“申报”向系统发送，签证机构出具正式证书。发送时，须随附转口货物的进口货物原产国（地区）的原产地证、进口发票、进口报关单或进口运输单据、转口货物的出口合同、出口报关单，或者出口商业发票扫描件。

（二）加工装配证书的内容与缮制

1.加工装配证书的适用

加工装配证书（Certificate of Processing）是指对全部或部分使用了进口原料或零部件而在我国进行加工、装配的出口货物，当其不符合中国出口货物原产地标准、未能取得原产地证书时，由签证机构根据申请单位的申请所签发的证明中国为出口货物加工、装配地的一种证明文件。

加工装配证书适用于使用进口原料/零部件在国内进行了一定加工、装配，但未能使商品发生实质性改变的情况。因此，此证书仅能证明商品在国内进行了非实质性的加工、装配，并不足以使该商品获得中国原产资格。办理该证书，企业需在网上选择正确的证书类别进行申报。

合理利用加工装配证书，可以为企业在利用进口原材料加工成品出口时合理避开关税壁垒、打破配额限制、扩大市场份额。下面是两个典型的案例。

案例1：我国某外贸公司出口到美国的葵花籽是从保加利亚进口的，在国内仅进行清洁、筛选、杀菌等加工工序。根据原产地规则的相关规定,该产品在国内加工后未发生实质性改变,不具有中国原产资格,申请的加工装配证书中标注的原产地依旧是保加利亚,这为外贸公司的美国客户节省了约6000美元的关税。

案例2:我国某公司出口到德国的某钢铁制品在接受欧盟的反倾销调查时,积极与原产地证书签证机构进行深入的研究和探讨。在签证机构的指导下,该企业在遵守我国原产地法律法规的前提下,通过改进加工工序,合法地将产品由中国原产变为中国加工,并申请加工装配证书。由于货物不是中国原产,德国海关决定不对该公司产品征收反倾销税,为企业打开了欧盟市场,避免了重大经济损失。

2.加工装配证书的缮制

加工装配证书(证书样式见附表1-44)共有13个有编号的栏目,以及右上角证书本身的编号栏。

(1)证书编号栏。在海关原产地证申领系统里选择"加工装配证明书"进入申领页面,系统会自动生成证书编号,以字母PR开头,编码规则如图7-6所示。

(2)第1栏至第10栏的内容和填制要求与非优惠原产地证书的内容与填制要求相同,但第4栏目的港(Destination Port)与非优惠原产地证第4栏的国家或地区(Country/region of destination)略有不同,因此按书面意思填写即可。

(3)第11栏,制造国家或地区(Country/territory of manufacture),是指所加工装配货物的材料或零部件的原制造国家或地区,因而只能填某一中国以外的国家(或境外地区)的名称,而不能填"CHINA"(中国)。例如:一批出口的电脑显示器全部使用日本进口的零部件组装,按照《中华人民共和国含有进口成分出口货物原产地标准主要制造加工工序清单》要求,其加工工序为"插件、焊接、装配",但该批电脑显示器在我国仅经简单组装,未经"插件、焊接"工序,不符合加工工序要求,无法取得原产地证,而只能申请加工装配证明书,那么,其产品制造国应为日本,此栏应填写"Japan"(日本)。

(4)第12栏,在中国的加工工序(Processes carried out in the People's Republic of China)。本栏填写在我国进行的具体加工装配工序名称及申请地点、日期、签字和盖章。例如,某批电脑显示器只在我国进行了加工装配,此栏填写"ASSEMBLY"(装配)。签字和盖章不能重合。申请日期不得早于发票日期。

(5)第13栏,签证机构证明。签证机构证明的内容已印就,为"This is to certify that the goods described above were processed in the People's Republic of China"(兹证明上述货物在中华人民共和国加工),本栏由签证机构填写签证地点、日期、签字、盖章。签字和盖章不能重合。签发日期不得早于发票日期(第10栏)和申请日期(第12栏)。

(6)缮制证书一般使用英文。

3.加工装配证书的办理程序

加工装配证书是原产地证书的一种,可以在海关系统或贸促会系统申领,在海关系统申领的加工装配证书的证书编号以字母PR开头。

(1)通过原产地证书申领系统选择"加工装配证书"项目进行网上申请,填写相关证书信息。

(2)信息录入完成后,点击"暂存"保存信息。如有需要,可点击"预览/打印"查看下载产地证预览件（显示为“非有效证书”）进行核对。

（3）证书信息核对无误，点击“申报”向系统发送，签证机构出具正式证书。发送时，须随附进口原材料的进口货物原产国（地区）的原产地证、进口发票、进口报关单或进口运输单据，或者出口货物的加工合同、出口报关单、出口商业发票扫描件。

三、优惠原产地证的内容与缮制

（一）非互惠优惠原产地证

1.普惠制原产地证明书的内容与缮制①

（1）普惠制简介

普惠制即普遍优惠制（Generalized System of Preferences，G.S.P），是发达国家承诺从发展中国家进口工业制成品和半制成品（包括某些初级产品）时给予的一种普遍的、非歧视的、非互惠的关税优惠待遇。普惠制项下的进口产品关税平均比最惠国关税税率低 1/3 左右，因此在出口时积极主动地提供普惠制原产地证能为进口商节省关税支出、降低成本，也能促进相应出口产品在给惠国家的销售。

享受普惠制待遇的发展中国家为受惠国，目前有 100 多个国家与地区享受普惠制的关税优惠待遇，中国作为世界上最大的发展中国家，是普惠制受惠国之一。给予发展中国家普惠制待遇的发达国家为给惠国，各个国家按照各自的给惠方案施行普惠制。目前，全世界共有 41 个给惠国：欧盟 27 国（法国、爱尔兰、德国、丹麦、意大利、比利时、荷兰、卢森堡、希腊、西班牙、葡萄牙、奥地利、瑞典、芬兰、匈牙利、波兰、捷克、斯洛伐克、斯洛文尼亚、爱沙尼亚、立陶宛、拉脱维亚、马耳他、塞浦路斯、罗马尼亚、保加利亚、克罗地亚）、联合王国（英国）、瑞士、列支敦士登、挪威、日本、新西兰、澳大利亚、美国、加拿大、俄罗斯、白俄罗斯、乌克兰、哈萨克斯坦和土耳其。

自 1978 年普惠制实施以来，先后给予我国普惠制关税优惠待遇的 40 个国家（不包括美国）大多是我国的重要贸易伙伴。这个政策在我国外贸增长和产业发展等方面发挥了重要作用。随着我国经济发展和人民生活水平的不断提高，我国陆续从各发达经济体的普惠制待遇中“毕业”。2012 年至 2019 年，乌克兰、加拿大、瑞士、列支敦士登、欧盟、土耳其、日本等陆续取消给予我国出口货物普惠制关税优惠待遇。2021 年，欧亚经济联盟宣布取消给予我国普惠制关税优惠待遇。目前仍有挪威、新西兰、澳大利亚 3 个国家给予我国普惠制待遇（见表 7-4）。

我国出口企业对于出口到我国的普惠制给惠国且符合该给惠国给惠方案的受惠货物，均可向我国各地海关申请普惠制原产地证。

（2）普惠制原产地证的内容与缮制

证书右上角的产地证名称及签发国家（GENERALIZED SYSTEM OF PREFERENCES CERTIFICATE OF ORIGIN FORM A Issued in THE PEOPLE'S REPUBLIC OF CHINA，在中华人民共和国签署的普遍优惠制度原产地证明书 FORM A）已印就，“Reference No.”处填写该份证书的编号，其类型代码为 G。

① 本部分为普惠制原产地证对所有受惠国适用的介绍。目前，仅挪威、澳大利亚、新西兰 3 个国家尚未取消给予中国普惠制优惠关税待遇，在中国出证，仅需掌握适用于这 3 个国家的缮制方法，但如果企业出海，在海外适用于普惠制的国家（地区）投资设厂，可按进口给惠国的适用方法缮制普惠制原产地证。

表 7-4 我国在相关普惠制给惠国家毕业时间

给予我国普惠制待遇的国家	是否已国家毕业	毕业时间	备注
乌克兰	是	2012 年	
加拿大	是	2014 年 7 月 1 日	
瑞士、列支敦士登	是	2014 年 7 月 1 日	两者为关税同盟国
欧盟 27 国、英国、土耳其	是	2015 年 1 月 1 日	英国当时仍为欧盟成员国，土耳其为欧盟的关税同盟国
日本	是	2019 年 4 月 1 日	
俄罗斯、白俄罗斯、哈萨克斯坦	是	2021 年 10 月 12 日	三者均为欧亚经济联盟成员国
澳大利亚	否		
新西兰	否		
挪威	否		

与一般原产地证明书一样，普惠制原产地证（见附表 1-17）也有 12 个有编号的栏目，各栏的内容与填写方法如下：

1）出口商名称、地址、国别（Exporter's business name，address，country）。填写出口商的名称、地址及国名（CHINA），出口商须在我国海关登记注册，其名称、地址必须与注册档案一致。

2）收货人的名称、地址和国别（Consignee's name，address，country）。填写给惠国最终收货人名称、地址和国别，即合同中的买方或信用证的开证申请人或者合同或信用证上特别声明的收货人。除欧盟 27 国、英国、挪威外，此栏须填上给惠国最终收货人名称，不可填中间转口商的名称，此栏须打上国名，与第 12 栏中声明的进口国一致。欧盟 27 国、英国、挪威对此栏是非强制性要求，如果第 2 栏进口商国家和第 12 栏最终目的国都是欧盟国家，则可以与第 12 栏国家不同，也可以不填详细地址，但须打上收货人所在国家。

3）运输方式及路线（Means of transport and route）。填写装货和到货地点（始发地必须是中国国内的港口或城市，目的地必须是给惠国城市或港口）、离境日期及运输方式（如海运、陆运、空运、陆海联运等）。经非给惠国（地区）（香港、澳门除外）转运的，签证时需提供联运提单。如到货港不清楚，可填进口国名或地区（仅限欧盟，如 EU），如经香港转运，应标明离开大陆关境的日期，并在日期前加上英文"on/about"或"on/after"表示于×××日期前后 5 天（about 在 UCP600 中解释装运日期时为该日期的前后 5 天）或自×××日期之后启运，不能用 before 表示在×××日期之前。月份需用英文大写表示，年份需打四位数。该栏日期应不早于申请日期（第 12 栏）和签发日期（第 11 栏），后发证书除外。

4）供官方使用（For official use）。由签证当局填写，正常情况下此栏空白。在特殊情况下，签证当局在此栏加注。例如：a.货物已出口，签证日期迟于出货日期，签发"后发"证书时，在此栏注明"Issued retrospectively"（后发）；b.证书遗失、被盗或者损毁，签发"复本"证书时盖上"Duplicate"红色印章，并在此栏注明原证书的编号和签证日期，并声明原发证书作废，其文字是"This certificate is in replacement of Certificate of Origin No.…dated…which is cancelled"。

由中国检验（香港）有限公司做的"未再加工证明"也在该栏批注。

5）商品顺序号（Item number）。如果同批出口货物有不同品种或不同型号，可按要求分列"1""2""3"等产品序号。如是单项商品，此栏填"1"。

6）唛头及包装序号（Marks and numbers of packages）。应照实填写该批货物包装箱上完整的图案、文字标记及包装号。如图案文字无法缮制，可采取贴唛形式，贴唛的唛头必须完整清晰，平贴在证书第5—10栏的空白处，且不得超出证书的边线和第11、12栏的顶线。加贴的唛头须加盖签证机构骑缝印章。如无唛头，应填“N/M”字样。该栏不得留空。唛头过多的可接页。此栏不得出现“Made in Hongkong ”（香港制造）或“澳门、台湾等地区或其他国家制造”等字样，以及“As per B/L”（见提单）、“As per invoice”（见发票）等字样。

7）商品名称、包装数量及种类（Number and kind of packages；Description of goods）。此栏应依商品的用途及所用材料给予商品详细的描述。商品的描述应以能确定4位HS税目号为准，可参考前面申请书品名的填写。该栏最后须用大写的英文数字并用括号加上阿拉伯数字标明商品的总件数及包装方式，然后加上终止线符号（**************），以防止添加伪造的商品信息。包装数量是指包含各种商品的运输包装总数量，货物无包装，应注明“In balk”（散装）或“In nude”（裸装）。唛头上注明是挂装的衣物，可打总件数（PCS）。国外信用证要求填写合同、信用证号码等内容的，可加在终止线下方空白处。证书上声明“无木质包装”或“经过熏蒸处理”等内容的，须给签证机构提供信用证及相关资料的正本复印件以备查对。

8）原产地标准（Origin criterion）。此栏填写时用字最少，但却是给惠国海关审证的核心项目，必须正确填写。

Ⅰ.完全为中国原产商品，不含任何进口成分，出口到所有给惠国的均填“P”。

Ⅱ.含有进口成分的商品（须符合原产地标准）：a.出口到欧盟27国、英国、瑞士、列支敦士登、挪威、土耳其、日本等国的，填写“W”加商品的HS 4位数编码，如“W95.03”。b.出口到加拿大的商品，含有的进口成分是来自两个或两个以上的加拿大受惠国的原料，填“G”（全球累计），其他国家进口成分填“F”（这些国家的进口成分不能超过FOB价的40%）。c.出口到澳大利亚、新西兰含有进口成分的商品，此栏可留空或填“W”加商品的HS 4位数编码。d.出口到俄罗斯、白俄罗斯、乌克兰、哈萨克斯坦等国家含进口成分的商品，其进口成分不得超过FOB价的50%，填写“Y”，并在字母后面打上进口价值成分占FOB价的百分比，如“Y45%”。对于成分全部来自受惠国家（包括我国）并且最后一道工序在我国完成，从我国出口的，填“PK”。

9）毛重或其他数量（Gross weight or other quantity）。填写商品按计量单位算的数量。以重量计算的，填写毛重；只有净重的，填净重也可，但要标上“N.W.”（NET WEIGHT）。该栏计量单位的填写应以销售（计价）单位为准，不能只填运输的重量及包装的箱数，遇到多项或多种型号的商品时，数量要分项列明。对于一份证书申报多项商品或多种型号的，第7栏的品名、第8栏的原产地标准、第9栏的数量要一一对应。

10）发票号及日期（Invoice No.and date）。填写发票号及发票日期，不得留空。为避免误解，月份一律用英文缩写。该栏的发票日期不能晚于第3、11、12栏的日期。

11）签证当局的证明（Certification）。由签证人员审核证书无误后签名并加盖公章。审签人签名必须清楚。如无特殊要求，只签一份正本，不签副本。此栏日期不得早于第10栏日期和12栏日期，也不能迟于提单日期。货物出口到俄罗斯，还应在第11栏用英文加注签证机构的名称、地址和联系电话。

12）出口商的申明（Declaration by the exporter）。出口商的申请声明，应填写出口国

"CHINA(中国)"和进口给惠国国名,进口国名必须与第2栏收货人国别、第3栏目的港的国别一致。运往欧盟的货物,进口国不明确时,此栏可填写"EU"。申报单位须在此栏加盖经海关注册的单位印章及手签(正副本均须手签并盖章)。签字与盖章不能重叠。此栏填写的申报日期不得早于第10栏的发票日期。

注意事项:

Ⅰ.普惠制产地证的第11、12栏的内容与一般原产地证书的第11、12栏的内容调换了位置,填写时要注意证书类型,以免处理错误。

Ⅱ.受惠商品出口到澳大利亚、新西兰不强制要求提供FORM A产地证,但出口到澳大利亚的商品应在发票上注明享受普惠制优惠的商品协调制度编码(HS CODE)及发展中国家声明,进口商凭此发票清关可享受优惠关税待遇。声明语句如下:"I DECLARE THAT THE FINAL PROCESS OF MANUFACTURE OF THE GOODS FOR WHICH SPECIAL RATES ARE CLAIMED HAS BEEN PERFORMED IN CHINA AND THAT NOT LESS THAN ONE HALF OF THE FACTORY OR WORKS COST OF THE GOODS IS REPRESENTED BY THE VALUE OF THE LABOUR OR MATERIALS OR OF LABOR AND MATERIALS OF CHINA AND AUSTRALIA"。

出口到新西兰的受惠商品可提供新西兰海关发票(Certificate of Origin to New Zealand Form 59A),以享受普惠制关税优惠,我国与新西兰签署的《中国—新西兰自由贸易协定》已于2008年10月生效,现在商品从我国出口到新西兰,只需要提供中国—新西兰自由贸易协定优惠原产地证(FORM N),进口商即可享受到普惠制与中国—新西兰自由贸易协定项下最优惠的关税待遇。值得注意的是,普惠制下已产品毕业的商品可重获优惠关税进入新西兰市场。澳大利亚也是普惠制给惠国,在中国—澳大利亚自由贸易协定下,我国出口到澳大利亚的商品,出口商只需要提供中国—澳大利亚自由贸易协定优惠原产地证,澳大利亚的进口商即可享受到普惠制与中国—澳大利亚自由贸易协定项下最优惠的关税待遇,已产品毕业的商品将重获优惠关税进入澳大利亚市场(如果是中国—澳大利亚自由贸易协定澳方清单产品的话)。

此外,澳大利亚与新西兰也是RCEP成员,我国商品出口到此两国,出口商须了解给进口商提供何种优惠原产地证书,进口商才能享受到最优惠的关税待遇。

2.内地与香港、澳门关于建立更紧密经贸关系的安排(CEPA)优惠原产地证

(1)CEPA简介。

2003年,我国中央政府与香港、澳门特别行政区政府分别签署《关于建立更紧密经贸关系的安排》(*Closer Economic Partnership Arrangement*,CEPA):6月29日和9月29日,《内地与香港关于建立更紧密经贸关系的安排》及其6个附件在香港签署;同年10月17日,《内地与澳门关于建立更紧密经贸关系的安排》及其6个附件在澳门签署。上述两个安排分别被称为"CEPA香港"和"CEPA澳门",并自2004年1月1日起同步实施。2018年12月,中央政府与香港、澳门特别行政区政府又分别签署了《CEPA货物贸易协议》,这两个协议自签署之日起生效,并于2019年1月1日起正式实施。自此,内地与香港、内地与澳门之间全面实现了货物进出口零关税和高水平的货物贸易便利化。港澳CEPA涵盖货物贸易、服务贸易、投资和经济技术合作四个方面内容。《CEPA货物贸易协议》与此前的《CEPA服务贸易协议》《CEPA投资协议》《CEPA经济技术合作协议》一起,完成了对港澳CEPA的全面升级。

CEPA是一个高标准的自由贸易协议,是"一国两制"原则的成功实践,是我国国家主体与

香港、澳门单独关税区之间签署的自由贸易协议，也是内地第一个全面实施的自由贸易协议；是内地迄今为止商签内容最全面、开放幅度最大的自由贸易协议，也是目前香港与澳门实际参与的唯一自由贸易协议。其内容质量高、覆盖面广，在短时间内结束谈判并付诸实施，为内地参与其他双边自由贸易区积累了丰富的经验，起到了开创性的作用。

CEPA 签署后，港澳地区仍维持其自由港地位，完全遵循“一国两制”方针。CEPA 的总体目标是通过各项开放措施，逐步减少或取消双方之间实质上所有货物贸易的关税和非关税壁垒；逐步实现服务贸易的自由化，减少或取消双方之间实质上所有歧视性措施；促进贸易投资便利化。如今，这些目标均已实现。从贸易来看，香港、澳门与内地互为重要的贸易伙伴。据海关总署统计，2004—2022 年，内地与香港、澳门贸易额从 1145.1 亿美元增至 3097.4 亿美元，增长了 1.7 倍。

（2）CEPA 原产地规则与原产地证。

1）CEPA 关税适用与原产地证。

CEPA 属于单向给惠的自由贸易协定，内地对原产于香港、澳门的货物给予进口关税的减免，而香港、澳门对于内地原产货物并不给予进口关税减免。由于香港、澳门本身是自由港，基本不设置进出口货物关税或附加税。香港只对酒类、烟草、碳氢油类及甲醇四类货物征收进口关税。澳门也只对烟、酒、汽车等少数货物征收进口关税性质的消费税。CEPA 的实施，使内地外贸企业可以享受从港澳进口港澳原产货物和向港澳出口内地原产货物的双向零关税优惠，但需要注意以下几点：

①内地企业进口原产于港澳在 CEPA 零关税清单下的货物，需在进口清关时凭 CEPA 原产地证书享受优惠，内地进口企业应提前向港澳出口商提出及时办理 CEPA 原产地证书。原产地证书的有效期为自签发日起 120 天。

自 2016 年 5 月 1 日起，海关可以接受香港特别行政区、澳门特别行政区原产地证书签发机构以电子形式签发的 CEPA 项下原产地证书，海关不再要求进口货物收货人或其代理人（以下简称“进口人”）在进口申报时提交原产地证书正本[海关认为有必要时，进口人应当补充提交 CEPA 原产地证书打印本（见附表 1-46、附表 1-47）]。港澳 CEPA 原产地证签发机构将签发的 CEPA 原产地证书电子数据传输至内地海关通关系统，货物在内地海关申报进口时可自动进行数据对碰，无须通过人工进行核对，可有效防范原产地伪瞒骗行为，保护港澳商品合法权益。

②CEPA 只对原产于港澳的货物给予零关税，经港澳进入内地的转口货物不享受零关税。但是，澳门原产货物经香港转口内地的，或者香港原产货物经澳门转口内地的，可享受零关税待遇，但需要提供转口证明书。

③CEPA 原产地证书用中文缮制，办理 CEPA 原产地证书和港澳原产货物转口证明书的机构为：a.香港特别行政区政府工业贸易署或香港特别行政区政府认可的签发机构；b.澳门特别行政区政府经济局。

④内地出口港澳货物视港澳进口方的要求，可在贸促会或海关办理一般原产地证书。

2）CEPA 适用货物及产品原产地规则。

港澳 CEPA 项下零关税产品分别由 2004 年港澳 CEPA 实施时的 374 个、311 个 8 位税号扩大至 2019 年港澳 CEPA 货物贸易协议实施的 7710 个、7709 个 8 位税号，2022 年增至 8858

个。零关税商品主要涉及服装、药品、塑料橡胶及其制品、纺织原料及其制品、贱金属制品、纸制品、音像制品和珠宝首饰、电导体、硅酸盐水泥等。

升级后，港澳 CEPA 货物贸易协议的主要变化包括：一是原产地标准的适用范围由原来的定期磋商、逐步扩大变成一次性为全税则产品制定对应的原产地标准，即对全税则产品统一适用的总规则与仅包含部分产品的特定原产地规则相结合的模式；二是港澳签发的原产地证书适用范围由原来的指定口岸变成内地所有口岸；三是原产地证书所载商品的税则号列由原来的内地商品编码前 8 位变成前 6 位；四是区域价值成分标准的适用面进一步扩大，采纳了以产品在港澳的增值作为计算基础的百分比标准，并具有可选择性（区域价值成分按扣减法计算不低于 40%或按累加法计算不低于 30%），降低了产品获得原产资格的门槛，有利于更丰富的产品种类进入内地消费市场。

CEPA 原产地规则的判定标准如下：一是完全在港澳获得的货物，其原产地为港澳；二是非完全在港澳获得的货物，只有在港澳进行了实质性的加工，其原产地才能判定为港澳。“实质性加工”的认定有四个具体标准：满足规定的制造和加工工序、海关税则归类发生改变、从价百分比标准，（对非原产材料的加工达到规定的增值百分比）或上述标准的组合。

3. 中国给予最不发达国家特别优惠关税待遇原产地证

（1）最不发达国家与最不发达国家特别优惠关税待遇。

1971 年 11 月 18 日，联合国第 2768 号决议案提出了最不发达国家（the least developed countries，LDCs）的概念。联合国公布的最不发达国家名单，1971 年有 25 个国家，1991 年增至 52 个，截至 2023 年底，有 7 个国家从该名单中毕业。目前，有 45 个国家被联合国划入最不发达国家类别，它们可享有优惠的市场准入、援助、特别技术援助、技术能力建设等优惠。

目前，45 个最不发达国家共有约 8.8 亿人口，占世界人口的 12%。这些最不发达国家面临着严重的结构性经济增长障碍，占世界生产总值的比重不到 2%，占世界贸易总额的比重约为 1%。

在我国加入世界贸易组织后参与的第一轮 WTO 多边谈判——多哈回合谈判中，发达国家承诺对最不发达国家 97%的产品实行“免关税、免配额”，我国历届领导人在多个国际重要场合郑重承诺“进一步开放市场，对最不发达国家部分商品进入中国市场给予零关税待遇”。我国于 2005 年 1 月 1 日开始对与我国建交的非洲及其他最不发达国家实施特别优惠关税待遇，对从这些国家进口的部分商品实施了零关税特惠（简称“对最不发达国家特惠税率”）。此后，国务院关税税则委员会办公室（简称“税委办”）牵头会同有关部门拟定了特惠措施的具体实施方案，公布给予最不发达国家零关税待遇“98%税目产品特惠税率表”，优惠范围涵盖这些国家的多数对华出口商品，其中我国进口较多的主要是原油、原木、矿砂及精矿和其他原材料类产品。

我国按照给予最不发达国家部分产品零关税待遇的有关承诺，扩大与我国建交的最不发达国家输华零关税待遇的产品范围，对原产于最不发达国家 98%的税目产品，适用税率为零的特惠税率。适用国家和实施时间根据我国与相关国家的换文进展，由税委办另行公布。同时，海关总署制定了《中华人民共和国海关最不发达国家特别优惠关税待遇进口货物原产地管理办法》（下称“最不发达国家进口货物原产地规则”),符合最不发达国家特别优惠关税待遇的货物凭受惠国①签证机构签发的最不达国家特别优惠关税待遇原产地证书享惠。

特惠税率是为照顾最不发达国家而由我国单方面给予的,不同于对互惠性的区域贸易协定及自由贸易区的协定税率。

特惠税率与协定税率的不同主要体现在三个方面:一是特惠税率是非对等的,是我国单方面给予受惠国家或地区的;二是受惠对象有严格的限制,必须是与我国建交的联合国确认的最不发达国家或地区;三是在一般情况下,特惠税率的优惠程度是各种关税优惠待遇中最大的。

(2)最不发达国家特别优惠关税待遇原产地证与特别优惠关税待遇原产地证签发系统。

最不发达国家特别优惠关税待遇原产地证是中华人民共和国海关总署按照《中华人民共和国海关最不发达国家特别优惠关税待遇进口货物原产地管理办法》制定的固定格式的原产地证(见附表1-48、附表1-49),符合最不发达国家特别优惠关税待遇的货物凭受惠国签证机构签发的最不发达国家特别优惠关税待遇原产地证书享惠,受惠国签证机构可以在我国驻各受惠国使领馆经商参赞处(室)(下称“参赞处”)领取海关总署统一预先印制的空白原产地证书(证书左下角的印刷流水号以字母“GACC”开头)或由参赞处通过“特别优惠关税待遇原产地证书签发系统”(下称“特惠签证系统”)打印的空白原产地证书(右上角的证书编号以字母“P”作为首位编号)。

特惠签证系统于2020年9月10日上线,兼具在线签发原产地证书和打印空白原产地证书两大功能。目前,孟加拉国、尼日尔、埃塞俄比亚、莫桑比克、东帝汶5个国家的授权签证机构可通过互联网登录“特惠签证系统”在线签发原产地证书(右上角的证书编号以字母“E”作为首位编号)。该系统能够自动保存电子证书信息,并发送至中国海关通关系统,实现证书数据与进口报关数据的自动比对,既便利受惠国签证机构进行签证,又有效提高了通关效率。

(3)最不发达国家特别优惠关税待遇原产地证的缮制与使用。

1)最不发达国家特别优惠关税待遇原产地证的缮制。

最不发达国家特别优惠关税待遇原产地证是由受惠国家或地区的出口商向其国家或地区的受权签证机构申请签发提供给我国进口人在进口清关时使用的,其缮制正确与否不但会影响进口人的清关效率,而且会影响进口人优惠关税的享惠,必要时,进口人应该为出口商缮制原产地证及其他相关结汇单据提供必要的指导。因此,对进口人来说,了解最不发达国家特别优惠关税待遇原产地证的缮制要领是必要的。

除了右上角的证书编号,最不发达国家特别优惠关税待遇原产地证一共有15个有编号的栏目,以及一个没有编号的“Official use only”(仅供官方使用)栏。

证书编号是受惠国(地区)受权签证机构签发原产地证书的序列号,以字母E开头的是与我国海关实现原产地电子信息交换的签证国家或地区线上签发的电子原产地证,以字母P开头的是其他非联网国家或地区签署的纸质原产地证。“Official use only”的处理与一般原产地证或普惠制原产地证相同栏目的处理方法一致。有编号的栏目缮制要领如下:

第1栏:填写受惠国出口商的名称、地址(包括国家)。

---

① 受惠国,是指与我国签有对最不发达国家特别优惠关税待遇换文的国家或者地区,也称享惠国。目前,在45个最不发达国家中,海地、图瓦卢两国没有与我国建交,没有享受我国对最不发达国家特别优惠关税待遇,我国从图瓦卢进口货物按普通关税税率征收关税,从海地(WTO成员)进口货物按最惠国关税税率征收关税。

第2栏：填写受惠国生产商详细的依法登记的名称、地址（包括国家）。如果证书包含一家以上生产商的商品，应列出其他生产商详细的依法登记的名称、地址（包括国家）；如果出口商或生产商希望对信息予以保密，可以填写“AVAILABLE UPON REQUEST”（应要求提供）。如果生产商和出口商相同，应填写“SAME”（同上）。

第3栏：填写中国关境收货人的名称、地址。

第4栏：填写运输方式及路线、离港日期、运输工具编号、装货港口和卸货港口。

第5栏：此栏为备注栏，如进口人或信用证有特殊要求，可以填写进口人的订货单号码、信用证号码等信息。

第6栏：填写货物项目号，最多不能超过50项。

第7栏：填写唛头及包装号。

第8栏：填写货物名称、包装数量及种类。如果是散装货，应注明“散装”。在商品描述末尾加上“＊＊＊”（三颗星）或“\”（终止线符号标志）。终止线下也可以填写进口人或信用证要求填写的进口人的订货单号码、信用证号码等信息。

第9栏：填写货物对应的《协调制度》6位数编码。

第10栏：此栏为原产地标准，是原产地证的核心栏目。若货物符合最不发达国家进口货物原产地规则，出口商必须按照以下方式填写：a.该货物是根据规则第四条（完全获得货物）的相关规定，在受惠国境内完全获得或生产，填“WO”；b.该货物在受惠国境内完全由本规则确定的原产材料生产，填“WP”；c.货物适用区域价值成分标准，区域价值成分不低于40%，填“RVC40%”，或者适用加工制造发生四位数税号改变标准，填“CTH”；d.货物适用产品特定原产地规则所规定的标准，填“PSR”。

第11栏：净重应填写“千克”，数量应填写数量单位，体积可填写“升”或“立方米”等。

第12栏：应填写发票号码、开票日期以及发票价格。

第13栏：必须由出口商填写、签名并填写日期。

第14栏：必须由受权签证机构的受权人员填写地点、签证日期并盖章。

第15栏：必须由受惠国海关或者口岸主管部门当局的受权人员填写地点、签证日期并盖章或者签名。

2）最不发达国家特别优惠关税待遇原产地证的使用。

进口人使用最不发达国家特别优惠关税待遇原产地证通关时须注意以下两点：

①进口人凭在线签发的原产地证申请享受特惠税率的，应按照海关总署公告2017年第67号（以下简称“67号公告”）对“已实现原产地电子信息交换的优惠贸易协定项下进口货物”的有关要求办理，无须通过“优惠贸易协定原产地要素申报系统”填报原产地证书电子数据和直接运输规则承诺事项，也无须以电子方式上传原产地证。

②进口人凭受惠国签证机构在参赞处打印的空白原产地证上签发的纸质原产地证书申请享受特惠税率时，进口人应按照67号公告对“尚未实现原产地电子信息交换的优惠贸易协定项下进口货物”的有关要求办理，通过“优惠贸易协定原产地要素申报系统”填报原产地证书电子数据和直接运输规则承诺事项，并在申报进口时以电子方式上传原产地证书。

（二）互惠性区域优惠原产地证的内容与缮制

随着经济全球化的推进，区域经济合作呈现出强劲的发展势头。世界上很多国家和地区参与了不同形式的区域经济合作,签订了很多区域贸易协定。加入 WTO 至今,我国已与相关国家(地区)与组织达成并实施了如下区域性优惠贸易协定:《中国—东盟自由贸易协定》《中国—巴基斯坦自由贸易协定》《中国—智利自由贸易协定》《亚太贸易协定》《中国—新西兰自由贸易协定》《中国—新加坡自由贸易协定》《中国—秘鲁自由贸易协定》《中国—哥斯达黎加自由贸易协定》《中国—冰岛自由贸易协定》《中国—瑞士自由贸易协定》《中国—韩国自由贸易协定》《中国—澳大利亚自由贸易协定》《中国—格鲁吉亚自由贸易协定》《中国—毛里求斯自由贸易协定》《中国—柬埔寨自由贸易协定》《区域全面经济伙伴关系协定(RCEP)》《中国—尼加拉瓜自由贸易协定》,中国内地与香港、澳门的更紧密经贸关系安排(CEPA),以及与台湾地区的海峡两岸经济合作框架协议(ECFA)等。已签署尚未实施的区域性优惠贸易协定有《中国—马尔代夫自由贸易协定》《中国—厄瓜多尔自由贸易协定》《中国—塞尔维亚自由贸易协定》。与更多国家(地区)的自由贸易协定或安排正在谈判或研究之中。为了正确实施这些优惠性贸易协定或安排,我国分别与目标国家或地区达成了优惠性原产地规则,在具体实施中,海关负责进口商品原产地证书的核查并给予相应的优惠关税,同时负责签发出口商品的优惠性原产地证。从 2009 年 8 月 1 日开始,贸促会及其地方机构也承担签发区域性优惠性原产地证的工作。

1.亚太贸易协定产地证

《亚太贸易协定》前身为《曼谷协定》,现有成员国为中国、孟加拉国、印度、老挝、韩国、斯里兰卡和蒙古国,其中孟加拉国和老挝为最不发达成员。成员国间相互按照各自的关税减让表(清单)给予来自其他成员国的清单商品进口优惠关税待遇,凭亚太贸易协定产地证(CERTIFICATE OF ORIGIN Asia-Pacific Trade Agreement)享惠。

亚太贸易协定原产地证(见附表 1-20)共 12 栏,栏目编排上与 FORM A 有所不同,下面就其各栏填写方法与 FORM A 栏目一一对照说明。

(1)证书编号栏。证书类型码为 B,其余编码规则与其他证书相同(详见本章第一节图 7-6)。

(2)与 FORM A 内容要求一致的栏目。第 1、2、6、7、9、10 栏与 FORM A 对应各栏的填写要求一致,第 3 栏与 FORM A 的第 4 栏对应,第 4 栏与 FORM A 的第 3 栏对应,第 11 栏与 FORM A 的第 12 栏对应,第 12 栏与 FORM A 的第 11 栏对应,填写要求基本相同。

(3)不同的栏目。

1)第 5 栏,税则号(Tariff item number)。本栏注明货物在进口国的 6 位数 HS 编码。

2)第 8 栏原产地标准(Origin criterion)。

本栏注明申报货物享受优惠待遇所依据的原产地标准:

①如货物完全为出口成员国原产,填写“A”。

②如货物含进口成分,非国产价值成分小于 55%,填写字母“B”加原产于非成员国或原产地不明的材料、部件或产品的总值占出口商品 FOB 价的百分比,如“B40%”。

③如货物含进口成分,国产及成员国累计价值成分大于等于 60%,填写“C”加原产于成员国的累计含量的总值与出口商品 FOB 价的百分比,如“C65%”。

④符合亚太贸易协定特定原产地标准的商品,填写字母“D”。

⑤在本协定项下按部门协议进行贸易的产品，符合在部门协议谈判时确定的特定的原产地标准，本栏填写字母“E”，在字母“E”的后面填上原产地标准，如“E CTH”。

2.中国—东盟自由贸易区优惠原产地证(FORM E)

中国—东盟自由贸易区成员包括中国和“东盟十国”(文莱、印度尼西亚、马来西亚、菲律宾、新加坡、泰国、柬埔寨、老挝、缅甸和越南)。中国企业与东盟成员间的贸易，凭借中国—东盟自由贸易区优惠原产地证(FORM E)可以享受关税优惠，FORM E产地证(见附表1-18)一式三份，包含一份正本及两份副本，其构成与用途如下：正本交给进口商，供其报关缴税用；第二副本由签证机构留存；第三副本由出口商留存。

FORM E产地证共有13栏，右上角的证书编码规则见本章第一节图7-6，其类型代码为E。第1、2、5、6、10栏的内容填法与FORM A相对应的栏目填法要求一样，第11栏的内容填法与FORM A第12栏的填法类似。其余各栏填法如下：

(1)第3栏：运输方式及路线(就所知而言)[Means of transport and route(as far as known)]。

此栏填写三项内容：离港日期(Departure date)、运输工具名称号次(Vessel's name/Aircraft etc.)以及卸货港口(Port of Discharge)。其中，离港日期按提单日期填，不能确定的在日期前加“on/about”或“on/after”，不能用“before”，如on/after 16 Sep.2023。运输工具名称号次视具体的运输方式填写船名航次、飞机航班号、卡车车号或火车车次车皮号等。卸货港口填写在东盟境内的最终目的港(地)，如果是信用证项下，填与信用证44F(44B)栏一致的港口(目的地)，此港口(目的地)与提单(运输单据)上的卸货港(目的地)也应一致。

(2)第4栏：供官方使用(For Official Use)。

与FORM A或一般原产地证的官方使用栏不一样的是，此栏供进口国(地区)海关标注本证书项下货物享受关税优惠待遇的情况：

□Preferential Treatment Given Under ASEAN-CHINA Free Trade Area Preferential Tariff(根据中国—东盟自由贸易区优惠关税协定给予优惠待遇)。

□Preferential Treatment Not Given(Please state Reason/s)[不给予优惠待遇(请注明原因)]。

Signature of Authorized Signatory of the Importing Country(进口国官方受权人签字)。

不管是否给予优惠待遇，进口国海关均须在本栏做出相应的标注。

(3)第7栏：包装数量及种类，商品名称及HS编码[Number and type of packages, description of goods(including quantity where appropriate and HS number of the importing country)]。

本栏与FORM A相对应的栏目比较，只是多了一个填写HS编码的要求，填写时在货物名称后加注其HS编码的前6位即可，其余内容填写要求与FORM A的第7栏相同。

(4)第8栏：原产地标准(Origin criterion)。A.货物为出口国完全获得的，不含任何非原产成分，填写“WO”。B.在一方境内由取得原产资格的材料生产的，填“PE”。C.由含有非原产材料生产的：a.符合区域价值成分标准的，即单一国家成分或中国—东盟自贸区累计成分不低于产品FOB价40%的，填写区域价值的百分比(同时第9栏加注货物FOB值)，比如“50%”；b.符合税则归类改变标准的(4位税则号改变)，填“CTH”。D.符合特定产品规则：a.列入协定特定原产地规则清单，但采用完全获得原产地规则的，填“WO”；b.列入协定特定原产地规则清单，但采用区域价值原产地规则的，填“PSR”（同时第9栏加注货物FOB值）；c.列入协定特定原产地规则清单，但采用除以上两种原产地规则外的，填“PSR”。

（5）第9栏：毛重或其他数量，货值（FOB金额）[Gross weight or other quantity and value（FOB）]。本栏与FORM A相对应的栏目比较，多了一个填写货物价值的要求，按照第10栏的发票金额的FOB金额来填写即可。FOB货值只有在产品适用RVC标准或者适用PSR清单中的RVC标准时才要求填写。

（6）第12栏：官方证明（Certification）。此栏填写签证机构的签证地点、日期。海关签证人员经审核后在此栏签名盖章，本证书正副本都要签署。当申请单位申请重发证书时，需在此栏加注“CERTIFIED TRUE COPY”。

（7）第13栏：此栏为后发、展览、流动证书和第三方发票四项内容的选择项目。如果申请日期迟于出运日期3天，只能签署后发证书，在“Issued Retroactively”前方格中打“√”。当产品由出口方运至另一方展览并在展览期间或展览后销售给一方时，要签展览证书，在“Exhibition”前方格中打“√”，展览的名称及地址应在第2栏中注明。当发票由第三方开具时，在“Third Party Invoicing”（第三方发票）前方格中打“√”，该发票号码应在第10栏中注明，开具发票的公司名称及所在国家等信息应在第7栏中注明。流动证书（Movement Certificate），当商品运经中间方境内时，应出口商请求，中国—东盟自由贸易区内的中间方签证机构可以签发流动证书。在中国，流动证书应当由海关签发。在东盟各国，流动证书应由其签证机构签发。

3.中国—新加坡自由贸易区优惠产地证

《中国—新加坡自由贸易协定》于2009年1月1日生效，新加坡承诺从生效日起取消全部自华进口产品关税，新加坡进口商凭借中国出口商提供的中国—新加坡自由贸易区优惠原产地证（见附表1-23）享受。中方承诺在2010年1月1日前对97.1%的自新加坡进口产品实现零关税，中国进口商凭借新加坡出口商提供的新加坡国原产地证（见附表1-24）享受。中国—新加坡自由贸易区优惠原产地证可向各地海关或贸促会申请办理。

中国—新加坡自由贸易区优惠原产地证的栏目与FORM E一样，大部分栏目与FORM E的填写要求相同，不同的是要按海关的证书号编码规则，其证书号类型识别码为X。另外，第8栏的原产地标准的表示方法不一样，具体为：

1）在出口国完全获得的符合中国—新加坡自由贸易区原产地规则规定的产品，填“P”。

2）含有进口成分，中国—新加坡自由贸易区区域价值成分大于40%的产品，填“RVC”。

3）含有进口成分，符合中国—新加坡自由贸易区产品特定原产地规则的产品，填“PSR”。

4.中国—巴基斯坦自由贸易区优惠原产地证

中国—巴基斯坦自由贸易区优惠原产地证FORM P（附表1-19）有13个栏目，与FORM E产地证类似，下面就其各栏填写方法与FORM E栏目一一对照说明。

（1）证书编号栏。证书名称与签发国家已印就，证书类型码为P，其余编码规则与其他证书相同（详见本章第一节图7-6）。

（2）与FORM E内容要求一致的栏目。第1、2、9、10栏与FORM E对应各栏的填写要求一致；第5栏与FORM E的第4栏对应，第4栏与FORM E的第3栏对应，第12栏与FORM E的第

11栏对应,第13栏与FORM E的第12栏对应,填写要求基本相同。

第7栏比FORM E的第7栏多一项内容,即唛头,其余的填写要求一样。

第4栏比FORM E的第3栏多一项内容,即Port of loading(装货港),填写货物的实际装运港口或机场,在信用证结算方式下,这一栏填写的内容要与SWIFT信用证44E所指定的港口一致。

(3)不同的栏目。

1)第3栏:生产商名称、地址及国别(Producer's Name,Address,Country)。本栏填写第7栏所述货物的生产商名称地址及国别,如果证书上的货物生产商不止一个,必须注明所有生产商的全称和地址(包括国家)。如果出口商或生产商希望该信息保密,也可以在该栏注明"Available to customs upon request"(应要求向海关提供)。如果生产商与出口商相同,该栏只需填写"Same"(相同),如果不知道生产商,可填写"Unknown"(不知道)。其他一些协定优惠原产地证也有"生产商"一栏,但缮制时的文字表述有区别,具体可见表7-5。

2)第8栏:原产地标准。本栏注明申报货物享受优惠待遇所依据的原产地标准:a.完全国产,填写"P";b.含中国、巴基斯坦两国以外的国家进口成分,填写出口国单一国家成分占产品FOB价的百分比(不小于40%),如45%;c.产品含中国或巴基斯坦的成分,可以累计视为中国原产,填写累计成分占产品FOB价的百分比(应大于40%),如45%;d.符合《中国—巴基斯坦自由贸易协定》产品特定原产地标准的产品,填写"PSR"。

3)第11栏:备注(Remarks)。如有要求,该栏可注明合同号、订单号、信用证号等,即这些内容可以不用像其他证书那样在第7栏(货物描述栏)注明。

5.中国—智利自由贸易区优惠原产地证

中国—智利自由贸易区优惠原产地证(FORM F)(见附表1-21)共15个栏目,下面就其与中国—巴基斯坦自由贸易区优惠原产地证(FORM P)各栏目比较来一一说明其填写方法。

(1)证书编号栏。证书名称与签发国家已印就,证书类型码为F,其余编码规则与其他证书相同(详见本章第一节图7-6)。

(2)与FORM P内容要求一致的栏目。第1、2、3、4、5、6、7、14、15栏分别与FORM P的第1、2、3、4、5、11、6、12、13栏对应,各栏的填写要求基本一样,只是第15栏签证机构签署时,还须注明在智利海关备案的直属局的地址、电话与传真号码,以便智利当局查证联系。

(3)不同的栏目。

1)第8、9、10栏:唛头、货物、HS编码。这三栏的内容在FORM P中集中在第7栏。填写方法参考FORM P第7栏的填写,把相应内容分解到这三栏中即可。

2)第11栏:原产地标准。本栏注明申报货物享受优惠待遇所依据的原产地标准:出口货物在一方完全获得的,填"WO";完全使用区域原材料在一成员方完成生产的,填"WP";含有区域(中国和智利)成分占FOB价40%或以上的,填"RVC";符合协定产品特定规则的,填"PSR"。

3)第12栏(毛重或其他数量)、第13栏(发票号码、日期及金额)。这两栏内容与FORM P中的第9栏与第10栏相对应,但发票金额在FORM P中是在第9栏的毛重或其他数量及FOB价值中,FORM F 的发票金额要求在发票号码与发票日期栏注明。此外,虽然它用“VALUE”(金额)一词,但需要注明发票的 FOB 金额。

6.中国—新西兰自由贸易协定优惠原产地证

《中国—新西兰自由贸易协定》于 2008 年 10 月 1 日起正式生效,这是我国与发达国家签署的第一个自由贸易协定,提供中国—新西兰自由贸易协定优惠原产地证(下称“FORM N 产地证”),该证书是中新两国进口商享受优惠进口关税必不可少的条件。

新西兰是普惠制关税制度下中国的一个给惠国,随着中国制造业的发展,许多商品在该国已经产品毕业,双边享受中国—新西兰自由贸易协定优惠关税的 FORM N 产地证将逐步取代普惠制原产地证书,为那些原已产品毕业的中国商品重新获得优惠关税进入新西兰市场,中国的进口企业从新西兰进口清单产品利用 FORM N 产地证也将获得优惠的进口关税。

FORM N 产地证(见附表 1-22)共 15 个栏目,与 FORM F 产地证的栏目构成完全一样,下面就其与 FORM F 产地证各栏目比较来一一说明其填写方法。

(1)证书编号栏。证书名称与签发国家已印就,证书类型码为 N,其余编码规则与其他证书相同(详见本章第一节图 7-6)。

(2)与 FORM F 内容要求一致的栏目。第 1、2、3、4、5、6、7、8、9、10、12、13、14、15 栏与 FORM F 的相应栏目一致,各栏的填写要求基本一样,只是在签署第 15 栏的签证机构时,无须像 FORM F 那样注明在进口国海关备案的直属局的地址、电话与传真号码。

(3)不同的栏目。

第 11 栏:原产地标准。本栏注明申报货物享受优惠待遇所依据的原产地标准:此栏用字最少,但却是国外海关审证的核心项目。对含有进口成分的商品,因情况复杂,国外要求严格,极易弄错而造成退证,填写前应认真核对。现将一般情况说明如下:

1)完全获得的货物,填写“WO”。

2)货物含有进口成分,但符合原产地标准,填写如下:a.该货物在一方或双方境内,完全由符合原产地规定的材料生产,填写“WP”。b.该货物是在一方或双方境内生产,所使用的非原产材料满足特定原产地规则所规定的税则归类改变、区域价值成分、工序要求或其他要求,且该货物符合其所适用的原产地标准的其他规定,填写“PSR”。如果货物适用特定原产地规则规定的区域价值成分(RVC)要求,需在 PSR 后加注该成分百分比,其计算公式为 RVC=(FOB-VNM)÷FOB×100%[其中:RVC 为区域价值成分,以百分比表示;FOB 为货物的 FOB 价格;VNM 为原材料 CIF 价格中非缔约方原产材料(包括不明原产地材料)的价值]。

7.中国—秘鲁自由贸易协定优惠原产地证

《中国—秘鲁自由贸易协定》于 2009 年 4 月 28 日在北京签署。这是我国与拉美国家达成的第一个一揽子自由贸易协定,分别于 2009 年 12 月 5 日与 2010 年 1 月 15 日由秘鲁及中国政府批准生效,2010 年 3 月 1 日开始签发优惠原产地证,可向各地海关或贸促会申领。

中国—秘鲁自由贸易协定优惠原产地证(见附表 1-25)共 14 个栏目[其实是 15 栏,“供官方使用栏(For Official Use Only)在该证中无标号”],证书编号栏的证书名称与签发国家已印就,证书类型代码为 R,其余编码规则与其他证书相同(详见本章第一节图 7-6)。

表 7-5　原产地证中生产商栏缮制方法一览

证书名称	生产商栏序号	一个生产商		多个生产商	不愿意公开	本身不知道生产商	备注
		不同于出口商	与出口商相同				
一般原产地证	无	不适用	不适用	不适用	不适用	不适用	如合同或信用证要求原产地证需注明生产商名字，在货物描述栏（第 7 栏）的终止线内标注
普惠制原产地证	无	不适用	不适用	不适用	不适用	不适用	如合同或信用证要求原产地证需注明生产商名字，在货物描述栏（第 7 栏）的终止线内标注
亚太贸易协定原产地证	无	不适用	不适用	不适用	不适用	不适用	如合同或信用证要求原产地证需注明生产商名字，在货物描述栏（第 7 栏）的终止线内标注
中国—东盟自由贸易区优惠原产地证	无	不适用	不适用	不适用	不适用	不适用	如合同或信用证要求原产地证需注明生产商名字，在货物描述栏（第 7 栏）的终止线内标注
中国—巴基斯坦自由贸易区优惠原产地证	3	注明生产商的合法全称、地址（包括国家）	SAME（同上）	一一列明每个生产商的合法全称、地址（包括国家）	Available to Customs upon Request（应要求向海关提供）		
中国—智利自由贸易区优惠原产地证	3	注明生产商的合法全称、地址（包括国家）	SAME（同上）	一一列明每个生产商的合法全称、地址（包括国家）	Available to the competent governmental authority upon request（应要求向有关政府当局提供）	UNKNOWN（未知）	
中国—新西兰自由贸易协定优惠原产地证	2	注明生产商的合法全称、地址（包括国家）	SAME（同上）	一一列明每个生产商的合法全称、地址（包括国家）	Available to the authorized body upon request（应要求向受权机构提供）	UNKNOWN（未知）	
中国—新加坡自由贸易区优惠原产地证	无	不适用	不适用	不适用	不适用	不适用	如合同或信用证要求原产地证注明生产商名字，在货物描述栏（第 7 栏）的终止线内标注

续表

证书名称	生产商栏序号	一个生产商		多个生产商	不愿意公开	本身不知道生产商	备注
		不同于出口商	与出口商相同				
中国—秘鲁自由贸易协定优惠原产地证	2	注明生产商的合法的全称、地址(包括国家)	SAME(同上)	一一列明每个生产商的合法全称、地址(包括国家)	Available to the authorized body upon request(应要求向受权机构提供)	UNKNOWN(未知)	
中国给予最不发达国家特别优惠关税待遇原产地证	2	注明生产商的合法的全称、地址(包括国家)	SAME(同上)	一一列明每个生产商的合法全称、地址(包括国家)	AVAILABLE UPON REQUEST(应要求提供)		
海峡两岸经济合作框架协议原产地证书	2	填写生产商的详细名称、地址、电话、传真和电子邮件等联系方式。如无传真或者电子邮件,应填写“无”	同上	如果证书包含一家以上生产商,应详细列出所有生产商的名称、地址,如果证书填写不下,可以随附生产商清单。	签证机构或者相关机关要求时提供		
中国—哥斯达黎加自由贸易协定优惠原产地证	2	注明生产商的合法全称、地址(包括国家)	SAME(同上)	一一列明每个生产商的合法全称、地址(包括国家)	Available to the competent authority or authorized body upon request(应要求向有关授权当局或受权机构提供)	UNKNOWN(未知)	
中国—冰岛自由贸易区优惠原产地证	无	不适用	不适用	不适用	不适用	不适用	如合同或信用证要求原产地证注明生产商名字,在货物描述栏(第7栏)的终止线内标注。
中国—瑞士自由贸易区优惠原产地证	无	不适用	不适用	不适用	不适用	不适用	如合同或信用证要求原产地证注明生产商名字,在货物描述栏(第7栏)的终止线内标注。
中国—澳大利亚自由贸易协定优惠原产地证	2	注明生产商的合法全称、地址(包括国家)	SAME(同上)	一一列明每个生产商的合法全称、地址(包括国家)	Available to the competent authority or authorised body upon request(应要求向有关授权当局或受权机构提供)	UNKNOWN(未知)	

续表

证书名称	生产商栏序号	一个生产商		多个生产商	不愿意公开	本身不知道生产商	备注
		不同于出口商	与出口商相同				
中国—韩国自由贸易协定优惠原产地证	2	注明生产商的合法全称、地址(包括国家)	SAME(同上)	一一列明每个生产商的合法全称、地址(包括国家)	AVAILABLE UPON REQUEST(应要求提供)		
中国—格鲁吉亚自由贸易协定优惠原产地证	2	注明生产商的合法全称、地址(包括国家)	SAME(同上)	一一列明每个生产商的合法全称、地址(包括国家)	Available to the competent authority or authorised body upon request(应要求向有关授权当局或受权机构提供)		
中国—毛里求斯自由贸易协定优惠原产地证	无	不适用	不适用	不适用	不适用	不适用	如合同或信用证要求原产地证注明生产商名字,在货物描述栏(第7栏)的终止线内标注。
区域全面经济伙伴关系协定(RCEP)优惠原产地证	3	注明生产商的合法全称、地址(包括国家)	注明生产商的合法全称、地址(包括国家)	本栏填"SEE BOX 8",然后在第8栏的每项货物后对应写上具体的生产商信息(名称、地址、国家)	CONFIDENTIAL(保密)	NOT AVAILABLE(不适用)	
中国—柬埔寨自由贸易协定优惠原产地证	无	不适用	不适用	不适用	不适用	不适用	如合同或信用证要求原产地证注明生产商名字,在货物描述栏(第7栏)的终止线内标注。
中国—尼加拉瓜自由贸易协定优惠原产地证	无	不适用	不适用	不适用	不适用	不适用	如合同或信用证要求原产地证注明生产商名字,在货物描述栏(第7栏)的终止线内标注。

中国—秘鲁自由贸易协定优惠原产地证的栏目与 FORM N 产地证相近，具体为其第 1、2、3、4、5、6、7、8、9、10、13、14 栏与 FORM N 产地证的第 1、2、3、4、6、7、9、10、11、12、14、15 栏的对应内容一致，填写方法类似，不同的是以下三栏：

(1)供官方使用栏(For Official Use Only)。此栏与 FORM A 一样，供出口国签证机构使用。

(2)第 11 栏(发票号码与发票日期)、第 12 栏(发票金额)。这两栏的内容在 FORM N 中集中在第 13 栏，因此在填写时可参考 FORM N 第 13 栏的填写方法，把相应内容分解到这两栏中即可。

8.中国—哥斯达黎加自由贸易协定优惠原产地证

《中国—哥斯达黎加自由贸易协定》是中国与中美洲国家签署的第一个一揽子自由贸易协定，自 2011 年 8 月 1 日起正式实施。按照协定，在货物贸易方面，中哥双方对各自 90%以上的产品分阶段实施零关税，中国的纺织原料及制品、轻工、机械、电器设备、蔬菜、水果、汽车、化工、生毛皮及皮革等产品和哥方的咖啡、牛肉、猪肉、菠萝汁、冷冻橙汁、果酱、鱼粉、矿产品、生皮等产品将从降税安排中获益。中哥自贸区内进出口商凭中国—哥斯达黎加自由贸易协定原产地证书享受清单产品的关税优惠，我国企业可在各地贸促会或海关办理中国—哥斯达黎加自由贸易协定原产地证。

中国—哥斯达黎加自由贸易协定原产地证(见附表 1-26)共有 14 个有编号的栏目，与 FORM R 产地证的内容要求相仿(填写方法也类似)，只是栏目次序有所不同。在填写中国—哥斯达黎加自由贸易协定原产地证时，注意事项如下：

(1)证书编号栏。证书类型码为 L，编码规则详见本章第一节图 7-6。

(2)证书第 9 栏中所指 HS 编码，填写我国现采用的国际协调制度统一的 6 位 HS 编码。

(3)第 10 栏的原产地标准缮制规定。出口方完全获得的货物，填“WO”；含有从其他国家或地区进口的原料(符合中国—哥斯达黎加自由贸易协定原产地规则的规定)，完全是在缔约的一方或双方境内生产的货物，填“WP”；含有从其他国家或地区进口的原料，符合中国—哥斯达黎加自由贸易协定原产地规则的产品特定原产地标准的货物，填“PSR”。

(4)申请中国—哥斯达黎加自由贸易协定原产地证可以使用非缔约方发票。在此种情况下，除在证书第 12 栏填写发票号码、发票日期和发票价格外，还需在证书第 5 栏详细注明货物原产国生产商依法登记的名称、地址和国家。

(5)证书应在货物出口前或出口时签发，出口商如未能及时申请签发，可以在货物出口之日起 12 个月内申请补发，并在证书第 14 栏注明“ISSUED RETROSPECTIVELY”字样。

(6)如原产地证书被盗、遗失或损毁，在申请人确信此前签发的原产地证书正本未被使用的情况下，可签发经核准的原产地证书副本，并在证书上注明“CERTIFIED TRUE COPY with the original Certificate of Origin number ________ dated ________”。

(7)出口货物申报时，出口货物发货人或其代理人应按照海关的申报规定填制“中华人民共和国海关出口货物报关单”，并向海关提交《中国—哥斯达黎加自由贸易协定》项下原产地证书电子数据或者原产地证书正本的复印件。

9.海峡两岸经济合作框架协议(ECFA)原产地证

《海峡两岸经济合作框架协议》(*Economic Cooperation Framework Agreement*，ECFA，以下简称《协议》)于 2010 年 6 月 29 日签署，其项下货物贸易早期收获计划于 2011 年 1 月 1 日实施。《协议》项下设临时原产地规则、适用于货物贸易早期收获产品的临时原产地规则的操作程序和产品特定原产地标准，对货物贸易早期收获产品清单中的产品实施优惠关税。大陆地区的进出口企业对台湾地区进出口的商品如在优惠清单上，须凭“海峡两岸经济合作框架协议原产地证书”（以下简称“ECFA 原产地证书”）才能够享受《协议》项下的关税优惠待遇。ECFA 原产地证由各直属海关及隶属海关和贸促会签发。申请 ECFA 原产地证的出口产品，必须符合《协议》临时原产地规则及签证操作程序和产品特定原产地标准。企业申请 ECFA 原产地证签证时，必须提交《海峡两岸经济合作框架协议》原产地证申请书、按规定填制的 ECFA 原产地证、出口商品的商业发票副本及必要的其他材料。

ECFA 原产地证（见附表 1-27、附表 1-28）共有 15 个有编号的栏目，与 FORM F 产地证的内容要求相仿，但栏目次序有所不同，使用的语言是中文。该证书以简体中文填写，必要时辅以英文（如货品品名等），但不能仅以英文填写。在填写 ECFA 原产地证书时，应注意以下事项：

（1）证书编号栏。证书类型码为 H，编码规则详见本章第一节图 7-6。

（2）证书第 2 栏“生产商”，需详细列出所有生产商的名称、地址、电话，若有传真或电子邮件，也需列出。如证书填写不下，需随附生产商清单，以 A4 空白纸打印。

（3）证书第 8 栏填写的 HS 编码以进口方 8 位编码为准。

（4）ECFA 原产地证书不需要企业加盖印章，企业申请人签字即可。签证机构在第 15 栏（证明栏）加盖“海峡两岸经济合作框架协议原产地证明章”。申请人应将签证机构签发的证书正本提供给台湾地区进口商，供其进口清关，以便台湾地区海关验放货物与计征关税。第二副本由出口商留存。第三副本由签证机构留存。

（5）对原产地证书的续页格式做了严格规定，填写规则同正本。续页也须填写同一证书编号，同时在证书下方填写“第×页，共×页”。如果证书仅有一页，也需标明“第 1 页，共 1 页”。

（6）第 12 栏的原产地标准缮制规定。出口方完全获得的货物，填“WO”；含有从其他国家或地区进口的原料（符合 ECFA 临时原产地规则的规定），完全是在大陆及台湾地区由一方或双方生产的货物，填“WP”；符合 ECFA 临时原产地规则的产品特定原产地标准的货物，填“PSR”；如根据临时原产地规则中的“累计规则”“微小含量”或“可互换材料”条款，则需在此栏相应填写“ACU”“DMI”或者“FG”。

（7）根据临时原产地规则的签证操作程序第二条第四款，出口企业可以签发“补发”证书，并在证书上注明“补发”字样。申请企业申请签发“补发”或“后发”证书时，需要提交提单复印件。

（8）出口货物申报时，出口货物发货人或者其代理人应当按照海关的申报规定填制“中华人民共和国海关出口货物报关单”，并向海关提交《协议》项下原产地证书电子数据或者原产地证书正本的复印件。

10. 中国—冰岛自由贸易区优惠原产地证及中国—瑞士自由贸易区优惠原产地证

《中国—冰岛自由贸易协定》于 2013 年 4 月 15 日在北京签署，自 2014 年 7 月 1 日起生效，是我国与欧洲国家签署的第一个自由贸易协定，涵盖货物贸易、服务贸易、投资等诸多领域。

根据该协定的规定，自协定生效之日起，冰岛对从中国进口的所有工业品和水产品实施零关税，这些产品占中国向冰岛出口总额的 99.77%；与此同时，中国对从冰岛进口的 7830 个税号产品实施零关税，这些产品占我国自冰岛进口总额的 81.56%，其中包括冰岛盛产的水产品。中冰自贸区建成后，双方最终实现零关税的产品，按税目数衡量均接近96%，按贸易量衡量均接近100%。中冰自贸区内进出口企业凭中国—冰岛自由贸易区优惠原产地证享受协定项下清单产品的关税优惠，我国企业可在各地海关或贸促会办理中国—冰岛自由贸易区优惠原产地证。

《中国—瑞士自由贸易协定》于2013年7月6日在北京签署，自2014年7月1日起施行。这是我国与欧洲大陆国家签署的第一个一揽子自贸协定，是一个高质量、内涵丰富、互利共赢的协定。

根据协定，瑞士从《中国—瑞士自由贸易协定》生效之日起，对自我国进口的6958项产品立即实施零关税，对619项产品实施部分降税，降幅从10%到50%不等，将254项产品作为例外不予降税。其中：工业品方面，瑞士承诺从《中国—瑞士自由贸易协定》生效之日起全部实施零关税，我国的出口优势产品纺织品、服装、鞋帽、汽车零部件和金属制品等都能享受零关税。农产品方面，瑞士承诺从《中国—瑞士自由贸易协定》生效之日起对962项农产品立即实施零关税，对403项农产品实施部分降税，对216项加工农产品取消工业成分的关税（对其中23项加工农产品还将取消其农业成分40%的关税，包括口香糖、甜食、糕点、意粉等，涵盖了几乎我国对瑞士有出口利益的所有加工农产品，平均降税幅度高达71%），将254项农产品作为例外不予降税。可以说，这是瑞方首次在自贸协定中较大幅度开放其农产品市场，使我国出口农产品在瑞士市场获得优于其他国家的准入条件。

我国从《中国—瑞士自由贸易协定》生效之日起对1803项自瑞士进口的产品立即实施零关税，对5495项产品经5年、10年或更长时间实施零关税，对168项产品经10年过渡期降税60%（对其中165项从协定生效之日起先降税18%，然后在此后9年内匀速降税），将457项产品作为例外不予降税。

总体来看，瑞士对99.7%自我国进口的产品从协定生效之日立即实施零关税，我国对84.2%自瑞士进口的产品最终实施零关税。如果加上部分降税的产品，瑞士参与降税的产品比例是99.99%，我国的该比例是96.5%。

值得注意的是，列支敦士登公国与瑞士联邦结成关税同盟，《中国—瑞士自由贸易协定》同样适用于列支敦士登。我国出口商向瑞士或列支敦士登出口《中国—瑞士自由贸易协定》项下的清单产品，凭各地贸促会或海关签发的中国—瑞士自由贸易区原产地证书可使瑞士或列支敦士登的进口商享受关税优惠；我国进口企业自瑞士或列支敦士登进口商品，凭欧洲1号流动证书（MOVEMENT CERTIFICATE EUR.1）可享受我国海关的关税优惠。瑞士与列支敦士登是普惠制的给惠国，我国在普惠制项下对瑞士与列支敦士登的出口已国家毕业的，情形适用的商品凭中国—瑞士自由贸易区优惠原产地证可以优惠关税甚至是零关税进入这两个国家的市场。因此，出口商出口到瑞士或列支敦士登，提供中国—瑞士自由贸易区原产地证书比原来提供普惠制FORM A产地证会让进口商享受到更多的关税优惠。

中国—冰岛自由贸易区优惠原产地证书（见附表1-29、附表1-30、附表1-31）（下称“中冰产地证”）与中国—瑞士自由贸易区优惠原产地证书（见附表1-32、附表1-33、附表1-34）（下称“中瑞产地证”）栏目内容一样，填写方法类似，在此一并介绍。

中冰产地证与中瑞产地证的证书名称不一样，适用国家不一样，但栏目数与内容一样，填写方法与要求类似。证书有编号的栏目共有15栏，其中第14栏（REQUEST FOR VERIFICATION）、第15栏（RESULT OF VERIFICATION）印在证书正本的背面，为进口国官方对证书存疑时向出口国出证机构查询时双方使用，在此不做介绍。

在海关系统申请的证书的类型代码，中冰产地证为“I”，中瑞产地证为“S”。

证书的第1~10栏与中国—哥斯达黎加自由贸易协定优惠原产地证书（下称“中哥证书”）的第1、3~11栏在名称上一致，内容的填写方法一样，在此不做重复介绍。

证书的第11栏与中哥证书的第12栏对应，少了发票金额一项内容，只需填写发票号码与发票日期。

证书的第12栏与中哥证书的第14栏对应，为出证机构证明栏，名称与内容略有不同。中冰产地证与中瑞产地证的名称为“ENDORSEMENT BY THE AUTHORISED BODY”（授权机构签证），内容为“It is hereby certified, on the basis of control carried out, that the declaration of the exporter is correct”（兹证明在实施的协定管理基础上，出口商的声明是正确的），这比中哥产地证上的相应证明语句要简洁，中哥证书的证明中有货物满足中国—哥斯达黎加自由贸易协定规定的语句，而该语句在出口商声明中已由出口商做出声明，签证者只需要证明出口商的声明是正确的，就足以证明这一点，不需要重复。

证书的第13栏与中哥证书的第13栏对应，为出口商声明栏，填写方法一栏，内容类似，上面的货物生产国填出口国——“CHINA”（中国），下面的进口国家，中冰产地证填“ICELAND”（冰岛），中瑞产地证视最终的进口国情况填写“SWITZERLAND”（瑞士）或“PRINCIPALITY OF LIECHTENSTEIN”（列支敦士登公国）。

与我国缔结的其他区域性自由贸易协定的原产地规则不同的是，在其他区域性自由贸易协定中，允许出口商提供原产地声明书的情况仅限于协定中规定的货值不超过若干美元的时候才可由出口商自主提供原产地声明书，而在《中国—冰岛自由贸易协定》与《中国—瑞士自由贸易协定》中，在原产地实施程序方面，缔约双方同意采用企业自主声明模式，在该模式下，经核准的出口商无须办理相关优惠原产地证，可凭自行出具的符合要求的原产地声明享受快速通关和关税减免待遇，从而简化了出口货物的原产地申报、通关手续，并强化了出口商的责任意识。获得自主出具原产地声明书资格的出口企业需事先向海关申请，经审核批准后备案的企业，货物出口到冰岛、瑞士或列支敦士登，无论货值大小，均可自行按相关协定的原产地规则规定的样式出具原产地声明书，中冰原产地声明书与中瑞原产地声明书格式不一样，需要者可参考附表1-31及附表1-34。

11.其他互惠区域优惠原产地证

除了上述区域性优惠原产地证外，2015年下半年以来，《中国—韩国自由贸易协定》《中国—澳大利亚自由贸易协定》《中国—格鲁吉亚自由贸易协定》《中国—毛里求斯自由贸易协定》《中国—柬埔寨自由贸易协定》《中国—尼加拉瓜自由贸易协定》《区域全面经济伙伴关系协定》等陆续签署并生效，其对应的优惠原产地证（空白证书样单见附录一）与前面介绍的自贸协定原产地证栏目大同小异，读者可以参照上述原产地证的缮制方法处理，各原产地证在缮制内容上最大的区别在于证书编号类型码及原产地标准，此部分内容的缮制见表7-1，有些原产地证有“生产商”栏目，填写的内容在表述上有所区别，其缮制见表7-5。至于《中国—马尔代夫自由贸易协定》《中国—厄瓜多尔自由贸易协定》《中国—塞尔维亚自由贸易协定》等已签署但尚未实施的自贸协定，读者可以关注中国自由贸易区服务网，从相关自贸协定文本或附件中了解对应原产地证的格式及缮制要领，那些正在谈判的自贸协定也可如此关注。

截至 2023 年 12 月 31 日，我国与 34 个国家或地区签署了 23 个自贸协定，还有与其他国家(地区)或组织签署的贸易协定，在与具体的国家(地区)进行贸易时，可能会涉及多个贸易协定的适用、具体贸易货物在哪个贸易协定项下进口商享受到的关税最优惠等问题，进出口商在贸易谈判与合同履行过程中应充分了解，出口商应配合进口商要求，为进口商提供符合条件的优惠贸易协定产地证，以便进口商降低税赋成本，提高出口商品销量，增加客户黏性，稳定客户关系。

本书第三章的信用证项下货物为盐酸氯氮卓(CHLORDIAZEPOXIDE HCL)，出口到韩国，涉及《世界贸易组织协定》、《亚太贸易协定》、《中国—韩国自由贸易协定》、《区域全面经济伙伴关系协定》(RCEP)4 个贸易协定，分别对应一般原产地证(非优惠原产地证，适用最惠国关税税率)(见表 7-3)、亚太贸易协定原产地证(见表 7-6)、中国—韩国自由贸易协定产地证(见表 7-7)、RCEP 原产地证(见表 7-2)。信用证的单据条款对原产地证的要求是“1 ORIGINAL CERTIFICATE OF ORIGIN”(原产地证正本 1 份)，出口商提供上述 4 种原产地证之一即满足信用证要求，但在 4 种原产地证下进口商享受的关税是不一样的(详见图 7-13)。提供中国—韩国自由贸易协定原产地证，韩国进口商享受零关税；提供亚太贸易协定原产地证与 RCEP 原产地证，韩国进口商享受的优惠关税税率为 5.2%；提供一般原产地证，韩国进口商按照正常关税——最惠国关税税率 6.5%缴纳关税。因此，本信用证项下中国出口商只有向韩国进口商提供中国—韩国自由贸易协定原产地证，才能让进口商享受到最优惠的关税待遇，降税增利。

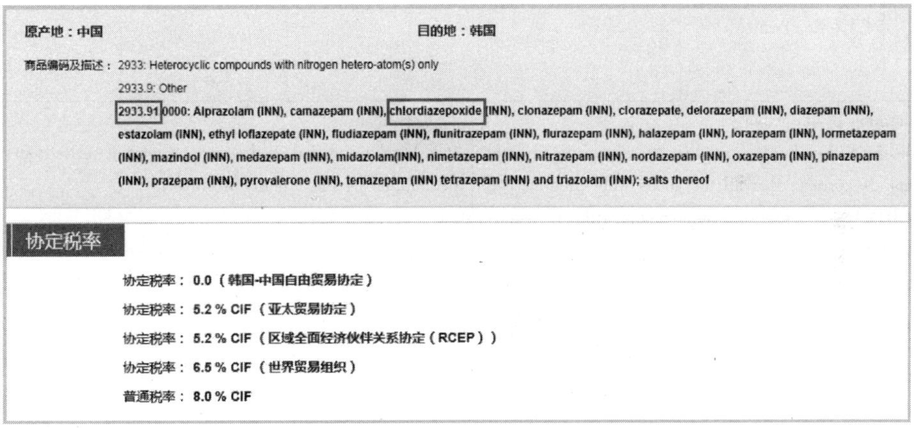

图 7-13　盐酸氯氮卓出口到韩国的关税享惠情况

表 7-6　第三章信用证样例项下亚太贸易协定原产地证实例

ORIGINAL

<table>
<tr><td colspan="3">1.Goods consigned from (Exporter's business name, address, country)
CHANGZHOU BAOYAO PHARMACEUTICALS CO. LTD
MEILONGBA SOUTHERN SURRBS
CHANGZHOU JIANGSU, 213004 CHINA</td><td colspan="3">Reference No. B233216000890003
CERTIFICATE OF ORIGIN
Asia-Pacific Trade Agreement
(Combined declaration and certificate)
Issued in The People's Republic of China
(Country)</td></tr>
<tr><td colspan="3">2. Goods consigned to (Consignee's name, address, country)
APOTEX INC.
114, YEONG JONG-DAERO, JUNG-GU INCHEON KOREA</td><td colspan="3">3.For official use</td></tr>
<tr><td colspan="6">4. Means of transport and route
FROM NINGBO CHINA TOINCHEON KOREA BY SEA ON/AFTER 2023-03-15</td></tr>
<tr><td>5. Tariff item number</td><td>6. Marks and number of Packages</td><td>7. Number and kind of packages/ description of goods</td><td>8. Origin criterion (see notes overleaf)</td><td>9. Gross weight or other quantity</td><td>10. Number and date of invoices</td></tr>
<tr><td>293391</td><td>APOTEX
4500189719
INCHEON
CTN No. 1-50</td><td>FIFTY (50) CARTONS OF CHLORDIAZEPOXIDE HCL
*******************</td><td>A</td><td>500kgs(N.W.)</td><td>CH23010
16 MARCH 2023</td></tr>
<tr><td colspan="3">11. Declaration by the exporter
The undersigned hereby declares that the above details and statements are correct; that all the goods were produced in
CHINA and that they comply with the origin
(Country)
requirements specified for these goods in the Asia-Pacific Trade Agreement for goods exported to REPUBLIC OF KOREA
(Importing Country).

....
Place and date, signature of authorized Signatory</td><td colspan="3">12.Certificate
It is hereby certified on the basis of control carried out, that the declaration by the exporter is correct.

....
Place and date, signature and Stamp of Certifying Authority</td></tr>
</table>

表 7-7　第三章信用证样例项下中国—韩国自由贸易协定原产地证实例

ORIGINAL

<table>
<tr><td colspan="3">1. Exporter's name and address, country:
CHANGZHOU BAOYAO PHARMACEUTICALS CO. LTD
MEILONGBA SOUTHERN SURRBS
CHANGZHOU JIANGSU, 213004 CHINA</td><td colspan="4" rowspan="3">Certificate No.:K233216000890015

CERTIFICATE OF ORIGIN
Form for China-Korea FTA

Issued in The People's Republic of China
(see Overleaf Instruction)</td></tr>
<tr><td colspan="3">2. Producer's name and address, country:
SAME</td></tr>
<tr><td colspan="3">3. Consignee's name and address, country:
APOTEX INC.
114, YEONG JONG - DAERO, JUNG - GU INCHEON KOREA</td></tr>
<tr><td colspan="3">4. Means of transport and route (as far as known):
Departure Date:ON/AFTER 2023-03-15
Vessel/Flight/Train/Vehicle No.:HENGHE VOY.121
Port of loading:NINGBO CHINA
Port of discharge:INCHEON KOREA</td><td colspan="4">5.Remarks:
* * * *</td></tr>
<tr><td>6.Item number</td><td>7. Marks and numbers on packages</td><td>8. Number and kind of packages; description of goods</td><td>9. HS code (Six - digit code)</td><td>10. Origin criterion</td><td>11. Gross weight, quantity (Quantity Unit) or other measures (liters, m3, etc.)</td><td>12. Number and date of invoice</td></tr>
<tr><td>1</td><td>APOTEX
4500189719
INCHEON
CTN No.1-50</td><td>FIFTY(50) CARTONS OF CHLORDIAZEPOXIDE HCL
* * * * * * * * * * * *</td><td>293391</td><td>WP</td><td>500KGS(N.W.)</td><td>CH23010
16
MARCH
2023</td></tr>
<tr><td colspan="3">13. Declaration by the exporter:
The undersigned hereby declares that the above details and statement are correct, that all the goods were produced in
CHINA and that they comply with the origin
(Country)
requirements specified in the FTA for the goods exported to
REPUBLIC OF KOREA
(Importing country)

Place and date, signature of authorized signatory</td><td colspan="4">14. Certification:
On the basis of control carried out, it is hereby certified that the information herein is correct and that the goods described comply with the origin requirements specified in theChina-Korea FTA.

Place and date, signature and stamp of authorized body</td></tr>
</table>

四、信用证有关原产地证明书条款的举例与说明

信用证关于原产地证条款的表述不尽相同，通常表述为"Certificate of origin issued by the Chamber of Commerce in one original and two copies evidencing China as origin of goods."(由中国商会签发的证明货物为中国原产的原产地证一份正本、两份副本)。

以下就信用证中的原产地证条款内容进行举例并说明。

（一）关于原产地证的签发机构

（1）Signed certificate of origin in 1 original and 3 copies（签署的产地证一份正本和三份副本）。

操作：a.提交原产地证一份正本、三份副本。b.签署机构：产地证的签署人可以是受益人、厂家、贸促会或海关。

UCP600规定产地证如果没有指定出证机构，那么由受益人签署的产地证也是满足要求的，本条款项下可提供受益人、厂家、贸促会或海关出具的产地证。

（2）GSP FORM A issued by PRC Competent Authority Certifying the Chinese Origin of Goods（由中华人民共和国法定的管理机构签发的普惠制FORM A产地证，证明货物为中国原产）。

操作：a.提交普惠制FORM A产地证。b.签署机构：目前我国法定的普惠制产地证的签署机构是各地海关，备齐相关资料向其申请即可。

（3）Certificate of origin issued by Chamber of Commerce China certify that the goods are of Chinese origin（由中国商会签发的证明货物为中国原产的原产地证）。

操作：中国国际贸易促进委员会也是中国商会，要求由中国商会签发的产地证可向各地贸促会申请，贸促会出证时须在一般产地证的第5栏加盖下列印章："CHINA COUNCIL FOR THE PROMOTION OF INTERNATIONAL TRADE IS CHINA CHAMBER OF INTERNATIONAL COMMERCE"，即"中国国际贸易促进委员会即中国国际商会"的说明章①。

（4）Certificate of origin certifying that the goods are of China origin issued by Chamber of Commerce/beneficiary in duplicate（由商会或受益人签署的证明货物为中国原产的原产地证一式两份）。

操作：信用证指定了产地证的签署人，可向商会申请或受益人自己签署，二选一。

（5）Certificate of origin certified by the China Council for the Promotion of International Trade（由中国贸促会签署的原产地证）。

操作：信用证指定了产地证的签署人，只能向贸促会申请，不能向海关系统申请。

（6）Certificate of origin in duplicate attesting that the goods are of China Origin issued or legalized by the local chamber of commerce（证明货物为中国原产的原产地证，由当地商会签发或认证）。

操作：a.提交产地证一式两份；b.签署机构可以是贸促会，也可以由受益人或厂家缮制并由商会（贸促会）做认证。

（二）关于原产地证的正副本份数

海关或贸促会签发的原产地证书通常为一式四份，即一份正本，三份副本。正本印有"ORIGINAL"字样，副本印有"COPY"字样。

46A（4）1 Copy of certificate of origin issued by Customs of P.R.China.

47A（10）Beneficiary certifying that original certificate of origin（Asia-pacific Trade Agreement）and copy of one set shipping documents have been sent to applicant within 2 days after shipment by courier service.

单据要求第4条，由中国海关签署的产地证副本一份。

附加条款第10条，受益人证明正本的原产地证（亚太贸易协定）以及一套副本的装运单据已

---

① 据国际商会发布的ISBP745、ISBP821的第L3段C（ii）款，已无须如此操作，直接提供贸促会或海关签署的原产地证即可满足要求。

经在装运后两天内通过快递寄给了开证申请人。

操作:a.提交亚太贸易协定产地证,一份副本。b.签署机构:亚太贸易协定产地证,目前可由贸促会或海关出具,本证要求提供海关出具的证书。c.向银行提交产地证的副本,正本连同一套副本的装运单据(按 ISBP821 A19 段理解为信用证中要求的除了汇票、传真报告、证实寄送单据的快递收据之外的所有单据的副本),在装运后两天内快递给开证申请人,并由受益人出一份证明(寄单证明),证明他已这样做了,来向银行交单。d.原产地证是进口清关的主要单据之一,正本单据直接寄给开证申请人有利于进口商在货物到港后及时办理进口提货手续,但出口商也会面临货款两空的风险,实务中对这样的条款要求要谨慎接受或洽商改证(改为正本单据交银行,副本单据寄客户)。

(三)信用证规定不接受联合单据

A certificate of origin stating that the goods are of China origin giving the full name and address of the manufacturer/producer and exporter signed by China Council for the Promotion of International Trade. A certificate of origin incorporated in the invoice will not be acceptable(由贸促会签署的证明货物为中国原产的原产地证,须给出生产商/制造商及出口商的全称与详细地址。不接受与发票联合的产地证)。

操作:a.不可以在发票上做产地证明,须向贸促会申请签发一般原产地证;b.在产地证第 7 栏终止线内,货物名称后注明生产商及出口商的详细名称和地址。

(四)信用证规定原产地证须经大使馆或领事馆认证条款

Certificate of origin:

(A) The certificate of origin must be issued/certified by a Chamber of Commerce/industry or manufacturer(s) or producer(s) or exporter(s) in a separate form or by China Council for the Promotion of International Trade.

(B) The certificate of origin must clearly show the name and nationality of manufacturer(s) or producer(s), in case manufacturer(s) or producer(s) name and nationality cannot be stated on certificate of origin, a separate certificate stating the name and nationality of manufacturer(s) or producer(s) legalized by a notary public is acceptable.

(C) The certificate of origin must be legalized by UAE embassy/consulate.

原产地证:

(A)原产地证须由一家商会、一个实体、生产商、制造商、出口商或中国贸促会以单独的格式签署或证实。

(B)原产地证上须明确标明生产商或制造商的名称与国别,如果原产地证上没有显示生产商或制造商的名称与国别,提供一份由公证人出具的独立的证明证实生产商或制造商的名称与国别是可以接受的。

(C)原产地证须由阿拉伯联合酋长国大使馆或领事馆认证。

操作:a.签署机构:这是中东地区信用证,具体为阿联酋要求的原产地证,签署机构可做多样选择,但实务中以贸促会签署为好。b.在原产地证上显示货物的生产商或制造商名址,否则无法通关。c.必须由使领馆认证。

中东国家的单证使领馆认证起因如下:20 世纪 50 年代,阿拉伯国家为了对以色列进行经济制裁，抵制与以色列有经贸往来的外国企业，对向其出口的货物所涉及的单证（主要是一般原产地证书与商业发票），要求由阿拉伯国家驻该国的使领馆进行认证，以证明出口商品与以色列无关，这样才能在本国办理通关结汇手续。时至今日，使领馆认证的最初作用已改变，因所需时间相对较长，费用较高，从某种意义上说，可以达到变相限制进口的目的，从而成为一些国家为保护本国利益而对进口别国商品所采取的非关税贸易壁垒措施之一，在一定程度上也能增加外汇收入，贴补经费。在实务工作中，出口商应该了解目标市场进口国政府的相关规定。在报价时，须把使领馆认证的费用考虑进去；确定装运期与交单期时，须考虑认证所需要的时间。现在各地贸促会都有代理企业办理使领馆认证的业务，出口企业如有需要，可向当地贸促会电话咨询具体代办认证事宜（主要是确认费用与时限）。

思考和练习

一、思考题

1.什么是原产地证？它有哪些作用？

2.原产地证可由哪些单位签署？目前贸促会能签发哪些原产地证？哪些原产地证是互惠的？

3.目前海关系统签发的原产地证的证书号的编码规则是怎样的？各种证书的类型代码分别是什么？

4.原产地证中的收货人能否填写中间商的名称？

5.在实务中，如信用证未规定原产地证的签发机构，银行可否接受由出口商自行签发的原产地证？

6.经中国转口的外国货，可否取得中国原产地证？

7.中国原产地证的签署日期不得早于申报日期，是否可以早于发票日期？

二、实操题

（一）练习一

根据下列国外来证及有关信息制作一份一般原产地证（空白单据附后）。该批商品用纸箱包装，每箱装 10 盒，每箱净重 75 公斤，毛重 80 公斤，纸箱尺寸为 113cm×56cm×30cm，商品编码为 70181000，货物由“胜利”轮于 2023 年 8 月 1 日运送出口。发票号码为 XT20230725，发票日期为 2023-07-25，2023 年 7 月 27 日向厦门贸促会申请原产地证，当天办妥。证书编号为 C23××××××××××××。

FROM：CITIBANK EUROPE PLC SPAIN BRANCH

TO：BANK OF CHINA，XIAMEN BRANCH，XIAMEN CHINA

TEST：12345 DD.230705 BETWEEN YOUR HEAD OFFICE AND US.PLEASE CONTACT YOUR NO.FOR VERIFICATION.

WE HEREBY ISSUED AN IRREVOCABLE LETTER OF CREDIT NO. CITIE123123 FOR USD8，440.00，DATED 230705.

APPLICANT：PROSPERITY INDUSTRIAL CO.LTD.

342-3 FLYING BUILDING KINGDOM STREET MADRID SPAIN

BENEFICIARY：XIAMEN TAIXIANG IMP.AND EXP.CO.LTD.

NO.88 YILA ROAD 13/F XIANG YE BLOOK RONG HUA BUILDING，XIAMEN，CHINA

THIS L/C IS AVAILABLE WITH BENEFICIARY'S DRAFT AT 30 DAYS AFTER SIGHT DRAWN ON US ACCOMPANIED BY THE FOLLOWING DOCUMENTS:

1.SIGNED COMMERCIAL INVOICE IN TRIPLICATE.

2.PACKING LIST IN TRIPLICATE INDICATING ALL PACKAGE MUST BE PACKED IN CARTON/NEW IRON DRUM SUITABLE FOR LONG DISTANCE OCEAN TRANSPORTATION.

3.CERTIFICATE OF CHINESE ORIGIN IN DUPLICATE.

4.FULL SET OF CLEAN ON BOARD OCEAN MARINE BILL OF LADING MADE OUT TO ORDER AND BLANK ENDORSED MARKED "FREIGHT PREPAID" AND NOTIFY APPLICANT.

5.INSURANCE POLICY OR CERTIFICATE IN DUPLICATE ENDORSED IN BLANK FOR THE VALUE OF 110 PERCENT OF THE INVOICE COVERING FPA/WA/ALL RISKS AND WAR RISK AS PER CIC DATED 09/18/2009.

SHIPMENT FROM:XIAMEN,CHINA.SHIPMENT TO:MADRID

LATEST SHIPMENT 31 AUGUST 2023

PARTIAL SHIPMENT IS ALLOWED,TRANSSHIPMENT IS NOT ALLOWED.

COVERING SHIPMENT OF:

COMMODITY AND SPECIFICATIONS	QUANTITY	UNIT PRICE	AMOUNT
		CIF HONGKONG	
1625/3D GLASS MARBLE	2000BOXES	USD2.39/BOX	USD4,780.00
1641/3D GLASS MARBLE	1000BOXES	USD1.81/BOX	USD1,810.00
2506D GLASS MARBLE	1000BOXES	USD1.85/BOX	USD1,850.00

SHIPPING MARK:P.I.C/MADRID/NO.1-UP

ADDITIONAL CONDITIONS:

5 PERCENT MORE OR LESS BOTH IN QUANTITY AND AMOUNT IS ALLOWED.

ALL BANKING CHARGES OUTSIDE ISSUING BANK ARE FOR ACCOUNT OF BENEFICIARY.

DOCUMENTS TO BE PRESENTED WITHIN 15 DAYS AFTER THE DATE OF ISSUANCE OF THE SHIPPING DOCUMENT BUT WITHIN THE VALIDITY OF THE CREDIT.

INSTRUCTIONS:

NEGOTIATING BANK IS TO SEND DOCUMENTS TO US IN ONE LOT BY DHL.

UPON RECEIPT OF THE DOCUMENTS IN ORDER WE WILL COVER YOU AS PER YOUR INSTRUCTIONS.

L/C EXPIRATION:15 SEP.2023.

THIS L/C IS SUBJECT TO UNIFORM CUSTOMS AND PRACTICE FOR DOCUMENTARY CREDITS (2007 REVISION) INTERNATIONAL CHAMBER OF COMMERCE PUBLICATION NO.600.

PLEASE ADVISE THIS L/C TO THE BENEFICIARY WITHOUT ADDING YOUR CONFIRMATION.

THIS TELEX IS THE OPERATIVE INSTRUMENT AND NO MAIL CONFIRMATION WILL BE FOLLOWED.

空白产地证

<table>
<tr><td colspan="2">1.Exporter</td><td colspan="3" rowspan="3">Certificate No.

**CERTIFICATE OF ORIGIN
OF
THE PEOPLE'S REPUBLIC OF CHINA**</td></tr>
<tr><td colspan="2">2.Consignee</td></tr>
<tr><td colspan="2">3.Means of transport and route</td></tr>
<tr><td colspan="2">4.Country/region of destination</td><td colspan="3">5.For certifying authority use only</td></tr>
<tr><td>6.Marks and numbers</td><td>7.Number and kind of packages; description of goods</td><td>8.HS code</td><td>9.Quantity</td><td>10.Number and date of invoices</td></tr>
<tr><td colspan="2">11.Declaration by the exporter
The undersigned hereby declares that the above details and statements are correct; that all the goods were produced in China and that they comply with the Rules of Origin of the People's Republic of China.

Place and date, signature and stamp of authorized signatory</td><td colspan="3">12.Certification
It is hereby certified that the declaration by the exporter is correct.

Place and date, signature and stamp of certifying authority</td></tr>
</table>

(二)练习 2

根据信用证(NO.:23/25/4020XT)有关内容,缮制 RCEP 产地证一份。假设:

(1)本信用证项下货物的运输方式为海运。所有货物均为中国原产。

(2)本信用证下的发票号码为 2308XW10,开票日期为 JUL.12,2023。

(3)RCEP 产地证签证机构的签证日期为:JUL.13,2023,地点为广州,出口商申请日期为 JUL. 12,2023。证书编号为 RC23××××××××××××。商品的协调制度编码为 852349。

(4)货物于 2023 年 7 月 16 日从广州南沙港装船出运。

(5)货物每个纸箱毛重 5kgs,本信用证项下的货物包装规格及唛头如下:

① XUWANG DOCUMENTATION SYSTEMS:
每 10 套装一纸箱
唛头: BIG TREE
TOKYO
CTNS#1-300
KEEP DRY

② XUWANG EDUCATION SYSTEMS:
每 10 盒装一纸箱
唛头: BIG TREE
TOKYO
CTNS#301-800
KEEP DRY

信用证资料如下:

ISSUING BANK:STANDARD CHARTERED BANK,TOKYO

ADVISING BANK:BANK OF CHINA GUANGZHOU

APPLICANT:PETRICO INTERNATIONAL TRADING CORP.

3 CHOME-1-1 KYOBASHI,CHUO CITY,TOKYO 104-0031 JAPAN

BENEFICIARY:XUWANG BUSINESS COMPUTING CO.LTD

RM.NA34.ZIJINGYUAN HOTEL OF ZHONGSHAN UNIVERSITY,GUANGZHOU P.R.CHINA.

FORM OF L/C:IRREVOCABLE

L/C NO.:23/25/4020XT

ISSUE DATE:230622

EXPIRY DATE/PLACE:230830 IN COUNTRY OF BENEFICIARY

L/C AMOUNT:USD4,458,314.00

AMOUNT SPECIFICATION:CIF TOKYO

AVAILABLE WITH/BY:FREELY AVAILABLE BY NEGOTIATION

DRAFTS:AT SIGHT DRAWN ON OURSELVES

TRANSPORT DETAILS:FROM CHINESE PORT NOT LATER THAN 15TH AUG.2023 TO TOKYO JAPAN

DESCRIPTION OF GOODS:

XUWANG DOCUMENTATION SYSTEMS VERSION 5.0 1000SETS

XUWANG DOCUMENTATION SYSTEMS VERSION 6.0 2000SETS

XUWANG EDUCATION SYSTEMS 5000 BOXES

DOCUMENTS REQUIRED:CERTIFICATE OF ORIGIN FORM RCEP DULY NOTARIZED IN DUPLICATE.

CONDITIONS:CONSIGNEE-BIG TREE BUSINESS CO.LTD

SUNRISE STREET EAST,TOKYO,JAPAN.

RCEP 原产地证

1.Goods Consigned from (Exporter's name, address and country)

Certificate No. **Form RCEP**

REGIONAL COMPREHENSIVE ECONOMIC PARTNERSHIP AGREEMENT
CERTIFICATE OF ORIGIN
Issued in ______________
(Country)

2.Goods Consigned to (Importer's/ Consignee's name, address, country)

3.Producer's name, address and country (if known)

4.Means of transport and route (if known)
Departure Date:
Vessel's name/Aircraft flight number, etc.:
Port of Discharge:

5.For Official Use
Preferential Treatment:
☐**Given** ☐**Not Given (Please state reason/s)**

Signature of Authorised Signatory of the Customs Authority of the Importing Country

6.Item number	7.Marks and numbers on packages	8.Number and kind of packages; and description of goods	9.HS Code of the goods (6 digit-level)	10.Origin Conferring Criterion	11.RCEP Country of Origin	12.Quantity (Gross weight or other measurement), and value (FOB) where RVC is applied	13.Invoice number(s) and date of invoice(s)

14.Remarks

15.Declaration by the exporter or producer
The undersigned hereby declares that the above details and statements are correct and thatthe goods covered in this Certificate comply with the requirements specified for these goods in the Regional Comprehensive Economic Partnership Agreement.These goods are exported to:

(importing country)

Place and date and signature of authorised signatory

16.Certification
On the basis of control carried out, it is hereby certified that the information herein is correct and that the goods described comply with the origin requirements specified in theRegional Comprehensive Economic Partnership Agreement.

Place and date, signature and seal or stamp of Issuing Body

17.☐**Back-to-back Certificate of Origin** ☐**Third-party invoicing** ☐**ISSUED RETROACTIVELY**

第八章 保险单据

【学习目标】 了解保险单据的种类与作用、保险单的申领手续；学会缮制投保单；熟悉保险单据的内容及保险单的缮制方法并能处理制单中常见的问题。

第一节 保险单据概述

在国际贸易中，货物从出口国（地区）运抵进口国（地区）需经过长途运输与装卸过程，可能由于自然灾害或意外事故等，造成货物的损失或灭失。为降低风险，避免损失，在货物出运前，货方往往需要对货物投保运输险，由保险公司承担货物运输途中的损失赔偿。

一、保险单据的作用

保险单据（Insurance Documents）是保险人与被保险人之间订立的保险合同证明。

保险单据是赔偿证明。在运输过程中，当被保险货物遭受保险合同责任范围内的损失时，保险单据是被保险人索赔、保险人理赔的依据。

在 CIF 或 CIP 合同中，保险单据是出口商必须向进口商提供的出口结汇单据之一。出口公司在货物集港之前必须向保险公司办理保险，并取得相应的保险单。

二、保险单据的种类

我国外贸业务中应用的保险单据有保险单、保险凭证、预约保险单、保险批单等。

（一）保险单（Insurance Policy）

保险单是保险人与被保险人之间订立保险合同的一种正式证明。保险单正面列出海上货物保险所需的基本事项：被保险人与保险人名称，保险的货名、数量、包装，保险金额、保险费及保险费率，运输工具、开航日期、装运港与目的港，承保险别，理赔勘查人，赔偿偿付地点以及保单出单日期等。保险单背面是保险公司印就的保险条款，规定保险人与被保险人的各项权利和义务等内容。保险单一般适用于办理单笔的进出口货物运输保险。

（二）保险凭证（Insurance Certificate）

保险凭证是一种简化了的保险单，与保险单具有同等的法律效力。保险凭证多用于预约保险合同项下，一般会有预约保险单号（Open Policy No.）一栏，有时也用于办理单笔的进出口货物运输保险。

（三）预约保险单（Open Policy）

预约保险单又称开口保险单，是保险公司承保被保险人在一定时期内发运的以 CIF 价格条件成交的出口货物或以FOB、CFR价格条件进口货物的保险合同。预约保险单一般只载明保险货物的范围、投保险别、保险责任、保险费费率、保险合同有效期限以及双方当事人的其他相关权利和义务等。凡预约保险范围内的进出口货物，一经出运，保险公司接到注有预约保险单号的装运通知后自动承保。预约保险单一般适用于经常有相同类型货物需要装运的保险，可简化逐笔签订保险合同的手续。

（四）保险批单（Endorsement）

保险批单是保险公司在保险单开具后，根据投保人的需求，对保险内容进行补充或变更而出具的一种凭证。保险单一经批改，保险公司即按批改的内容承担责任。批单是保险单的组成部分。

除以上保险单据外，还有预约保险单下的保险证明书（Insurance Certificate）或保险声明书（Insurance Declaration）。暂保单（Cover Note）是保险公司在签发保险单或保险凭证之前开出的临时保险单证。

根据UCP600第28条d款的解释，当信用证规定提交预约保险单下的保险证明书（Insurance Certificate）或保险声明书（Insurance Declaration）时，受益人可提供保险单（Insurance Policy）做替代，但银行不接受暂保单（Cover Notes）。我国出口业务中使用的保险单据主要是保险单。

三、保险单的申领手续

以CIF或CIP条件成交的出口合同，出口企业应在运输工具启运前备妥货物，并在确定装运日后及时办理投保。投保人必须填写一份"海运出口货物投保单"或"运输投保申请单"（Application for Transportation Insurance），并随附发票或提单等，保险公司审核无误后，以此为依据出具保险单或其他保险单据，收取保险费。

投保单（见表8-1）一般由保险人根据不同险种事先设计内容格式，供投保人在投保时填写。投保单的主要内容有：投保人名称、发票号和标记、包装及数量（件数）、货名、保险金额、运输工具与开航日期、赔付地点与币制、运输路线、投保险别、投保单位的如实声明及签章与投保日期等。

在实务中，由投保人填写投保单，由承保人（保险公司）根据投保标的（货物）及投保人对其声明进行风险评估并决定是否承保，如果决定承保，据此缮制保险单。因此，投保单的栏目大多与保险单一样，投保人在填写投保单时可参考后文保险单的缮制说明。

第二节　保险单

进出口货物运输险按货物的不同运输方式主要分为海上、陆上、航空和邮包运输保险四类，其中以海运货物保险最为常用。本章主要介绍海运货物运输保险单（见表8-2）。

一、保险单的内容与缮制

（1）保险公司名称（Name of Insurance Company）。买卖合同与信用证不宜指定保险公司，如果指定，则保险公司的名称应与合同和信用证的要求一致。例如，信用证规定"Insurance policy by PICC"（由中国人民财产保险股份有限公司出具的保险单），则提供的保险单的名称应为中国人民财产保险股份有限公司，即"The People's Insurance（Property）Company of China, ××× Branch"。

表 8-1　出口货物运输保险投保单样例(以第三章信用证样例为例)

中国人民财产保险股份有限公司常州分公司

The People's Insurance(Property)Company of China Changzhou Branch

PICC 中国人保财险

总公司设于北京　　　　一九四九年创立

Head Office Beijing　　　　Established in 1949

货物运输保险投保单

APPLICATION FORM FOR CARGO TRANSPORTATION INSURANCE

发票号(INVOICE NO.)　**CH23010**

合同号(CONTRACT NO.)　**CHBY23316**

信用证号(L/C NO.)　**BMT0629292IM**

发票金额(INVOICE AMOUNT.)　**USD28920.00**　　投保加成(PLUS)**10%**

被保险人

Insured:　**CHANGZHOU BAOYAO PHARMACEUTICALS CO.LTD**

兹有下列货物向中国人民财产保险股份有限公司常州分公司投保:

INSURANCE REQUESTED ON THE FOLLOWING COMMODITIES:

标　记 MARKS&NOS	包装及数量 QUANTITY	保险货物项目 DESCRIPTION OF GOODS	保险金额 AMOUNT INSURED
AS PER INVOICE NO.CH23010	**500 KGS(50CTNS)**	**CHLORDIAZEPOXIDE HCL**	**USD31812.00**

启运日期
DATE OF COMMENCEMENT　**As per B/L**　　装载运输工具:
PER CONVEYANCE:　**Henghe Voy.121**

自
FROM:NINGBO,CHINA　　经
VIA　　至
TO INCHEON KOREA

提单号:
B/L No.:23CO-BHY0709　　赔款偿付地点
CLAIM PAYABLE AT INCHEON IN USD

投保险别(PLEASE INDICATE THE CONDITIONS &/OR SPECIAL COVERAGES):

COVERING ALL RISKS AND WAR RISKS AS PER OCEAN MARINE CARGO CLAUSES, WAR RISKS CLAUSES(09/18/2009) **FOR THE PEOPLE'S INSURANCE COMPANY OF CHINA (ABBREVIATED AS C.I.C ALL RISKS AND WAR RISKS) (WAREHOUSE TO WAREHOUSE CLAUSE IS INCLUDED)**

请如实告知下列情况:(如"是",打"√","不是"打"×")

1.货物种类:　√袋装　散装　冷藏　液体　活动物　机器/汽车　危险品等级
GOODS　BAG/JUMBO　BULK　REEFER　LIQUID　LIVE ANIMAL　MACHINE/AUTO　DANGEROUS CLASS

2.集装箱种类:　普通　开顶　框架　平板　冷藏
CONTAINER　ORDINARY　OPEN　FRAME　FLAT　REFRIGERATOR

3.装运工具:　√海轮　飞机　驳船　火车　汽车
BY TRANSIT　SHIP　PLANE　BARGE　TRAIN　TRUCK

4.船舶资料:　船籍　中国　　船龄　8
PARTICULAR OF SHIP　REGISTRY　CHINA　　AGE　EIGHT

备注:被保险人确认本保险合同条款和内容已经完全了解。
THE ASSURED CONFIRMS HEREWITH THE TERMS AND CONDITIONS OF THIS INSURANCE CONTRACT FULLY UNDERSTOOD.
NUMBER OF ORIGINAL:ONE(1)
投保日期(DATE):
21 MARCH 2023

投保人(签名盖章)APPLICANT'S SIGNATURE
CHANGZHOU BAOYAO PHARMACEUTICALS CO.LTD
张珍
电话:(TEL)(0519)8811915
地址:(ADD)

本公司自用(FOR OFFICE USE ONLY)

费率
RATE:　　保费
PREMIUM:

经办人
BY　　核保人　　负责人　　承保公司签章
INSURANCE COMPANY'S SIGNATURE

地址(ADD):中国常州市和平南 128 路八楼　　电话(TEL):(0519)8150007 8114833

邮编(POST CODE):213001　　传真(FAX):(0519)8150007 8114834

(2)保险单据名称(Name)。须与信用证和合同要求一致。例如,信用证规定"Insurance policy in duplicate ..."(保险单一式两份……),则要求保险公司出具保险单,即"Cargo Transportation Insurance Policy"(货物运输保险单)。

(3)发票号(Invoice No.)。填写本批投保货物商业发票的号码。依第三章信用证样例,发票号为 CH23010。

(4)合同号(Contract No.)。填写本笔合同号码。依第三章信用证样例,合同号码为 CH-BY23316。

(5)信用证号(L/C No.)。填写本笔信用证号码。依第三章信用证样例,信用证号为 BMT0629292IM。

(6)保单号(Policy No.)。填写保险公司的保险单号码。

(7)被保险人(Insured)。又称保险单的抬头。在 CIF 或 CIP 条件下,出口货物都是由出口商办理投保,因此,信用证无特别规定或采用托收、汇付等支付方式时,填出口商(受益人)的名称并由出口商空白背书(信用证无特别规定被保险人)时,本栏具体填写方法见本节"关于保险单的抬头(Insured)与背书(Endorsed)"。

(8)标记(Marks and Nos.)。此栏内容应和发票、提单及其他单据上的标记一致。除非信用证有特别规定,否则保险公司可采取只填写"As per invoice No. ×××"的做法。因为投保或发生保险索赔时,都要提供发票。

(9)包装及数量(Quantity)。此栏填写最大包装件数,并与发票和运输单据同一栏目内容一致。具体填写方法有:a. 以包装件数计价者,填件数;b. 以净重计价者,填件数和净重;c. 以毛作净者,填件数和毛重;d. 散装货,填数量后写上"In Bulk"。

(10)保险货物项目(Description of Goods)。可参照发票中描述的商品名称填制,也可填制货物的统称并与其他单据填写的相同栏目内容一致。

(11)保险金额(Amount Insured)。按信用证规定的加成投保,如信用证没有规定,投保金额至少为货物 CIF 或 CIP 价值的 110%。根据国际保险业务的惯例,保险金额小数点后尾数一律"进位取整"或"进一取整",即不管小数部分数字是多少,一律舍去并在整数部分加"1"。投保时使用的货币应与信用证和发票上的货币保持一致。

如果从单据中不能确定 CIF 或 CIP 价格,投保金额必须基于要求承付或议付的金额,或者基于发票上显示的货物总值来计算,两者之中取金额较高者。如果从信用证或单据中可以得知最后的发票金额仅是货物总价值的一部分(如由于折扣、预付或类似情况,或者由于货物的部分价款将晚些支付),也必须以货物的总价值为基础来计算保险金额。

(12)总保险金额(Total Amount Insured)。这里指大写金额,用英文表示,大写金额栏和小写金额栏填写的金额与币种必须一致。

(13)保费及费率(Rate)。此栏一般已由保险公司印就"As arranged"(如约定)字样。除非信用证另有规定,每笔保费及费率可以不具体表示。如果信用证要求显示具体的保费及保险费费率,应征求保险公司意见,如保险公司不同意,须洽开证申请人改证;如果信用证要求保费项目"Marked premium prepaid"(注明保费预付),则保费项目显示"Premium prepaid"即可。

表 8-2　出口货物运输保险单样例(以第三章信用证样例为例)

中国人民保险财险

中国人民财产保险股份有限公司常州分公司

The People's Insurance(Property)Company of China Changzhou Branch

总公司设于北京　　　　一九四九年创立

Head Office Beijing　　　　**Established in 1949**

货物运输保险单

CARGO TRANSPORTATION INSURANCE POLICY

发票号(**INVOICE NO.**)　**CH23010**　保单号次

合同号(**CONTRACT NO.**)　**CHBY23316**　**POLICY NO.PICCCZ-12546**

信用证号(**L/C NO.**)　**BMT0629292IM**

发票金额(**INVOICE AMOUNT.**)　**USD28920.00**

被保险人:

Insured:　**CHANGZHOU BAOYAO PHARMACEUTICALS CO.LTD**

中国人民财产保险股份有限公司常州分公司(以下简称本公司)根据被保险人的要求,由被保险人向本公司缴付约定的保险费,按照本保险单承保险别和背面所载条款与下列特款承保下述货物运输保险,特立本保险单。

THIS POLICY OF INSURANCE WITNESSES THAT THE PEOPLE'S INSURANCE (PROPERTY) COMPANY OF CHINA (HEREINAFTER CALLED "THE COMPANY") AT THE REQUEST OF THE INSURED AND IN CONSIDERATION OF THE AGREED PREMIUM PAID TO THE COMPANY BY THE INSURED, UNDERTAKES TO INSURE THE UNDERMENTIONED GOODS IN TRANSPORTATION SUBJECT TO THE CONDITIONS OF THIS OF THIS POLICY AS PER THE CLAUSES PRINTED OVERLEAF AND OTHER SPECIL CLAUSES ATTACHED HEREON.

标　记 MARKS&NOS	包装及数量 QUANTITY	保险货物项目 DESCRIPTION OF GOODS	保险金额 AMOUNT INSURED
AS PER INVOICE NO. CH23010	**500 KGS (50CTNS)**	**CHLORDIAZEPOXIDE HCL**	**USD31812.00**

总保险金额

TOTAL AMOUNT INSURED: SAY U.S.DOLLARS THIRTY-ONE THOUSAND EIGHT HUNDRED AND TWELVE ONLY.

保费:　　启运日期:　　装载运输工具:

PERMIUM: AS ARRANGED　DATE OF COMMENCEMENT: AS PER B/L No.23CO-BHY0709　PER CONVEYANCE: Henghe Voy.121

自　　经　　至

FROM: NINGBO, CHINA　VIA ______　TO INCHEON KOREA

承保险别:

CONDITIONS: COVERING ALL RISKS AND WAR RISKS AS PER OCEAN MARINE CARGO CLAUSES, WAR RISKS CLAUSES(09/18/2009) FOR THE PEOPLE'S INSURANCE COMPANY OF CHINA (ABBREVIATED AS C.I.C ALL RISKS AND WAR RISKS) (WAREHOUSE TO WAREHOUSE CLAUSE IS INCLUDED).

所保货物,如发生保险单项下可能引起索赔的损失或损坏,应立即通知本公司下述代理人查勘。如有索赔,应向本公司提交保单正本(本保险单共有 1 份正本)及有关文件。如一份正本已用于索赔,其余正本自动失效。

IN THE EVENT OF LOSS OR DAMAGE WITCH MAY RESULT IN A CLAIM UNDER THIS POLICY, IMMEDIATE NOTICE MUST BE GIVEN TO THE COMPANY'S AGENT AS MENTIONED HEREUNDER.CLAIMS, IF ANY, ONE OF THE ORIGINAL POLICY WHICH HAS BEEN ISSUED IN ONE ORIGINAL(S) TOGETHER WITH THE RELEVENT DOCUMENTS SHALL BE SURRENDERED TO THE COMPANY .IF ONE OF THE ORIGINAL POLICY HAS BEEN ACCOMPLISHED.THE OTHERS TO BE VOID.

AGENT OF PICC AT KOREA:

KB INSURANCE CO. LTD. INCHEON BRANCH

TEL. +82323234567032

中国人民财产保险股份有限公司常州分公司

The People's Insurance(Property) Company of China Changzhou Branch

王祥

Authorized Signature

赔款偿付地点

CLAIM PAYABLE AT INCHEON IN USD

出单日期

ISSUING DATE 22 MARCH 2023

地址(ADD):中国常州市和平南 128 路八楼

邮编(POST CODE):213001

电话(TEL):(0519)8150007 8114833

传真(FAX):(0519)8150007 8114834

（14）装载运输工具（Per Conveyance S.S）。此栏填写需与提单上的船名和航次一致。如该船在中途需转船，则在第一程船名后加打第二程船名。如：S.S.“ROSE KING”to be transshiped at Hongkong on S.S...（装在海轮“ROSE KING”号，将于香港转上海轮“××”号）。如第二程船名无法确定，则在第一程船名后填写“W/T at Hong Kong”（将在香港转船）。若连转船地点也不知道，可填：S.S.“ROSE KING”and/or steamers（装在海轮“ROSE KING”号及或其他轮船）。

（15）开航日期（Slg.on or abt.）。填写已知的或预计的装船日期（与实际发生相差在5天之内均可）。海运方式一般填写“As per B/L No. ×××”。

（16）起讫地点（From...to...）。填写货物实际装运的启运港和目的港名称，必须和提单或其他运输单据相关栏目一致。例如，提单的装运港和目的港分别为广州和纽约，则此栏应填：“From Guangzhou to New York”；。如果提单的装运港和目的港分别为广州和纽约，需经中国香港转船，则此栏应填：“From Guangzhou to New York W/T at Hongkong”；。如果信用证要求海运至某目的港而保险至内陆，此栏应该在目的港后再填上内陆地名。例如，提单的装运港和目的港分别为上海和马赛，信用证要求投保至巴黎，则此栏应填：“From Shanghai to Marseilles and thence to Paris”。

（17）承保险别（Conditions）。本栏是保险单的中心内容，应按照信用证中保险条款要求填制。其中包括：a. 险别，包括主险及附加险。b. 保险条款，如CIC（中国保险条款）、ICC（伦敦协会货物保险条款）或AICC（美国协会货物保险条款）。c. 保险险别适用的保险条款的文本及制定或生效的日期等内容。如“Covering all risks and war risk as per CIC dated 09/18/2009...”（根据2009年9月18日制定的中国保险条款投保一切险与战争险）。英国伦敦保险协会及中国保监会下各会员保险公司在2009年都对相应的保险条款进行了修订。

（18）保险单的份数（Number of Insurance Policy）。此栏应按信用证要求填写大写英文的正本份数。根据UCP600的规定，正本保险单必须注明“Original”字样，并显示该套保险单正本的出具份数。

（19）保险勘查代理人（Insurance Survey Agent）。保险勘查代理人是指货物出险时负责勘查、理赔的承保人的代理人，此栏填写保险勘查人的名称及地址，其所在地一般在货物的进口地。保险勘查代理人一般由保险公司自己选定，如果信用证自行指定买方选择的代理人，则不应接受。这一栏在投保单上没有，保险公司缮制保单时会把它在目的地就近的保险代理人打上。第三章信用证业务的实际保单上的保险公司在仁川的代理人为KB INSURANCE CO. LTD. INCHEON BRANCH。

（20）赔付地点（Claim Payable at...）。按信用证规定填写赔付地点与币制。信用证如无规定，通常将目的地作为赔偿地点。此栏填写的内容为“At...（目的港或信用证有要求时，填符合信用证要求的地点）in...（货币名称）”。

（21）保险单的签发日期和地点（Date and Place）。保险单的签发日期应不早于货物离开仓库的日期，并且不晚于运输单据的装运日期，除非保险单据表明保险责任不迟于装运日生效。保险单签发地点一般为投保人所在地。

（22）保险公司签章（Authorized Signature）。此栏加盖与保单函头相同名称的保险公司或其代理人印章及负责人的签字。保险单由保险公司签章方能生效。根据UCP600第28条a款的规定，如果保险单据由保险公司的代理人（Agent）或代表（Proxy）出具并签字，代理人或代表的签字必须表明其是“代表保险公司或承保人”签字。

（23）附加条款（Additional Conditions）。如果信用证和合同对保险单有特殊要求，可将此特殊要求填写在保险单的适当位置（空白处）。如信用证要求“L/C No., date of issued and name of issuing bank must be indicated in all documents”（所有单据必须注明信用证号、开证日期及开证行名称），则应在保险单的空白处加注具体的信用证号码、开证日期及开证行名称，以满足信用证的要求。投保人在填写投保单时，应在备注栏把这些要求说清楚。

二、信用证关于货物运输保险单条款的举例与说明

信用证对保险条款的表述不尽相同，通常表述为“Insurance policy or certificate in duplicate endorsed in blank for 110% of invoice value covering all risks and war risks as per CIC dated 9/18/2009 with claim payable at port of destination in the currency of draft ”（保险单或保险凭证一式两份，空白背书，按发票金额的 110%投保中国保险条款 2009 年 9 月 18 日施行的一切险加战争险，按汇票所适用的货币在目的港赔付）。

以下就信用证中的保险条款内容进行举例与说明。

（一）关于保险单据的名称

受益人提交何种保险单据应根据信用证的规定。例如：

（1）信用证规定“Insurance policy or certificate...” 或“Insurance policy/certificate...”时，受益人（卖方）可提交保险单或保险凭证，即两者择一。

（2）信用证规定“Insurance policy...”时，受益人（卖方）只能提交保险单。

（3）信用证规定“Insurance certificate/declaration...”时，受益人（卖方）可以提交保险凭证或保险声明书，也可以用保险单代替保险凭证或保险声明书。

（二）关于保险单的抬头（Insured）与背书（Endorsed）

货物运输保险单和提单一样，是一种可以进行转让的单据。根据国际保险行业的习惯，保险单经被保险人背书后，其或有权益即随同被保险货物权利的转移而自动转让给受让人。

保险单的背书需在保险单的正本上进行。背书的方式分为记名背书和空白背书两种。其中：记名背书是指在保险单背面注明被保险人的名称和经办人的名字后，打上“Claim if any, Payable to ××× Company (Bank)”的字样；空白背书是指在保险单背面只注明被保险人（公司名称和经办人的签名）。

除非信用证另有规定，保险单多为空白背书。信用证往往规定“Insurance policy or certificate blank endorsed...”或“Insurance policy or certificate endorsed in blank...”（保险单或保险凭证，空白背书……）。

以下为信用证有关保险单背书方法的举例：

（1）信用证要求保险单做成“凭指示”抬头。如保险条款规定为“Insurance policy or certificate made out to order blank endorsed...”（保险单或保险凭证，做成凭指示抬头，空白背书……），按国际商会 ISBP821 第 K20 段 a 款，不支持这样的信用证条款，在保险单或保险凭证的被保险人（Insured）一栏填写受益人的名称，同时由受益人（出口公司）在保险单背面进行空白背书。

（2）信用证要求保险单做成以开证申请人抬头。如保险条款规定为“Insurance policy or certificate made out in name of applicant...”（保险单或保险凭证，做成以开证申请人为抬头……），在保险单或保险凭证的被保险人（Insured）一栏填写“××× Co. Ltd.”，受益人无须背书。这种条款要

求对受益人不利，因为在装船前发生保险损失，开让申请人没有可保利益，将可能出现三方纠纷。

(3)信用证要求保险单做成凭某特定方的指示抬头。如保险条款规定为"Insurance policy or certificate made out to order of ××× Co.Ltd(Bank)"[保险单或保险凭证，做成凭 ××× 公司(开证行)的指示抬头……]，这是 ISBP821 不支持的，按其第 K20 段 b 款，在保险单或保险凭证的被保险人(Insured)一栏内只需要填"××× Co. Ltd.(Bank)"，不需要有"to order of"(凭指示)字样，受益人无须背书。与上述申请人抬头一样，这种抬头要求受益人审慎考虑是否接受。

(4)信用证要求记名指示背书。如保险条款规定为"Endorsed to the order of ABC Co.Ltd"(背书成凭 ABC 公司的指示)，被保险人填受益人，并在保险单背面打上"Claim if any, payable to the order of ABC Co. Ltd."，然后签署被保险人的名称。

(5)信用证要求保险单做成第三者抬头，即中性投保，如"Insurance Policy issued in neutral name"或"Insurance Policy made out to bearer"(保险单做成中性抬头)，这是 ISBP821 不提倡的信用证条款，据 ISBP821 第 K20 段 a 款，在保险单或保险凭证的被保险人(Insured)一栏填上受益人名称，然后由受益人空白背书。

(6)信用证无特别规定或托收、T/T 汇款时，在保险单或保险凭证的被保险人(Insured)一栏填上卖方(即信用证受益人)，并由卖方空白背书。

应注意，凡以受益人为投保人的保单，受益人都要空白背书，以便转让。

(三)关于保险单的份数

中保公司(PICC)出具的保险单一式四份，包括正本(Original)和复联本(Duplicate)各一份，副本(Copy)两份。

(1)当信用证没有特别说明保险单份数或者信用证规定"Marine insurance policy or certificate in duplicate/in two folds/in 2 copies..."(保险单或保险凭证一式两份/两份/两套)时，可理解为提交一份正本(original)、一份复联本(duplicate，注意，此非副本)构成一套完整的保险单。

(2)信用证要求多份正本保险单，如规定"Insurance policy or certificate at least three originals and three copies..."(保险单或保险凭证至少三份正本及三份副本)，可在正本保险单上分别注明"The First Original"(第一正本)、"The Second Original"(第二正本)、"The Third Original"(第三正本)等，以示区别，交单时，必须将上述列明的全部三份正本如数提交给银行，并附三份副本或正本复印件。

(四)关于保险金额

保险金额按合同和信用证要求填制，至少按发票总金额的 110%投保。如信用证对投保金额未作规定，投保金额须至少为货物的 CIF 或 CIP 价的 110%。如信用证规定：

(1)"Insurance policy/certificate in triplicate endorsed in blank for 110% of invoice value covering...", 该信用证要求保险金额应为发票金额的 110%。

(2)"Insurance policies/certificate in two fold for invoice value plus 10% covering...", 该信用证要求保险金额应为发票金额加成 10%。

(3)"Insurance policies/certificate for 110% full CIF invoice value covering...", 该信用证要求保险金额应为 CIF 发票金额的 110%。

上述信用证的规定，保险金额均为发票金额的 110%。

(4)"Insurance policies/certificate in duplicate any additional premium to cover uplift between

10% and 15% may be drawn in excess of the credit value…”,该信用证规定保险费如增加10%~15%,超出部分可在本证金额以外支付。本证没有直接规定保险金额比例,但据Intercoms 2020或UCP600,至少得是货物CIF价的110%,但从保费的增加来看,保险金额应大于货物CIF价的110%。

(五)关于保险的险别

(1)信用证应规定保险的险别及附加险(如果有)。如信用证未规定具体的险别或只笼统地规定“Marine Risk”(海险)、“Usual Risk”(通常险别)或“Customary Risk”(惯常险别)等,办理投保时,依INCOTERMS 2020的规定,CIP术语须按ICC(A)条款或CIC一切险等类似条款投保,CIF术语可按基本险中最低险别进行投保[如ICC(C)条款或CIC平安险等],无论是否有漏保的风险,提交这种保险单据将被银行接受。

(2)保险单据必须显示信用证规定的险别。当信用证要求投保“一切险”时,如保险单据载有任何“一切险”批注或条款,即使该保险单据声明不包括某些风险,如保险单据表明投保ICC(A)条款,均符合信用证关于“一切险”条款或批注的要求,这种保险单据将被银行接受。

(3)保险单据的险别可以注明受“相对免赔率”(franchise)或“绝对免赔率”(deductible/excess)的约束。“免赔率”(franchise)是保险公司针对散装粮食、易碎、易破、易损耗等特定的货物所做的“免责”规定。具体分为以下三种:一是相对免赔率,指货损比例不超过免赔率保险公司不赔,超过则赔偿全部损失;二是绝对免赔率,指货损比例不超过免赔率保险公司不赔,超过则只赔超过的部分;三是不计免赔率(IOP,Irrespective of Percentage),指在保险责任的范围内,货损多少保险公司就赔多少。如信用证的保险条款为“Insurance policy or certificate in duplicate covering all risks and war risks including breakage in excess of five percent and W/W up to applicant's storehouse in Kuwait.”(保险单或保险凭证一式两份;投保一切险加战争险,包括破碎损失有5%的绝对免赔率;保险责任起讫适用仓至仓条款,负责到开证申请人科威特的仓库为止)。

需注意的是,一份保险单内不允许同时显示两种保险条款,即不允许一份保险单既按CIC条款又按ICC条款投保。

(六)信用证关于保险条款的举例与操作

(1) Insurance policies or certificate in two fold payable to the order of Citibank, New York. Covering all risks as per ocean marine cargo clause of the People's Insurance Company of China dated 09/18/2009, including aflatoxin for invoice value plus 10% including warehouse to warehouse up to the final destination at New York, marked premium paid, showing claims if any, payable in the USA.

操作:a. 提交保险单或保险凭证两份。b. 被保险人(抬头)填写受益人名称,然后由受益人做以下背书:Claimif any, Payable to the order of Citibank, NewYork。c. 保险金额是发票金额的110%。d. 承保条件填写:All risks as per ocean marine cargo clause of the People's Insurance Company of China dated 09/18/2009, including aflatoxin, including warehouse to warehouse up to the final destination at New York。e. 保单上打印PREMIUM PAID。f. 理赔地点填写The USA。

(2) Insurance policies in two fold issued to the applicant, covering risks as per Institute Cargo Clauses(A), and Institute War Clauses (cargo) including warehouse to warehouse clause up to final destination at Kuala Lumpur for at least 110% of CIF value, showing claims if any payable in Kuala Lumpur, naming settling agent in Kuala Lumpur.

操作：a. 提交保险单一式两份；b. 被保险人填写开证申请人的名称，受益人无须背书；c. 至少按 CIF 价发票金额的 110% 投保；d. 承保条件按伦敦保险协会条款投保 ICC（A）和协会战争险，包括仓至仓条款到达最后目的地 Kuala Lumpur（吉隆坡）；e. 注明在吉隆坡赔付，同时表明在吉隆坡理赔代理人的名称。

（3）Insurance certificate three originals and three copies endorsed in blank for 110% of invoice value covering all risks and war risks as per CIC with claims payable at Singapore in the currency of draft (irrespective of percentage), including 60 days after discharges of the goods at port of destination (of at station of destination) subject to CIC.

操作：a. 提交保险凭证，可用保险单代替，三份正本，三份副本；b. 被保险人填写受益人名称，并做成空白背书；c. 保险金额是发票金额的 110%；d. 投保中国保险条款的一切险和战争险，按汇票所使用的货币在新加坡赔付（无免赔率），并根据中国保险条款，保险期限为在目的港卸船（或在目的地车站卸车）后 60 天。

思考与练习

一、思考题

1. 保险单据有何作用？
2. 根据 UCP600 的解释，在信用证支付方式下，银行接受的保险单的种类有哪些？
3. 保险单的被保险人一栏应如何填写？
4. 保险单中"货物描述"一栏可否使用货物的统称？
5. 如何掌握保险单的签发日期？
6. 如何掌握保险单份数的使用？
7. 如何理解信用证关于保险金额的规定？
8. 如何处理信用证关于保险险别的规定？

二、实操题

根据下面信用证的相关内容及补充资料缮制保险单。

（一）信用证相关资料

L/C NO. BH-00842

L/C AMOUNT：USD 20000.00

BENIFICIARY：GUANGDONG HAOLI TRADING IMPORT AND EXPORT CORP.

…

LIST OF DOCUMENTS

…

INSURANCE POLICY OR CERTIFICATE IN DUPLICANT ENDORSED IN BLANK FOR 110PCT INVOICE VALUE COVERING ALL RISKS AND WAR RISKS AS PER CIC DATED 09/18/2009 WITH CLAIMS PAYABLE AT SEATTLE IN THE CURRENCY OF DRAFT MARKED PREMIUM PAID

…

GOOGSDESCRIPTION：
10,000 PIECES OF PROCELAIN LUCK CATS
USD 2.00 PER PC CIF SEATTLE PACKING IN CARTONS OF 25PCS EACH
DETAILS AS PER S/C HL09003 DATED 08/15/2023

（二）补充资料

（1） VESSEL'S NAME：KING ROSE V.769
（2） INSURANCE CHARGES：USD 33.00
（3） PORT OF LOADING：HUANGPU
（4） B/L DATE：20 OCT.2023
（5） POLICY NO.：DK09/2367008654
（6） INVOICE NO.：GZHL-09012
（7） INSURANCE ISSUED BY：PICC GUANGZHOU BRANCH 肖克
（8） SHIPPING MARK：

I.T.C.
S/C HL09003
SEATTLE
NO.1—400

（9）保险公司在西雅图的勘查代理人：

Jhons Insurance Survey Company Ltd.
Add：No.135 W.A Str. Seattle Washington, USA
Tel：+1(206)3254110

空白保险单

中国人保财险

中保财产股份有限公司广东分公司

The People's Insurance (Property) Company of China, Ltd.Guang Dong Branch

总公司设于北京 一九四九年创立

Head Office Beijing Established in **1949**

货物运输保险单

CARGO TRANSPORTATION INSURANCE POLICY

发票号(**INVOICE NO.**) 保单号次

合同号(**CONTRACT NO.**) **POLICY NO.**

信用证号(**L/C NO.**)

被保险人:

Insured:

中保财产股份有限公司广东分公司(以下简称本公司)根据被保险人的要求,由被保险人向本公司缴付约定的保险费,按照本保险单承保险别和背面所载条款与下列特款承保下述货物运输保险,特立本保险单。

THIS POLICY OF INSURANCE WITNESSES THAT THE PEOPLE'S INSURANCE COMPANY OF CHINA (HEREINAFTER CALLED"THE COMPANY") AT THE REQUEST OF THE INSURED AND IN CONSIDERATION OF THE AGREED PREMIUM PAID TO THE COMPANY BY THE INSURED, UNDERTAKES TO INSURE THE UNDERMENTIONED GOODS IN TRANSPORTATION SUBJECT TO THE CONDITIONS OF THIS OF THIS POLICY AS PER THE CLAUSES PRINTED OVERLEAF AND OTHER SPECIL CLAUSES ATTACHED HEREON.

标 记 MARKS&NOS	包装及数量 QUANTITY	保险货物项目 DESCRIPTION OF GOODS	保险金额 AMOUNT INSURED

总保险金额

TOTAL AMOUNT INSURED:______________________________

保费: 启运日期 装载运输工具:

PERMIUM:____________ DATE OF COMMENCEMENT:____________ PER CONVEYANCE:____________

自 经 至

FROM____________ VIA____________ TO____________

承保险别:

CONDITIONS:

所保货物,如发生保险单项下可能引起索赔的损失或损坏,应立即通知本公司下述代理人查勘。如有索赔,应向本公司提交保单正本(本保险单共有____份正本)及有关文件。如一份正本已用于索赔,其余正本自动失效。

IN THE EVENT OF LOSS OR DAMAGE WITCH MAY RESULT IN A CLAIM UNDER THIS POLICY, IMMEDIATE NOTICE MUST BE GIVEN TO THE COMPANY'S AGENT AS MENTIONED HEREUNDER.CLAIMS, IF ANY, ONE OF THE ORIGINAL POLICY WHICH HAS BEEN ISSUED IN____ORIGINAL(S) TOGETHER WITH THE RELEVENT DOCUMENTS SHALL BE SURRENDERED TO THE COMPANY .IF ONE OF THE ORIGINAL POLICY HAS BEEN ACCOMPLISHED.THE OTHERS TO BE VOID.

中保财产股份有限公司广东分公司

The People's Insurance (Property) Company of China, Ltd.Guangdong Branch

赔款偿付地点

CLAIM PAYABLE AT____________

出单日期

ISSUING DATE____________

____

Authorized Signature

地址(ADD):中国广州市八旗二路

邮编(POST CODE):510000

电话(TEL):13416103268

传真(FAX):(020)38479253

第九章　运输单据

【学习目标】 了解运输单据的种类与作用以及海运提单的性质与特点；掌握出口货物托运单的缮制方法；熟悉海运提单的内容并理解信用证中有关海运提单的条款；掌握海运提单的缮制方法并能处理制单中常见的问题；了解航空运单、国际铁路运单的内容并掌握其缮制要领。

第一节　运输单据概述

国际贸易采用的运输方式有水上运输、航空运输、铁路运输、公路运输、国际多式联运等。不同的运输方式必须使用不同的运输单据。

一、运输单据的概念

运输单据(Transport Documents)泛指在国际货物运输中，由承运人、进出口货物收发货人、货运代理人签发的，在组织货源、托运订舱、检验检疫、海关申报、货物装运、交货提货、银行结汇、数据交换等业务环节，用于货物运输操作、管理以及证明国际货物运输的一切单证、收据、凭证和电子报文。运输单据主要包括出口货物托运委托书、海运提单、航空运单、国际铁路联运单等。

货物装运后，承运人签发给托运人的运输单据，是交接货物、处理索赔与理赔、结算货款或进行信用证款项兑用的重要单据。运输单据是国际贸易活动不可或缺的重要组成部分，并且是国际贸易单证中最重要的单据之一。

二、运输单据的分类

运输单据主要分为两大类：一类为托运人向承运人填写并签署的“出口货物托运单”，另一类为承运人向托运人签发的运输单据。

UCP600 提及的运输单据有七大类：

(1)多式运输单据或联合运输单据(Multimodal or Combined Transport Document)，即至少包括两种不同运输方式的运输单据(A transport document covering at least two different modes of transport)。

(2)海运提单(Bill of Lading，B/L)。

(3)不可转让海运单(Non-negotiable Sea Waybill)。

(4)租船合同提单(Charter Party Bill of Lading)。

(5)空运单据(Air Transport Document)。

(6)公路、铁路或内陆水运单据(Road，Rail or Inland Waterway Transport Documents)。

(7)快递收据、邮政收据或投邮证明(Courier Receipt, Post Receipt or Certificate of Posting)。

本章主要介绍国际贸易实务中常用的运输单据:海运托运单(见表9-1)、海运提单(见表9-2)、航空运单(见表9-3)、国际铁路运单(见表9-4、表9-5)的内容与缮制方法。

第二节　出口货物托运单

一、海运出口货物托运单的含义与作用

(一)海运出口货物托运单的含义

海运出口货物托运单(Booking Note for Export Cargo,B/N)是发货人根据买卖合同或信用证的有关内容填写并盖章确认的,递交给承运人委托办理货物运输的书面凭证,是托运人向承运人(船公司)订舱的主要依据。

托运单虽然不是结汇单据,却是缮制提单的主要依据。出口公司办理订舱时,应按合同或信用证有关条款及内容填制"托运单"或"订舱委托书"(Shipping Note)递交船公司预订舱位。也就是说,出口公司本身开展托运业务,需填写托运单,如果出口公司不办理运输业务,则填写订舱委托书委托代理订舱。

(二)海运托运单的作用

海运托运单是托运人与承运人之间运输合同的书面记录,是办理托运的凭证,是出口货物报关的货运单据,是船公司接受订舱配载的依据,也是船公司日后签发提单的原始依据。它虽然不作为出口结汇的正式单据,却作为制作提单的主要依据。

托运单一式数联,分别由出口企业、船公司或货代公司留底或者作为运费通知等。常见的纸质托运单一式十二联,各联的作用如下:第一联:由船务代理公司留存。第二联、第三联:运费通知。其中一联向出口单位收取运费用,另一联由船务代理留底。第四联:装货单(Shipping Order, S/O),须经船务代理盖章有效。海关完成验关手续后,便在装货单上加盖海关放行章,因此装货单也称"关单"。船方凭关单收货装船,因此装货单也称"下货纸",船方在收货后将其留存。第五联:收货单(Mate's Receipt)也称大副收据。货物装船完毕,由船长或大副在收货单上签收后交货方,凭以向船务代理换取正本提单。如果大副在此单上批注货物包装不良或有残损等事项,这些批注将全部转移到提单上,使之成为不清洁提单。第六联:货运代理留底。第七联、第八联:配舱回单。其中一联由货运代理在船只配定后退给托运人。第九联:货主留底。第十联:缴纳出口货物港务费申请书。由港务部门留存并以此联计算港务费用。此外,再附空白格式的两联,由码头做桩脚标记和码头仓库存查之用。以上共为一式十二联,其中第四联装货单与第五联收货单是托运单的核心内容。

二、海运托运单的内容与缮制

目前,无论使用纸质托运单还是电子托运单,以下内容和缮制规范都是一样的(见表9-1)。

(1)托运人(Shipper)。填写托运人的名称和详细地址、联系电话、传真号。托运人可以是货主、货主的贸易代理人、货主的货运代理人。在信用证结算方式下,托运人一般为信用证的受益人,列明受益人的名称、地址和联系方式。

表 9-1　海运出口货物托运单样例(以第三章信用证样例为例)

BOOKING ORDER(托运单)

<table>
<tr><td colspan="2">1.SHIPPER
CHANGZHOU BAOYAO PHARMACEUTICALS CO. LTD
MEILONGBA SOUTHERN SURRBS
CHANGZHOU JIANGSU, 213004 CHINA</td><td rowspan="3">中远集装箱运输有限公司
海运托运单
COSCO CONTAINER LINES
SHIPPING ORDER
TLX:33057 COSCO CN
FAX:+86(21) 6545 8984</td></tr>
<tr><td colspan="2">2.CONSIGNEE
TO THE ORDER OF BANK OF CHINA SEOUL BRANCH INCHEON BRANCH</td></tr>
<tr><td colspan="2" rowspan="2">3.NOTIFY PARTY
APOTEX INC., 114,YEONG JONG-DAERO,JUNG-GU INCHEON KOREA</td></tr>
<tr><td>11.装运日期　22 MARCH 2023</td></tr>
<tr><td rowspan="3">4.VESSEL/VOY
Henghe Voy.121</td><td rowspan="3">5.PORT OF LOADING
NINGBO,CHINA</td><td>12.接货地点</td></tr>
<tr><td>13.提单份数 THREE ORIGINAL</td></tr>
<tr><td>14.是否转运　允许</td></tr>
<tr><td>6.PORT OF DISCHARGE
INCHEON KOREA</td><td>7.PLACE OF DELIVERY</td><td>15.运费支付方式
FREIGHT PREPAID</td></tr>
<tr><td colspan="3">
<table>
<tr><td>8.Marks & No.</td><td>9.Description of goods</td><td>10.Quantity</td><td>G.W.(kgs)</td><td>Meas.(M^3)</td></tr>
<tr><td>APOTEX
4500189719
INCHEON
CTN No.1-50</td><td>50 CARTONS OF
CHLORDIAZEPOXIDE HCL
L/C NO.BMT0629292IM</td><td>500 KGS(N.W.)</td><td>520.00 KGS</td><td>6.000 M^3</td></tr>
</table>
</td></tr>
<tr><td colspan="3">SHIPPER'S SEAL & SIGNED(托运人签章):
CHANGZHOU BAOYAO PHARMACEUTICALS CO.LTD

联系人:韩飞　　电话:(0519)8143120　8143121　　传真:(0519)8143120</td></tr>
</table>

(2)收货人(Consignee)。填写收货人的名称和详细地址、联系电话、传真号。填写信用证规定的提单收货人。在信用证结算方式下,收货人的规定通常有以下两种表示方法:

①记名收货人。填写信用证规定的实际收货人的名称、地址。记名收货人也可以是货运代理人。如以 FOB 贸易方式出口,货主委托货运代理托运并且运费到付时,承运人提单上收货人是货运代理人,货代提单上收货人是实际收货人。

②指示收货人。填写信用证规定的"To order"(凭指示)或"To the order of ×××"(凭 ××× 的指示)。这种指示收货人掩饰了具体的收货人的名称和地址,使单据可以转让,在空白指示(To order)的情况下,托运人有权控制和转让单据。在记名指示(To the order of ×××)的情况下,记名人有权控制和转让单据。承运人一般不接受一票货物有两个或两个以上收货人。

(3)通知人(Notify Party)。填写船方发送到货通知的对象的名称和地址。在信用证结算方式下,严格按运输单据中"Notify"或"Notify party"(通知人)规定的"Applicant"或其他具名人填写其名称和详细地址。在其他结算方式下,一般填写进口商的名称和地址、联系方式等。

(4)船名与航次(Vessel/Voy)。本栏由货运代理和船舶代理填写。

(5)装运港(Port of Loading)。按信用证规定填写具体的装运港。如信用证未规定具体港口，则填写货物实际装运港口的全称。此栏依照信用证 44E 栏填写。

（6）卸货港（Port of Discharge）。按信用证规定填写具体的卸货港或目的港。如信用证未规定具体港口，则填写实际货物被最后卸离船舶的港口全称，必要时加上港口所在国家（地区）的名称。此栏依照信用证 44F 栏填写。

（7）交货地点（Place of Delivery）。此栏只在多式联运时使用，与信用证 44B 栏相对应，为货物卸离海港后的最终内陆交货地点。有时最终目的地与卸货港相距较远，需明确从卸货港到最终目的地的费用由谁支付，才可以填写目的地。常见的承运人提单显示卸货港，在货代提单上才显示最终目的地，由货代的卸货港海外代理在卸货港支付从装运港到卸货港的运费给承运人，并从承运人处取货后，自行用其他运输工具将货物运至最终目的地，货代向收货人收取从装运港到最终目的地的全程运费后，将货物交给真正的收货人。

（8）唛头（Shipping Mark）。填写货物外包装上的运输标志。必须严格按信用证或合同规定填写，如信用证或合同未做规定，受益人（卖方）可自行设计一个合适的唛头。托运单上的唛头与实际货物唛头不一致时，承运人或海关可以认为是单货不一致而拒绝放行或装运。

（9）货物名称（Description of Goods）。一般只填写货物的概括性名称（统称），只要不与信用证或合同规定的名称矛盾。如果同时出口两类不同性质的货物，应分别填写两类货物的名称，如同时出口茶叶和茶具，应分别填写“茶叶”“茶具”。

（10）货物数量、重量、体积（Quantity, Weight, Measurement）。货物数量一般填写货物最大包装的件数及包装内货物的数量，用阿拉伯数字小写与英文单词大写表示包装件数。如托运总箱数为 50 纸箱，则填写“50 Cartons”与“SAY FIFTY CARTONS ONLY”。如果货物的包装材料不同或同一批出运的货物有不同的包装方式，应分别填列不同包装单位的件数，再表示总合计数，包装种类用件数统称“packages”表示，如出口中药材黄芪一批，纸箱装 100 纸箱和麻袋装 50 麻袋，则填写：

100 Cartons
 50 Gunny bags
———————
150 Packages

同时，英文大写合计为“SAY ONE HUNDRED AND FIFTY PACKAGES ONLY”。

货物重量一般填写货物的总毛重，以千克为计量单位，保留两位小数。

货物体积一般填写整批货物的尺码总数，包括各件货物尺码之和，还应包括件与件之间堆放时的合理空隙所占的体积，以立方米为计量单位并保留三位小数。

（11）装运期（Shipment Date）。装运期指货物最迟装运期限，应严格按信用证规定的装运日期填写。装运日期可以使用阿拉伯数字，也可以使用英文与阿拉伯数字一起表示，如 2023/10/22 或 Oct.22，2023。

（12）接货地点（Place of Receipt）。承运人接收监管货物的地点，用中英文对照填写。此栏只在多式联运时使用，与信用证 44A 栏相对应。

（13）提单份数（Number of Original B/L）。按信用证要求填写所需签发的提单正本份数，以及可能要求的副本份数。

（14）转运（Transshipment）。按合同或信用证填写“允许”或“不允许”。

（15）运费（Freight Charges）。按合同或信用证规定填写“Freight Prepaid”（运费预付）、

"Freight Paid"(运费已付)、"Freight Collect"(运费到付)等。

(16)托运人签章(Shipper's Seal & Signed)。托运人在完成上述内容的填写后,必须盖章签字,以示确认。

集装箱货物托运单、空运货物托运单与海运托运单因运输方式不同而内容有所差异,但主要内容一致,具体样式见附录样单,填写方法可参考海运托运单的填法,不再另做解释。

第三节　海运提单

一、海运提单的定义和作用

(一)提单的定义

海运提单(Ocean Bill of Lading,B/L,简称提单)是指用以证明海上货物运输合同和货物已经由承运人接受或装船,以及承运人保证据以交付货物的单证。

(二)海运提单的性质与作用

(1)海运提单是海上货物运输合同的证明(Evidence of the contract carriage)。

(2)海运提单是承运人或其代理人签发的货物收据(Receipt for the goods)。

(3)海运提单是一种货物所有权的凭证(Document of title)。

货物抵达目的港后,提单的货物所有权人可以凭提单提取货物,因此提单具有物权凭证的性质。提单的货物所有权人还可经过背书将提单转让他人,从而转让货物所有权,也可在市场上将提单当作有价证券流通使用,如凭提单向银行办理抵押贷款或叙做押汇。

从国际贸易业务和运输业务角度看,海运提单的作用是承运人有条件地为托运人运输货物的书面确认,是银行结汇单据中最重要的单据,是货主与货代之间、货代与承运人之间或货主与承运人之间的支付或收取运费的凭证,同时也是在经济上互相制约的有效文件。

二、提单的种类

按照不同的标准,可将提单分为不同的类型。

(1)按表现形式,可分为纸质提单(Bill of Lading,B/L)和电子报文提单(Electronics Bill of Lading)。

(2)按货物是否装船,可分为已装船提单(On Board B/L)和收妥待运提单(Received for Shipment B/L)。

(3)按货物外包装的状况,可分为清洁提单(Clean B/L)和不清洁提单(Unclean B/L,Foul B/L)。

(4)按提单收货人不同,可分为记名提单(Straight B/L)、不记名提单(Bearer B/L,Open B/L)和凭指示提单(Order B/L)。

(5)按运输方式不同,可分为直达提单(Direct B/L)、转船提单(Transshipment B/L)和多式联运提单(Multimodal or Combined Transport Document)。

(6)按船舶经营方式不同,可分为班轮提单(Liner B/L)和租船提单(Charter Party B/L)。

(7)按提单签发人不同,可分为承运人提单(Master B/L)、无船承运人提单(NVOCC B/L)和货代提单(House B/L)。

(8)按提单的装船日期与实际装船日期有异,可分为顺签提单(Post-date B/L)、倒签提单(Anti-date B/L)和预借提单(Advanced B/L)。

三、海运提单的内容与缮制

海运提单(见表9-2)主要包括以下内容:

(1)托运人(Shipper)。填写托运人即发货人(Consignor)的名称和地址。信用证项下此栏的填写方法如下:

①信用证无指定,则信用证的受益人就是提单的发货人,在此栏填写受益人的名称和地址。

②信用证规定发货人是受益人以外的第三者,此栏不可填写受益人,这种提单称为第三者提单(Third Party B/L)或中性提单(Neutral B/L)。这种提单往往在信用证和合同中做相应的规定"THIRD PARTIY B/L ACCEPTABLE"。在实务中,拼箱时货代公司将自己公司名称填在这一栏。

③托收或汇付项下一般填写卖方的名称和地址。

(2)收货人(Consignee)。收货人即提单的抬头,是提单的要项。此栏的填写与海运托运单"收货人"一栏的填写完全一致,应严格按合同或信用证的有关规定填写。在信用证项下,通常以"Made out to/Consigned to/Issued to/In the name of"引出收货人,缮制提单时,将"To/of"后的内容填入收货人栏。提单的抬头有记名抬头、不记名抬头和指示抬头三种缮制方法,具体填写方法如下:

①记名抬头提单。如信用证规定"Full set of clean on board B/L consigned to the applicant (ABC Company, Seoul, Korea)...",则在收货人栏填写"ABC Company, Seoul, Korea"(交给ABC公司)。

②不记名抬头提单。如信用证规定"Full set of clean on board B/L consigned to the bearer...",则在收货人栏填写"the bearer"(交给来人)。

③指示抬头提单。如信用证规定"Full set of clean on board B/L made out to order...",则在收货人栏填写 "To order" (凭指示);如信用证规定"Full set of clean on board B/L made out to the order of ×××...",则在收货人栏填写"To the order of ×××" (凭×××的指示)。

一般信用证的结算方式使用指示抬头。托收或汇付方式一般做成不记名(空白)指示或托运人指示提单,即在此栏填写"To order"或"To order of shipper"等字样。

(3)被通知人(Notify Party)。此栏填货物到达目的港船方发送到货通知的对象。这一栏内容的填写与托运单的相同栏目完全一样。具体填写方法如下:

①如是记名或收货人指示提单,收货人一栏已有详细地址,此栏可不填或填"SAME AS CONSIGNEE"。

②如是空白指示或托运人指示提单,则必须填写被通知人名称和详细地址,否则船方无法与收货人联系。

③在信用证项下的提单,当信用证对提单被通知人有具体规定时,必须严格按信用证规定填写。如信用证规定"Full set of clean on board B/L made out to order notify the applicant...",则应将开证申请人的名称和详细地址填入本栏。

表 9-2　海运提单样例(以第三章信用证样例为例)

1. Shipper Insert Name, Address and Phone CHANGZHOU BAOYAO PHARMACEUTICALS CO. LTD. MEILONGBA SOUTHERN SURRBS CHANGZHOU JIANGSU, 213004 CHINA	20.B/L No.23CO-BHY 0709 **中远集装箱运输有限公司(21)** COSCO CONTAINER LINES **TLX:33057 COSCO CN** **FAX:+86(21) 6545 8984**
2. Consignee Insert Name, Address and Phone TO THE ORDER OF BANK OF CHINA SEOUL BRANCH INCHEON BRANCH	**ORIGINAL** 21.Port-to-Port or Combined Transport **BILL OF LADING**
3. Notify Party Insert Name, Address and Phone (It is agreed that no responsibility shall attach to the Carrier or his agents for failure to notify) APOTEX INC., 114,YEONG JONG-DAERO,JUNG-GU INCHEON KOREA	RECEIVED in external apparent good order and condition except as otherwise noted. The total number of packages or unites stuffed in the container, the description of the goods and the weights shown in this Bill of Lading are furnished by the Merchants, and which the carrier has no reasonable means of checking and is not a part of this Bill of Lading contract. The carrier has Issued the number of Bills of Lading stated below, all of this tenor and date, one of the original Bills of Lading must be surrendered and endorsed or signed against the delivery of the shipment and whereupon any other original Bills of Lading shall be void. The Merchants agree to be bound by the terms and conditions of this Bill of Lading as if each had personally signed this Bill of Lading. SEE clause 4 on the back of this Bill of Lading (terms continued on the back hereof, please read carefully). * Applicable only when document used as a Combined Transport Bill of Lading.
4. Combined Transport * Pre-carriage by | 5. Combined Transport * Place of Receipt	
6.Ocean Vessel Voy. No. Henghe Voy.121 | 7.Port of Loading NINGBO, CHINA	
8.Port of Discharge INCHEON KOREA | 9.Combined Transport * Place of Delivery	

10. Marks & Nos. Container/Seal No.	11. No. of Containers or Packages	12. Description of Goods (If Dangerous Goods, See Clause 20)	13. Gross Weight Kgs	14. Measurement
APOTEX 4500189719 INCHEON CTN No.1-50	50CTNS	CHLORDIAZEPOXIDE HCL L/C NO.BMT0629292IM FREIGHT PREPAID	520.00 KGS.	6.000 M^3
		Description of Contents for Shipper's Use Only (Not part of This B/L Contract)		

15. Total Number of containers and/or packages (in words)　　SAY TOTAL FIFTY CTNS ONLY.
Subject to Clause 7 Limitation

16. Freight & Charges Declared Value Charge	Revenue Tons	Rate	Per	Prepaid	Collect

Ex. Rate:	Prepaid at	Payable at	18. Place and date of issue NINGBO, CHINA 22 MARCH 2023
	Total Prepaid	17. No. of Original B(s)/L THREE(3)	19. Signed for the Carrier COSCO CONTAINER LINES

LADEN ON BOARD THE VESSEL Henghe Voy.121　　Port of loading Ning Bo　　顾江　AS CARRIER
DATE　22 MARCH 2023　　BY　　COSCO　顾江

④若信用证中未规定被通知人,正本提单被通知人一栏可留空不填(如船方要求一定要填写,可填开证申请人名称及地址,银行可以接受但不必进行审核),但无论如何副本提单上要注明开证申请人(Applicant)的名称及详细地址,否则船方无法发送到货通知。

(4)前程运输(Pre-carriage by)。多程运输时,填写第一程运输的运输工具;如货物不是多程运输,则此栏留空。

(5)接货地(Place of Receipt)。多程运输时,填写出运地承运人接收货物的港口名称或地点,对应信用证的44A栏;如货物不是多程运输,则此栏留空。

(6)船名及航次(Name of Vessel,Voy.No)。填实际所装运的船名,如系班轮,要加注航次号。多程运输时,填写货物所装第二程船的船名和航次;如不是多程运输,填写货物所装第一程船的船名和航次。

(7)装运港(Port of Loading)。按信用证规定填写实际的装运港口名称。如信用证未规定具体港口,只是笼统规定装运港为"Chinese Port"(中国港口),制单时要填入实际的装船港口,且在装运港后需加注"China"字样,如"Qingdao,China"。如果信用证列出几个装运港(即选择港),制单时,不得照抄,而应填入实际的装船港口。多程运输时,填写货物第二程运输的装运港,对应信用证的44E栏。

(8)卸货港(Port of Discharge)。填写货物实际卸下的港口名称。卸货港应具体化,如是同名港口,须加注国别或地区。如信用证规定卸货港为"欧洲港口"(European Port),应填写具体的卸货港名称,如"Hamburg"。如信用证规定选择港为"Seattle/Los angeles/Oakland"(西雅图/洛杉矶/奥克兰),则表示为卖方选港,只填写其中一个港口;如信用证规定选择港为"Option Seattle/Los angeles/Oakland",则表示为买方选港,应依次全部照填。此栏对应信用证的44F栏。

根据UCP600的规定,在租船方式下,运输单据的卸货港可以按信用证中规定显示为一组港口或某个地理区域。

(9)交货地点(Place of Delivery)。填写最终目的地名称,此栏对应信用证的44B栏。如最终目的地就是卸货港,则此栏留空。

(10)集装箱号、铅封号与唛头(Container No.,Seal No.,Marks and Nos.)。按实际情况填写集装箱号、铅封号和唛头。唛头应与发票等单据的相同栏目一致,当信用证无规定时,箱装货,可按发票上的唛头填写,散装货,则写上"N/M"。托运时,只有要求船公司提供的集装箱规格类型及数量,没有其他集装箱信息,但在提单上必须填报每一个集装箱的箱号、铅封号。这些集装箱信息(箱号与对应的铅封号)是装船和补料阶段托运人提供给船公司的。

(11)货物包装及件数(Number and Kind of Packages)。填写实际装运的最大包装数量和包装单位,如"100 Cartons"(100纸箱);同时,在大写合计栏填写英文单词表示的总件数"SAY ONE HUNDRED CARTONS ONLY"。

如货物包括两种以上不同包装单位,应分别填列不同包装单位的数量,再表示总合计数。例如:

300 bags
500 drums
———————
800 packages

同时,在大写合计栏填写"SAY EIGHT HUNDRED PACKAGES ONLY"。

散装货物件数栏只填“In Bulk”，大写合计栏可不填。

（12）货物的描述（Description of Goods）。一般只填货物的名称，应与托运单相应栏目填写相同。货名应符合信用证规定，并与发票及其他的单据一致。根据UCP600第14条e款的规定，提单中的货物描述可以使用概括性用语，但不能与信用证中货物描述（即商业发票中的货物描述）抵触。

应注意的是，货物描述使用统称或概括性用语，不能理解为使用商品的集合名称，如“garments”（服装）、“footware”（鞋类）等。在有些国家（地区），提单如使用类似商品的集合名称描述，货物进口清关时会遇到麻烦。

例如，商业发票中货物描述栏显示“Men's training trousers；Children's training trousers”，提单货物名称不能简单合并为“Men's/Children's training trousers”。这是因为，符号“/”既可表示“和”，也可表示“或”，用于货物描述，容易产生歧义。

（13）毛重（Gross Weight）。填写总毛重。毛重一般用千克（kgs.）作为计量单位，按四舍五入处理，通常保留两位小数。

当货物没有毛重只有净重时，如裸装货物，可填写“N.W. ×× KGS”，不得留空。

（14）尺码（Measurement）。填写总体积。体积一般以立方米（M^3）为计量单位，通常保留三位小数，按体积计费时，一定要填写体积。

（15）大写包装单位数量（Total Number of P'kgs in Words）。把13栏的小写包装件数用英文单词表示填入本栏。开头一般写“SAY”，结尾写“ONLY”。如小写总件数为“100 Cartons”，则本栏填写“SAY ONE HUNDRED CARTONS ONLY”。如果信用证规定货物有包装，同时要求集装箱运输，则应同时注明大写的包装件数和集装箱个数，如“SAY FOUR HUNDRED CARTONS IN ONE TEU ONLY”（一个20英尺标准集装箱，共400纸箱）。

（16）运费支付（Freight and Charges）。填写运费支付情况。应参照发票中的价格术语填写。

在CIF、CFR条件下，应填写“运费已付”（Freight Paid）或“运费预付”（Freight Prepaid）；在FOB条件下，填写“运费到付”（Freight Collect/Freight Payable at Destination）。

（17）正本提单份数（No. of Original B/L）。在信用证项下，提单正本份数一定要按信用证的规定出具，并用英文单词（大写）填写，如“ONE”“TWO”“THREE”。

（18）提单签发地点与时间（Place and Date of Issue）。在实务中，提单签发日期除收妥备运提单外一般为装船日期，但这个日期不能视同提单日或装船日期。装船日期不能迟于信用证规定的装运期。在此，根据有关国际惯例，应掌握：

①每份提单必须有签发日期。其日期可在装船前、装船中、装船后。

②银行接受签发日期早于信用证开证日期的提单。但提单日（Date of B/L）即装船日（Date of Shipment）必须要在信用证规定的装运期内。实务中的提单日是以已装船批注的方式加注在提单上的。

③提单签发地点一般与装运港一致，如不一致，银行也可以接受。

（19）承运人签字（Signed for the Carrier）。提单须注明承运人名称，并由承运人或其具名代理人、船长或其具名代理人签字。根据UCP600第20条的规定，在签署提单的同时，还需注明签署人的身份，即“As carrier”（作为承运人）或“As agent”（作为代理人）。此外，如果签署人是代理人，还需注明其是承运人还是船长的代理，承运人的代理需有承运人的名称，船长的代理无须船长姓名。例如,提单的承运人为"SINOTRANS",承运人的具名代理人为"WAN HAI SHIPPING COMPANY"。签署提单具体处理如下:

①提单签署人为承运人。

提单第(21)栏显示:SINOTRANS

本栏签章:SINOTRANS(章)

×××(签字)As Carrier(作为承运人)

②提单签署人为承运人的具名代理人。

提单第(21)栏显示:SINOTRANS

本栏签章:WAN HAI SHIPPING COMPANY(章)

×××(签字)As agent for and on behalf of the carrier SINOTRANS

③提单签署人为船长。

提单第(21)栏显示:SINOTRANS

本栏签章:×××(签字)As Master of the carrier SINOTRANS

④提单签署人为船长的具名代理人。

提单第(21)栏显示:SINOTRANS

本栏签章:WAN HAI SHIPPING COMPANY(章)

×××(签字)

As agent for and on behalf of the master of the carrier SINOTRANS

注意:表 9-2 第(21)栏显示的"SINOTRANS"如果没有特别说明为"the carrier"(承运人),那么在签署栏一定要注明谁是承运人。

(20)提单号(B/L No.)。提单上必须注明承运人或其代理人指定的编号。提单号一般列在提单右上角,由提单的签发人统一编制。如果没有提单号,提单无效。提单号通常与船公司签发的装货单和收货单所用号码一致。提单号是查询、报检、报关、跟踪货物、收运杂费、归档等环节不可缺少的一项重要内容。

(21)承运人与提单的名称(Carrier and Name of B/L)。表明承运人与提单的名称。根据 UCP600 第 20 条的解释,提单,无论其名称如何,必须表明承运人名称,并由承运人或其具名代理人、船长或其具名代理人签署。

四、信用证关于海运提单条款的举例与说明

信用证关于提单条款的表述不尽相同,通常表述为:"Full set clean on board ocean bill of lading made out to order endorsed in blank marked freight prepaid notify applicant."(全套清洁的已装船的海运提单,做成凭指示抬头,空白背书,注明运费预付,通知开证申请人)。

以下对信用证中的提单条款内容进行举例并说明。

(一)关于提单的份数

提单的份数必须严格按信用证规定出具。UCP600 第 17 条规定,信用证如要求多份单据,则提交一份正本,其余提交副本即可,但此条款对提单不适用。这是因为,按 UCP600 第 20 条的规定,如签发多张正本提单,则需要全套正本。据此,当信用证要求一份以上正本提单时,受益人必须提交全套正本提单,而不能提交一份正本,其余份数以副本代替。

在出口单证实务中，信用证对提单份数的要求举例：

如信用证规定提单份数为“全套”(full set)，则按UCP600的规定，“开立全套正本提单可以是仅有一份正本提单或是一份以上正本提单”。在实务中，船公司一般提供一套三份正本，并在提单份数栏(No. of original B/L)填上“THREE”。

如信用证规定“Full set 3/3 original clean on board ocean B/Ls”，则制作一套三份正本提单，在提单份数栏填上“THREE”，并将三份正本一起提交给银行。

如信用证规定“Full set(at least three) original clean on board B/Ls...”，指制作全套至少三份正本提单，在提单份数栏填上“THREE”，并将三份正本提交给银行。

如信用证规定“Full set less one on board B/L”，指制作全套正本，向银行交单时减去一份正本。例如，签发三份正本提单，交单时，提交两份。另一份正本做何处理，信用证应做交代，如无交代，交单时提交全套三份正本提单银行也会接受。

正本提单一般注明正本“ORINGINAL”字样，以区别于副本提单。

(二)关于“清洁的、已装船的”海运提单

国(境)外开来的信用证一般都规定提供“……清洁的、已装船的海运提单”(...clean on board ocean B/L)。根据UCP600第20、27条的有关规定，银行拒绝接受明确载有货物或包装外表状况有缺陷批注的提单以及除非信用证另有规定，银行只接受“已装船”提单。

(1)清洁提单(Clean B/L)。清洁提单是指提单上没有任何明确表明“货物或包装有缺陷”的批注。提单上常见的货物或包装有缺陷的批注如下：

①“Five packages in damaged condition”(5件损坏。)

②“Ten cases sustained water damage”(10箱遭水渍。)

③“Insufficiently packed for ocean voyage”(包装不适海运。)

④“Iron strap loose or missing”(铁皮条松失。)

⑤“Seven bags torn”(7包扯破。)

⑥“Two cases short shipped”(2箱货短装。)

⑦“A few drums leaking or seeping”(有几桶渗漏。)

⑧“Some cases slightly broken”(几箱轻微破损。)

⑨“The cloth bags have been stained”(布袋遭污染。)

⑩“About five percent of goods have been crushed”(约5%的货物被压碎。)

在实务中，有时承运人为免去其责任，会在提单上声明对因包装性质而引起的损坏或损失予以保留条款，并不作为声明货物有缺陷，则银行对此不能以不清洁为由，拒受单据。以下三种情况不构成不清洁提单：

①不明确表示货物或包装有缺陷。如只批注“used cases”(旧包装箱)、“used drums”(旧桶)、“Second-hand gunny bags”(二手麻袋)等。

②强调承运人对于货物或包装性质所引起的风险不负责任的免责批注。如在集装箱提单上加注“said to contain”(据称内装)、“Shipper's load and count”(托运人装载和计数)等。

③否认承运人知晓货物的内容、重量、容积、质量或技术规格的批注。如“Shipper's load, count and seal, carriers not responsible for quality, quantity, packing, condition and/or nature of goods.”(发货人自装、自点、自封，承运人不负责货物的质量、数量、包装等条件的清点和复核。)，

这是船公司的一种自我保护措施，因为承运人提单上面的货物状况（件数、包装、重量、名称等）都是发货人提供的，承运人无法核实，只能用这个批注作为免责声明。

（2）已装船提单（On board B/L or Shipped B/L）。已装船提单是指货物已经装上指定船只后，承运人所签发的提单。这种提单必须注明船名与装船日期，除非信用证另有规定，银行通常只接受"已装船"提单。根据UCP600的规定，可通过以下两种方式表明货物已在信用证规定的装货港装上具名船只：

①提单上预先印就"已装船"文字。如"Shipped on board the vessel named herein apparent good order and condition..." 或 "Shipped in apparent good order and condition..."（在货物外表状况良好的条件下装上指定的船只……）。这种提单通常被称为"已装船"提单，提单上的签发日期就是装船日期，须在信用证规定的装运期内。

②如果提单上没有列明信用证规定的装运港，或载有"intended vessel"（预期船只），或类似关于船名的限定语，则货物装上指名船只后，承运人需在提单上加注"on board"（已装船），即注明装运港、实际船名、装船日期、承运人简签等内容，该批注的日期视为装运日期，而提单的签发日期不能视作装运日期。

（三）关于提单的背书（Endorse）

背书是实现提单转让的一种手段。经过背书后，提单本身所代表的物权便发生了变化，转让提单也就是转让了物权。根据提单的收货人（抬头）不同，可分为记名提单、不记名和指示提单。

（1）记名提单（Straight B/L），指提单收货人（consignee）一栏明确规定特定的收货人，即填写"Deliver to ××× Co. Only"。其特点是只能由特定收货人提货，托运人不能对提单背书进行转让。一般贵重物品运输较多使用该提单。

（2）不记名提单（Bearer B/L），指在提单收货人一栏留空或填写"To bearer"（交来人）。其特点是无须背书，可任意转让，即谁持有提单，谁就可以提取货物。

（3）指示提单（Order B/L），指在提单收货人一栏填写"To order"或"To the order of shipper/ ××× bank/ ××× Co. Ltd."。其特点是只有经过背书，才能进行转让。

提单的背书主要有空白背书、记名背书和指示背书等形式。

（1）空白背书，就是在提单的背面仅写上背书人（提单转让人）的名称并签字盖章。空白背书示例如下：

FOR ×××　　　　　　　　　　（背书人的名称）

SIGNED （签字）

（2）记名背书，就是在提单的背面不仅写上背书人及签字盖章，还列明被背书人的名称。记名背书示例如下：

DELIVER TO ×××　　　　　　　（被背书人名称）
FOR ×××　　　　　　　　　　（背书人名称）

SIGNED （签字）

(3)指示背书,指背书人在提单背面写明"凭×××指示"的字样,同时由背书人签字盖章。经过指示背书的指示提单还可以进行背书,但背书必须连续。指示背书示例如下:

DELIVER TO THE ORDER OF ×××　　(被背书人名称)

FOR ×××　　(背书人名称)

SIGNED (签字)

提单的抬头与背书直接关系到物权归谁所有和能否转让等问题,因此,一定要严格按照信用证要求办理。以下是出口单证实务中指示提单抬头的填写和背书方法举例:

(1)如信用证规定提单条款为"Full set of B/L made out to order endorsed in blank…"或"…Made onto order endorsed in blank…",则在提单收货人一栏填写"To order"或 "Onto order",并由发货人做成空白背书。

(2)如信用证规定提单条款为"…Made out to the order of shipper and blank endorsed…"或"…Made out to shipper's order and blank endorsed…",则在提单收货人一栏填写"To the order of ××× Co.(发货人)"或"To the order of shipper ",并由发货人做成空白背书。

(3)如信用证规定提单条款为"…Made out to our order",则在提单收货人一栏填写"To order of ××× bank(开证行)",这种抬头要求受益人交单时无须背书,单到开证行后在开证申请人赎单时由开证银行背书。

(4)如信用证规定提单条款为"…Made out to order delivery to order of ××× bank",则在提单收货人一栏填写"To order",由发货人做指示背书,即在提单背面背书"Delivery to the order of ××× bank"并签字盖章。

(5)如信用证规定提单条款为"…Made out to the order of ××× bank or to order",则只能选择其中一种、"To the order of ××× bank"或是"To order"填入提单收货人一栏,并由有关银行(前者)或发货人(后者)背书。

(四)信用证的提单条款举例与操作

(1)Full set of clean on board B/L issued to our order, marked notifying applicant and freight prepaid and showing full name and address of the relative shipping agent in Kuwait.

操作:a. 提交清洁已装船提单全套正本(份数视船公司签署习惯);b. 收货人(抬头)填写"To order of ××× bank"(凭开证行指示);c. 被通知人填写开证申请人的名称、地址及电话、传真(如果有);d. 注明"Freight prepaid"(运费预付);e. 注明船公司在科威特代理的全称和详细地址。

(2)Full set clean on board port to port Bill of Lading, made out to the order and endorsed to our order ,marked freight prepaid dated not later than the latest date of shipment nor prior to the date of this credit.plus three non-negotiable copies.

操作:a. 提交港至港清洁已装船提单全套正本(份数视船公司签署习惯),加上三份不可转让的副本;b. 收货人(抬头)填写 "To order",并由托运人背书成"Delivery to order of ××× bank(开证行)";c. 被通知人填写开证申请人的名称、地址及电话、传真(如果有)或正本提单,此栏留空不填;d. 注明"Freight prepaid"(运费预付);e. 提单的装船日期不得迟于最迟装运日期,也不得早于信用证的开证日期。

(3)3/3 set clean on board ocean Bill of Lading issued to order, blank endorsed marked freight payable at destination notify as Han Trading Company and showing invoice value, unit price, trade terms, contract number and L/C number unacceptable, Bill of Lading to state shipment has been effected in containers and container numbers, short form Bills of Lading are not acceptable.

操作:a. 提交清洁的已装船的全式提单全套三份正本;b. 收货人(抬头)填写"To order",并由托运人做空白背书;c. 被通知人填写"Han Trading Company";d. 注明"Freight payable at destination"(运费在目的地支付);e. 不得将发票金额、单价、价格术语、合同号码和信用证号等内容打在提单上。f. 注明集装箱装运及集装箱号码。

(4)Full set clean on board ocean Bill of Lading, made out to order and blank endorsed, evidencing shipment from Guangzhou to Seattle not later than April 05 2023, marked freight prepaid and notify to the applicant, indicating L/C No.and S/C No., received for shipment B/L not acceptable.

操作:a. 提交清洁的已装船的海运提单全套正本(份数视船公司签署习惯);b. 收货人(抬头)填写"To order",并由托运人进行空白背书;c. 被通知人填写开证申请人的名称与地址;d. 注明从广州运至西雅图,不得迟于2023年4月5日装船;e. 注明"Freight prepaid"(运费预付);f. 注明信用证号与合同号;g. 不接受收妥备运提单。

(5)FULL SET OF ORIGINAL CLEAN "SHIPPED ON BOARD" MARINE BILLS OF LADING MADE OUT OR ENDORSED TO ORDER OF BANK ALFALAH LIMITED, CENTRALIZED IMPORTS, 11TH FLOOR, BUSINESS PLAZA, MUMTAZ HASSAN ROAD, KARACHI, PAKISTAN, MARKED FREIGHT COLLECT AND MARKED NOTIFY APPLICANT AND OURSELVES. BILL OF LADING MUST SHOW NAME, ADDRESS, TELEPHONE AND FAX NUMBER OF LOCAL SHIPPING AGENT IN PAKISTAN.

操作:a. 提交清洁已装船的海运提单全套正本(份数视船公司签署习惯,签出的正本悉数提交)。b. 收货人抬头可做成或背书成"TO ORDER OF BANK ALFALAH LIMITED, CENTRALIZED IMPORTS, 11TH FLOOR, BUSINESS PLAZA, MUMTAZ HASSAN ROAD, KARACHI, PAKISTAN"(凭阿尔法拉银行指示),这个提单条款给受益人提供了可选择的收货人抬头的做法,即收货人直接做成"凭阿尔法拉银行指示",这样就不需要背书了,或者收货人抬头填"TO ORDER"或"TO ORDER OF SHIPPER",然后交单时作为托运人的受益人做如下背书:"DELIVERY TO ORDER OF BANK ALFALAH LIMITED, CENTRALIZED IMPORTS, 11TH FLOOR, BUSINESS PLAZA, MUMTAZ HASSAN ROAD, KARACHI, PAKISTAN"。在实务中,很多人选择把收货人抬头人做成凭银行指示而免去背书的麻烦,但是却放弃了控制物权的权利。c. 提单上要标注"FREIGHT COLLECT"(运费到付)。d. 提单的被通知人栏需要填写两个:开证申请人与开证行(信用证中的第一人称代词指代发出信用证的开证行)。e. 提单上要注明船运公司在巴基斯坦当地代理的名字、地址、电话与传真号码。参照ISBP821第E23段,如果提单上显示的代理公司不在巴基斯坦,不属不符。

(6)46A: DOCUMENTS REQUIRED

+ FULL SET LESS ONE OF CLEAN ON BOARD MARINE BILLS OF LADING MADE OUT TO ORDER OF RITONI CO., LTD., MARKED"FREIGHT COLLECT", NOTIFY: RITONI CO., LTD.TOKYO HEAD OFFICE 4-15 4 CHO-ME, KAMIYA, KITAKU, TOKYO JAPAN FAX NO 81-3-6751-8712.SURRENDER B/L ACCEPTABLE, IN CASE OF SURRENDER B/L, ONE COPY OF SURRENDERED B/L MADE OUT TO RITONI CO., LTD.REQUIRED, ORIGINAL B/L MUST BE SURRENDERED TO THE

SHIPPING COMPANY.

+BENEFICIARY'S CERTIFICATE STATING THAT ONE ORIGINAL CLEAN ON BOARD OCEAN BILLS OF LADING(NON-NEGOTIABLE B/L REQUIRED IN CASE OF SURRENDER B/L) AND NON-NEGOTIABLE COPY OF OTHER DOCUMENTS HAVE BEEN SENT DIRECTLY TO RITONI CO.,LTD.TOKYO HEAD OFFICE WITHIN 5 DAYS AFTER SHIPMENT,AND THE COPY OF COURIER'S RECEIPT IS REQUIRED FOR NEGOTIATION.

操作:a. 提交清洁已装船海运提单全套正本少一份("LESS"在此是"减去"的意思,所以全套正本须是两份或以上数字,后面受益人证明要求直接寄一份正本给开证申请人,换一种表达方式,则为"$\frac{n-1}{n}$ SET",n≥2)或正本提单交给船公司出电放提单,交单时交一盖有电放章的副本提单;b. 提单收货人抬头做成"TO ORDER OF RITONI CO.,LTD.",如果是电放提单,则为"RITONI CO.,LTD.";c. 提单上要标注"FREIGHT COLLECT"(运费到付);d. 被通知人栏填"RITONI CO.,LTD.TOKYO HEAD OFFICE 4-15 4 CHO-ME,KAMIYA,KITAKU,TOKYO JAPAN FAX NO 81-3-6751-8712";e. 一份正本提单(提单电放时为副本提单)及其他信用证要求的单据副本在装运后5天内直接寄给RITONI有限公司东京总部,受益人的寄单证明及快递收据副本一起交单议付。

这是典型的近洋运输的提单条款要求,日本、韩国的来证中常见要求一份正本提单直寄开证申请人或提单电放。提单电放是托运人要求船公司不出正本提单而直接通过电讯等快捷方式通知其在目的港代理在货物到港后直接放货给托运人指名的收货人,托运人须凭电放保函及支付电放费用后办理此项业务(如船公司已出正本提单,须把全套正本提单交回船公司才能办理此项业务),电放等于放弃了凭正本提单提货的权利,对尚未收到或收齐货款的受益人存在极大风险。受益人接受这样的条款须充分考虑收款风险。

第四节 其他运输单据

一、航空运单

航空运单(Airway bill)是由承运的航空公司或其代理人在接管货物后签发的一份货物运输单据,是托运人和承运人之间就航空货物运输所订立的运输合同。航空运单不是物权凭证,不能凭以提货,不能转让。

(一)航空运单的种类

航空运单主要分为两大类:

(1)航空主运单(Master Air Waybill,MAWB)。由航空运输公司签发的航空运单称为主运单。它是航空运输公司据以办理货物运输和交付的依据,是航空公司和托运人订立的运输合同,每一批航空运输的货物都有与之对应的航空主运单。

(2)航空分运单(House Air Waybill,HAWB)。集中托运人在办理集中托运业务时签发的航空运单被称作航空分运单。

在集中托运的情况下,除了航空运输公司签发主运单外,集中托运人还要签发航空分运单。航空分运单为集中托运人与实际托运人之间的货物运输合同,合同双方为具体的货方某甲、某乙等公司(实际托运人)和集中托运人。而航空主运单为航空运输公司与集中托运人之间的货物运输合同,由于在启运地货物由集中托运人交付航空运输公司,在目的地由集中托运人或其代理从航空运输公司处提取货物,再转交给收货人,因而货主与航空运输公司没有直接的货物交接关系。

(二) 航空运单的作用

(1)航空运单是发货人与航空承运人之间的运输合同。与海运提单不同,航空运单不仅能证明航空运输合同的存在,而且它本身就是发货人与航空运输承运人之间缔结的货物运输合同,在双方共同签署后产生效力,并在货物到达目的地交付运单上所记载的收货人后失效。

(2)航空运单是承运人签发的已接收货物的证明。在发货人将货物发运后,承运人或其代理人会将其中一份交给发货人,作为已经接收货物的证明。除非另外注明,它是承运人收到货物并在良好条件下装运的证明。

(3)航空运单是承运人据以核收运费的账单。航空运单记载着收货人负担的费用、应支付给承运人的费用和应支付给代理人的费用,并详细列明费用的种类、金额,因此可作为运费账单和发票。承运人往往也将其中的承运人联作为记账凭证。

(4)航空运单是报关单证之一。出口时,航空运单是报关单证之一。在货物到达目的地机场进行进口清关时,航空运单通常是海关查验放行的基本单证。

(5)航空运单是货物保险证明。如果承运人承办保险或发货人要求承运人代办保险,则航空运单可作为保险证书。

(6)航空运单是承运人内部业务的依据。航空运单随货同行,以证明货物的身份。运单上载有该票货物发送、转运、交付的事项,是承运人对货物运输全过程做出相应安排的依据。

(7)航空运单是货物交付后的收据,银行结汇单据之一。

(三) 航空运单的份数

航空公司承运的一批货物,均须由托运人或者托运人委托承运人填写一套航空主运单(见表 9-3、附表 1-9)。国际航空运输协会 (International Air Transport Association,IATA)推荐的标准航空运单每套一式十二联,三联正本,其余均为副本。三联正本具有初步证据的效力,正本背面印有运输条件(承运条款),三联正本分别以不同颜色的纸张印制,各有不同用途。第一联(浅绿色)交承运人,由承运人留存,作为收取运费和记账的凭证;第二联(粉红色)交收货人,作为收货人核收货物的依据;第三联(浅蓝色)交托运人,作为承运人接受货物的初步证据。副本 4(浅黄色)为提货收据,由收货人在提货时签字,到站留存备查。其余副本(白色)分别供代理人、到站机场和第 1、2、3 承运人等使用。

(四)航空运单的主要内容与缮制

航空运单与海运提单类似,也有正面、背面条款之分,也分有出票航空公司(Issue Carrier)标志的航空运单和无承运人标志的中性航空运单两种。通常不同的航空公司会有自己独特的航空运单格式,但各航空公司所使用的航空运单大多借鉴 IATA 所推荐的标准格式,差别并不大。所以我们这里介绍这种标准格式,也称中性运单。下面按表 9-3 所附空运单中的编号顺序就有关需要填写的栏目进行说明如下:

(1)始发站机场(Airport of Departure)。填写始发站机场的 IATA 三字代码,由承运人填写。如果没有机场的 IATA 三字代码,可以填写机场所处城市的 IATA 三字代码。这一栏应和第 9 栏一致。

表 9-3 IATA-FIATA 联合推荐的航空运单标准格式

(1A) | (1) | (1B) | (1A) (1B)

Shipper's Name and Address (2) (3) Shipper's Account Number	Not Negotiable Air Waybill (1C) ISSUED BY Copies 1,2 and 3 of this Air Waybill are originals and have the same validity. (1D)
Consignee's Name and Address (5) Consignee's Account Number (4)	It is agreed that the goods described herein are accepted in apparent good order and condition (except as noted) for carriage SUBJECT TO THE CONDITIONS OF CONTRACCT ON THE REVERSE HEREOF. ALL GOODS MAY BE CARRIED BY ANY OTHER MEANS INCLUDING ROAD OR ANY OTHER CARRIER UNLESS SPECIFIC CONTRARY INSTRUCTIONS ARE GIVEN HEREON BY THE SHIPPER, AND SHIPPER AGREES THAT THE SHIPMENT MAY BE CARRIED VIA INTERMEDIATE STOPPING PLACES WHICH THE CARRIER DEEMS APPROPREATE. THE SHIPPER'S ATTENTION IS DRAWN TO THE NOTICE CONCERNING CARRIER'S LIMITATION OF LIABILITY. Shipper may increase such limitation of liability by declaring a higher value for carriage and paying a supplemental charge if require. (1E)
Issuing Carrier's Agent Name and City (6) Agent's IATA Code (7) | Account No. (8)	Accounting Information (10)
Airport of Departure (Addr. of First Carrier) and Requested Routing (9)	Reference Number | Optional Shipping Information (34A) (34B) (34C)

TO (11A)	By First Carrier Routing and Destination (11B)	to (11C)	by (11D)	to (11E)	by (11F)	Currency (12)	CHGS Code (13)	WT/VAL PPD (14A)	WT/VAL COL (14B)	OTHER PPD (15A)	OTHER COLL (15B)	Declared Value for carriage (16)	Declare Value for Customs (17)

Airport of Destination (18)	Flight/date for Carriage Use Only Flight/date (19A) (19B)	Amount of insurance (20) INSURANCE-If carrier offers insurance and such insurance is required in accordance with the conditions thereof, indicate amount to be insured in figures in box marked "amount of insurance". (20B)
Handling Information (21)		(20A) | (21A) SCI

No. of pieces RCP	Gross Weight	kg lb		Rate class	Commodity Item No.		Chargeable weight		Rate / Charge		Total		Nature and Quantity of Goods (incl. Dimensions or Volume)
(22A)	(22B)	(22C)	(22Z)	(22D)	(22E)		(22F)		(22G)		(22H)		(22I)
(22J)	(22K)										(22L)		

Prepaid (24A)	Weight Charge	Collect (24B)
Valuation Charge (25A)		(25B)
Tax (26A)		(26B)
Total Other Charges Due Agent (27A)		(27B)
Total Other Charges Due Carrier (28A)		(28B)
(29A)		(29B)
Total Prepaid (30A)		Total Collect (30B)
Currency Conversion Rates (33A)		CC Charges in Dest. Currency (33B)
For Carrier's use only at Destination (33)		Charges at Destination (33C)

Other charges

(23)

Shipper certify that the particulars on the face hereof are correct and that in so far as any part of the consignment contains dangerous goods, such part is properly described by name and is in proper condition for carriage by air according to the applicable dangerous goods Regulations.

(31)

Signature of shipper or his Agent

(32A)	(32B)	(32C)
Executed on (date)	at (place)	Signature of Issuing carrier or its Agent

Total Collect Charges (33D)

ORIGINAL 3 (FOR SHIPPER) A

(1A)IATA 统一编制的航空公司代码,如中国国际航空公司的代码是 999。

(1B)运单号码,由 8 位数字组成,前 7 位为顺序号,第 8 位为校验码。校验码为前 7 位顺序号除以 7 的余数,因此第 8 位数的取值为 0~6。

(1C)空运单所属承运人的名称及地址(Issuing Carrier's Name and Address)。

此处一般印有航空公司的标志、名称和地址。例如,附录一中附表 1-9"中国国际航空公司货运单",如果用中性空运单,则须在本栏打上作为承运人的航空公司名称。此栏中印有"Not Negotiable"(不可转让)字样,不可删去或篡改,其所有权属于出票航空公司。任何 IATA 成员都不允许印制可以转让的航空运单。

(1D)正本联说明(Reference to Originals),已印就"Copies 1,2 and 3 of this Air Waybill are originals and have the same validity"(本空运单的第一、二、三联是具有同等效力的正本),无须填写。

(1E)契约条件(Reference to Conditions of Contract),已印就,一般情况下无须填写,除非承运人需要。

(2)托运人姓名、住址(Shipper's Name and Address)。填写托运人的全名、地址、所在国家(地区)及联络方法。在信用证结算条件下,托运人一般为受益人。

(3)托运人账号(Shipper's Account Number)。只在必要时填写(承运人需要)。

(4)收货人姓名、住址(Consignee's Name and Address)。应填写收货人姓名、地址、所在国家(地区)及联络方法。与海运提单不同,空运单不是物权凭证,不可转让,因而"TO ORDER"(凭指示)之类的字样不应出现。在信用证条件下,应是信用证要求的航空运单中的收货人,一般是开证申请人或开证行,ISBP821 第 H13 段规定,如果信用证要求空运单收货人抬头做成"TO ORDER"或者"TO ORDER OF ×××",那么提交收货人为开证申请人或×××的记名空运单,银行也接受。

(5)收货人账号(Consignee's Account Number)。同第(3)栏一样,只在必要时填写。

(6)承运人代理的名称和所在城市(Issuing Carrier's Agent Name and City)。填写承运人代理的名称及其所在的城市,应清楚、详细。

(7)代理人的 IATA 代号(Agent's IATA code)。代理人在非货账结算区(Non-Cass Areas),填其在 IATA 的 7 位数字代码,如 14-30288;代理人在货账结算区(Cass Areas),填其 IATA 的 7 位数字代码,再加三位 Cass 地址代码和一位校验码,如 34-41234/5671。

(8)代理人账号(Account No.)。本栏一般不需填写,除非承运人需要。

(9)始发站机场及所要求的航线(Airport of Departure and Requested Routing)。此栏填写与第 1 栏一致的始发站机场名称,以及所要求的运输路线。与第 1 栏不同的是,此栏始发站机场或所在城市应填英文全称而非简称或代码。在信用证结算方式下,此栏及第 1 栏的始发机场应该是 SWIFT 信用证 44E 栏指定的机场或在 44E 栏指定的区域内的某一具体机场。

(10)结算信息(Accounting Information)。填写与结算有关的注意事项,一般只在使用特殊的付款方式时填写。

(11)运输路线和目的站(Routing and Destination)。

(11A)去往(第一转运站)(To):本栏填写目的站机场或第一个转运站的 IATA 三字代码(当该城市有多个机场,不知道机场全称时,可用城市代码)。

(11B)由第一程运输承运人(By First Carrier):本栏填写第一程运输承运人的名称(全称或 IATA 两字代码皆可)。

(11C)去往(第二转运站)(to):本栏填写目的站机场或第二个转运站的IATA三字代码(当该城市有多个机场,不知道机场全称时,可用城市代码)。

(11D)由第二承运人(by Second Carrier):本栏填写第二承运人的IATA两字代码。

(11E)去往(第三转运站)(to):本栏填写目的站机场或第三个转运站的IATA三字代码(当该城市有多个机场,不知道机场全称时,可用城市代码)。

(11F)由第三承运人(by Third Carrier):本栏填写第三承运人的IATA两字代码。

(12)币种(Currency)。填写始发站所在国家(地区)的流通货币三字代码(由ISO规定)。除33A至33B栏以外,空运单上所有货物运费及其他费用均应以此币种表示。

(13)运费代码(CHGS Code)。填写货物运费的支付方式。本栏仅供承运人用,一般不需填写,仅供电子传送空运单信息时使用。

(14)航空运费/声明价值附加费的付款方式(WT/VAL,Weight Charge/Valuation Charge)。此处可以有预付(PPD,Prepaid)和到付(COLL,Collect)两种情况,即24栏的根据货物计费重量乘以适用的运价收取的运费(Weight Charge)与25栏的声明价值附加费(Valuation Charge)的预付14A或是到付14B,空运单上24、25、26三栏如有内容,必须是同时在24A、25A、26A栏出现或同时在24B、25B、26B栏出现,即这三项费用必须全部预付或全部到付,不能以不同方式支付。如为"预付",在14A中填入"×",否则,在14B中填入"×"。

(15)其他费用的付款方式(Other)。也有预付和到付两种支付方式。本栏表明支付给承运人代理的费用27栏和支付给承运人的费用28栏是以预付还是到付方式支付,与14栏一样,空运单上27A与28A或27B与28B须同时有内容才有效(不能A、B交叉有内容),即两项费用必须同时全部预付或同时全部到付。在15A中打"×"表示"预付",在15B中打"×"表示"到付"。

(16)运输声明价值(Declared Value for Carriage)。在此栏填写托运人向承运人声明运输货物价值的金额。如果托运人不要求声明价值,则填入"NVD"(No Value Declared)。

(17)海关声明价值(Declared Value for Customs)。托运人在此填入向海关申报的货物价值,或者填入"NCV"(No Customs Valuation),表明没有声明价值。

(18)目的地机场(Airport of Destination)。填写货物目的站的机场名称,应填写英文全称,不得简写或使用代码。如有必要,填写该机场所属国家(地区)、州的名称或城市的全称。在信用证结算方式下,此栏应该是SWIFT信用证44F栏指定的机场或在44F栏指定的区域内的某一具体机场。

(19)航班及日期(Flight/Date)。填入货物所搭乘航班及日期。19A填写托运人已经订妥的航班/日期,19B填写托运人已经订妥的续程的航班/日期。在信用证结算方式下,此栏内容不作为货物装运日的表示。本栏仅供承运人用,一般不需填写,除非参加运输各有关承运人需要。

(20)保险金额(Amount of Insurance)。在航空公司提供代办保险业务而托运人也有此需要时,此栏填写托运人货物投保的金额。如果承运人不提供此项服务或托运人不要求投保,此栏必须填写"×××"或"NIL"字样。

(21)操作信息(Handling Information)。一般填写货物在仓储和运输过程中承运人对货物处理时所需注意的事项,但必须注意,这些事项应不超过承运人的仓储、运输能力。如果有收货人以外的到货被通知方(Notify Party),也填入此栏。

(21A)海关信息(SCI):填写海关信息,仅在欧盟国家之间运输货物时使用。

(22)货物详情(Detail Goods)。本栏填写货物名称、数量、运价、运费等详细情况,具体如下:

(22A)货物件数和运价组成点(No. of Pieces RCP, Rate Combination Point):填写货物的件数。一票货物中如含有两种或两种以上按不同运价类别计费的货物,应分别填写,每填写一项另起一行,如果含有危险品,则该危险货物应列在第一项,并将总件数填在22J内。如果货物运价系分段相加运价,将运价组成点(运价点)的IATA三字代码填写在件数下面。

(22B)毛重(Gross Weight):与件数相对应,填写货物的毛重,如果分别填写,将总毛重填在22K栏。

(22C)重量单位(kg/lb):填写货物毛重的计量单位"K"或者"L",分别表示"千克"或者"磅"。

(22D)运价等级(Rate Class):针对不同的航空运价分别填写代码。各代码含义如下:

M—Minimum Charge(最低运费,或称起码运费)

N—Normal Rate(45公斤以下货物适用的普通货物运价,也称普通货物标准运价)

Q—Quantity Rate(45公斤以上货物适用的普通货物运价,或称重量分界点运价)

C—Specific Commodity Rate(指定商品运价,或称特种货物运价)

R—Class Rate Reduction(低于普通货物运价的等级货物运价,或称等级货物附减运价)

S—Class Rate Surcharge(高于普通货物运价的等级货物运价,或称等级货物附加运价)

U—Unit Load Device Basic Charge or Rate(集装化货物基本运费或运价)

E—Unit Load Device Additional Rate(集装化货物附加运价)

X—Unit Load Device Additional Information(集装化货物附加说明)

Y—Unit Load Device Discount(集装化货物折扣)

(22E)商品代码(Commodity Item No.):根据不同的商品分情况填写。a.使用指定商品运价时(即22D填C时),此栏填写指定商品品名代码;b.使用等级货物运价时(即22D填"R"或"S"时),此栏填写附减或附加运价的比例(百分比);c.根据从低原则使用重量分界点运价时,填写重量分界点运价代码及分界点重量;d.如果是集装货物,填写集装货物运价等级。

(22F)计费重量(Chargeable Weight):此栏填航空公司据以计算运费的计费重量,该重量可能是货物毛重,也可能是货物体积按6000立方厘米除得的体积重量,两者比较取数大者填入此栏。

如果是集装货物,则:a.与运价代码"U"对应填写适合集装货物基本运费的运价点重量;b.与运价代码"E"对应填写超过使用基本运费的重量;c.与运价代码"X"对应填写集装器空重。

(22G)运价(Rate/Charge):填入该货物适用的费率。

当使用最低运费时,此栏与运价代码"M"对应填写最低运费;

22D的运价代码为"N""Q""C" 等时,填写与之对应的运价;

22D的运价代码为"S"或"R"时,对应填写附加或附减后的运价;

如果货物是集装货物,则:a.与运价代码"U"对应,填写集装货物的基本运费;b.与运价代码"E"对应,填写超过基本运费的集装货物运价。

(22H)运费总额(Total):填写根据货物运价和货物计费重量计算出的航空运费总额。如果分别填写,将航空运费总额填写在22L内。如果是最低运费或集装货物基本运费,本栏与22G内金额相同。

(22I)货物的品名、数量,含尺码或体积(Nature and Quantity of Goods incl. Dimensions or Volume):a.填写货物的品名(用英文大写字母),货物品名不得填写表示货物类别的统称,如不能填写电器、仪器、仪表等。b.当一票货物中含有危险货物时,应分列填写,危险货物应列在第一项,并用其标准学术名称。c.活动物运输,本栏应根据IATA活动物运输规定填写。d.对应集合货物，本栏应填写“Consolidation as per Attached List”（集中运输见附页）并另附详细货物清单。e.填写每件货物的外包装尺寸或体积，单位分别用厘米和立方厘米表示，货物尺寸按其外包装的“长×宽×高×件数”的顺序填写。尺寸分别以货物最长、最宽、最高边为基础。体积则是上述三边的乘积，单位为立方厘米或立方英寸。f.作为货物运输的行李，应填写其内容和数量，或随附装箱清单。g.可打印货物的产地国（地区）。

（22J）该运单项下货物总件数：填写22A中各组货物的件数之和。

（22K）该运单项下货物总毛重：填写22B中各组货物的毛重之和。

（22L）该运单项下货物总运费：填写22H中各组货物的运费之和。

（22Z）此栏一般不需填写，如承运人需要，此栏可填写有关服务代号。

（23）其他费用（Other Charges）。指除运费和声明价值附加费以外的其他费用。填写其他费用的项目名称和金额。在始发站发生的其他费用，应全部预付或者到付；也可以填写在运输过程中或目的站发生的其他费用，应全部预付或者到付。根据IATA规则，各项费用项目名称分别用三个英文字母表示。其中，前两个字母是某项费用的代码，如运单费表示为AW（Air Waybill Fee），第三个字母是C或A，分别表示费用应支付给承运人（Carrier）或货运代理人（Agent）。

（24）航空运费（Weight Charge）。填写22H或22L中的航空运费总额，可以预付或者到付，预付填在24A中，到付填在24B中，只能以某一种方式填写，与14栏的支付方式对应。

（25）声明价值附加费（Valuation Charge）。如果托运人向承运人声明了运输货物价值，填写按规定收取的声明价值附加费，可以预付或者到付，预付填在25A中，到付填在25B中，只能以某一种方式填写，与14栏的支付方式对应。

此栏依据此公式填写：（声明价值-实际毛重×最高赔偿额）×0.5%。

由上式算出声明价值的附加费金额，此项费用与22H或22L中货物运费必须全部预付或全部到付，即：运费填在24A中，这项费用就要填在25A中；如果运费填在24B中，那么这项费用就要填在25B中。

（26）税款（Tax）。填写按规定收取的税额，可以预付或者到付，预付填在26A中，到付填在26B中，只能以某一种方式填写，并且必须同24A和25A或24B和25B使用同样的支付方式，即同时全部预付或者同时到付，与14栏的支付方式对应。

（27）支付给承运人代理的其他费用总额（Total other Charges Due Agent）。填写付给承运人代理的其他费用总额，根据23栏中的相关项目（费用代码第三个字母为A）汇总填写，可以预付或者到付，预付填在27A中，到付填在27B中，只能以某一种方式填写，与15栏的支付方式对应。

（28）支付给承运人的其他费用总额（Total Other Charges Due Carrier）。填写付给承运人的其他费用总额，根据23栏中的相关项目（费用代码第三个字母为C）汇总填写，可以预付或者到付，预付填在28A中，到付填在28B中，只能以某一种方式填写，并且要与27栏的支付方式一致。

（29）无名称阴影栏。本栏一般不需要填写，除非承运人需要。

（30）费用金额总计（Total）。此栏汇总24、25、26、27、28、29（如有）这几个栏目中的金额；24A、25A、26A、27A、28A、29A的金额汇总填入30A中，为预付总计金额；24B、25B、26B、27B、28B、29B的金额汇总填入30B中，为到付总计金额。

（31）托运人或其代理人签字盖章栏（Signature of Shipper or his Agent）。由托运人或其代理人签字、盖章。

(32)承运人证明栏(Carrier's Execution Box)。

(32A)填开日期[Executed on (date)]:填写空运单的填开日期,年月日按日、月、年的顺序打印(月份可用缩写),如15NOV2023。在信用证结算方式下,一般此日期即为货物的发运日期,除非空运单中另有航班日期的具体批注(非19栏内容)。

(32B)填开地点[at(place)]:填写货运单的填开地点,为机场或城市的全称或缩写。

(32C)制单承运人或其代理人签字盖章(Signature of Issuing Carrier or Its Agent):由填制空运单的承运人或其代理人在此处签字、盖章。

(33)货币兑换及目的地机场收费纪录(For Carrier's Use only at Destination)。仅限在目的站由承运人填写。

(33A)货币兑换比价(Currency Conversion Rates):填写目的站国家(地区)货币代码,后面是兑换比率。

(33B)用目的站国家(地区)货币付费(CC,Charges in Destination Currency):将30B中所列到付总金额,使用33A的货币兑换比率折算成目的站国家(地区)货币的金额,填在本栏内。

(33C)在目的站的费用(Charges at Destination):最后承运人将目的站发生的费用金额包括利息(自然增长的)等填在本栏。

(33D)到付费用总额(Total Collect Charges):填写33B和33C的合计金额。

(34)选择性货运信息(Optional Shipping Information)。

(34A)证明编号(Reference Number),用于打印托运人、代理人和承运人均认可的某些证明文件的编号。

(34B)无名栏目,用于打印某些承运人同意的事项。

(34C)无名栏目,用途同(34B)。

以上所有内容不一定要全部填入空运单,IATA也并未反对在运单中写入其他所需的内容。这种标准化的单证对航空货运经营人提高工作效率、航空货运业向电子商务的方向发展均具有积极的意义。

(五)使用航空运单的注意事项

使用航空运单应注意以下几点:a.空运单不可转让。b.一份空运单可用于不同种类货物的运输。c.一份空运单可用于全程运输。d.一份空运单只能用于一个托运人。e.航空运单由航空公司注册印刷。f.托运人对填写的货物说明或声明的正确性负责。g.空运单的法律有效期为两年。h.更正处必须有承运人或其代理人的证实或小签。i.全套正本。一套空运单有三份正本,但托运人只取得其中的一份,即标明"Original for Shipper"联,信用证如果要求提交全套(Full Set)正本空运单,受益人仅须提交"Original for Shipper"联即已满足信用证要求,无须也无法提交全套正本空运单(详见ISBP821第H12段)。

二、铁路运输单据

铁路运输是国际贸易运输中仅次于海运的一种运输方式,早期在我国通过铁路运输的国际贸易货物主要是对独联体、东欧、蒙古国、朝鲜、越南等国家(地区)的国际铁路货物联运以及我国香港、澳门特别行政区的铁路货物运输。2011年以来,由中国铁路总公司组织,运行于中国与欧洲以及"一带一路"沿线国家(地区)间的集装箱货物铁路国际联运列车,按照固定车次、线路、班期和全程运行时刻开行,于2016年6月统一品牌"中欧班列"(CHINA RAILWAY Express,CR

Express)进行经营,成为“一带一路”国家(地区)互联互通的重要交通纽带。在国内,中欧班列已经形成经阿拉山口、霍尔果斯、二连浩特、满洲里、绥芬河五大口岸出境的西、中、东3条运输主通道,截至2023年9月,时速120公里的图定中欧班列运行线已达86条,连通中国境内112个城市;在境外,中欧班列初步形成了北、中、南三大通道,通达欧洲25个国家217个城市,以及11个亚洲国家的100多个城市。中欧班列成为欧洲商品进入中国大市场以及中国商品进入亚欧市场的快速通道之一。

铁路运单分别使用国际铁路货物联运运单和承运货物收据。因广九铁路已于2010年6月16日起正式停办跨境货运业务,下面仅对我国使用的国际货协铁路运单的缮制进行介绍。

铁路运单(Railway Bill)是《国际铁路货物联运协定》(简称《国际货协》)各成员国(地区)之间办理铁路联运所使用的运输单据。铁路运单是承运人向托运人出具的货物收据,是一国(地区)铁路与另一国(地区)铁路办理货物交接、转运的有效凭证,但它不是物权凭证,不能背书转让,也不能凭以提货。

(一)铁路运单的份数

国际铁路联运运单由一式六联及若干联补充运行报单组成。

第一联,运单正本。运单正本是货物运输合同,随同货物到站,并随同“货物到达通知单”和货物一起交给收货人。

第二联,运行报单。运行报单是参加联运的各铁路站办理货物交接、划分运送责任以及清算运费、统计运量和运费收入的原始凭证,它随同货物至到站并留存到达铁路。

第三联,货物交付单。货物交付单随同货物至到站,并留存到达站。

第四联,运单副本。运单副本在运输合同缔结后交给发货人留存,它不具备运单的效力,仅用于证明货物已经由铁路承运。在国际货物贸易结算中,由铁路签字盖章的运单副本是发货人凭以交单结汇的运输单据。

第五联,货物接收单(给缔约承运人)。一般是发运承运人,即发运铁路。

第六联,货物到达通知单(给收货人)。随同货物运至到达站,并连同第一联和货物一起交给收货人,是收货人进口报关的运输单据,也是铁路同货主交接货物、核收运杂费用和处理索赔与理赔的依据。

补充运行报单(无号码)。给接续承运人,即给货物运送途中的承运人(将货物交付收货人的承运人除外)。

根据UCP600第24条的规定,注明“Duplicate”(第二联)的铁路运输单据将被作为正本接受。无论是否注明“正本”字样,铁路运单都被作为正本接受。如运输单据上未注明出具的正本数量,提交的份数即视为全套正本。

(二)铁路运单的内容与缮制

国际铁路货物联运所使用的运单是铁路与货主间缔结的运输契约的证明,其正反面共98个栏目(见附表1-10、附表1-11),正面下面画粗线的为运送本批货物所需的各栏,由发货人填写。但第15、27、30-45、48栏视由何人确定货物重量、办理货物装车或车辆施封确定,应由发货人或铁路填写;第26栏由海关记载。

运单中记载的事项,应严格按照为其规定的各栏和各行范围填写,但第9—11栏的“一般说明”中规定的情况除外。

国际货协运单由《国际货协》参加国(地区)铁路统一制定使用,填写时使用发运国(地区)文字和国际货协工作语文(现工作语文是中文、俄文)。中朝、中越铁路间运送的货物,可仅用本国(地区)文字填写,同其他《国际货协》参加路间运送时,则须附俄文译文。但我国经满洲里、绥芬河发到独联体的货物,可只用中文填写,不附译文。如信用证方式下要求所有单据均用英文出具,运单各栏应还要用英文填写(见表9-4、表9-5)。

下面仅就运单正面须发货人填写的内容做简单说明,背面内容的填写说明可参阅本书参考文献中相关文献或其他运输类的教材或资料。

(1)发货人,通信地址。填写发货人名称及其通信地址。发货人只能是一个自然人或法人。填写发货人名称时,可为发货人姓名或发货人单位完整名称。由中、朝、越发货时,准许填写这些国家(地区)规定的发货人及其通信地址的代号。向发货人返还货物或空容器时,要引用原批货物运单上的收货代号填写。数字编码栏由发送铁路按发送路的规定填写(我国铁路暂不用)。

(2)合同号码。发货人应在该栏内填写出口单位和进口单位签订的买卖合同号码。如买卖合同有两个,则该栏内填写出口单位合同号码,进口单位合同号码可填写在第6栏内。

(3)发站。填写运价规程中所载的发站全称。由朝鲜运送货物时,还应注明发站的数字代号(如平壤1-030)。如系专用线或专用铁道装车,应在发站后括注专用线或专用铁道名称。向发货人返还货物中的空容器时,应以原运单中的原到站为发站。

(4)发货人的特别声明。发货人可在本栏中填写自己的声明,例如:

①修改运单(不超过一栏或相关的两栏)时,注明所做的修改并签字或加盖戳记证明。

②运送家庭用品而不声明价格时,记载"不声明价格"亲笔签字证明。

③在过境路上绕路运送超限货物时,注明这一绕行的经路。

④取得随旅客列车运送货物的同意后,注明"货物在______铁路随旅客列车运送"。

⑤货物的运送方式(加冷、通风、加温)、车种(指冷藏、棚车)或使用吨位集装箱(指20英尺、30英尺、40英尺)装载,均由发货人确定并注明;如未注明,即认为没有必要加冷、通风、加温。

⑥运送不需要照料、照管或遵守保温制度(指加冷、通风、加温)的易腐货物时,记载"运送全程都不需要照料、照管或遵守保温制度"。如未注明,即认为不需要照料、照管或遵守保温制度。

⑦用棚车运送易腐货物而须通过车窗或车门连续通风时,应注明这种运送方法。

⑧如在运单上未填附出口许可证(政府规定的特定商品),则应注明出口许可证的号码、签发日期、有效期和该证所在的出口国(边)境站哪一单位。

⑨记载对货物在运送和交付发生阻碍问题意见。

⑩记载授权押运人的事项。

(5)收货人,通信地址。填写收货人名称及其通信地址。收货人只能是一个自然人或法人。填写收货人名称时,可为收货人姓名或收货单位完整名称。必要时,发货人可指定在收货人的专用线或专用铁路交货。往中、朝、越发货时,准许填写这些国家规定的收货人及其通信地址的代号。

下述事项可在本栏做相应记载:

①根据发站电报或收货人的要求申请变更收货人时,运输合同变更处理站(截留货物的车站或国境站)应将原收货人及通信地址划销,并记载新收货人。

②从《国际货协》参加路向未参加路发货,经阿塞拜疆铁路朱耳法站往伊朗发货时,记载"收转代理人"。经土库曼斯坦铁路阿什哈巴德站往伊朗发货时,记载"收转代理人"。经乌兹别克斯坦铁路捷尔梅兹站往阿富汗发货时,记载"收转代理人"。

③从《国际货协》参加路通过其过境路港口发货时,记载"收转代理人"。

数字编码栏按到达铁路规定由到站填写(我国铁路暂不用)。

(6)对铁路无约束力的记载。发货人可以在本栏填写有关本批货物的记载,供收货人参考,铁路对此不承担任何义务和责任。如"属于________合同项下""按照第________号发货单(或运输单,或订货单)""继续发往______""运送用具(或空容器)应予以返还"。如信用证方式下要求在运单上注明信用证号、开证日期、开证行名称等信息,也可在此栏记载。

发货人还可在本栏右上角填写进口单位合同号码。如本栏篇幅不够,发货人也可以在运单第 6 张背面第 94 栏和第 95 栏的右侧空白处做上述记载。

(7)通过的国境站。记载货物应通过的发送国和过境国的出口国境站。如有可能从一个出口国境站通过邻国的几个进口国境站办理货物运送,则还应注明运送所要通过的进口国境站。例如,经由乌克兰出口国境站乔普发货时,还应注明匈牙利进口国境站扎洪或捷克进口国境站切尔纳。根据发货单注明的通过国境站确定经路。

发现误送的国境站,可在接收路同意下更改本栏的经路,并加盖本站日期戳证明。

(8)到达站和到站。在斜线之前,应注明到达路的简称,在斜线之后,应用印刷体字母(中文用正楷粗体字)注明运价规程中所载的到站全称。运往朝鲜的货物,还应注明到站的数字代号(如咸兴为 3-521)。

(9)记号、标记、号码。填写每件货物上的记号、标记、号码。

(10)包装种类。注明货物的包装种类(如木箱、纸箱、铁桶等);使用集装箱运送货物时,注明"集装箱"字样,并在下面用括号注明装入集装箱内货物的包装种类。

如货物运送时不需要容器或包装,并在托运时未加容器和包装,则应记载"无包装"。

(11)货物名称。货物名称应符合《国际货协》第 7 条第 8 项的规定,包括:"危险货物须按《国际货协》附件第 2 号的规定;过境货物须按《统一货价》品名表的规定;其他货物或按运送该批货物适用的发送路、到达路或直通路运价规程品名表的规定。或按贸易上通用的名称填写。"

第 9—11 栏的一般说明:在第 9—11 栏内填写事项时,可不受各栏间竖线的严格限制。但是,有关货物事项的填写顺序,应严格符合条例各项的排列顺序。填写全部事项时,如篇幅不足,应添附篇幅相当于运单的补充清单,并在有关栏内记载"记载事项见补充清单"。

(12)件数。注明一批货物的数量,使用集装箱运送货物时,注明集装箱数,并在下面用括号注明装入所有集装箱内的货物的总件数。运送货捆货物时,用分数注明货捆数目(分子),装入货捆中的货件总数(分母),如 5/30。如用敞车类货车运送不盖篷布而未加封的货物,当总件数超过 100 件时,应注明"堆装"字样,不注货物件数。运送中型无包装制品时,也应注明"堆装"字样,不注件数。如使用运送用具办理运送,则应在运送用具名称同一行,根据运单第 11 栏的内容注明该运送用具的数量。

(13)发货人确定的重量(公斤)。注明货物的总重。用集装箱和托盘或使用其他运送用具运送货物时,注明货物重量,集装箱、托盘或其他运送用具的自重和总重。对于大吨位集装箱,应分别记载每箱的货物重量、集装箱自重和总重。在运送空集装箱时,记载集装箱自重。

(14)共计件数(大写)。用大写填写第 12 栏(件数)中所记载的件数,即货物件数,或记载"堆装"字样,而发送集装箱货物时,注明第 12 栏括号中记载的装入集装箱内的货物总件数。

(15)共计重量(大写)。由发货人用大写填写第 13 栏[发货人确定的重量(公斤)]中所记载的总重量。

(16)发货人签字。发货人应签字证明列入运单中的所有事项正确无误。发货人的签字可用印刷的方法或加盖戳记办理。

(17)互换托盘。本栏的记载事项,仅与互换托盘有关。注明托盘互换办法,并分别注明平式托盘和箱式托盘的数量。所有其他托盘均为运送用具,与这些托盘有关的事项载入第18、第19两栏。

(18)种类、类型。在发送集装箱货物时,应注明:a.集装箱种类(指小吨位、中吨位、大吨位)。b.集装箱类型。小吨位和中吨位集装箱以容积(立方米表示)划分类型,分别为3立方米以下各型及15立方米以下各型;大吨位集装箱以长度(英尺表示)划分类型,包括20英尺(6058毫米)、30英尺(9125毫米)、40英尺(12192毫米)。

例如:种类—大吨位,类型—20英尺。使用运送用具时,应注明该项用具的种类(例如:篷布、粮谷挡板、车门拴栏、钢丝绳、炉子、铁制拴马棒)。填写事项时,如篇幅不足,应添附篇幅相当于运单的补充清单,并注明"记载事项见补充清单"。

(19)所属者及号码。在运送集装箱时,应注明集装箱所属记号和号码。不属铁路的集装箱,应在号码之后注明大写拉丁字母"P"。在使用运送用具时,应注明运送用具可能有的所属的记号和号码。不属铁路的运送用具,应注明字母"P"。在填写事项时,如篇幅不足,应添附篇幅相当于运单的补充清单,并注明"记载事项见补充清单"。

(20)发货人负担下列过境铁路的费用:

注明根据《国际货协》第15条,由发货人负担过境路费用的过境路简称。如发货人不负担任一过境路的费用,则发货人应记载"无"字样;如未记载"无"字样,也认为过境运送费用已转由收货人支付。

例如:中铁和捷铁联运

发货人负担蒙铁和俄铁的费用

			3	1	2	0

在数字编码栏内按照货物运送的先后顺序,由铁路承运人填写发货人所指出的过境路的编码,各铁路编码见《国际货协》,上栏中31为蒙古国铁路,20为俄罗斯铁路。

(21)办理种别。办理种别分为:整车、零担、大吨位集装箱。不需要者划销。

(22)由何方装车。可由发货人或铁路装车。不需要者划销;无划销记载时,即认为由发货人装车。

(23)发货人添附的文件。注明发货人在运单上添附的所有文件(如出口货物明细单、出口货物报关单、出口许可证、品质证明书、检验检疫证书和其他货物出口所必需的文件)。如运单上未添附出口货物明细单、出口货物报关单、出口许可证(政府规定的特定商品),发货人在本栏注明无须添附各种文件。如运单上附有补充清单,记载添附补充清单的张数。

(24)货物的声明价格(瑞士法郎)。用大写注明以瑞士法郎表示的货物价格。

(25)批号(检查标签)。本栏由铁路承运人填写。在本栏上半部注明发送路和发站的数字编码。在本栏下半部按发送路现行的国内规定填写批号。

在采用检查标签时,必须在第2联(运行报单)和第一份补充运行报单(存根)的第25栏内,各贴附一份检查标签。检查标签应符合国际货协的规定。

中国铁路不采用检查标签,而将运送本批货物的带号码补充运行报单的号码填入运单和不带号码的补充运行报单的本栏下半部,上半部不填。

(26)海关记载。本栏供海关记载之用。

(27)车辆。注明车种、车号和所属路简称。如车辆上无车种标记,则按发送路现行的国(境)内规章填写车种。如车辆上有12数码,则不填写上述事项,而应填写其全部数码。

(28)标记载重。填写车辆上记载的载重量。如使用标有"ABC"标记的车辆,则填写字母"C"及其下面所注的最大重量,以此作为载重量。

(29)轴数。填写所使用的车辆的轴数。

(30)自重。填写车辆上记载的自重。当用过磅的方法确定空车重量时,用分数注明:车辆上记载的自重(分子),过磅确定的自重(分母)。

第(27)—(30)栏的一般说明:

这些栏用于记载使用车辆的事项,只在运送整车货物时填写。

关于车辆的事项,视由何方装车确定由发货人或发站填写。当在国(边)境站将整车货物换装到另一种轨距的车辆或途中换装时,换装站应将原车辆记载事项划销,但原字迹须能辨认,并应在下面记载换装后每一车辆的事项。

多车换装为一车时,换装国(边)境站应注明"(17)装入两(或三)批整车货物"。

在填写货物换装后车辆事项时,如篇幅不足,换装站应编制必要数量的补充清单(运单1、2、3、4、5、6各张以及每份补充运行报单各需一份),并将其添附在运单和各份补充运行报单上。第(27)—(30)各栏的最后一行应注明"续见补充清单"。为押运人提供单独车辆时,必须记载有关该车辆的相应事项,并在下面注明"押运人用的车辆"。

运送有押运人押运的成组车辆时,发站应在与该车辆有关的每份运单内记载"(15)由____辆车组成的车组由押运人押运"。

(31)换装后的货物重量。货物换装运送时,应注明换装后铁路确定的重量。将货物从一辆车换装数辆车时,换装后每辆车的货物重量应分别记载。

(32)铁路确定的重量(公斤)。注明铁路确定的货物重量。

(33)—(44)数字编码栏。各栏内供铁路记载事项之用。各铁路只能在其留存的运单各联上或补充运行报单上记载数字编码(我国铁路暂不用)。参加运送的铁路,可商定共同使用上述各栏的方法。

(45)封印个数和记号。关于封印个数和记号,视由何方施封而确定由发站或发货人填写。填写车辆或集装箱上施加的封印个数和所有记号[车站名称、封印号码或施封年月日、铁路局简称或钳子号码(发货人封车时为发货人简称)]。在发货委托铁路代封时,发货人应注明"委托铁路施封"。

(46)发站日期戳。在货物承运后,发站在运单的所有各联和补充运行报单上加盖发站日期戳,作为签订运输合同的凭证。如承运的货物在发送前需预先保管,则在发站日期戳下记载____年____月____日签字证明。

(47)到站日期戳。货物到达后,到站在运单的1、2、3、5、6联上加盖到站日期戳。

(48)确定重量方法。注明确定货物重量的方法,如"用轨道衡"、"用1/10的衡器、用1/100的衡器"(1/10的衡器是指砝码与货物重量为1∶10的衡器,1/100的衡器是指砝码与货物重量为1∶100的衡器)、"按标准重量"、"按货件上标记的重量"、"丈量法"。

如由发货人确定重量,则发货人还应在本栏内注明确定货物重量的方法。

(49)过磅站戳记、签字。

在第32栏中记载的重量用过磅站戳刻司磅简称,例如,发送一批从中国到达独联体的货物,记载"中铁—独联体"。

表 9-4 国际铁路联运单实例(正面)

运 单 副 本 — Дубликат накладной
(给发货人) — (для отправителя)

批号— Отправка №
25 (检查标签—контрольная этикетка) 0992879
运输号码
2 合同号码— Договор №

发送路简称 (Сокращённое наименование дороги отправления)
中铁 КЖД
4

1 发货人，通信地址— Отправитель, почтовый адрес
'SHANGHAI VIPEAK HEAVY INDUSTRY MACHINERY CO., LTD'
XINJIANQIAO STREET, SHANGHAI CITY, CHINA.
达飞物流(中国)有限公司郑州分公司

3 发站 Станция отправления
zhengzhoudong /郑州东

4 发货人的特别声明— Особые заявления отправителя
委托阿拉山口中欧国际货运代理有限公司转关 (0909-699230
Оплата по КЗХ через Ренус Логистик код 2732320/RL5912
Оплата по УЗБ "ПСЛ Консалт" код 2911127 / РЛ /5765

5 收货人，通信地址— Получатель, почтовый адрес
乌兹别克斯坦 乌兹别克斯坦"MHJU"公司
Фермерское хозяйство "МХЖУ"
Республика Узбекистан, Кашкадарьинская область,
город Китаб, улица Буюк Ипак Йули, дом 79.
FARM OF 'MHJU' 79-HOUSE, BUYUK IPAK YULI STREET,
KITAB CITY, THE REPUBLIC OF UZBEKISTAN.

26 海关 Таможенное декларирование по Республике Казахстан осуществляет ТОО ?DIV-Service? (ДИВ-Сервис) Договор №0000285/2021/0008 от 20.03.2021.

6 对铁路无约束效力的记载— Отметки, необязательные для железной дороги

27 车辆—Вагон / 28 标记载重（吨） Подъемная сила (т) / 29 轴数— / 30 自重— Масса тары / 31 换装后的货物重量— Масса груза после перегрузки

27	28	29	30	31

7 通过的国境站— Пограничные станции перехода
Alashankou / Dostyk 阿拉山口 / 多斯特克
ДОСТЫК ЭКСП – САРЫ-АГАЧ ЭКСП

8 到达路和到站— Дорога и станция назначения
乌铁/卡尔希(733104)
KARSHI ST., KARSHI CITY, UZBEKISTAN

国际货协—运单 СМГС-Накладная 慢运 малой скорости

9 记号、标记、号码 Знаки, марки, номера	10 包装种类 Род упаковки	11 货物名称 Наименование груза	12 件数 Число мест	13 发货人确定的重量(公斤)— Масса (в кг) определена отправителем	32 铁路确定的重量(公斤)— Масса (в кг) определена железной дорогой
HDCU7033728 "P"	1X40HQ	HGM80 三环中速微粉磨一套线路 HS CODE: 84742010 84741000 TECHNOLOGICAL EQUIPMENT THREE-RINGS MEDIUM SPEED MICRO-POWDER MILL HGM80 (INCLUDING MAINFRAME, AIR BLOWER, CLASSIFIER, MOTOR, PIPE), ELEVATOR, ELECTRONIC CONTROL CABINET, VIBRATING FEEDER, HAMMER CRUSHER, DUST CATCHER, SCREEN 3DZSF1025, TRANSPORT (3X40INCH CONTAINER), INSTALLATION, WORKER TRAINING ACCORDING TO THE SUPPLEMENT NO.1 TO THE CONTRACT NO.VIPEAK2022515 DD 15. 05. 2022.DELIVERY TERMS: CIP - KARSHI ST., KARSHI CITY, REPUBLIC OF UZBEKISTAN (INCOTERMS-2020). 'FREIGHT PREPAID' "Контейнер в распоряжении ?Макс Интермода л Системс? (Антверпен)." 货物保价：人民币壹万元整	1	14400KGS + 3860KGS = 18260KGS	

14 共计件数(大写) 壹个肆拾英尺集装箱

15 共计重量(大写) —Итого масса прописью 壹万捌仟贰佰陆拾公斤整

16 发货人签字— Подпись отправителя

17 互换托盘— Обменные поддоны
数量— Количество

集装箱/运送用具— Контейнер/Перевозочные средства
18 种类— Вид 类型— Категория
19 所属者及号码 Владелец и №: HDCU7033728 "P"

20 发货人负担下列过境铁路的费用— Отправителем приняты платежи за следующие транзитные дороги
Оплата по КЗХ через Ренус Логистик код2732320/RL5912
Оплата по УЗБ "ПСЛ Консалт" код 2911127 / РЛ /5765

21 办理种别— Род отправки
整车 повагонная / 零担 мелкая / 大吨位集装箱 Крупнотоннажный Контейнер
不需要的划消— Ненужное зачеркнуть

22 由何方装车 Погружено: 发货人 отправителем / 铁路 железной дорогой

24 货物的声明价格 Объявленная ценность груза

23 发货人添附的文件— Документы, приложенные отправителем
关 封(自寄) 一套
箱 单 两份
发 票 两份

郑州铁路局 2023. 4. 22 郑州东站 (30)

45 封印 Пломбы

个数 Количество	记号— Знаки
1	3236284
1	C04023C(海关)

46 发站日期戳— Календарный штемпель станции отправления	47 到站日期戳 — Календарный штемпель станции назначения	48 确定重量方法 Способ определения массы	49 过磅站戳记，签字— Штемпель станции взвешивания, подпись
郑州铁路局 2023. 4. 22 郑州东站 (30)			

33 34 35 36 37 38 39 40 41 42 43 44

表 9–5　国际铁路联运单实例（背面）

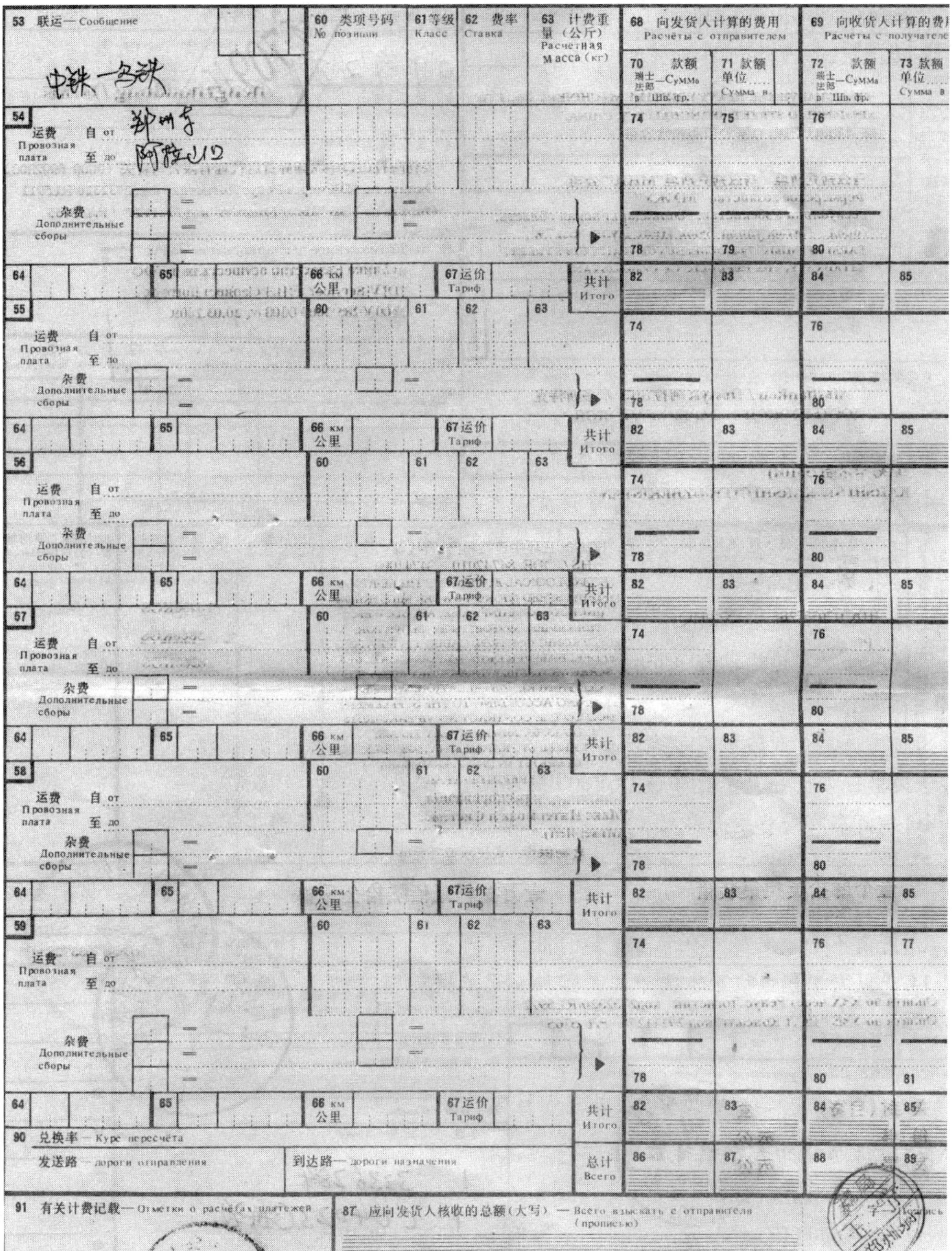

53 联运— Сообщение
中铁一务铁

60 类项号码 № позиции | 61 等级 Класс | 62 费率 Ставка | 63 计费重量（公斤）Расчетная масса (кг)

68 向发货人计算的费用 Расчёты с отправителем
70 款额 瑞士法郎—Сумма в Шв. фр. | 71 款额单位 Сумма в

69 向收货人计算的费用 Расчёты с получателем
72 款额 瑞士法郎—Сумма в Шв. фр. | 73 款额单位 Сумма в

54
运费 Провозная плата 自 от 郑州东 至 до 阿拉山口
杂费 Дополнительные сборы
74 | 75 | 76 | 78 | 79 | 80
64 | 65 | 66 km 公里 | 67 运价 Тариф | 共计 Итого | 82 | 83 | 84 | 85

55
运费 Провозная плата 自 от 至 до
杂费 Дополнительные сборы
60 | 61 | 62 | 63 | 74 | 76 | 78 | 80
64 | 65 | 66 km 公里 | 67 运价 Тариф | 共计 Итого | 82 | 83 | 84 | 85

56
运费 Провозная плата 自 от 至 до
杂费 Дополнительные сборы
60 | 61 | 62 | 63 | 74 | 76 | 78 | 80
64 | 65 | 66 km 公里 | 67 运价 Тариф | 共计 Итого | 82 | 83 | 84 | 85

57
运费 Провозная плата 自 от 至 до
杂费 Дополнительные сборы
60 | 61 | 62 | 63 | 74 | 76 | 78 | 80
64 | 65 | 66 km 公里 | 67 运价 Тариф | 共计 Итого | 82 | 83 | 84 | 85

58
运费 Провозная плата 自 от 至 до
杂费 Дополнительные сборы
60 | 61 | 62 | 63 | 74 | 76 | 78 | 80
64 | 65 | 66 km 公里 | 67 运价 Тариф | 共计 Итого | 82 | 83 | 84 | 85

59
运费 Провозная плата 自 от 至 до
杂费 Дополнительные сборы
60 | 61 | 62 | 63 | 74 | 76 | 77 | 78 | 80 | 81
64 | 65 | 66 km 公里 | 67 运价 Тариф | 共计 Итого | 82 | 83 | 84 | 85

90 兑换率— Курс пересчёта
发送路— дороги отправления | 到达路— дороги назначения | 总计 Всего | 86 | 87 | 88 | 89

91 有关计费记载— Отметки о расчётах платежей
中铁应费已收
郑州东站 (30)

87 应向发货人核收的总额（大写）— Всего взыскать с отправителя (прописью)

89 应向收货人核收的总额（大写）— Всего взыскать с получателя (прописью)　签字— Подпись

92 应向发货人补收的费用— Дополнительно взыскать с отправителя за

根据第(20)栏的说明,在数字编码栏中填写发送路和到达路的编码。

(50)附件2。根据《国际货协》附件第2号,托运危险货物时,必须在方框内画对角线。

如果该栏中方框和"附件第2号"字样为黑色,则发货人在根据《国际货协》附件第2号托运至中华人民共和国、俄罗斯联邦及相反和过境这些国家(地区)的危险货物时,除在运单货物名称下画一横线外,还应在运单第一联货物名称下画一红线。

思考与练习

一、思考题

1.海运提单的作用与种类有哪些?

2.哪种运输单据属于货物所有权的凭证?

3.提单中商品名称一栏可否填写实际装运货物的统称?

4.在信用证结算方式下,银行可否接受签发日期早于信用证开证日期的提单?

5.在信用证未做另外规定的情况下,某公司提交了以受益人以外的第三者为发货人的提单,银行能否拒绝该提单?

6.若信用证未规定提单的被通知人,缮制提单时应如何处理?

7.信用证规定装运港为"Chinese Port"(中国港口),受益人在缮制提单时,提单装运港一栏应如何填制?

8.简述提单背书的形式与方法。

9.提单应如何签署才能符合UCP600的规定?

10.如何在收妥备运提单上加注"已装船批注",使之成为已装船提单?

11.指示抬头的提单有几种写法?其中哪种写法需要发货人背书?

12.根据UCP600的解释,信用证如要求多份提单,受益人能否只提交一份正本,其余为副本?

13.何谓不清洁提单?不清洁提单的批注有哪些?

14.凭以向船代换取正本提单的是哪种托运单据?

二、实操题

根据下列信用证的相关内容及补充资料缮制海运提单。

(一)信用证相关资料摘录

SEQUENCE OF TOTAL	*27	1/1
FORM OF DOC.CREDIT	*40A	IRREVOCABLE
DOC.CREDIT NUMBER	*20	JB2FOSU090720001
DATE OF ISSUE	*31C	230313
APPLICABLE RULES	*40E	UCP LATEST REVISION
DATE/PLACE EXP.	*31D	DATE 230430 PLACE IN CHINA.

APPLICANT	*50	M/S PODDAR TYRES LTD PODDAR NAGAR ROAD, JUGIANA,LUDHIANA (PB)-141420
BENEFICIARY	*59	ZHANGJIAGANG CITY HONGCHENG CHEMICIAL FIBER CO.LTD. NO.10,ZHENXING ROAD ZHANGJIAGANG CITY JIANGSU PROVINCE CHINA
CURRENCY CODE,AMOUNT	*32B	USD AMOUNT 25 000,00
PERCENTAGE CREDIT AMOUNT TOLERANCE	39A	10/10
AVAILABLE WITH...BY...	*41D	ANY BANK BY NEGOTIATION
DRAFTS AT...	42C	AT SIGHT
DRAWEE	42A	CNRBINBBIDL CANARA BANK BHARAT NAGAR CHOWK BRANCH LUDHIANA IN (INDIA)
PARTIAL SHIPMENTS	43P	NOT ALLOWED
TRANSHIPMENT	43T	ALLOWED
PORT OF LOADING/AIRPORT OF DEPARTURE	44E	ANY CHINESE PORT
PORT OF DISCHARGE/AIRPORT OF DESTINATION	44F	NHAVA SHEVA,INDIA
LATEST DATE OF SHIPMENT	44C	230415
DESCRIPTION OF GOODS AND/OR SERVICES	45A	10 MT NYLON 6 DIPPED TYPE CORD FABRIC 840-D/1 20 FPR×119 CM WIDTH×2200 MTRS
DOCUMENTS REQUIRED	46A	

+ FULL SET(3 ORIGINAL AND 3 NON-NEGOTIABLE) OF CLEAN ON BOARD BILL OF LADING SHOWING FREGHT PREPAID MADE OUT TO THE ORDER OF CANARA BANK BHARAT NAGAR CHOWK, LUDHIANA AND NOTIFY OPENERS AND EVIDENCING NAME AND ADDRESS OF OPENERS AND OURSELVES AND LC NUMBER.

ADDITIONAL CONDITIONS	47A	+ ONLY MASTER B/L OF THE SHIPPING LINE IS ACCEPTABLE.HOUSE B/L IS NOT ACCEPTABLE IN ANY CASE. + ALL DOCUMENTS MUST BEAR LC NO.AND DATE.

(二)补充资料

1.B/L NO. : MGSD-23226

2.VESSEL NAME:ROSE KING EXPRESS V.KY-118

3.B/L ISSUED BY:STY SHIPPING COMPANY,郭昕,作为船公司的代理

4.PACKEN IN 100 ROLLS

5.G.W.:10 100 KGS   N.W.:10 000 KGS

6.SHIPPING MARK:N/M

7.ON BOARD DATE:2023-04-01

空白提单

1.Shipper Insert Name, Address and Phone	B/L No.
2.Consignee Insert Name, Address and Phone	中远集装箱运输有限公司 COSCO CONTAINER LINES **TLX:33057 COSCO CN** **FAX:+86(21) 6545 8984** **ORIGINAL** Port-to-Port or Combined Transport **BILL OF LADING**
3.Notify Party Insert Name, Address and Phone (It is agreed that no responsibility shall attach to the carrier or his agents for failure to natify)	

RECEIVED in external apparent good order and condition except as otherwise noted. The total number of packages or unites stuffed in the container. The description of the goods and the weights shown in this Bill of Lading are furnished by the merchants, and which the carrier has no reasonable means of checking and is not a part of this Bill of Lading contract. The carrier has issued the number of Bills of Lading stated below, all of this tenor and date, one of the original Bills of Lading must be surrendered and endorsed or signed against the delivery of the shipment and whereupon any other original Bills of Lading shall be void. The merchants agree to be bound by the terms and conditions of this Bill of Lading as if each had personally signed this Bill of Lading.

SEE clause 4 on the back of this Bill of Lading (Terms continued on the back hereof, please read carefully).

* Applicable only when document used as a Combined Transport Bill of Lading.

4.Combined Transport * Pre- carriage by	5.Combined Transport * Place of Receipt
6.Ocean Vessel Voy.No.	7.Port of Loading
8.Port of Discharge	9.Combined Transport * Place of Delivery

Marks & Nos. Container/Seal No.	No. of Containers or Packages	Description of Goods (If Dangerous Goods, See Clause 20)	Gross Weight Kgs	Measurement
		Description of Contents for Shipper's Use Only (Not part of This B/L Contract)		

10.Total Number of containers and/or packages (in words)
Subject to Clause 7 Limitation

11.Freight & Charges Declared Value Charge	Revenue Tons	Rate	Per	Prepaid	Collect

Ex.Rate:	Prepaid at	Payable at	Place and date of issue
	Total Prepaid	No.of Original B(s)/L	Signed for the Carrier, COSCO CONTAINER LINES

LADEN ON BOARD THE VESSEL

DATE BY

第十章 其他结汇单据

【学习目标】 了解船公司证明、受益人证明、装运通知等单据的含义与作用;熟悉船公司证明、受益人证明、装运通知等单据的格式与主要内容;根据信用证的有关条款,学会缮制船公司证明、受益人证明、装运通知等单据。

第一节 船公司证明

在国际贸易业务中,有时进口商会要求出口商提供船公司证明作为结汇单据之一。为满足进口商的要求,出口商在交单兑用时,往往还须按信用证要求提交船公司的有关证明。船公司证明(Shipping Company's Certificate)是船公司应托运人的要求出具的不同认定内容的书面证明。船公司证明通常由船方用英文制作,具体内容应以信用证的要求为准,所有船公司证明必须签署。比较常见的船公司证明有船龄证明、船籍证明、航程证明等。

一、船公司证明的种类

(一)船龄证明(Certificate of Vessel's Age)

船龄证明是一种船公司出具的说明载货船舶船龄的证明文件。一般载货船舶的船龄要求在15年之内,如在15年以上,则为超龄船只。有些国家或地区来证规定,装载货物的船舶的船龄不得超过15年,受益人则必须要求船代或船公司出具载货船只的船龄证明书,这样的要求主要目的在于禁止使用老龄船,保证货物在运输途中的安全。

(二)船籍证明(Certificate of Registry)

船籍证明是用于证明载货船舶所属国籍(注册地)的证明文件。在实务中,有时进口国家(地区)出于政治原因,在信用证中要求禁止受益人使用某些国家(地区)的船只运载。

(三)航程证明(Certificate of Itinerary)

航程证明是主要用于说明航程中载货船舶停靠港口的证明文件。有时买方会在信用证中对载货船舶的航行路线、停靠港口予以限定。例如,在一些阿拉伯国家开出的信用证中,要求载货的船只不得在以色列的任何港口停靠。

二、船公司证明的内容与缮制

船公司证明没有固定的格式,出单人可以根据证明的具体内容,自己设计合适的格式。其主要内容有:

(1)单据名称。制作船公司证明要有具体单据名称,应以信用证规定为准。

(2)参考信息。一般包括船名、航次、提单号、信用证号、发票号、开航日期等。

(3)日期。指船公司证明的出单时间,一般与提单装船日同一天。

(4)抬头人(To)。一般笼统地填写"致有关方"(To whom it may concern)。

(5)证明的内容。结合实际情况,并根据信用证的具体要求填写证明的内容。

(6)签署。所有船公司证明都必须签署,应与提单签署人一致或都属于同一承运人的代理。

三、缮制船公司证明应注意的问题

(1)船公司证明的种类很多,应根据信用证与合同的规定,要求船公司出具,并确实按证明书中所述行驶、操作载货船舶。

(2)船公司证明的内容不能照抄信用证条款,应具体并在人称、语态、时态等方面做相应的变化。

(3)船公司证明的签发时间须在所要证明的事件发生之后,一般在装船完毕后,与提单签发日期相同。

(4)船公司证明属于证明的性质,因此必须签署。

四、信用证关于船公司证明条款的举例与说明

信用证关于船公司证明条款的表述不尽相同,通常表述为:"A certificate from the shipping company or their agent stating that the goods are shipped on container vessels and covered by the institution classification clause."(由船公司或其代理签发船公司证明,证明货物用集装箱船运载且船舶符合协会船级条款)。

以下是关于信用证的船公司证明条款的举例与操作。

(1)根据上述信用证单据条款的规定缮制的船公司证明见表 10-1。

表 10-1　船公司证明样单

CERTIFICATE VESSEL'S NAME AND VOYAGE NO.HANGFENGHAO V502 DATE:OCT. 12,2023 B/L NO.:SDY0096　　SHIPPED DATE:OCT 12,2023　　L/C NO.BKJ364135 TO:WHOM IT MAY CONCERN THIS IS TO CERTIFY THAT THE GOODS UNDER THE ABOVE B/L HAS BEEN SHIPPED ON CONTAINER VESSELS AND COVERED BY THE INSTITUTION CLASSIFICATION CLAUSE. ×××SHIPPING COMPANY ×××SIGNATURE (船公司/船公司代理签章)

(2)信用证要求:"Certificate to evidence the ship is not over 15 years old."(证明船龄不超过 15 年)。

操作:根据上述信用证单据条款的要求,该信用证要求提供船龄证明作为结汇单据之一,因此,受益人应要求船公司签发船龄证明。缮制实例见表 10-2(在实务中,"×"的地方据实描写,横线处的日期距装船日不超过要证明的船龄即可)。

表 10-2　船公司证明样单(船龄证明)

CERTIFICATE

VESSEL'S NAME AND VOYAGE NO.:×××　　　　DATE:20 ××-××-××
B/L NO.:×××
SHIPPED DATE.:20××-××-××
L/C NO.:×××
TO:WHOM IT MAY CONCERN
WE HEREBY CERTIFY THAT THE ABOVE METIONED VESSEL BUILED IN YYYY-MM-DD ,IS NOT OVER 15 YEARS OLD.

×××SHIPPING COMPANY
×××SIGNATURE
(船公司签章)

(3)信用证要求:"Shipment must not effected on ××× vessel."(不可以用×××船装运)。

操作:受益人必须要求船公司出具船籍证明,以满足信用证的条款。缮制实例见表 10-3[在实务中,表中横线处写载运船舶所挂的船籍国(地区)旗帜]。

表 10-3　船籍证明样单

CERTIFICATE OF REGISTRY

VESSEL'S NAME AND VOYAGE NO.:×××　　　　DATE:20 ××-××-××
B/L NO.:×××
SHIPPED DATE.:20××-××-××
L/C NO.:×××
TO:WHOM IT MAY CONCERN
THIS IS TO CERTIFY THAT ABOVE METIONED VESSEL IS FLYING ________ (COUNTRY/TERRITORY) FLAG.

×××SHIPPING COMPANY
×××SIGNATURE
(船公司签章)

(4)信用证规定:"Itinerary certificate:the vessel must not call at any Israeli ports."(航程证明:船只不得在以色列的任何港口停靠)。

操作:根据上述信用证条款的要求,受益人应提供航程证明作为结汇单据之一,因此,受益人须提交符合信用证要求的航程证明。缮制实例见表 10-4。

表 10-4 航程证明样单

ITINERARY　CERTIFICATE
VESSEL'S NAME AND VOYAGE NO.:××× DATE:20××-××-××
B/L NO.:×××
L/C NO.:×××
SHIPPED DATE.:20××-××-××
TO:WHOM IT MAY CONCERN
THIS IS TO CERTIFY THAT THE VESSEL WILL NOT CALL AT ANY ISRAELI PORTS DURING THIS PRESENT VOYAGE.
××× SHIPPING COMPANY ××× SIGNATURE （船公司签章）

第二节　受益人证明

受益人证明（Beneficiary's Certificate/Beneficiary's Statement/Beneficiary's Declaration），是由受益人按合同与信用证的要求出具的证明其已履行了某义务、完成了某工作或行为的证明文件。

一、受益人证明的内容与缮制

受益人证明一般无固定格式，内容多种多样，常见的受益人证明有寄单证明、寄样证明及包装证明等，通常以英文制作。受益人证明的基本内容包括：

（1）出口公司名称。填写受益人证明的证明人名称。

（2）单据名称。具体单据名称应以信用证规定为准。单据的名称因所证明事项不同而略异，可能是寄单证明、寄样证明、包装和标签情况、电抄形式的装运通知、证明货物业已检验等。

（3）参考号。受益人证明上通常会显示发票号、合同号或信用证号，使之与其他单据对应，构成全套结汇单据。

（4）受益人证明的内容应严格与信用证规定相符，并在人称、语态、时态等方面做相应的变化。如受益人证明常以“WE HEREBY CERTIFY THAT”（我们在此证明）开头，证明的内容一般为现在完成时态。

（5）受益人证明由受益人（证明人）出具并签字。

（6）受益人证明的出单时间不能早于信用证规定的所属证明事件的发生时间，也不能晚于信用证规定的交单时间。

受益人证明样例见表 10-5。

表 10-5　受益人证明样例(以第三章信用证样例为例)

CHANGZHOU BAOYAO PHARMACEUTICALS CO.LTD MEILONGBA SOUTHERN SURRBS CHANGZHOU JIANGSU,213004 CHINA CERTIFICATE TO:APOTEX INC. DATE:MAR.23,2023 114,YEONG JONG-DAERO,JUNG-GU INCHEON KOREA RE:L/C NO.:BMT0629292IM INV.NO.:CH23010 WE HEREBY CERTIFY THAT CERTIFICATE OF ANALYSIS FOR EACH LOT HAS BEEN INCLUDED WITH SHIPMENT AND A COPY OF CERTIFICATE OF ANALYSIS HAS BEEN FAXED TO 82-32-881-3255 ATTN LEE TEUK. CHANGZHOU BAOYAO PHARMACEUTICALS CO.LTD ×××(SIGNATURE)

二、信用证关于受益人证明条款的举例与说明

信用证关于受益人证明条款的表述不尽相同,以下就信用证中的受益人证明条款内容进行举例说明:

(1)信用证规定:"Beneficiary's certificate certifying that the above mentioned documents have been faxed to applicant after shipment,fax copy with transmission report is required."(受益人证明书证实上述提到的单据装运后已经传真给开证申请人,须提交一份传真副本及传真报告)。

操作:

①根据上述信用证受益人证明条款的规定,受益人出具的证明见表 10-6。

表 10-6　受益人证明样单(传真单据证明)

BENEFICIARY'S CERTIFICATE TO:WHOM IT MAY CONCERN DATE:20××-××-×× RE:L/C NO.:××× INV.NO.:××× B/L NO.:××× B/L DATE:20××-××-×× WE HEREBY CERTIFY THAT THE MENTIONED DOCUMENTS(INCLUDING ×××, ××××, ×××, ×××) HAVE BEEN FAXED TO ×××(APPLICANT'S NAME,开证申请人的具体名称) ON YYYY-MM-DD(传真的日期,在提单日后). ××× COMPANY ×××(SIGNATURE) (受益人签章)

②交单时还要把传真过的文件复印一份注明"fax copy",连同传真机传真完成后打印出来的工作报告一起提交,传真报告的样式见第十三章第一节"操作训练七"所附资料。

(2)信用证规定:"Copy of letter from beneficiary to our applicant evidencing a non-negotiable bill of lading together with copy of other documents were sent directly to them within one days from shipment date."(受益人发给开证申请人的证明信副本,证明一份不可转让的提单和其他单据已经在装船后的第一天直接寄给了开证申请人)。

操作:根据上述信用证受益人证明条款的规定,受益人出具的证明见表 10-7。

表 10-7　受益人证明样单(寄单据证明)

CERTIFICATE

TO:WHOM IT MAY CONCERN　　　　DATE:20××-××-××
RE:L/C NO.:×××
INV.NO.:×××
B/L NO.:×××　B/L DATE:20××-××-××
WE HEREBY CERTIFY THAT A NON-NEGOTIABLE BILL OF LADING TOGETHER WITH COPY OF OTHER DOCUMENTS HAVE BEEN SENT DIRECTLY TO ×××(APPLICANT'S NAME,开证申请人的具体名称)ON YYYY-MM-DD(寄单的日期,须在提单日后一天内)。

××× COMPANY
×××(SIGNATURE)
(受益人签章)

(3)信用证规定:"A certificate from the beneficiary stating that they have advised the applicant by fax the date of shipment, number of packages, name of commodity, total net and gross weight, name of vessel and number of voyage after shipment effected."(受益人证明书证明受益人已经在装船后用传真通知开证申请人有关装运日期、箱数、货物名称、总净重和毛重、船名和航次)。

操作:根据上述信用证受益人证明条款的规定,受益人出具的证明见表 10-8。

表 10-8　受益人证明样单(装运通知证明)

CERTIFICATE

TO:WHOM IT MAY CONCERN　　　　DATE:20××-××-××
RE:L/C NO.:×××　　INV. NO.:×××
B/L NO.:×××　　B/L DATE:20××-××-××
WE HEREBY CERTIFY THAT WE HAVE ADVISED THE APPLICANT BY FAX THE FOLLOWING INFORMATION ON YYYY-MM-DD(寄单或传真的日期在提单日或之后):
DATE OF SHIPMENT:(写装船日)
NUMBER OF PACKAGES:(填货物外包装件数)
NAME OF COMMODITY:(写商品名称)
TOTAL NET AND GROSS WEIGHT:N.W.:×××　G.W.:×××
NAME OF VESSEL AND NUMBER OF VOYAGE:(写船名航次)

×××COMPANY
×××(SIGNATURE)
(受益人签章)

除了上述提及的证明单据外,有时候根据买方来证的要求,卖方还可能需要按要求出具其他证明文件,如寄样证明、费用证明、借记通知单、木质包装声明、非木质包装声明等。这些证明的制作与上述证明基本相同,这里不再赘述。

第三节　装运通知

装运通知在海运方式下也叫装船通知(Shipping Advice/Shipping Statement/Shipping Declaration),一般指出口商在货物装船后发给进口方或其指定人关于货物详细装运情况的通知文件。出口商向进口商发出装运通知,以使进口商做好筹措资金付款和办理进口清关、接货的准备;在以FAS、FOB、FCA、CFR、CPT等价格条件成交时,装船通知还便于进口商向进口国(地区)保险公司办理货物运输保险手续。在进口方派船接货的交易条件下,进口商为了使船、货衔接得当,也会向出口方发出有关通知(Shipping Instructions)。有的信用证要求受益人提交装运通知或电抄本作为兑用货款的单据之一。

一、装运通知的内容及缮制

出口装船通知应按合同或信用证规定的时间发出,内容要符合信用证的规定,通知以英文制作,无统一格式,一般只提供一份。

(1)出口公司名称。填写发出装运通知的托运人(出口方)。

(2)单据名称。具体单据名称如信用证有要求,从其规定。

(3)通知对象,也称抬头。应按信用证规定填写,可以是开证申请人、申请人的指定人或保险公司等。在信用证没有明确规定时,也可以用统称,如"To whom it may concern"。

(4)制单时间和发出日期。出单日期应符合信用证规定的时间。常见的有以小时为准(Within 24/48 hours)和以天为准(Within 2 days after shipment date)两种情形,信用证没有规定时,应在装船后立即发出,如信用证规定"Immediately after shipment"(装船后立即通知),应在装运后1~2天发出装船通知。

(5)通知内容。主要包括所发运货物的合同号或信用证号、品名、数量、金额、运输工具名称、开航日期、启运地和目的地、提运单号码、运输标志等,并且相同内容与其他相关单据要保持一致,如信用证提出具体项目要求,应严格按规定出单。此外,通知中还可能出现包装说明、ETD(船舶预计离港时间)、ETA(船舶预计抵港时间)、ETC(预计完成装船时间)等内容。

(6)签署。装船通知一般可以不签署,但如信用证要求"Certified copy of shipping advice",则受益人应签署。

二、信用证关于装运通知条款的举例与说明

信用证对装运通知条款的表述不尽相同,以下就信用证中的装运通知条款内容进行举例说明。

(1)信用证规定:"Shipment advice sent to applicant within 48 hours after shipment indicating contract No., L/C No., goods name, quantity, invoice value, vessel's name, B/L No, loading port, shipping date and ETA."(在装运后48小时内向开证申请人发出装运通知,内容包括合同号、信用证号、商

品名称、数量、发票金额、船名、提单号、装货港口、装运日期和预计到达时间)。

操作:根据上述信用证装船通知条款的规定,依第三章信用证样例的具体内容,受益人出具的装船通知见表 10-9。

表 10-9　装船通知样例(以第三章信用证样例为例)

CHANGZHOU BAOYAO PHARMACEUTICALS CO.LTD
MEILONGBA SOUTHERN SURRBSCHANGZHOU JIANGSU,213004 CHINA
SHIPMENT ADVICE

TO:APOTEX INC.
114,YEONG JONG-DAERO,JUNG-GU INCHEON KOREA
DATE:MAR. 23,2023

RE:CONTRACT NO.:CHBY09316
L/C NO.:BMT0629292IM　INV.NO.:CH09010
WE HEREBY ADVICE YOU THAT THE FOLLOWING MENTIONED GOODS HAVE BEEN SHIPPED FROM NINGBO, CHINA TO INCHEON,KOREA.
1.COMMODITY:CHLORDIAZEPOXIDE HCL
2.QUANTITY:500 KGS
3.PACKAGE:50 CARTONS
4.INVOICE VALUE:USD 28920.00
5.VESSEL'S NAME:HENGLHE VOY.121
6.B/L NO.:23CO-BHY0709
7.LOADING PORT:NINGBO,CHINA
8.PORT OR DISCHARGE:INCHEON
9.SHIPPED DATE:MAR.22,2023
10.ETA:MAR.24,2023
11.SHIPPING MARKS:APOTEX
4500189719
INCHEON
CTN NO.1-50

CHANGZHOU BAOYAO PHARMACEUTICALS CO.LTD
张珍

(2)信用证规定:"Shipment advice with full details including shipping marks, carton numbers, vessel's name, Bill of Lading number, value and quantity of goods must be sent on the date of shipment to us."[装船通知包括运输标记、箱数、船名、提单号码、货物的价值和数量等详细情况,须在装运日发送给我行(开证行)]。

操作:根据上述信用证装船通知条款的规定,受益人出具的装船通知见表 10-10。

(3)信用证规定:"Beneficiary's certified copy of fax sent to applicant within 24 hours after shipment indicating contract number, L/C number, goods name, quantity, invoice value, vessel's name, package/container number, loading port, shipped date and ETA."(受益人传真副本在开航后 24 小时内发出,通知开证申请人合同号码、信用证号码、货名、数量、发票价值、船名、箱数、集装箱号码、装运港、装船日期及预期到达时间)。

操作:根据上述信用证装船通知条款的规定,受益人出具的装船通知见表 10-11。

表 10-10　装船通知样单

SHIPMENT ADVICE

TO:BANK OF CEYLON,PETTAH(开证行的具体名称)　DATE:OCT.30,2023　RE:L/C NO. PTPSIL2023/090908

INV.NO. 2023HK-010

WE'D LIKE TO ADVISE YOU THAT THE FOLLOWING MENTIONED GOODS HAVE BEEN SHIPPED OUT,FULL DETAILS ARE SHOWN AS FOLLOWS:

1.COMMODITY:POLYSTER SCHOOL BAG

2.QUANTITY:20 000PCS

3.CARTON NUMBERS:400 CARTONS

4.INVOICE VALUE:USD 32,000.00

5.VESSEL'S NAME:NEDLLOYD EURORA V.5888

6.B/L NO.:23SS015

7.PORT OF LOADING:×××(符合信用证规定的装运港)

8.PORT OF DISCHARGE:PULMODDAI

9.SHIPPED DATE:OCT. 30,2023

10.ETA:NOV. 21,2023

11.SHIPPING MARKS:B.M.T

2023HK-010

PULMODDAI

C/NOS.1-400

ABC CO.,LTD

×××SIGNATURE

表 10-11　装船通知样单

CERTIFIED COPY OF FAX

TO:S.S.CO.,LTD(开证申请人的具体名称)　DATE:NOV. 15,2023

RE:.L/C NO.5443RR345　CONTRACT NO.9283VRFJ

WE'D LIKE TO ADVISE YOU THAT THE FOLLOWING MENTIONED GOODS HAVE BEEN SHIPPED OUT,FULL DETAILS ARE SHOWN AS FOLLOWS:

1.COMMODITY:LADY DRESS

2.QUANTITY:20 000PCS

3.INVOICE VALUE:USD80 000.00

4.VESSEL'S NAME:LONGJING V01

5.PACKAGE/CONTAINER NUMBERS: 400CARTONS

6.B/L NO.:BU4525

7.LOADING PORT:HAIKOU

8.PORT OF DISCHARGE:×××(符合信用证规定的实际目的港)

9.SHIPPED DATE:NOV. 15,2023

10.ETA:DEC.1,2023

11.CONTAINER/SEAL NO.:HJCU1106200/HJ6545

WE HEREBY CERTIFY THAT THIS FAX COPY IS TURE AND CORRECT

×××COMPANY

SIGNATURE(受益人签章)

思考与练习

一、思考题

1.信用证中比较常见的船公司证明有哪些?

2.缮制船公司证明应注意的问题有哪些?

3.何为受益人证明?

4.装运通知的含义及其作用是什么?

5.如何缮制装运通知?

二、实操题

请你以单证员的身份,根据所提供的资料,缮制相关单据。

(一)信用证相关资料

SHIPMENT ADVICE MUST BE SENT TO APPLICANT WHITIN 48 HOURS WITH DETAIL OF SHIPMENT INCLUDING S/C NUMBER, L/C NUMBER, NAME OF COMMODITY, QUANTITY, VALUE, VESSEL'S NAME, LOADING PORT, SHIPPING DATE, B/L NUMBER AND ETA.

(二)补充资料

1.BENEFICIARY'S NAME AND ADDRESS: HAINAN TIANYI IMPORT & EXPORT CORPORATION, NO.34 NAHAI ROAD, HAIKOU, HAINAN, CHINA

2. APPLICANT'S NAME AND ADDRESS: SUNNING TRADING CORPORATION, 8TH FLOOR, ADELAIDE HOUSE, LONDON BRIDGE, LONDON, EC4R4

3.L/C NO.: 23YAL/3113

4.S/C NO.: HK-LD-897

5.DESCRIPTION OF GOODS: 5 000 M/T CHINESE HEMPSEED, USD380.00 PER M/T CIF LONDON, PACKING: 50M/T PER BALE

6.VESSEL NAME: YEXIANG PRINCESS V.083

7.PORT OF LOADING: HAIKOU

8.B/L DATE: SEP.20, 2023

9.B/L NO.: YPR2023092011

10.ETA:预估一个合理日期(实务中可查船期表)

海南天一进出口公司

HAINAN TIANYI IMPORT & EXPORT CORPORATION

NO.34 NAHAI ROAD, HAIKOU, HAINAN, CHINA

TEL: 0898-67331504 0898-64715787 FAX: 88961196

SHIPPING ADVICE

TO:

ISSUE DATE:___________

L/C NO.:___________

S/C NO.:___________

DEAR SIR OR MADAM:

WE ARE PLEASE TO ADVICE YOU THAT THE FOLLOWING MENTIONED GOODS HAS BEEN SHIPPED OUT, FULL DETAILS WERE SHOWN AS FOLLOWS:

INVOICE NUMBER:

BILL OF LOADING NUMBER:

OCEAN VESSEL:

PORT OF LOADING:

DATE OF SHIPMENT:

PORT OF DESTINATION:

ESTIMATED DATE OF ARRIVAL:

CONTAINERS/SEALS NUMBER:

DESCRIPTION OF GOODS:

SHIPPING MARKS:

QUANTITY:

GROSS WEIGHT:

NET WEIGHT:

TOTAL VALUE:

THANK YOU FOR YOUR PATRONAGE. WE LOOK FORWARD TO THE PLEASURE OF RECEIVING YOUR VALUABLE REPEAT ORDERS.

SINCERELY YOURS'

第十一章 汇 票

【学习目标】 了解汇票的含义与作用；熟悉汇票的格式与主要内容；根据信用证（合同）的有关条款，学会缮制即期、远期、假远期汇票的方法，并能处理汇票缮制中常见的问题。

第一节 汇票概述

一、汇票的定义

汇票（Bill of Exchange，简称 Bill 或 Draft）在《中华人民共和国票据法》第二章第 19 条中的定义是：汇票是出票人签发的，委托付款人在见票时或者在指定日期无条件支付确定的金额给收款人或者持票人的票据。各国（地区）广泛引用或参照的《英国票据法》对汇票的定义：汇票是由一人向另一人签发的，要求即期、定期或在可以确定的将来时间，对某人、其指定人或持票人支付一定金额的无条件书面支付命令。

作为可以支取信用证金额的凭证，汇票在本质上是一种票据，而不是单据，但它是信用证交易单证的组成部分，因此汇票所载内容必须符合信用证条款及 UCP600 的相关规定。

二、汇票的当事人

根据汇票的定义，汇票的基本当事人通常有三个：出票人、受票人和受款人。

（1）出票人（Drawer），即汇票的签发人。在进出口业务中，在信用证和托收结算方式下，汇票出票人通常是出口商（受益人）。

（2）受票人（Drawee），即汇票的付款人。在实务中，通常是进口商或其指定的银行。在信用证结算方式下，若信用证没有指定付款人，根据 UCP600 的规定，开证行即付款人。

（3）受款人（Payee），即汇票的收款人，也称汇票的抬头人。在实务中，若信用证没有特别指定，受款人通常是受益人。

除以上三个基本当事人外，汇票在使用中还可能出现背书人（Endorser）、承兑人（Acceptor）、持票人（Holder）等非基本当事人。

三、汇票的种类

按照不同的标准，汇票有不同的分类。

第一，按是否随附货运单据，可分为光票和跟单汇票。

（1）光票（Clean Bill），指不随附货运单据的汇票，仅凭汇票办理结算。

（2）跟单汇票（Documentary Bill），指附带货运单据的汇票，以承兑或付款作为交付单据的条件。这种汇票除了有当事人的信用外,还有货物的保证。

第二,按付款时间不同,可分为即期汇票和远期汇票。

(1)即期汇票(Sight Bill 或 Demand Draft),指在提示或见票时立即付款的汇票。

(2)远期汇票(Time Bill 或 Usance Bill),指在将来确定时间或特定日期付款的汇票。

第三,按出票人不同,可分为商业汇票和银行汇票。

(1)商业汇票(Trade Bill 或 Commercial Bill),指出票人是企业或个人,付款人可以是企业或个人,也可以是银行的汇票。

(2)银行汇票(Banker's Bill),指出票人和付款人都是银行的汇票。

第四,按承兑人不同,可分为商业承兑汇票和银行承兑汇票。

(1)商业承兑汇票(Trader's Acceptance Bill),指汇票的出票人和付款人均为企业或个人,并经付款人承兑后的远期汇票。

(2)银行承兑汇票(Banker's Acceptance Bill),指由银行承兑的远期汇票。

以上均是按单一属性对汇票进行分类,实务中使用的汇票通常会同时具有多个属性。在信用证业务中,通常使用的是跟随单据的商业汇票。

第二节　汇票的内容与缮制

一、汇票的内容与缮制

(一)汇票的内容

各国(地区)票据法对汇票内容的规定不尽相同,但基本内容包括:a.载明"汇票"的字样;b.无条件支付命令;c.确定的金额;d.付款期限;e.受票人即付款人名称;f.收款人名称,即汇票的抬头;g.出票日期;h.出票地点;i.出票人签章。

除以上内容外,汇票还有出票依据条款、利息条款、付一不付二(付二不付一)条款、汇票编号等内容。

(二)汇票的缮制

汇票是国际贸易中使用频率最高的支付工具,以英文填写,做成正本一式两份,遵循"付一不付二"与"付二不付一" 原则。汇票没有统一的格式,但内容大体一致(见表 11-1),缮制方法如下:

(1)票据名称。应载明"汇票"字样。

(2)出票依据(Drawn under)。表明制作该份汇票的根据。信用证项下的汇票必须有出票条款,应按信用证的规定填写。如信用证未做规定,一般填写开证行名称、开证日期、信用证号三项内容。汇票的"Drawn under"项下填开证行名称,"Date"一栏填开证日期,"L/ C No."填信用证号。在托收结算方式下,"Drawn under"后填"For Collection"加"S/C No."(合同号码)、"Inv. No."(发票号码)、"B/L No."(提单号码)或合同中的货物名称等,"Date"填对应的合同、发票日期。如果是信用证项下超证托收的汇票,"Draw under"后填"For Collection under"开证行名称,"Date"一栏填开证日期,"L/C NO."填信用证号码。

应注意的是,已转让信用证项下汇票的出票条款内容依然填写开证行的名称、原信用证的号码及开证日期,不可填写转让行的名称、转让号码及转让日期。

(3)汇票号码(No.)。汇票号码由出票人填写,为方便查阅核对,多数公司通常使用与发票号码相同的号码。

(4)出票地点和出票日期(Place and date)。出票地点一般在出口方所在地,若已印就,无须填写。出票日期一般填交单日。日期最好月份用英文,不应全用阿拉伯数字,以免出现各国(地区)表述习惯不一样带来的日期与月份理解的混淆,如 AUG. 25,2023。应注意,出票日期不能早于跟单单据的签发日期,如发票的制单日或运输单据的签发日;在信用证项下,出票日期同时不得迟于信用证或 UCP600 规定的交单期,且无论如何不得迟于信用证的截止日。

表 11-1 汇票样例(以第三章信用证样例为例)

BILL OF EXCHANGE(1)

凭 (2)
Drawn under **BANK OF CHINA SEOUL BRANCH INCHEON BRANCH** 不可撤销信用证 Irrevocable L/C No. **BMT0629292IM(2)**

日期 Date **DEC.28,2022(2)** 支取 Payable With interest 按 @ ___ 息 % ___ 付款

号码 No. **CH23010(3)** 汇票金额(6) Exchange for **USD 28,920.00** **常州 Changzhou(4)** **24th March.2023(4)**

见票 at * * * * * (5) 日后(本汇票之副本未付) sight of this FIRST of Exchange(Second of Exchange Being unpaid)

付交 或其指定人
Pay to the order of(7) **CHANGZHOU BAOYAO PHARMACEUTICALS CO. LTD**

金额(6) the sum of **SAY U.S.DOLLARS TWENTY EIGHT THOUSAND NINE HUNDRED AND TWENTY ONLY.**

此致
To **BANK OF CHINA SEOUL BRANCH**
(8) **INCHEON BRANCH**

CHANGZHOU BAOYAO
PHARMACEUTICALS CO.LTD (9)
张珍

(5)付款期限(Tenor)。付款期限"At…sight"一栏是汇票的重要项目。在信用证结算方式下,汇票付款期限分为即期和远期(包括假远期)两种。在 SWIFT 信用证报文中,应根据"42C Drafts at"(汇票付款日期)栏目的要求填写。

①如 42C 栏目为"SIGHT",表示即期付款;应在"At"和"sight"之间打上"×××""***""—"等符号,注意此处不得留空。若汇票上未记载付款日期,则视作见票即付。

②如 42C 栏目为"×× days after sight",表示见票后××天付款;应制成"At ×× days after sight"。

③如 42C 栏目为"×× days after date",表示信用证开证日后××天付款;应制成"At ×× days after L/C date ",并将印就的"sight"字样划掉。如需表示出票日后××天付款,信用证的 42C 栏目应为"×× days after draft date",汇票缮制时写成"At ×× days after date"。

④如 42C 栏目为"×× days after B/L date",表示提单日后××天付款;应制成"At ×× days after B/L date ",并将印就的"Sight"字样划掉,在汇票空白处注明提单的具体日期。

如果不是见票即付或见票后定期付款,则汇票必须能够从其自身内容确定到期日。以某个事件发生后若干天计算汇票期限是信用证中常见的汇票期限条款,这种条款的汇款期限缮制方法 ISBP821 的 B2 段给出了 5 种,本例的处理方法是其中的一种,其余 4 种方法可参考本书附录

三 B2 段 b 部分的内容。

⑤特殊汇票的票期处理：

a.假远期信用证汇票。如信用证规定："Drafts at 90 days after sight for full invoice value drawn on us.usance draft drawn under this L/C should be negotiated on a sight basis and acceptable commission and discount charges are for the account of applicant."(以我行为汇票受票人，汇票金额为发票金额，汇票期限为见票后 90 天付。本信用证项下的远期汇票可按即期议付，贴现费及承兑费由买方承担)。该信用证为假远期信用证，应制成"At 90 days after sight"，然后在汇票空白处打上"draft negotiated on a sight basis and acceptable commission and discount charges are for the account of ×× Co.(开证申请人公司名)"。

b.定期付款汇票。在此栏填写将来具体的付款到期日，如"At Sep. 15,2023 Fixed"，并将印就的"sight"字样划掉。

c.托收汇票。在汇票中的"At"之前打上"D/P"或"D/A"，余下内容按合同的付款期限填写，处理方法与 L/C 条件下的要求相同。

(6)金额(Amount)。汇票应有确定的票面金额。汇票的金额必须肯定。所谓"肯定"，就是不能有"大约""800 元或 1 000 元""在 800 元至 1 000 元之间"等字样。汇票金额要用文字大写和数字小写分别表明。小写金额由支付货币英文名称缩写和阿拉伯数字组成(小数点后要保留两位小数)，如 1 000.68 美元在汇票的"Exchange for"后写为"USD1 000.68"。大写金额通常有如下表示方法：

Say U.S. dollars one thousand point six eight.

Say U.S. dollars one thousand cents sixty eight.

Say U.S. dollars one thousand and 68/100 only.

汇票的金额和币制必须准确无误，缮制汇票时应注意以下几点：

①小写金额中的货币英文名称缩写由三个大写英文字母组成。小写金额小数点后保留两位小数，若为整数，则需补零。SWIFT 信用证报文中的小写金额把数字的分节号与小数点反着使用(欧洲习惯)，如"USD45.683,00"，缮制汇票时，可按东方习惯的数字表达方式填写，并未违背信用证的规定。

②在大写货币金额前用"Say"开头，在数字后加"Only"结尾。大写金额中的货币使用全称，如"U.S. Dollars"(美元)、"EUROS"(欧元)、"H.K. Dollars"(港元)等。

③如信用证无特别规定，其金额应不超过信用证金额。

④如信用证规定汇票金额为发票金额的百分之几，如 95%，则汇票金额应按发票金额的 95% 开立，差额 5%一般为应扣佣金或者已在证外支付。

⑤汇票上的金额大小写必须一致。汇票金额不得涂改，不允许加盖校正章。

(7)受款人(Payee)。受款人也叫汇票的抬头人，是出票人指定的接受票款的人。汇票的抬头人通常有三种写法：

①限制性抬头，即在收款人一栏填写"pay ××× Co. only"或"pay ××× Co. not transferable"。这种汇票只能将票款付给抬头人，不能进行背书转让他人。

②持票人或来人抬头，即在收款人一栏填写"pay to bearer"(付持票人)。这种汇票不需背书即可转让。我国《票据法》规定，收款人名称是汇票必须记载的事项，否则无效，即我国的汇票不

能做成持票人或来人抬头的汇票。

③指示性抬头，即在收款人一栏填写“pay to the order of ×××”（付给某人的指定人）或“pay to ××× or order”（付给某人或其指定人）。这种抬头的汇票受款人可以背书，将受款权转让他人。在我国出口业务中，汇票受款人通常使用“pay to the order of ×××”的写法。信用证项下汇票的受款人，如信用证无规定，应以受益人为受款人。

（8）受票人/付款人（Drawee/ Payer）。受票人填在左下方（To 之后）。当 L/C 要求开立汇票而未明确付款人时，以开证行为付款人；当 L/C 要求“Drawn on us”时，也填写开证行；当 L/C 具体指定了付款人时，应从其规定，汇票必须以指定的银行或开证行作为付款人。托收汇票填写进口商名称、地址。

（9）出/开票人签章（Issuer/Drawer）。汇票必须有出票人的签章。一般位于汇票的右下方。通常缮打出口企业（受益人）全称，并由负责人签字盖章。

二、信用证关于汇票条款的举例与说明

信用证对汇票条款的表述不尽相同，通常表述为“41D：Available With：ANY BANK ON COUNTRY OF BENEFICIARY BY NEGOTIATION，42C：Drafts：at SIGHT，42D：Drawee：ON US”（41D：信用证兑用银行与兑用方式：在受益人国家的任意银行议付。42C：汇票期限：即期。42D：汇票付款人：开证行）。

以下就信用证中的汇票条款内容进行举例说明。

（一）关于汇票的份数

国际贸易货款结算中使用的商业汇票通常需开具一式两份。寄单时分次寄送，以防遗失。如信用证规定“Drafts in duplicate at sight drawn on us”（以开证行为付款人的即期汇票一式两份）。若汇票中的一份付讫，另外一份即自动失效。因此，汇票中常注明“This FIRST of exchange（Second of exchange being unpaid）Pay to...”（付一不付二）或“This SECOND of exchange（First of exchange being unpaid）Pay to...”（付二不付一）字样，即汇票的作废条款，目的是防止重复承兑或付款。应注意，汇票中的“In duplicate”不是正副本关系，而是正本一式两联。

（二）汇票的背书及签署

当汇票的收款人为指示性抬头时，汇票可以经背书后转让。转让时，应按要求背书，背书方式有空白背书和记名背书两种。

收款人一栏填写“pay ABC CO. LTD. or order” 或“pay to the order of ABC CO. LTD.”时，即该汇票由 ABC CO. LTD. 在汇票背面签章，并注明背书时间。空白背书时，无须注明被背书人名称；记名背书时，还需加上受让人名称。

（三）即期汇票条款的举例

信用证规定：“Credit available with any bank on country of beneficiary by negotiation，against presentation of beneficiary's drafts at sight drawn on Standard Chartered Bank，London Branch.”（凭卖方出具以渣打银行伦敦分行为付款人的即期汇票在受益人国家的任何银行议付）。

操作：根据上述信用证汇票条款的规定，该信用证为自由议付信用证，并要求开具即期汇票。汇票填写样例见表 11-2。

表 11-2　即期汇票样例

BILL OF EXCHANGE

凭　不可撤销信用证　号
Drawn Under STANDARD CHARTERED BANK ,LONDON BRANCH Irrevocable L/C NO.LOD88095

日期　按　息　付款
Date **2023-09-01**　Payable　With interest @　%　per

号码　汇票金额　地点　时间
No.**23HK455**　Exchange for USD 32,040.00　**HAIKOU,CHINA 20th OCT.2023**

见票　日后(本汇票之副本未付)
At ＊＊＊＊＊ sight of this FIRST of Exchange (Second of Exchange Being unpaid)

付交　或其指定人
Pay to the order of HAINAN TIAMAO TRADE CORP.

金额
the sum of　SAY U.S.DOLLARS THIRTY-TWO THOUSAND AND FORTY ONLY.

致
To: **STANDARD CHARTERED BANK ,LONDON BRANCH**

HAINAN TIANMAO TRADE CORP.
陈莉(SIGNATURE)

(四)远期汇票条款的举例

信用证规定:"The beneficiary's drafts at 30 days after sight for full invoice value drawn on us."(受益人汇票,开证行见票后 30 天付款,金额为全额发票金额)。

操作:根据上述信用证汇票条款的规定,该信用证为远期信用证。该汇票的填写样例见表 11-3。

表 11-3　远期汇票样例

BILL OF EXCHANGE

Drawn Under **UNITED MALAYAN BANKING CORP.BHD**　Irrevocable L/C NO.**3654DYN36**

Date **OCT. 26,2023**　Payable With interest @ ______ per ______

No. **GK1-7**　Exchange for **USD18,000.00**　Haikou **2023-11-25**

At **30 DAYS AFTER** sight of this FIRST of Exchange (Second of Exchange Being unpaid)

Pay to the order of HAINAN FOREIGN TRADE IMPORT AND EXPORT CORP.

the sum of **SAY U.S. DOLLARS EIGHTEEN THOUSAND ONLY**

To: **UNITED MALAYAN BANKING CORP.BHD**

HAINAN FOREIGN TRADE IMPORT AND EXPORT CORP.
×××
(SIGNATURE)

(五)假远期汇票条款的举例

信用证规定:"The beneficiary's drafts at 60 days after sight for full invoice value drawn on us.

usance draft drawn under this L/C should be negotiated on sight basis and acceptable commission and discount charges are for the account of applicant."(以我行为汇票受票人,汇票金额为发票金额,汇票期限为见票后60天付。本信用证项下的远期汇票可按即期议付,贴现费及承兑费由开证申请人承担)。

操作:根据上述信用证汇票条款的规定,该信用证为假远期信用证。该汇票的填写见表11-4。应注意假远期信用证的汇票付款期限填写方法。如上所述,假远期信用证的汇票制作与真远期信用证基本一样,但通常注明"Negotiable on sight basis"字样。

表 11-4　假远期汇票样例

BILL OF EXCHANGE

Drawn under **BNP PARIBAS DUBAI　DUBAI, UNITED ARAB EMIRATES** Irrevocable L/C NO.**23077LCD0800977**

Date **MAY 26, 2023**　　Payable With interest @ ________ per ________

No. **23XD08002**　　Exchange for **USD9,500.00**　　Haikou **2023-06-30**

At **60 DAYS AFTER** sight of this FIRST of Exchange (Second of Exchange Being unpaid)

Pay to the order of HAINAN FOREIGN TRADE IMPORT AND EXPORT CORP.

the sum of **SAY U.S.DOLLARS NINE THOUSAND FIVE HUNDRED ONLY**

To: **BNP PARIBAS DUBAI　DUBAI, UNITED ARAB EMIRATES**

Draft negotiated on sight basis and acceptable commission and discount charges are for the account of ABC Co.

HAINAN FOREIGN TRADE IMPORT AND EXPORT CORP.

×××

(SIGNATURE)

三、远期汇票到期日的计算

(1)计算远期汇票的到期日的规则是算尾不算头,即无论汇票付款期限是"after sight""after date of sight",还是"from date of B/L",其中的"after"或"from",均应从出票后、见票后、提单日后的次日起计算,不包括提及的日期(详见UCP600第3条)。

(2)以月为单位计算汇票到期日时,一律以相应月份的同一天为到期日;若当月无对应日期,则以该月最后一天代替。一张商业汇票见票日为1月31日,见票后1个月和3个月付款的到期日分别为Feb. 28/29和Apr. 30。

(3)若汇票到期日适逢周末或节假日,则顺延至下一个银行营业日付款。

(4)在以提单日计算票期时,若一份提单上有多个装船批注,则使用最早的装船批注日期计算汇票到期日;而如凭几套提单出具一张汇票兑用,则最晚的提单日将被用来计算汇票到期日。

思考与练习

一、思考题

1.信用证结算方式属于银行信用的性质,其使用的汇票是银行汇票还是商业汇票?

2.简述汇票抬头的写法。

3.请比较商业汇票和银行汇票的区别。

4.按《中华人民共和国票据法》规定,有效汇票必须记载哪些事项?

5.常见的计算远期汇票的起始时间的方法有哪些?

6.缮制假远期信用证的汇票付款期限如何填写?需注意什么问题?

7.指示性抬头的汇票能否进行背书转让?

二、实操题

根据下列信用证的相关资料缮制汇票。

(一)信用证相关资料

ISSUING BANK:DEUTSCHE BANK(ASIA)HONGKONG

L/C NO.AND DATE:AQ7975-95988,NOV.20,2023

AMOUNT:USD34,335.00

APPLICANT:ABC(H.K)LTD.

RM.1888,SHUNTAK CENTRE,06 CONNAUGHT ROAD,CENTRAL,HONGKONG

BENEFICIARY:TIANYI IMP.& EXP.CORP.

NO.34,HEPING ROAD,GUANGZHOU GUANGDONG CHINA.

WE OPENED IRREVOCABLE DOCUMENTARY CREDIT AVAILABLE BY NEGOTIATION AGAINST PRESENTATION OF THE DOCUMENTS DETAILED HEREIN AND OF BENEFICIARY'S DRAFTS IN DUPLICATE AT 90 DAYS AFTER SIGHT DRAWN ON OUR BANK.

INV.NO.:GUSBR 0632

DATE OF NEGOTIATION:DEC. 18,2023

（二）空白汇票

BILL OF EXCHANGE

凭 不可撤销信用证 号

Drawn Under______________________________ Irrevocable L/C NO.

日期 按 息 付款

Date__________ Payable With interest @ % per

号码 汇票金额 地点 时间

No.________ Exchange for ------------

见票 日后（本汇票之副本未付）

At________________ sight of this FIRST of Exchange（Second of Exchange Being unpaid）

付交 或其指定人

Pay to the order of

金额

the sum of

致

To：______________________________________

（SIGNATURE）

出票人签章

第十二章 单据审核

【学习目标】 熟悉UCP600对单据的要求及ISBP821规定的审单标准;了解并识别结汇单据中常见的差错;掌握信用证项下审单的要则;掌握对不符点单据的审核技巧及处理办法。

第一节 单据审核技巧

一、单据审核要则

"单证相符"是安全收汇的前提和基础,作为审单的原则,它要求单据与信用证条款、UCP600和ISBP821相关条款要求一致。信用证项下审单的要则如下:

第一,按信用证规定的条件、条款审单。按信用证规定的条件、条款逐条对照,以确定单据是否满足信用证的要求。当信用证的规定与UCP600有抵触时,应遵循信用证优先的原则。如信用证规定的货物名称为统称,有的单据因具有某种特殊作用[如清关报税需在原产地证上显示具体货名,以与商品编码(H.S.CODE)相对应]可做如下处理:在单据的货名栏目内填写信用证的货名统称,再在括号内加注具体货名。

第二,按UCP600的规定审单。UCP600所体现出来的国际标准银行惯例是各国(地区)银行处理结算业务必须遵循的基本准则。我们必须按UCP600的要求,合理谨慎地审核信用证要求的单据,以确定其在表面上是否与信用证条款相符。如信用证规定了受益人开具汇票,但未明确规定汇票的受票人(Drawee),按照UCP600第6条c款的规定,不得开立包含以申请人为汇票付款人条款的信用证,也就是说,信用证项下兑用汇票的付款人均为开证行或其指定银行,包括偿付行、付款行、承兑行、保兑行,因此,在缮制汇票付款人一栏时,应填写信用证规定的银行名称(42a栏内容)。

第三,按ISBP的规定审单。有时信用证提及UCP600未规定的内容,审单时就要对照ISBP821的规定,以确定单据是否满足其规定。如原产地证的"收货人"一栏,应填写最终买主,信用证对此未做明确规定,而要求提单的"收货人"做成"凭指示""凭托运人指示"或"凭开证行指示"抬头,根据ISBP821的规定,原产地证的收货人应显示信用证的申请人,除非信用证明确指名另外一人作为产地证的收货人。

二、单据审核方法

（一）对单套单据的审核

（1）纵横审单法，包括纵向审单和横向审单。

纵向审单，就是以信用证为标准与出口单据的发票自上而下、逐字逐句地进行核对，再将其他单据与信用证的有关条款进行核对，做到"单证相符"。

横向审单，即在纵向审单的基础上，以发票为中心与其他单据进行核对，使单据之间的相关内容一致，做到"单单相符"。

（2）先数字后文字审单法。在单据的数量比较集中时，可先对各种单据的所有数字，如单价、总值、数量、毛净重、尺码、包装件数等进行全面的复核，然后采用纵横审单法对其他内容进行审核。

（二）对多套单据（集中）的审核

（1）按装运日期审单法。对出口业务量大、批次又多的企业，为保证及时收汇，可以按货物装运日期的先后次序进行审单，以便在离装运日最短的时间内交单。

（2）分地区客户审单法。不同的国家或地区，不同的进口商对出口单证的要求各异，但同一国家、地区或同一客户对出口单据的要求基本相同，对有相同特点的单据进行集中审核，便于提高效率和质量。业务量较大的单位，可以采用分地区分客户审单的工作方法。

三、审单中对单证有关问题的掌握

（一）对单据出单人的要求

如果信用证对单据的出单人不明确，银行接受非受益人出具的单据。根据 UCP600 第 3 条的规定，信用证如果要求用"第一流的"（first class）、"闻名"（well-known）、"合格"（qualified）、"独立"（independent）、"正式"（official）、"有资格"（competent）、"当地"（local）等不易确定的词语描述单据出单人的身份，银行在审单时应掌握两个原则：一是该单据由除受益人以外的任何人出具；二是单据表面符合信用证条款要求。也就是说，在上述情况下，受益人自己没有权利出具这类单据。

（二）对各种单据签署的要求

UCP600 第 3 条明确规定了信用证项下的单据可以通过手签（handwriting）、摹样印制（facsimile signature）、盖章（stamp）、穿孔签字（perforated signature）、符号（symbol）或其他任何机械（any other mechanical）或者电子证实（electronic method of authentication）等方法签署。因此，对信用证项下各种单据的签署应掌握以下几点：

（1）如信用证要求单据履行法律认可（legalized）、签证证明（visa）、公证（notarize）、证实（certify/authenticate/validate/verify）、确认（confirm）等手续，只要签字、符号、盖章或签章表明均可。但应注意上述词语的区别：法律认可（legalized）指有关单证由进口国（地区）驻出口国（地区）大使馆、领事馆或相关协会认证签署；签证证明（visa）必须由官方认证签署；公证（notarize）指由公证机构进行认证签署；证实（certify/authenticate/validate/verify）、确认（confirm）指可由官方或非官方机构出证签署。

（2）当信用证明确规定某单据用手签方式时，须手签。如信用证规定“Commercial invoice to be signed by handwriting”（商业发票须手签），受益人在缮制发票时，一定要加手签，此时用盖图章的方式代替不了手签。

（3）信用证要求签字的正本单据，其签字不能影印，即影印件正本单据的签字不能与文件一起影印。如信用证规定“Signed packing list in duplicate”（签署的装箱单一式两份），制单时，两份装箱单必须由制单员手签，而不得只手签一份，然后再将其连同手签一起复印。

（4）根据 ISBP821 的规定，即使信用证没有要求，汇票、运输单据、保险单、证明（certificate）、声明（declaration）等单据也一定要签署。另外，运输单据和保险单除了签署外，还要同时注明签署人的身份，如“作为承运人”（as carrier）、“作为承运人的代理”（as agent for the carrier）、“作为保险人”（as insurer）、“作为保险人的代理”（as agent for the insurer）等。

（5）关于提单、保险单以及汇票的背书签署。单据和票据的背书构成转让行为，代表某种权利的让渡，手签的重要性和必要性不言而喻，故使用复写签署是不符合背书原则的。

（三）对正本单据和副本单据的要求

UCP600 第 17 条及 ISBP821 第 A27—A31 段对正本单据和副本单据做了如下解释：

（1）只要签发人专门在单据上签字盖章，就可以作为正本单据，不一定要注明“正本”（Original）。但是，有的信用证特别要求正本单据上必须印就或加注“Original”（正本）字样，受益人或单据签发人必须予以满足。

（2）单据的多份正本可用“Original”（正本）、“Duplicate”（第二份）、“Triplicate”（第三份）、“First Original”（第一正本）、“Second Original”（第二正本）等标明，上述标注均不否认单据为“正本”。因此，在实务中需注意，“Duplicate”通常是被当作“复本”“重本”或“in duplicate”（一式两份）来理解的。

（3）正本单据可以当作副本使用，反之，则不行。

（4）副本单据签字盖章了也不算“不符点”。

（5）信用证如表述“in duplicate”（一式两份）、“in two copies”（两套）、“in two fold”（两份）等要求多份单据，则应至少提交一份正本，其余的可用副本，但单据自身注明签发正本份数的除外。这些除外的单据（提单、保险单等）特别在单据上标明了签发人出具的正本单据份数，则签署的正本数量应悉数提交（除非信用证对正本单据另有用途规定），不足的再用副本补足。

（四）对各种结汇单证出单日期的掌握

受益人提交的各种出口结汇单证，除了在内容、份数、签署人和缮制方法上要做到“单证相符”“单单相符”外，还应注意各种单证签发日期必须保证合理，符合逻辑，符合有关的国际惯例。对于各种单证出单的时间顺序，应掌握以下几点：

（1）发票的签发日期应掌握在全套单据的签发日期之首。如信用证不另作规定，发票日期可早于信用证的开证日期，但不得迟于信用证的截止日。

（2）装箱单据的签发日期应不早于发票日期，但必须在提单日之前。

（3）检验证书的检验日期不应迟于提单日期，也不可过早于提单日期。

（4）原产地证的签发日期应不早于发票日期，但不可迟于提单日。

（5）保险单的签发日期应不晚于提单日期，除非保单注明保险责任生效时间从装船日开始。

（6）提单的装船日期不应迟于信用证规定的装运日期，也不可早于信用证规定的装运日期。

(7)受益人证明的签发日期应不早于其证明的事件发生的时间。

(8)船公司证明、运费收据的签发日期应不迟于提单日。

(9)船长证明的签发日期应不早于提单日。

(10)装船通知的签发日期应不早于提单日(在交单期内均可,但注明发送通知的日期应满足信用证的期限要求)。

(11)汇票的签发日期应是一套单据中最晚的日期,为取得提单后的实际交单兑用日。

四、审单中常见的问题

(一)汇票

(1)汇票大小写金额不一致,大写金额不准确,大写金额后漏填“ONLY”一词。

(2)汇票付款人的名称、地址不符或缮制有错。

(3)汇票的货币名称、金额与发票或信用证要求的不一致。

(4)汇票的付款期限与信用证规定不符。

(5)出票人漏签署。

(6)缮制好的汇票上有涂改和加盖校对章。

(二)发票

(1)发票名称与信用证规定不一致。如信用证规定“Invoice”或“Commercial Invoice”等,而单据用“Proforma Invoice”名称,致使单证不符。

(2)发票的货币名称与信用证的规定不符。

(3)发票的货物描述与信用证规定的货名相抵触或描述漏项。

(4)发票的唛头漏打或机械照抄信用证的描述。如将信用证规定唛头的批件数“No.1-up”机械照搬到发票上。

(5)发票的数量超量、短量或照搬信用证规定的“约”量,即在数量前还有类似“about”“approximately”字样。

(6)发票的单价不完整。如漏贸易术语、漏贸易术语的变形或漏计价单位等。

(7)信用证要求发票或其他单据需签章或手签,而制单时漏签章或漏手签。

(8)由于出口公司更名,制单时沿用印有旧名称的发票,而在签署时采用信用证规定的新名称,造成发票显示受益人的印刷名称与信用证不一致。

(三)提单

(1)提单抬头与信用证规定不一致。

(2)提单正本份数与信用证要求不符。

(3)提单上未指明运费是否付讫。

(4)装货港或卸货港与信用证规定不符。

(5)提单的背书使用复写签署而非手签。

(6)包装件数大小写不一致或大写不准确。

(7)包装数量与发票或装箱单上的包装数量不符。

(8)提单签发人与信用证规定不符。

(9)提单签字漏加注签署人的身份。

(10)提单已装船批注不完整或没有已装运批注。

(11)提单日期超过信用证规定的装运期。

(12)提单漏背书或错背书。

(13)提单没有注明承运人名称。

(四)保险单据

(1)保险单的种类与信用证规定不符。

(2)投保险别与信用证规定不符。

(3)保险金额的币制与信用证规定的币制不一致。

(4)保险单的抬头打错。

(5)漏加注赔付地点或赔付币制。

(6)保险单的签发日期迟于提单日期而没注明保险责任的生效时间从装船日开始。

(7)保险单漏背书或错背书。

(8)保险条款与信用证规定不符。

(五)产地证

(1)产地证的签发机构与信用证规定不符。

(2)产地证的收货人误填成中间商的名称及国别或地区。

(3)产地证的货物描述过于笼统,致使海关编码(HS Code)中无法找到对应的编码。

(4)产地证相关栏目中的发票日期、申请日期、签发日期、装运日期不符合逻辑关系。

(5)产地证货物描述栏漏打结束符号"****"。

(6)原产地标准引用不准确。

(7)产地证的出口商声明栏中出口商的盖章与签字重叠。

(六)其他单据和单据的综合性等常见的错漏

(1)单据之间的品名、唛头、毛净重等不一致。

(2)应签章的单据漏签字或盖章。

(3)应由受益人背书的单据漏背书。

(4)逾期装运。

(5)逾期交单。

(6)单据不齐或份数不足。

(7)没有修改证实章或小签。

(8)签证不合格。

(9)涂改处过多而使单据失真。

(10)单据之间的重量或数量不一致。

第二节　单证不符的修改及处理方法

从事国际贸易的业务员和单证员必须熟悉 UCP600 及 ISBP821 惯例条款,仔细谨慎地审核国

(境)外来证,发现信用证条款与惯例规定及或合同条款不符且无法接受,应及时跟进口商洽商修改,对出口单证可能发生的不符点进行有效的防范。货物装运后,将各种结汇单证汇集起来进行综合审单,发现不符点应及时予以修正或重新缮制,倘若向银行交单后发现单据不符,应立即采取补救措施。

一、单证不符的修改方法

现对出口单证常见不符点的修改及处理方法举例如下:

(一)商业发票与装箱单

(1)信用证规定:"Commercial invoice showing FOB maximum USD26 000.00 and freight maximum USD2 370.00."(商业发票显示 FOB 价格条件最高金额 26 000.00 美元及运费最高 2 370.00 美元)。出口企业出货时,金额未用完,缮制发票时制成"FOB maximum USD 25 640.00 and freight maximum USD2 370.00"。这种缮制方法不正确,应改为"Total invoice amount contain FOB value USD25 640.00 and freight charge USD2 370.00"。

(2)信用证规定贸易术语为"CIF Liner Terms"。缮制发票时只填"CIF",漏打贸易术语的变形"Liner Terms",使贸易术语不完整,造成单证不符。发票的单价栏应按信用证要求打上"CIF Liner Terms",提单上允许只加注"Liner Terms"。

(3)信用证规定:"Signed commercial invoice in 4 copies."出口公司在缮制发票时,仅第一联手签,其余三联为复写签字,交单后遭到开证行异议,理由是"3/4 Invoice not manually signed."(四份中的三份发票没有手签)。严格地讲,用复写签字代替手签也视为单证不符,因此,应立即补手签。

(4)信用证规定:"Manually signed commercial invoices in duplicate…"(手签的商业发票一式两份)。出口公司在缮制发票时,仅用盖章的形式来签署,这也视为单证不符。补救的方法是:在发票上加补制单员的手签。

(5)信用证规定:"Applicant:Merita bank Ltd.,Finland A/C ABCD Co.,Ltd. Finland."(开证申请人为芬兰 Merita 银行,账户名为芬兰 ABCD 公司)。出口公司缮制发票时把发票的抬头写成了"To:Merita bank Ltd.,Finland",即将开证行作为发票的抬头,这是不正确的,应改为"To:ABCD Co.,Ltd. Finland",即将开证行的客户 ABCD 公司作为发票的抬头。

(6)信用证对贸易术语的描述为"CIF Penang INCOTERMS 2020"(CIF 目的港槟城适用于国际贸易术语解释通则 INCOTERMS 2020 版本)。出口公司缮制发票时,将贸易术语写成"CIF Penang INCOTERMS",漏写惯例的版本,也构成不符点,需要将惯例的版本年份"2020"补上。

(7)信用证规定:"Commercial invoice in 5 folds certifying that the country of origin is China."(商业发票五份并证明货物原产地国别为中国)。在缮制商业发票时,出票人只打上出口公司的名称而未加签署,这是不正确的,根据 UCP600 第 18 条第 iv 款规定"商业发票无须签字",当信用证未要求签署,但是要求加注证明文句时,发票应加注签署,因此,本例的发票应补加出口公司的签署。

(8)我国某进出口公司向香港特别行政区一公司出口一批货物,来证中规定唛头为三角形中一个"東"字,出口公司缮制唛头时使用了"东"字,结果开证行拒付,理由是:唛头属于货物包装上的标志,原则上必须和指定的符号相同,不得随意更改。后经开证行联系开证申请人,申请人同意放弃不符点接受单据,但出口商收汇延迟了一个月。

(9)信用证规定受益人名称地址为"HAINAN TIANMAO TRADE CO.,LTD. No.167 GuoMao Road,Haikou,Hainan,P.R. of China."。出口公司的单证员误将缩写语"CO."理解为"CORP.",在缮制的商业发票及其他单据上显示受益人的名称为"HAINAN TIANMAO TRADE CORP.,LTD. No.167 GuoMao Road,Haikou,Hainan,P.R. of China."。单据寄到国(境)外,开证行提出不符点。根据 ISBP821 一般原则中关于缩写语的解释,用"Co."(公司)的缩写语代替"Company"(公司),或用全称代替缩略语,不导致单据不符,但将"Co."写成"CORP."(CORPORATION,有限公司)则不可以,因为不同单词的内涵与外延可能不一样。

(二)提单及其他运输单据

(1)信用证规定提供集装箱提单(Container B/L)。银行审单时提出:"B/L does not evidencing shipment in container."(提单未证实集装箱装运)。集装箱提单有两种表示方式:一是专业集装箱提单格式;二是在普通提单上加注集装箱批注,即在提单上注明"Shipment in container"字样及具体集装箱号码与铅封号,使之成为集装箱提单。本例的补救办法:可在该普通提单上加注"Shipment in container"字样及具体集装箱号码与铅封号,证实为集装箱装运。

(2)信用证规定目的港为"Shipment from China to Kobe/Osaka"。出口公司在缮制提单时按信用证规定照抄,银行指出为不符点。关于选择港,如信用证规定"Shipment from China to Option Kobe/Osaka",属于买方选择目的港,制单时应将买方选择的港口全部照打。段首信用证的规定属于卖方选港,制单时,就必须指明目的港,即在提单上只打上其中的一个实际到达的港口,而不得照搬信用证上的所有选择港。装运港要具体,不能照抄"China"。

(3)在缮制的海运提单等运输单据需要更正时,具体方法是:在更正处盖上更正章后,由签发人或其代理人简签或签字才完整。

(4)信用证规定:"200M/T of groundnut kernels from Dalian to London before April 1st 2023...",最迟装运日不包括所述的日期,即必须在 3 月 31 日以前,包括 3 月 31 日装运。如提供装运日期为 4 月 1 日的提单,就是单证不符。

(5)信用证规定:"Loading port:Guangzhou"(装运港:广州)。出口公司缮制提单时,将装运港打成"Huangpu"(黄埔),造成单证不符。应注意,这里的广州是指广州港而非广州市,当然不能以黄埔港代替。

(6)缮制提单的运输标志应与信用证的规定和发票缮制完全一致。有的制单员图省事,在提单的相关栏目不具体标注唛头,只打上"As per invoice No. ×××"(依照第×××号发票),这种做法不正确,应将发票中的实际唛头填入提单的相应栏目中。

(7)提单上的名称为"Eagle Line Economic Development Corp.",提单出单人表明的身份为"As agent for Cheng Lie Navigation (H.K.) Co.,Ltd."。提单出单人的身份写法不正确,应改为:

"Cheng Lie Navigation (H.K.) Co.,Ltd.(公司印章)

×××(公司法人代表签字盖章)

As agent for and on behalf of carrier Eagle Line Economic Development Corp."

(8)信用证规定:"Shipment from Shanghai to Aarhus"(自上海运至奥尔胡斯)。出口公司制单员误将丹麦的港市"Aarhus"填写为陆地城市,将提单错误制成:

Port of Loading:Shanghai

Port of Discharge:(空白)

Final Destination:Aarhus

正确的缮制方法如下:

Port of Loading:Shanghai

Port of Discharge:Aarhus

Final Destination:(空白)

(9)信用证规定:"Shipment from Xiamen to Penang/Butterworth"(自厦门运至槟城的 Butterworth 码头卸货)。出口公司将卸货码头理解为选择港,将提单制成:

Port of Loading:Xiamen

Port of Discharge:Penang

这种填法不正确。目的港槟城有三种表示方法:"Penang""Penang/Butterwoth""Penang/Georgetown"。后面两者是槟城港的具体卸货码头。有的信用证在规定某卸货港的同时,又规定了具体的卸货码头,受益人如接受该信用证,缮制提单时,卸货港栏目就要按信用证规定填入"Penang/Butterwoth"或"Penang/Georgetown",因此本例提单相关栏目的正确写法如下:

Port of Loading:Xiamen

Port of Discharge:Penang/Butterworth

(10)信用证规定品名为"BS002 Inder outdoor shoe,BS003 Inder outdoor boot"。出口公司在缮制提单时,将品名中的"boot"打成"shoe",然后交单,采取的补救做法是:将品名中的"shoe"用括号括起来,并在后面补打上"boot",即"BS003 Inder outdoor (shoe) boot"。开证行对此未提出异议。

(三)原产地证书

(1)信用证规定:"Certificate of origin issued by Chamber of Commerce in two originals."(由商会出具的原产地证书正本两份)。在我国,贸促会或海关签发的一般原产地证书只能是正本一份、副本三份。国外的一些客户不了解我国原产地证书的签发情况,在审证时,应尽早修改信用证,以免出货后因无法满足信用证条款而造成单证不符,影响安全收汇。

(2)信用证规定:除汇票、发票、传真副本、受益人证明外,所有单据均不能注明订单号、信用证号、金额、单价、价格条款、发票号、合同号及日期、开证行名称及地址、客户名称及地址。原产地证书需注明发票号及日期方能取得签证机构的签字盖章,因而要尽早通知客户修改信用证。

(3)信用证规定提单的收货人做成凭指示(To order)抬头,并要求提交 RCEP 原产地证,但未规定产地证的收货人(Consignee),在缮制原产地证书时,原产地证的收货人应显示信用证的申请人,除非信用证明确指名另外一人作为产地证的收货人。

(4)信用证的单据条款规定:"Certificate of origin issued by the Chamber of Commerce in China."(由中国商会出具原产地证明)。出口公司应向本地贸促会(CCPIT)申请签发原产地证,即原产地证的出具人应为中国贸易促进委员会(China of Council for Promotion of International Trade)。如信用证规定:"Generalized System of Preferences Country of Origin(Form A) issued by authorized organization in China."(由中国官方机构出具普惠制原产地证"格式 A"),则普惠制原产地证应由海关签发。

(5)信用证规定:"Description of goods:Lady's shirt "(货物描述:女式衬衣)。出口公司在缮

制原产地证时，使用货物的统称，将品名打成"Garments"（服装）。根据我国产地证出证认证的有关规定，产地证上的商品名称必须具体填写，其详细程度应以能对商品进行准确的章目与子目归类为宜，即能查到商品编码（HS CODE）的前6位，不能笼统填写如"Garments"（服装）、"Toys"（玩具）等，因为不同布料或不同类型的服装的商品编码完全不同。因此，在缮制产地证时，不可使用货物的统称，应按信用证规定的品名填制。

（四）保险单据

（1）信用证规定："Insurance policy issued to order and endorsed in blank..."（保险单做成凭指示抬头，空白背书……）。出口公司在缮制保险单时，将抬头写成"To order"，这种处理与国际标准银行实务不符。应将保险单的抬头写成"ABCD COMPANY"（受益人名称），同时由出口公司（受益人）在保险单背面进行空白背书。

（2）信用证规定："Insurance policy in negotiable form endorsed in blank covering all risks ..."（保险单做成可转让形式，空白背书，承保一切险……）。信用证对被保险人未做规定。出口公司制单时，将被保险人做成受益人，但保险单背面漏受益人的背书。根据ISBP821第K21段，如果信用证对保单受益人未做规定，则标明赔偿付给托运人和受益人指定的人的保险单据必须经过背书才可接受。这是因为，不经过背书，托运人或受益人不得将其保险索赔的权益转让给他人。本保险单受益人应在其背面补上签字并加盖公司印章。

（五）其他单据

（1）信用证规定所有单据均注明开证申请人名称地址，地址中含有"R.O.C."（中华民国），则不能接受，须洽开证申请人把"R.O.C."修改为"TAIWAN CHINA"，制单时才能正确缮制开证申请人地址里的国别（地区）。

（2）信用证规定："Partial shipments are allowed in two sets，460MTs to London，380MTs to Liverpool..."（允许分批装运，460公吨至伦敦，380公吨至利物浦）。出口公司将460公吨分两批装至伦敦。单据寄到国外，遭到开证行的拒付，理由是信用证只允许分两批装运，每批不能再分批。这是由对信用证分批条款理解不透造成的实际装船错误，同时导致单据内容与信用证规定不符。

（3）信用证规定装箱单用中性纸缮制，即无抬头单据。出口公司用白纸缮制装箱单，但加注了客户名称以及出单人的签字，造成单证不符。准确做法是：删去加注的客户名称和出单人签字，并重新缮制。

（4）信用证规定："Packing list in 3 copies issued by the beneficiary certifying that the package is seaworthy and the manufacturer has provide packing details sheet inside each carton."（受益人出具的装箱单一式三份证明包装适合海运及每个纸箱内有制造商提供的装箱清单）。受益人在装箱单上做了上述声明，但漏签署。尽管根据UCP600，装箱单并未要求必须由出具人签署，但是根据ISBP821第A3、A5段的规定，单据中如有声明或证明性文句，应当适当签署。该装箱单注明有受益人证明性文句，所以应由受益人在装箱单上补签字。

（5）信用证规定："Weight notes in triplicate."（重量单一式三份）。交单后，开证行声称重量单漏签字盖章。重量单是装箱单的一种，除非信用证另有规定，装箱单无须签字，所以不需要改证。但在实务中，正本单据习惯上签字盖章较妥当。应注意的是，如信用证规定"Signed packing list in duplicate..."（签署的装箱单一式两份），制单时，两份装箱单必须签署，且不能以影印的盖章代替签署。

(六)汇票

(1)信用证规定:"Drafts at 90 days after sight for full invoice value drawn on us. Usance draft drawn under this L/C should be negotiated on a sight basis and acceptable commission and discount charges are for the account of applicant."(以我行为汇票受票人,汇票金额为发票金额,汇票期限为见票后 90 天付。本信用证项下的远期汇票可按即期议付,贴现费及承兑费由开证申请人承担)。这属于假远期信用证,出口公司把汇票的期限填写成"At sight",这是不正确的,正确的写法应为"At 90 days after sight",然后在汇票的空白处打上"This usance draft negotiated on sight basis and acceptable commission and discount charges are for the account of ××× Co.(开证申请人公司名称)"。在假远期信用证项下,汇票的付款期限要按信用证规定做成远期,由开证行或付款行在付款时对汇票进行贴现,即期付款给受益人,承兑费及贴现费均由开证申请人承担。

(2)信用证规定:

"FM:CDE Bank

TO:Bank of China, Hainan Branch

We have transferred L/C No.1234 dated 230515 issued by ABC Bank, under our Ref.Tran-1234 ..."(转让行:CDE 银行,通知行:中国银行海南分行,兹转让由 ABC 银行 2023 年 5 月 15 日开立证号为 1234 的信用证,转让号码为 Tran-1234...)。出口公司将汇票的出票条款写成:

Drawn under CDE Bank L/C No. Tran-1234 Dated May 15th 2023

这种写法不准确。信用证项下汇票的出票条款通常包括:开证行、开证日期、信用证号码三项内容。当信用证是转让信用证或由另外一家银行转递时,信用证上可能出现几家银行的名称和几个号码,这时要注意,汇票出票条款中的银行名称应为开证行名称,所注的号码应为开证行开立信用证的号码。该证为转让信用证,"Tran-1234"是转让行 CDE 银行的转让号,"1234"才是开证行 ABC 银行开立的信用证号码。

(3)信用证规定:"FM:Smart Bank, Nigeria(开证行名称)

TO:Bao Sheng Bank, Hongkong(通知行名称)

...

Please add your confirmation on this L/C..."(请对本证加具保兑)

通知行对信用证做出保兑承诺"We have added our confirmation on following L/C and we hereby undertake to honor beneficiary's draft duly drawn on us..."[对以下信用证兹加具保兑。汇票的付款人做成我行(保兑行),我行保证按时对受益人开出的汇票给予承付]。出口公司缮制汇票时,将汇票的付款人写成"To:Smart Bank, Nigeria"(开证行),这是不正确的。从以上信用证条款可以判断出保兑行(Bao Sheng Bank, Hongkong)已对信用证加具保兑,并声称其承担付款的条款之一是汇票的付款人必须做成保兑行。因此,应将汇票的付款人改为"To: Bao Sheng Bank, Hongkong"。

二、单证不符的处理办法

所谓信用证项下的单据不符点(Discrepancy),是指受益人向银行提交的单据中包含不符合信用证规定的内容,致使单证不符、单单不符或单据本身内容不完整。不符点一般存在"实质性不符点"和"非实质性不符点"两种。实质性不符点一般指在制单前已形成不符点,如实际货物的规格、数量、包装等与信用证规定不符，或信用证过期、逾期装运、超出信用证的金额等。非实质性不符点一般指在制单过程中人为造成的单证、单据在内容上的不符。还有一种不符点是由信用证中的“软条款”造成的。

在实际业务中，由于主客观因素，受益人不能相符交单的情况时有发生，一旦不能相符交单，受益人就失去了信用证保证付款的作用，开证行就可以免除付款的责任，出口商将面临如商品降价、利息损失、滞港费的产生、其他费用的增加、货物被迫转售或被进口国（地区）海关拍卖等极大的风险。因此，对于实质性不符点与对受益人构成潜在风险的信用证中的“软条款”，出口商必须在出运前要求进口商修改信用证有关条款，从根本上消除不符点。对单证中的非实质性不符点，可根据实际情况采取下列处理办法。

（一）修改单证

作为信用证的受益人，发货时间应尽量提前，以便交单后如有不符点，受益人有时间修改单证；一旦装船，尽快交单，以保证如交单不符能在兑用期内重新制单，做到相符交单，确保安全收汇。

（二）凭保兑用

出口公司若限于时间，如货物已装船或虽未装船但须赶船期，对所出现的不符点已无法在信用证截止日前和交单期限内更改时，在征得开证申请人同意的前提下，由出口公司（受益人）向银行出具保函（Letter of Indemnity），说明不符点内容，凭担保书要求银行做保留议付货款（Negotiation under Reserve），如日后遭到开证行拒付，由出口公司承担一切后果。如果银行同意就议付单据，并向开证行表明。议付行一般采用“表提”或“电提”的办法征求开证行意见。

（1）表提。表提是指议付行把不符点列在寄单面函（Covering Schedule）上，征求开证行意见，由开证行接洽申请人是否同意付款。接到肯定答复后，议付行即行议付，如申请人不予接受，开证行退单，议付行照样退单给受益人。议付行在面函上注明：

Discrepancies:

××××××××（不符点内容）；

××××××××（不符点内容）。

Please contact your customers for their acceptance（请联系客户接受以上不符点）。

（2）电提。电提是指议付行暂不向开证行寄单，而是用电传、传真或 SWIFT 通知开证行单据不符点，如开证行同意付款，再行议付并寄单，若不同意，单据还控制在出口商手中，可另行处理，如将货物转售或将货物中途卸下等。对于单证不符点，受益人通常采取电提方式。

（三）证下托收

证下托收是指单据有严重不符点，或信用证有效期已过，已无法利用手上的信用证，此时货物已经出运，而议付行对不符单据不办理议付或电提开证行，开证行不同意接受单据，那么，受益人就只能改为托收的结算方式，委托银行寄单收汇，为了体现区别，称为“证下托收”，而一般的托收，则称为“无证托收”。应注意的是，一经改为信用证项下的托收，即失去信用证的银行信用保证，加大了经营风险。因此，只有在万不得已的情况下，才能改为信用证项下的托收。

单据经开证行审核被提出不符点，且系受益人责任时，受益人不仅要抓紧时间与进口商联系，在商榷处理办法的同时，还需密切关注货物下落，做必要的准备，采取补救措施，或是降价另寻买主，或是退单退货，以防造成更大的经济损失。

思考与练习

一、思考题

1.简述信用证单据审核的要则。

2.UCP600 对单据出单人的要求有哪些?

3.简述 UCP600 与 ISBP821 对各种单据签署的要求。

4.UCP600 与 ISBP821 对正本和副本单据的要求有哪些?

5.何谓“电提”? 何谓“表提”?

6.出口单证中常见的不符点有哪些?

二、实操题

信用证的有关条款如下:

31C:231013

31D:231210　IN THE COUNTRY OF BENEFICIARY

44C:231125

48: 15

假设按上述信用证,货物于 2023 年 11 月 15 日装船,11 月 10 日缮制发票,请以“单证员”的身份,根据上述资料填写下列信用证要求单据的合理出单日期。

单据名称(或栏目)	日　期
发票	
装箱单	
保险单	
FORM RCEP 的第 4 栏(运输路线与方式)	
FORM RCEP 的第 13 栏(发票号码及日期)	
FORM RCEP 的第 15 栏(出口商声明)	
FORM RCEP 的第 16 栏(海关签发日期)	
商品检验证书	
船籍证明	
船长收据	
运费收据	
提单	
电抄	
受益人寄单证明	
汇票	

三、审单实训

上海海外进出口公司收到经通知行通知的证号为SEB/30275的不可撤销的、可转让的信用证,经审核无误,该公司即按信用证的要求装船,备齐全套出口结汇单据,向银行交单议付。请你以议付行的身份对全套单据进行审核,找出不符点,并通知受益人。

(一)信用证

ADVICE OF A THIRD BANK'S DOCUMENTARY CREDIT

MT 710

SENDER: BANK OF NOVA SCOTIA, THE
HONGKONG

RECEIVER: BANK OF CHINA, SHANGHAI BRANCH, ZHONGSHAN DONG
1 LU 23, SHANGHAI CHINA

SEQUENCE OF TOTAL *27: 1/1

FORM OF DOC.CREDIT *40B: IRREVOCABLE TRANSFERABLE
WITHOUT OUR CONFIRMATION

SENDER'S REF. *20: LCADV-SEB/30275

DOC.CREDIT NUMBER *21: SEB/30275

DATE OF ISSUE *31C: 230308

APPLICABLE RULES *40E: UCP LATEST VERSION

EXPIRTY *31D: DATE 230326 PLACE HONGKONG

ISSUING BANK 52D: SEB HONGKONG TRADE SERVICES LTD.
L/C PROCESSING CENTRE
25/F UNITED CENTRE
95 QUEENSWAY, HONGKONG

APPLICANT *50: AHLENS FAR EAST LIMITED
SUITES 908-9, TOWER 1, CHINA HK
CITY, 33 CANTON ROAD, T.S.T., KLN.
HONGKONG

BENEFICIARY *59: SHANGHAI OVERSEAS IMPORT AND EXPORT CO.
LTD.20TH/FL, 2000 AHONGSHAN
ROAD(N), SHANGHAI 200063, CHINA

AMOUNT *32B: USD23,200.00 (U.S.DOLLARS TWENTY THREE
THOUSAND TWO HUNDRED ONLY)

AVAILABLE WITH/BY *41D: ANY BANK BY NEGOTIATION

DRAFTS AT 42C: DRAFTS AT SIGHT FOR 100 PCT OF INVOICE VALUE

DRAWEE 42D: L/C ISSUING BANK

PARTIAL SHIPMENTS 43P: ALLOWED

TRANSHIPMENT 43T: ALLOWED

PORT OF LOADING/AIRPORT OF DEPARTURE 44E:
SHANGHAI

PORT OF DISCHARGE/AIRPORT OF DESTINATION 44F:
ICD PATPARGANJ, NEW DELHI VIA MUMBAI OR NAVA SHEVA PORT

DESCRIPT.OF GOODS 45A:

600D POLYESTER TROLLEY CASE

ORDER NO.1436249-163 1444801-163

LATEST SHIPMENT DATE：MARCH 16，2023

SHIPPING TERMS FOB SHANGHAI

SALE'S TERMS，AS PER INCOTERMS 2020

DOCUMENTS REQUIRED 46A：

1.SIGNED COMMERCIAL INVOICE IN SIX COPIES MARKED L/C NO.AND DATE.

2.NEUTRAL PACKING LIST IN FOUR COPIES INDICATE TOTAL G.W.，TOTAL N.W.，TOTAL CBM.AND SIZE BREAKDOWN PER COLOR/SIZE AND EACH COLOUR TO BE PACKED SEPARATELY.

3.FULL SET OF CLEAN ON BOARD PLUS TWO SHIPPED ON BOARD N/N COPIES OF BILL OF LADING CONSIGNED TO M.B.OPTICAL INDUSTRIES，458－466，SHAMBHUNATH COMPOUND，GALI NO.8 FRIENDS COLONY，G.T.ROAD，SHAHDARA，DELHI 110 032（INDIA）.NOTIFY THE SAME AS CONSIGNEE.MARKED "FREIGHT PAYABLE AT DESTINATION".

4.BENEFICIARY CERTIFICATE CERTIFYING THAT ONE COMPLETE SET COPY OF SHIPPING DOCUMENT HAS BEEN SENT TO LC APPLICANT WITH ATTN TO：SHIPPING DEPT.WITHIN 7 DAYS AFTER SHIPMENT.

ADDITIONAL CONDITION 47A：

+5PCT MORE OR LESS BOTH IN AMOUNT AND QUANTITY PER EACH ORDER IS ACCEPTABLE.

+THIS L/C IS TRANSFERABLE.THE ADVISING BANK IS NOMINATED TO BE TRANSFERRING BANK.UPON TRANSFER，TRANSFERRING BANK MUST NOTIFY OPENING BANK BY TESTED TELEX/SWIFT.

+SHIPMENT MUST NOT BE EFFECTED EARLIER THAN L/C DATE.

+ALL DOCUMENTS MUST BE MADE OUT IN ENGLISH VERSION.

+ALL BANKING CHARGES OUTSIDE HONG KONG AND ISSUING BANK'S CABLE COSTS FOR REIMBURSEMENT ARE FOR BENEFICIARY'S ACCOUNT.

+PARTIAL SHIPMENT IS ALLOWED IN COMPLETE ORDER.

+A DISCREPANCY HANDLING FEE OF USD50.00（OR EQUIVALENT）WILL BE LEVIED FOR EACH SET OF DOCUMENTS PRESENTED NOT IN FULL COMPLIANCE WITH THE TERMS AND CONDITIONS OF THE CREDIT.THIS FEE IS FOR THE ACCOUNT OF THE BENEFICIARY AND WILL BE DEDUCTED FROM THE PROCEEDS WHEN PAYMENT IS EFFECTED.

+THIS L/C IS CONFIRMED BY SKANDINAVISKA ENSKILDA BANKEN（SEB BANK SINGAPORE BRANCH，NOT WITHSTANDING THAT THIS CREDIT IS CONFIRMED BY SEB SINGAPORE，ALL DOCUMENTS MUST BE PRESENTED TO SEB HONG KONG TRADE SERVICES LTD.，25/F，UNITED CENTRE，95 QUEENSWAY，HONG KONG IN ONE LOT VIA COURIER SERVICES.

PRESENTATION PERIOD IN DAYS 48：10

CONFIRMATION INSTRUCTIONS ＊49：WITHOUT

INSTRUCTIONS 78：

PRESENTING BANK IS REQUIRED TO INDICATE THE NUMBER AND DATE OF AMENDMENT（IF ANY）PRESENTED/ACCEPTED ON THE COVERING SCHEDULE.THE AMT OF EACH DRAWING/TRANSFER MUST BE ENDORSED BY THE PRESENTING/TRANSFERRING BANK AT THE REVERSE OF THIS CREDIT.IN CASE OF TELEX COMMUNICATION，SUCH SHOULD BE SENT TO SWIFT：NOSCHKHH OR TELEX NO.HX74224 WITH THE REQUEST TO RELAY MESSAGE TO SEB HONG KONG TRADE SERVICES LTD.UPON RECEIPT OF CONFORMED DOCUMENTS AT OUR COUNTER（SEB HONG KONG TRADE SERVICES LTD.HONGKONG），WE SHALL REIMBURSE YOU IN ACCORDANCE WITH YOUR INSTRUCTION.

（二）信用证项下的结汇单据

1.提交的汇票。

TWO ORIGINALS

DRAFT

DRAWN UNDER **BANK OF NOVA SCOTIA HONGKONG** L/C NO:**SEB/30275**

DATED **230308** PAYABLE WITH INTEREST @----------% PER ANNUM

NO:**2XC4059** EXCHANGE FOR **USD23,200.00 SHANGHAI,CHINA MAR.16,2023**

AT SIGHT OF THIS FIRST OF EXCHANGE (SECOND OF THE SAME TENOR AND DATE UNPAID)

PAY TO THE ORDER OF

THE SUM OF **U.S.DOLLARS TWENTY THREE THOUSAND TWO HUNDRED ONLY.**

TO:SEB HONG KONG TRADE SERVICES LTD.
L/C PROCESSING CENTRE 25/F
UNITED CENTRE 95 QUEENSWAY
HONG KONG

SHANGHAI OVERSEAS IMPORT
AND EXPORT CO.,LTD.
SHANGHAI CHINA
陈恩光

2.提交的受益人证明。

ONE ORIGINAL

SHANGHAI OVERSEAS IMPORT AND EXPORT CO.LTD
20TU/FL,2000 ZHONGSHAN ROAD (N),SHANGHAI 200063,CHINA

INVOICE NO.2XC4059
DATE:MAR.5,2023

WE CERTIFY THAT ONE COMPLETE SET COPY OF SHIPPING DOCUMENT HAS BEEN SENT TO LC APPLICANT WITH ATTN TO:SHIPPING DEPT.WITHIN 7 DAYS AFTER SHIPMENT.

SHANGHAI OVERSEAS IMPORT AND EXPORT CO.LTD
SHANGHAI CHINA
陈恩光

3.提交的商业发票。

ONE ORIGINAL AND FIVE COPIES

SHANGHAI OVERSEAS IMPORT AND EXPORT CO.LTD.
20TH/FL,2000 ZHONGSHAN
ROAD (N),SHANGHAI 200063,CHINA

COMMERCIAL INVOICE

DATE: MAR.4,2023
INVOICE NO.2XC4059

TO:AHLENS FAR EAST LIMITED
SUITES 908-9,TOWER 1,CHINA HK CITY,33 CANTON
ROAD,T.S.T.,KLN.,HONGKONG

L/C NO.LCADV-SEB/30275 DATE:MAR.8.2023

SHIPMENT FROM SHANGHAI TO ICD PATPARGANJ,NEW DELHI VIA NAVA SHEVA PORT

MARKS & NUMBERS	QUANTITY AND DESCRIPTIONS		AMOUNT
POLYESTER TROLLEY CASE	600D POLYESTER TROLLEY CASE		FOB SHANGHAI
ART.NO.23381242	ITEM #R069		
C/NO.1-500	SIZE:46CM	COLOUR:RED	
	200PCS	USD 16.00/PC	USD3,200.00
	SIZE:46/56/70CM	COLOUR:NAVY	
	200SETS	USD58.00/SET	USD 11,600.00
	SIZE:56/70CM	COLOUR:BLACK	
	200SETS	USD42.00/SET	USD8,400.00
			USD23,200.00

SAY TOTAL US DOLLARS TWENTY THREE THOUSAND TWO HUNDRED ONLY
ORDER NO.1436249-163 1444801-163

PACKED IN 500CARTONS
G.WT.:6500KGS
N.WT.:6000KGS
MEASUREMENT:48.8CBM

SHANGHAI OVERSEAS IMPORT AND EXPORT CO.LTD.SHANGHAI CHINA

陈恩光

4.提交的 Bill of Lading 正本。

THREE ORIGINAL

<table>
<tr><td colspan="2">SHIPPER
SHANGHAI OVERSEAS IMPORT AND EXPORT CO.LTD.
20TH/FL, 2000 ZHONGSHAN ROAD (N), SHANGHAI
200063,CHINA</td><td>B/L NO.</td></tr>
<tr><td colspan="2">CONSIGNED TO
M.B.OPTICAL INDUSTRIES,458-466,
SHAMBHUNATH COMPOUND,GALI NO.8
FRIENDS COLONY,G.T.ROAD,SHAHDARA,
DELHI 110 032(INDIA)</td><td rowspan="5">SHANGHAI HAI HUA SHIPPING CO.,LTD.

TELEX:337396 HASCO CN.

BILL OF LADING

FOR COMBINED TRANSPORT, OR PORT TO PORT
SHIPMENT OR THROUGH CARRIAGE</td></tr>
<tr><td colspan="2">NOTIFY PARTY
THE SAME AS CONSIGNEE</td></tr>
<tr><td>PRE.CARRIAGE By</td><td>PLACE OF RECEIPT</td></tr>
<tr><td>INTENDED OCEAN VESSEL
CMA CGM BALZAC V.V48W</td><td>PORT OF LOADING
SHANGHAI,CHINA</td></tr>
<tr><td>PORT OF DISCHARGE
ICD PATPARGANJ
NEW DELHI~VIA NAVA
SHEVA PORT</td><td>PLACE OF DELIVERY</td></tr>
</table>

<table>
<tr><td>MARKS AND NUMBERS

POLYESTER TROLLEY CASE
ART.NO.23381242
C/NO.1-500
1X40'DRY/SEAU7899308
CONTAINERS</td><td>DESCRIPTION OF PACKAGES AND GOODS(PARTICULARS FURNISHED BY SHIPPER)
600D POLYESTER TROLLEY CASE 500 CARTONS
SHIPPER'S LOAD,STOW AND COUNT
SHIPMENT FROM SHANGHAI TO ICD
PATPARGANJ NEW DELHI VIA NAVA SHEVA PORT
FREIGHT PAYABLE AT DESTINATION
TWO CARTONS BROKEN</td><td>G.W.
(KGS)

6500KGS</td><td>MEASUREMENT
(CBM)

48.800CBM</td></tr>
<tr><td colspan="2">TOTAL NO.CONTAINERS OR PACKAGES (IN WORDS)</td><td colspan="2">SAY FIVE HUNDRED CARTONS ONLY</td></tr>
</table>

<table>
<tr><td>FREIGHT & CHARGES</td><td>PREPAID</td><td>RATE</td><td>COLLECT</td><td rowspan="3">RECEIVED BY THE CARRIER THE GOODS AS SPECIFIED ABOVE IN APPEARENT GOOD ORDER AND CONDITION UNLESS OTHERWISE STATED, TO BE TRANSPORTED TO SUCH PLACE AS AGREED, AUTHORIZED OR PERMITTED HEREIN AND SUBJECT TO ALL THE TERMS AND CONDITIONS APPEARING ON THE FRONT AND REVERSE OF THIS BILL OF LADING TO WHICH THE MERCHANT AGREES BY ACCEPTING THE BILL OF LADING ANY LOCAL PRIVILEGES AND CUSTOMS NOTWITHSTANDING.THE PARTICULARS GIVEN ABOVE AS STATED BY THE SHIPPER AND THE WEIGHT, MEASURE, QUANTITY, CONDITION, CONTENTS AND VALUE OF THE GOODS ARE UNKNOWN TO THE CARRIER.
IN WITNESS WHEREOF ONE(1) ORIGINAL BILL OF LADING HAS BEEN SIGNED IF NOT OTHERWISE STATED ABOVE,THE SAME BEING ACCOMPLISHED THE OTHER(S), IF ANY, TO BE VOID. IF REQUIRED BY THE CARRIER ONE(1) ORIGINAL BILL OF LADING MUST BE SURRENDERED DULY ENDORSED IN EXCHANGE FOR THE GOODS OR DELIVERY ORDER
SIGNED BY
FOR CHINA SAILING INTERNATIONAL SHIPPING AGENCY LTD.
朱建华
AS AGENT FOR THE CARRIER:
SHANGHAI HAI HUA SHIPPING CO.LTD.</td></tr>
<tr><td colspan="2">SHIPPED ON BOARD DATE
MAR.5,2023</td><td colspan="2">PLACE AND DATE OF ISSUE
SHANGHAI MAR.5,2023</td></tr>
<tr><td colspan="2">FREIGHT PAYABLE AT
SHANGHAI</td><td colspan="2">NUMBER OF ORIGINAL B(S)/L
THREE</td></tr>
</table>

5.提交的 Bill of Lading 副本。

TWO COPIES

SHIPPER		B/L NO.
SHANGHAI OVERSEAS IMPORT AND EXPORT CO. LTD. 20TH/FL,2000 ZHONGSHAN ROAD(N),SHANGHAI 200063,CHINA		**SHANGHAI HAI HUA SHIPPING CO.,LTD.** **TELEX:337396 HASCO CN.**
CONSIGNED TO M.B.OPTICAL INDUSTRIES,458-466, SHAMBHUNATH COMPOUND,GALI NO.8 FRIENDS COLONY,G.T.ROAD,SHAHDARA, DELHI 110 032(INDIA)		**BILL OF LADING** NON-NEGOTIABLE
NOTIFY PARTY THE SAME AS CONSIGNEE		
PRE.CARRIAGE By	**PLACE OF RECEIPT**	
INTENDED OCEAN VESSEL CMA CGM BALZAC V.V48W	**PORT OF LOADING** SHANGHAI,CHINA	FOR COMBINED TRANSPORT,OR PORT TO PORT SHIPMENT OR THROUGH CARRIAGE
PORT OF DISCHARGE ICD PATPARGANJ NEW DELHI~VIA NAVA SHEVA PORT	**PLACE OF DELIVERY**	

MARKS AND NUMBERS	DESCRIPTION OF PACKAGES AND GOODS(PARTICULARS FURNISHED BY SHIPPER)	G.W. (KGS)	MEASUREMENT (CBM)
POLYESTER TROLLEY CASE ART.NO.23381242 C/NO.1-500 1X40'DRY/SEAU7899308 CONTAINERS	600D POLYESTER TROLLEY CASE 500 CARTONS SHIPPER'S LOAD,STOW AND COUNT SHIPMENT FROM SHANGHAI TO ICD PATPARGANJ NEW DELHI VIA NAVA SHEVA PORT FREIGHT PAYABLE AT DESTINATION TWO CARTONS BROKEN	6500KGS	48.800CBM

TOTAL NO.CONTAINERS OR PACKAGES (IN WORDS)	SAY FIVE HUNDRED CARTONS ONLY

FREIGHT & CHARGES	PREPAID	RATE	COLLECT	
				RECEIVED BY THE CARRIER THE GOODS AS SPECIFIED ABOVE IN APPEARENT GOOD ORDER AND CONDITION UNLESS OTHERWISE STATED, TO BE TRANSPORTED TO SUCH PLACE AS AGREED, AUTHORIZED OR PERMITTED HEREIN AND SUBJECT TO ALL THE TERMS AND CONDITIONS APPEARING ON THE FRONT AND REVERSE OF THIS BILL OF LADING TO WHICH THE MERCHANT AGREES BY ACCEPTING THE BILL OF LADING ANY LOCAL PRIVILEGES AND CUSTOMS NOTWITHSTANDING.THE PARTICULARS GIVEN ABOVE AS STATED BY THE SHIPPER AND THE WEIGHT, MEASURE, QUANTITY, CONDITION, CONTENTS AND VALUE OF THE GOODS ARE UNKNOWN TO THE CARRIER. IN WITNESS WHEREOF ONE(1) ORIGINAL BILL OF LADING HAS BEEN SIGNED IF NOT OTHERWISE STATED ABOVE,THE SAME BEING ACCOMPLISHED THE OTHER(S), IF ANY, TO BE VOID. IF REQUIRED BY THE CARRIER ONE(1) ORIGINAL BILL OF LADING MUST BE SURRENDERED DULY ENDORSED IN EXCHANGE FOR THE GOODS OR DELIVERY ORDER **SIGNED BY** FOR CHINA SAILING INTERNATIONAL SHIPPING AGENCY LTD. AS AGENT FOR THE CARRIER: SHANGHAI HAI HUA SHIPPING CO.LTD.

SHIPPED ON BOARD DATE	PLACE AND DATE OF ISSUE
MAR.5,2023	SHANGHAI MAR.5,2023
FREIGHT PAYABLE AT SHANGHAI	**NUMBER OF ORIGINAL B(S)/L** THREE

6.提交的装箱单。

ONE ORIGINAL AND THREE COPIES

SHANGHAI OVERSEAS IMPORT AND EXPORT CO. LTD.

20TH/FL,2000 ZHONGSHAN ROAD (N),SHANGHAI 200063,CHINA

PACKING LIST

DATE:MAR. 4,2023

INVOICE NO. 2XC4059

POLYESTER TROLLEY CASE	600D POLYESTER TROLLEY CASE		
ART. NO. 23381242	ITEM #R069		
C/NO. 1-500	SIZE:46CM	COLOUR:RED	200PCS
	SIZE:46/56/70CM	COLOUR:NAVY	200SETS
	SIZE:56/70CM	COLOUR:BLACK	200SETS

ORDER NO.1436249-163　1444801-163

600PCS

PACKED IN 500CARTONS

G.WT.:6500KGS

N.WT.:6000KGS

MEASUREMENT:48.8CBM

SHANGHAI OVERSEAS IMPORT AND EXPORT CO.LTD

SHANGHAI CHINA

陈恩光

第十三章 综合训练

【学习目标】 通过第一节的七个操作训练，巩固学生对信用证的理解、审核及修改函的书写技能，使学生初步掌握信用证项下全套结汇单据的缮制技能。通过第二节的十二份实务信用证的分组综合实训，提高学生信用证项下全套结汇单据的实际操作能力，缩短课堂教学与岗位实际操作的距离。

第一节 信用证进阶

操作训练一 认识信用证

信用证条款节选

42**C**：AT SIGHT

42**A**：ASCMPKKAFT2

ASKARIBANK LIMITED

（CENTRAL FOREIGN TRADE UNIT）

46**A**：

1. MANUALLY SIGNED COMMERCIAL INVOICES IN OCTUPLICATE CERTIFYING MERCHANDISE TO BE OF CHINESE ORINGIN

2.PACKING LIST IN THREE COPIES

3.FULL SET OF CLEAN SHIPPED ON BOARD OCEAN BILLS OF LADING（COMPRISING NOT LESS THAN THREE ORIGINALS AND THREE NON NEGOTIABLE）DRAWN OR ENDORSED TO THE ORDER OF ASKARI BANK LIMITED CENTRALIZED FOREIGN TRADE UNIT，5/B GULBERG MAIN JAIL ROAD LAHORE PAKISTAN SHOWING FREIGHT TO PAY AND MARKED NOTIFY OPENER AND US.FIRST AND SECOND ORIGINAL BILL OF LADING TO ACCOMPANY FIRST LOT OF DOCUMENTS

47**A**：

1.INSURANCE COVERED BY THE OPENERS ALL SHIPMENT UNDER THIS CREDIT MUST BE ADVISED BY THE BENEFICIARY WITHIN THREE WORKING DAYS OF SHIPMENT TO M/S.ASKARI GENERAL INSURANCE COMPANY LIMITED 4TH FLOOR，AWT PLAZA，THE MALL，RAWALPINDI，PAKISTAN FAX +++++++++ AND TO THE OPENER REFERRING TO COVER NOTE NO.++++++++++ DATED +++++ GIVING FULL DETAILS OF SHIPMENT(S) COPIES SUCH SHIPMENT ADVICES TO ACCOMPANY THE ORIGINAL DOCUMENTS

2.THIRD PARTY/CHARTER PARTY/BLANK BACK/SHORT FORM/HOUSE/STALE/ FORWARDER BILLS OF LADING NOT ACCEPTABLE

3.B/L PRIOR TO THE DATE OF THIS L/C NOT ACCEPTABLE

4.ALL DOCUMENTS MUST INDICATE THIS L/C NUMBER

5.INVOICES EXCEEDING THIS L/C AMOUNT NOT ACCEPTABLE

6.GOODS ARE SHIPPED/TRANSSHIPPED ON VESSELS/AIRCRAFTS，HONORING PAKISTANI LAWS AND REGULATIONS REGARDING VESSELS，FLAG，AIRPORTS，SEAPORTS AND A CERTIFICATE OR A NOTATION TO THIS EFFECT

MUST BE EVIDENCED ON THE TRANSPORT DOCUMENT(S)

7.GOODS ARE IMPORTABLE UNDER THE H.S.CODE NO.+++++++ALL H.S CODE ITEM WISE MUST APPEAR ON INVOICES AND B/L

8.B/L TO SHOW THE NAME, ADDRESS AND TELEPHONE NUMBER OF CARRIERS VESSEL'S AGENT AT THE PORT OF DESTINATION

9.PACKING LIST AND INVOICE/CONSIGNMENT NOTE MUST BE ENCLOSED WITH THE CONSIGNMENTS OR IN CASE THE CONSIGNMENT IS PACKED IN THE SEALED CONTAINER, THE SAME SHOULD BE PLACED INSIDE THE CONTAINER. A CERTIFICATE TO THIS EFFECT, DULY SIGNED BY THE BENEFICIARY IS REQUIRED WITH THE SHIPPING DOCUMENTS

10. ALL PRESENTATIONS CONTAINING DISCREPANCIES WILL ATTRACT A DISCREPANCY FEE OF USD 12 PER DISCREPANCY

11.FTA CERTIFICATE SHOULD ACCOMPANY THE ORIGINAL SHIPPING DOUCUMENTS

12.PRE-SHIPMENT INSPECTION SHOULD BE CARRIED OUT BY ANY ONE OF THE FOLLOWING OR BOTH OF THEM.SHIPMENT MUST BE AFFECTED AFTER FINAL INSPECTION:

A) MR.SOHAL YOUSAF PASSPORT NO.+++++

B) MR.SHABBIR HASSAN PASSPORT NO.+++++

CERTIFICATE ISSUED BY BENEFICIARY AND COUNTER SIGNED BY ANY ONE OF ABOVE MUST ACCOMPANY THE SHIPPING DOCUMENTS

13.THIS CREDIT IS SUBJECT TO THE UNIFORM RULES FOR CUSTOMS AND PRACTICE FOR DOCUMENTARY CREDITS(2007 REVISION) I.C.C PUBLICATION NO.600

问题：

(1)就上述已知信息，你能确定本信用证的开证行是哪家吗？请说出你的理由。

(2)根据本信用证的提单要求，收货人一栏应该如何填写才是符合信用证要求的？

(3)本信用证有哪些条款是对受益人不利的？

(4)全文翻译上述信用证条款，并正确填写交单一览表(表13-1)。

表13-1 交单一览表1

受单对象	单据名称												
	信用证对应条款												
被指定银行	正本数量												
	副本数量												
客户	正本数量												
	副本数量												
备注													

操作训练二 认识信用证

信用证条款节选

DOCUMENTS REQUIRED 46 A

1.SIGNED COMMERCIAL INVOICE IN 3 FOLD.

2.FULL SET OF CLEAN ON BOARD ORIGINAL MARINE BILL OF LADING, MADE OUT TO ORDER OF SHIPPER AND BLANK ENDORSED, MARKED FREIGHT PREPAID AND NOTIFY ANGLO OVERSEAS TRANSPORT CO LTD, 609 OSLO ROAD WEST THURROCK ESSEX RM20 3BJ KINGDOM OF NORWAY.

3.CERTIFICATE OF P.R.CHINA ORIGIN AS PER GSP FORM A.ISSUED AND MANUALLY SIGNED BY AN AUTHORITY ALSO MANUALLY SIGNED BY EXPORTER, BEARING A REFERENCE NUMBER AND SHOWING KINGDOM OF NORWAY AS IMPORTING COUNTRY.

4.PACKING LIST, 3-FOLD.

5.INSURANCE CERTIFICATE OR POLICY IN DUPLICATE, FOR THE INVOICE VALUE PLUS 10 PERCENT, BLANK ENDORSED, COVERING ALL RISKS AND WAR RISKS AS PER O.M.C.C.OF P.I.C.C.CLAUSES DD.2009, 01, 01 FROM BENEFICIARY'S WAREHOUSE TO APPLICANT'S WAREHOUSE. CLAIMS PAYABLE IN NORWAY, STATING A CLAIM SETTLING AGENT IN NORWAY, IN SAME CURRENCY OF THE DRAFTS.

6.BENNEFICIARY'S CERTIFICATE CERTIFYING THAT ONE SET OF NON-NEGOTIABLE DOCUMENTS HAVE BEEN FAXED WITHIN 7 DAYS OF BILL OF LADING DATE, DIRECT TO ABC CORP.LTD., WALTHAM ABBEY EN91AH KINGDOM OF NORWAY.FAX NO.:47-1234-567890.

7.BENEFICIARY'S SHIPPING ADVICE, INDICATING THAT FULL SHIPMENT DETAILS INCLUDING INVOICE NO., B/L NO., VESSEL NAME, PORT OF LOADING, PORT OF DESTINATION, DATE OF SHIPMENT, ESTIMATED TIME OF ARRIVAL, CONTAINER NO., SEAL NO., DESCRIPTION OF GOODS, QUANTITY, GROSS WEIGHT, NET WEIGHT, TOTAL VALUE HAVE BEEN FAXED WITHIN 2 DAYS AFTER SHIPMENT DATE TO APPLICANT FAX NO.:47-1234-567890.

8.CERTIFICATE FROM THE VESSEL'S MASTER/CARRIERS/OWNERS OR THEIR AGENTS CERTIFYING THAT THE VESSEL IS NOT OVER 15 YEARS OF AGE.

ADDITIONAL COND. 47 A

1.ALL DOCUMENTS MUST MENTION THIS DC NUMBER, DATE AND THE NAME OF ISSUING BANK.

2.PLUS OR MINUS 5 PERCENT IN AMOUNT AND QUANTITY ACCEPTABLE.

3.SHIPPING MARK: ABC/OSLO/NO.1-UP.

4.UPON RECEIPT OF DOCUMENTS STRICTLY COMPLYING WITH CREDIT TERM, WE SHALL REMIT FUNDS.

DETAIL OF CHARGES	71D	ALL BANKING CHARGES OUTSIDE NORWAY ARE FOR ACCOUNT OF BENEFICIARY.
PRESENTATION PERIOD IN DAYS	48	15
CONFIRMATION	*49	WITHOUT
SEND.TO REC.INFO.	72Z	PLEASE SEND DOCUMENTS TO US IN ONE LOT (OBERBANK, UNTERE KONAULAENDE 28, A-2040 LINZ).

上述内容是一份 SWIFT MT700 报文的部分条款，就这些内容回答下面的问题：

(1)本信用证的开证行是哪家银行？在哪个国家？请写出它的 SWIFT CODE。

(2)本信用证的进口商在哪个国家？

(3)本信用证项下货物的卸货港是哪个港口？在哪个国家？

(4)本信用证项下的货物是以什么样的价格术语成交的？

(5)将上述条款翻译成中文。

(6)根据上述条款正确填写交单一览表(表 13-2)。

表 13-2　交单一览表 2

受单对象	单据名称												
	信用证对应条款												
被指定银行	正本数量												
	副本数量												
客户	正本数量												
	副本数量												
备　注													

操作训练三　认识信用证

一、韩国 SWIFT 信用证样例

MT S700	ISSUE OF A DOCUMENTARY CREDIT	
Sender:		BKCHKRSE BANK OF CHINA SEOUL BRANCH SEOLIN DONG 33 SEOUL 110-752 KOREA,REPUBLIC OF
Receiver:		BKCHCNBJ300 BANK OF CHINA SHANGHAI BRANCH 23 ZHONGSHAN EAST 1 ROAD SHANGHAI 200002 CHINA
Sequence of Total	*27	1/1
Form of Doc.Credit	*40A	IRREVOCABLE
Doc.Credit Number	*20	LC-764112
Date of Issue	*31C	230825
Applicable Rules	*40E	UCP LATEST VERSION
Date/Place Exp.	*31D	231005 PLACE:THE PEOPLE'S REP.OF CHINA
Applicant	*50	TOMSCN TEXTILES INC. 26,JONGNO,JONGNO-GU,SEOUL
Beneficiary	*59	SHANGHAI GOODHOME TEXTILES IMP.& EXP.CORP. 127 ZHONGSHAN RD.E.1 SHANGHAI P.R.OF CHINA
Currency Code,Amount	*32B	USD　AMOUNT:36.960,00
Percentage Credit Amount Tolerance	39A	05/05

Available With...By...	*41D	ANY BANK IN CHINA NEGOTIATION
Drafts at...	42C	30DAYS AFTER SIGHT
Drawee	42D	BANK OF CHINA SEOUL BRANCH
Partial Shipments	43P	ALLOWED
Transhipment	43T	ALLOWED
Port of Loading/Airport of Departure	44E	CHINA PORT
Port of Discharge/Airport of Destination	44F	INCHEON KOREA
Latest Date of Shipment	44C	230920
Description of Goods and/or Services	45A	MERCHANDISE AS PER S/C NO.23CA1006 CIF INCHEON
Documents Required	46A	+COMMERCIAL INVOICE IN QUADRUPLICATE +CERTIFICATE OF ORIGIN +FULL SET CLEAN ON BOARD BILLS OF LADING MADE OUT TO OUR ORDER MARKED "FREIGHT PREPAID" NOTIFY APPLICANT (SHOWING FULL NAME AND ADDRESS) AND INDICATING FREIGHT CHARGED. +NEGOTIABLE INSURANCE POLICY OR CERTIFICATE ISSUED BY THE PEOPLE'S INSURANCE (PROPERTY) COMPANY OF CHINA INCORPORATING THEIR OCEAN MARINE CARGO CLAUSES (ALL RISKS) AND WAR RISKS FOR 110 PERCENT OF CIF INVOICE VALUE, WITH CLAIMS PAYABLE IN CANADA INDICATING INSURANCE CHARGES. +DETAILED PACKING LIST IN TRIPLICATE
Additional Conditions	47A	+THE NUMBER AND THE DATE OF THIS CREDIT AND THE NAME OF OUR BANK MUST BE QUOTED ON ALL DOCUMENTS REQUIRED +A SET OF NON-NEGOTIABLE OF SHIPPING DOCUMENTS MUST BE FAXED DIRECTLY TO APPLICANT WITHIN 24 HOURS AFTER SHIPMENT. BENEFICIARY'S CERTIFICATE TO THIS EFFECT AND THE FAX REPORT SHOULD ACCOMPANY WITH ORIGINAL SHIPPING DOCUMENTS. +AN ADDITIONAL FEE OF USD50.00 EQUIVALENT WILL BE DEDUCTED FROM THE PROCEEDS PAID UNDER ANY DRAWING WHERE DOCUMENTS PRESENTED ARE FOUND NOT TO BE IN STRICT CONFORMITY WITH THE TERMS OF THIS CREDIT.
Charges	71D	ALL BANKING CHARGES OUTSIDE KOREA INCLUDING ADVISING COMMISSION ARE FOR ACCOUNT OF BENIFICIARY AND MUST BE CLAIMED AT THE TIME OF ADVISING.
Period for Presentation in Days	48	5
Confirmation Instructions	*49	WITHOUT
Instructions to the Paying/Accepting/Negotiating Bank	78	UPON OUR RECEIPT OF DOCUMENTS ON ORDER WE WILL REMIT IN ACCORDANCE WITH NEGOTIATING BANK'S INSTRUTIONS AT MATURITY.

二、补充资料

(一)销售确认书

SHANGHAI GOODHOME TEXTILES IMP.& EXP.CORP.

127 ZHONGSHAN RD.E.1

SHANGHAI R.P.OF CHINA

SALES CONFIRMATION

TO:MESSRS TOMSON TEXTILES INC.

26,JONGNO,

JONGNO-GU.

SEOUL KOREA

NO.23CA1006

DATE:20230806

ARTICLE NO.COMMODITY & SPECIFICATION QUANTITY UNIT PRICE AMOUNT

ART.NO. TRUERAN DYED JEAN

77111 POLYESTES 65%,COTTON 35%

20×20,94×60,112/114cm,

40M AND UP ALLOWING 15% 27.432M

AND UP IN IRREGULAR CUTS

MAKES UP:FULL WIDTH ROLLER ON TEBES

OF 1.5 INCHES IN DIAMETER

PACKING:IN SEAWORTHY CARTONS

		CIF	TORONTO
COL.	M.	USD/M	USD
RED	4,000	1.56	6,240.00
SILVER	3,000	1.32	3,960.00
FIESTA	4,000	1.56	6,240.00
DKNAVY	3,000	1.62	4,860.00
WINE	2,200	1.62	3,564.00
ELEPHANT	3,000	1.44	4,320.00
BLACK	4,800	1.62	7,776.00
TOTAL:	24,000	36,960.00	

SHIPMENT:BEF. SEP. 20TH 2023

WITH PARTIAL SHIPMENT & TRANSHIPMENT TO BE ALLOWED.

DESTINTION:INCHEON

PAYMENT:BY 100% IRREVOCABLE L/C AVAILABLE BY DRAFT AT 30 DAYS SIGHT,TO BE OPENED IN SELLERS FAVOUR 15 DAYS BEFORE THE MONTH OF SHIPMENT,L/C TO REMAIN VALID IN CHINA FOR A PERIOD OF 5 DAYS AFTER THE LAST SHIPMENT DATE.

（二）提货单

上海好家纺织品进出口公司
外销出仓通知单（代提货单）

合约：23CA1006

发货仓库：永新			2023 年 9 月 4 日			发票号码：D2C4193
原进仓单号码　货号	货名及规格	件号	毛重/净重（Kg）	件数	数量	尺码
848607 TO204-75 77111	20×20，94×60，114cm×40m 以上		@ 125/117		@ 400M	@ 117×14×25cm
	RED	1-10		10	4,000M	
	SILVER	11-17		7	2,800M	
染色棉涤斜纹布	FIESTA	18-27		10	4,000M	
	DKNAVY	28-34		7	2,800M	
	WINE	35-39		5	2,000M	
TOMSON	ELEPHANT	40-46		7	2,800M	
23CA1006	BLACK	47-58		12	4,800 M	
INCHEON NO.1-60	SILVER DKNAVY	59		1	200 M 200 M	
	WINE ELEPHANT	60		1	200 M 200 M	
				合计：60 纸箱	24,000M	
					开单员：	

SUPPLEMENT：

1.VESSEL'S NAME：MILD VICTORY V.864

2.OCEAN FREIGHT：USD1532.52

3.H.S.CODE：5513.3910

4.INSURANCE AGENT：

SAMSUNG FIRE & MARINE
INSURANCE CO.，LTD.
14 SEOCHO-DAERO 74 GIL，
SEOCHO-GU，SEOUL，KOREA

5.INSURANCE CHARGES：USD215.48

6.B/L NO.：COSCO-415

7.SHIPMENT DATE：2023-09-08

三、操作要求

（1）对本信用证进行全文翻译并正确列出交单一览表（表 13-3）。

（2）根据上述补充资料，缮制本信用证项下要求的全套单据。

表 13-3　交单一览表 3

受单对象	单据名称												
	信用证对应条款												
被指定银行	正本数量												
	副本数量												
客户	正本数量												
	副本数量												
备　注													

操作训练四　审核信用证

2023 年 1 月 10 日，粤海轻工业品进出口公司与迪拜某一进口商签订了一笔销售合同，由汇丰银行迪拜分行开出信用证并通过汇丰银行上海分行通知受益人。你作为该进出口公司的单证员，请对照合同审核该信用证，找出信用证条款与合同条款的不相符或难以接受之处，草拟一份修改函交与主管该笔业务的业务员。

（一）售货合同

粤海轻工业品进出口公司

YUEHAI LIGHT INDUSTRIAL PRODUCTS IMPORT AND EXPORT CORP.

173 CHUJIANG ROAD, HANGZHOU, CHINA

销售合同

SALE CONTRACT

To:

ROSE INTERNATIONAL TRADE CO.　　**Contract No.:** ZH008005

P.O.BOX 8054, DUBAI,　　**Date:** 10 JAN., 2023

U.A.E.

This sales contract is made between the sellers and buyers whereby the seller agree to sell and the buyers agree to buy the under-mentioned goods according to the terms and conditions stipulated below:

Description of Goods	Quantity	Unit Price	Amount
FLOWER BRAND PLAYING CARD ART.NO.778-07	1000 GROSS	@ USD15.50/ GROSS	CIF DUBAI USD 15,500.00
TOTAL:	1000 GROSS		USD15,500.00

5% MORE OR LESS AMOUNT AND QUANTITY ARE ALLOWED.

Total amount in words　SAY U.S.DOLLARS FIFTEEN THOUSAND FIVE HUNSRED ONLY.

Packing One plastic bag per dozen, one gross in an inner box, four grosses in an export carton.

Delivery Sea freight from Shanghai to Dubai allowing partial shipments and transshipment

Shipping Mark ABD/ZH008005/DUBAI/NO.1-UP

Time of Shipment Within 60 days of receipt of credit and not late than the month of MAR., 2023

Terms of Payment By 100 % irrevocable sight letter of credit opened by the buyer to reach the seller not late than fifth Feb., 2023 and to remain valid for negotiation in China until the 15th days after the foresaid time of the shipment. The L/C must mention this contract number. All banking charges outside U.A.E. are for A/C of the sellers.

Insurance To be effected by the sellers for 110 pct of the invoice value covering all risks and war risk only as per China Insurance Clauses date 09/18/2009.

The Seller	**The Buyer**
YUEHAI LIGHT INDUSTRIAL PRODUCTS IMPORT AND EXPORT CORP.	ROSE INTERNATIONAL TRADE CO.
唐克	*Mohanmode*
签署	Signature

（二）信用证

MT S700 ISSUE OF A DOCUMENTARY CREDIT

SENDER:	SCBLAEAD STANDARD CHARIERED BANK, DUBAI	
	BKCHCNBJ910	
RECEIVER:	BANK OF CHINA ZHEJIANG BRANCH NO.321FENGQI ROAD HANGZHOU ZHEJIANG, CHINA	

SEQUENCE OF TOTAL	*27	1/1
FORM OF DOC.CREDIT	*40A	IRREVOCABLE
DOC.CREDIT NUMBER	*20	DBS 268330
DATE OF ISSUE	*31C	230202
APPLICABLE RULES	*40E	UCP LATEST REVISION
DATE/PLACE EXP.	*31D	DATE 230402 PLACE IN U.A.E.
APPLICANT	*50	ROSE INTERNATIONAL TRADE CO., P.O.BOX 8045, DUBAI, U.A.E.
BENEFICIARY	*59	YUEHAI LIGHT INDUSTRIAL PRODUCTS IMPORT AND EXPPORT CO., 173 CHUJIANG ROAD, HANGZHOU, CHINA
CURRENCY CODE, AMOUNT	*32B	USD AMOUNT 15050,00
PERCENTAGE CREDIT AMOUNT TOLERANCE	39A	05/05
AVAILABLE WITH …BY…	*41D	ANY BANK BY NEGOTIATION
DRAFTS AT …	42C	45 DAYS SIGHT
DRAWEE	42D	ON US
PARTIAL SHIPMENTS	43P	NOT ALLOWED
TRANSHIPMENT	43T	NOT ALLOWED
PORT OF LOADING/AIRPORT OF DEPARTURE	44E	SHANGHAI

PORT OF DISCHARGE/AIRPORT OF DESTINATION	44F	DUBAI
SHIPMENT PERIOD	44D	230402
DESCRIPTION OF GOODS AND/ OR SERVICES	45A	FLOWER BRAND PLAYING CARD ART.NO.778-07,1000 GROSS,USD15.20 PER GROSS AS PER S/C NO.ZH008050 CFR DUBAI
DOCUMENTS REQUIRED	46A	

* SIGNED COMMERCIAL INVOICE IN THREE COPIES SHOWING S/C NO.ZH008005
* FULL SET OF ORIGINAL CLEAN ON BOARD MARINE BILL OF LADING MADE OUT TO ORDER, BLANK ENDORSED, MARKED FREIGHT PREPAID, NOTIFY ABDULLAH SALEM AND CO., P. O. BOX 4372, DUBAI, U.A.E.TEL:2-284321.
* SHIPPING COMPANY'S CERTIFICATE CERTIFYING THAT THE CARRYING VESSEL DOES NOT CALL AT ANY ISRAELI PORT NOR ISRAELI NATIONALITY DURING HIS VOYAGE TO DUBAI U.A.E.
* PACKING LIST IN THREE COPIES.
* G.S.P.CERTIFICATE OF ORIGIN FORM A ISSUED BY CHAMBER OF COMMERCE SHOWING B/L NOTIFY PARTY AS CONSIGNEE
* INSURANCE WILL BE COVERED BY THE APPLICANTS
* BENEFICIARY CERTIFICATE CERTIFYING THAT COPIES OF INVICE, BILL OF LADING AND PACKING LIST HAVE BEEN FAXED TO APPLICANT ON FAX NO.02-384364 WITHIN 3 DAYS OF BILL OF LADING DATE.THE RELEVANT FAX REPORT WILL BE PRESENTED FOR NEGOTIATION.

ADDITIONAL CONDITIONS	47A	+ A DISCREPANCY HANDLING FEE OF USD60.00 SHOULD BE DEDUCTED AND INDICATED ON THE BILL SCHEDULE FOR EACH PRESENTATION OF DISCREPANT DOCUMENTS UNDER THIS CREDIT. + 2 PCT OF INVOICE VALUE WILL BE REMITTED TO M/S.ABDULLAH SALEM AND CO.AS AGENTS COMMISSION AT THE TIME OF NEGOTIATION BY US.
CHARGES	71D	ALL BANK CHARGES ARE FOR THE ACCOUNT OF BENEFICIARY.
PERIOD FOR PRESENTATION IN DAYS	48	5
CONFIRMATION INSTRUCTIONS	*49	WITHOUT
INSTRUCTIONS TO THE PAYING/ ACCEPTING/NEGOTIATING BANK	78	ON RECEIPT OF DOCUMENTS CONFIRMING TO THE TERMS OF THIS DOCUMENTARY CREDIT, WE UNDERTATE REIMBURSE TO YOU ON DUE DATE IN THE CURRENCY OF THE CREDIT IN ACCORDANCE WITH YOUR INSTRUCTIONS, WHICH SHOULD INCLUDE YOUR UID NUMBER AND THE ABA CODE OF THE RECEIVING BANK.

（三）改证函

YUEHAI LIGHT INDUSTRIAL PRODUCTS IMPORT AND EXPORT CORP.

173 CHUJIANG ROAD, HANGZHOU, CHINA

Date:

Dear sir.

We are pleased to receive your L/C No. dated against S/C No. .However, we are

Sorry to find it contains some discrepancies. Please amend the credit as follows:

1.
2.
3.
4.
5.
6.
7.
8.
⋮

Please see to it that the L/C amendment soon so that we may effect shipment within the contracted delivery time.

Thanks for your kind cooperation!

Yours

(Signature)

操作训练五　缮制信用证单据

假设你是粤海轻工业品进出口公司的单证员，请根据操作训练四的信用证、操作训练五的信用证修改通知书及补充资料，缮制全套出口结汇单据。

（一）信用证修改通知书

MT 707 Amendment to a Documentary Credit

SDNDER: SCBLAEAD
STANDARO CHARIERED BANK, DUBAI
RECEIVER: BKCHCNBJ910
BANK OF CHINA
ZHEJIANG BRANCH
NO.321FENGQI ROAD HANGZHOU ZHEJIANG, CHINA

27	Sequence of Total	1/1
20	Sender's Reference	DBS 268330
21	Receiver's Reference	NONREF
23	Issuing Bank's Reference	DBS 268330
31C	Date of Issue	230202
26E	Number of Amendment	01
30	Date of Amendment	230220
22A	Purpose of Message	ISSU
31D	Date and Place of Expiry	230415 IN CHINA
50	Changed Applicant Details	ROSE INTERNATIONAL TRADE CO., P.O.BOX 8054, DUBAI, U.A.E.
59	Beneficiary	YUEHAI LIGHT INDUSTRIAL PRODUCTS IMPORT AND EXPPORT CORP. 173 CHUJIANG ROAD, HANGZHOU, CHINA
32B	Increase of Documentary Credit Amount	USD15500,00
42C	Drafts at ...	AT SIGHT
43P	Partial Shipments	ALLOWED
43T	Transhipment	ALLOWED
44C	Latest Date of Shipment	230331
45B	Description of Goods and/or Services	/REPALL/FLOWER BRAND PLAYING CARD ART. NO. 778-07, 1000 GROSS, USD15.50 PER GROSS AS PER S/C NO. ZH008005 CIF DUBAI 5% MORE OR LESS AMOUNT AND QUANTITY ARE ALLOWED
46B	Documents Required	/DELETE/G.S.P. CERTIFICATE OF ORIGIN FORM A ISSUED BY CHAMBER OF COMMERCE SHOWING B/L NOTIFY PARTY AS CONSIGNEE

		/DELETE/INSURANCE WILL BE COVERED BY THE APPLICANTS /ADD/CERTIFICATE OF ORIGIN OF CHINA ISSUED BY CHAMBER OF COMMERCE SHOWING B/L NOTIFY PARTY AS CONSIGNEE /ADD/FULL SET OF INSURANCE POLICY COVERING ALL RISKS AND WAR RISK AS PER CHINA INSURANCE CLAUSES DATED 01/01/2009 FOR 110 PCT OF THE INVOICE VALUE
47B	Additional Conditions	/ADD/DELETE FIELD 44D /DELETE/2 PCT OF INVOICE VALUE WILL BE REMITTED TO M/S. ABDULLAH SALEM AND CO. AS AGENTS COMMISSION AT THE TIME OF NEGOTIATION BY US.
71D	Charges	ALL BANK CHARGES OUTSIDE DUBAI ARE FOR THE ACCOUNT OF BENEFICIARY
48	Period for Presentation in Days	15

（二）补充资料

1.INVOICE NO.:ZH23003

2.INVOICE DATE:12 MAR.,2023

3.G.W.:30KGS/CTN　N.W.:28 KGS/CTN

4.MEASUREMENT:50×30×38CM

5.PACKING:IN CARTON,4 GROSS/CTN,1 INNERBOX/GROSS

6.VESSEL'S NAME:HENGYU V.24W

7.B/L DATE:18 MAR.,2023

8.B/LNO.:ODW275569

9.SHIPPING COMPANY:TIAN YI SHIPPING COMPANY AS AGENT FOR THE CARRIER COSCO 郑明

10.H.S.CODE:9504.4000

11.ORIGIN NO.:C233211456780055

12.POLICY NO.:23BX0745

（三）信用证项下制单所需的各种单据

见附录一中所附的空白单据,请复印使用。

操作训练六　缮制信用证单据

请以国际贸易单证员的身份根据以下信用证与补充资料,缮制全套出口结汇单据。

（一）信用证

SEQUENCE OF TOTAL	27	1/1
FORM OF DOC.CREDIT	40A	IRREVOCABLE
DOC.CREDIT NUMBER	20	6744BDY140899
DATE OF ISSUE	31C	230521
APPLICABLE RULES	40E	UCP LATEST VESION
DATE AND PLACE	31D	230715 IN SPAIN
APPLICANT	50	ABC INTERNATIONAL CO.,LTD. P.O.BOX 17908 REYKJAVIK ICELAND

BENEFICIARY	59	GUANGZHOU LIGHT INDUSTRIAL PRODUCTS I/E TRADING CO. N. 5 ZHU JIANG RD., GUANG ZHOU CITY, CHINA
AMOUNT	32B	USD 118.750,00
AVAIBLE WITH/BY	41D	OURSELVES BY PAYMENT
PARTIAL SHIPMENT	43P	ALLOWED
TRANSSHIPMENTS	43T	ALLOWED
PORT OF LOADING/AIRPORT OF DEPARTURE	44E	GUANGZHOU PORT, CHINA
PORT OF DISCHARGE/AIRPORT OF DESTINATION	44F	REYKJAVIK ICELAND
LATEST DATE OF SHIPMENT	44C	230625
DESCRIPT.OF GOODS	45A	

+ 7500 LADIES BAGS AS PER SAMPLES RECEIVED

4000PCS, REF.1235-6, UNIT PRICE USD 15.50

2000PCS, REF.1235-7, UNIT PRICE USD 16.00

1500PCS, REF.1235-8, UNIT PRICE USD 16.50

+ EACH HAND BAG SHOULD BE PACKED INTO AN INDIVIDUAL PLASTIC BAG AND PACKED INSIDE AN INDIVIDUAL WOVEN BAG WITH PIECES OF CARTDBOARD IN BOTH SIDES.

+THESE HANDBAGS WITH PAPER INSIDE FOR SEA SHIPMENT

+ CIF REYKJAVIK ICELAND

DOCUMENTS REQUIRED 46A

1.SIGNED COMMERCIAL INVOICE IN TRIPLICATE.

2.SIGNED PACKING LIST IN DUPLICATE.

3.FULL SET CLEAN ON BOARD BILL (S) OF LADING MADE OUT TO ORDER ENDOSRSED IN BLANK MARKED "FREIGHT PREPAID" AND NOTIFY APPLICANT.

4.FTA CERTIFICATE OF ORIGIN BETWEEN CHINA AND ICELAND ISSUED BY COMPETENT AUTHRITY.

5.INSURANCE POLICY OR CERTIFICATE BLANK ENDORSED IF APPLICABLE COVERING RISKS AS PER INSTITUTE CAEGO CLAUSES A WAR AND STRIKES AS PER INSTITUTE CLAUSES UP TO BARCELONA PAYABLE IN REYKJAVIK.

6.QUALITY CONTROL CERTIFICATE ISSUED AND SIGNED BY THE BENEFICIARY, STATING THAT THE GOODS IS EXACTLY EQUAL TO THE SAMPLES RECEIVED BY THE BUYER.

7.COPY OF ALL DOCUMENTS MUST BE SENT BY FAX TO THE APPLICANT WITHIN 2 DAYS AFTER SHIPMENT, COPY OF SUCH FAX IS TO BE ATTACHED WITH THE DOCUMENTS.

8.COMMERCIAL INVOICE, PACKING LIST MUST BE SENT TO THE APPLICANT'S FORWORDER MAXIMUM 5 DAYS BEFORE SHIPMENT.COPY OF IT MUST BE ATTACHED WITH THE DOCUMENTS.

ADDITIONAL CONDITIONS. 47A

+ALL DOCUMENTS MUST BE PRESENTED WRITTEN IN ENGLISH.

+ INVOICE, PACKING LIST AND OTHER BENEFICIARY'S DOCS MUST BE MAKE WITH LETTER-HEAD INCLUDING ALL BENEFICIARY'S DOCS.

+IN CASE OF PRESENTATION OF DISCREPANT DOCS A DISCREPANCY FEE OF USD 60. PER SET OF DOCS SHALL BE LEVIED.

DETAILS OF CHARGES 71D

ALL BANKING CHARGES OF THIS L/C INCLUDING REIMBURSMENT CHARGES, IF ANY, ARE FOR BENEFICIARY'S ACCOUNT.

PRESENTATION PERIOD IN DAYS	48	15
CONFORMATION	49	WITHOUT
INSTRUCTIONS	78	

ALL DOCUMENTS DRAWN UNDER THIS LETTER OF CREDIT MUST BE PRESENTED TO US BY COURIER TO LANDSBANKINN HF AUSTURSTRAETI 11 STREET REYKJAVIK 155 ICELAND

ADVISE THROUGH 57D

BANK OF CHINA, GUANGZHOU BRANCH, N.134 ZHUJIANG RD.

（二）补充资料

1.INVOICE NO.:23ZL06132
2.INVOICE DATE:15 JUNE,2023
3.PACKING:IN CARTON OF 20 PCS EACH,1×20' FCL
4.CN:TCLU5949019,SN:106435
5.G.W.:20KGS/CTN N.W.:18 KGS/CTN
6.MEASUREMENT:40×20×28CM/CTN
7.VESSEL'S NAME:ZHUJIANG V.39
8.B/L DATE:20 JUNE,2023
9.B/L NO.:SZP930D112
10.SHIPPING COMPANY:CHANGXIN SHIPPING COMPANY 黄忠
11.H.S.CODE:95044000
12.ORIGIN CRITERION:WP
13.INSURANCE POLICY NO.:23GZ0249

（三）信用证项下制单所需的各种单据

见附录一中所附的空白单据，请复印使用。

操作训练七　信用证制单、审单综合操作

星都家具实业有限公司2023年5月30日收到通知行交来的信用证，经审核信用证的内容，该公司接受了该票信用证，并在货物装船前着手以下工作：

（1）对拟出运商品进行了品质检验，符合合同规定，缮制了检验证书，由于申请人公司的CHUA KIEN先生并没有到场检验，双方同意由星都公司把检验证书传真给阿联酋买方公司，由CHUA KIEN先生在检验证书上会签后回传受益人，受益人凭回传件交单。

（2）2023年7月26日，星都家具实业有限公司签署了发票号码为23XD08002的商业发票，并于当天拿到商会做了认证，当天还向商会申请了产地证，后与其他备好的单据一并交单。

作为该公司的单证员，请按以下要求进行操作：

（1）请根据该票信用证的主要内容填写信用证分析表（表13-4），作为缮制、审核和管理该票业务单证的依据。

（2）请根据该票信用证及补充资料，缮制信用证要求的出口结汇单据，上述（1）（2）已提及的单据及附后的传真报告除外。所需单据可从附录一中找到，请复印使用。

（3）假设以上就是该公司单证员对本票信用证的单据处理情况，做完单据后向银行交单，请以银行审单员的身份审核本信用证项下的全套单据，指出其中的不符点。

资料一:信用证

MT S700		ISSUE OF A DOCUMENTARY CREDIT	
SENDER:	BNPAAEDA BNP PARIBAS DUBAI DUBAI, UNITED ARAB EMIRATES		
RECEIVER:	ICBKCNBJQDO INDUSTRIAL AND COMMERCIAL BANK OF CHINA QINGDAO CITY BRANCH 9 GUANTAO ROAD QINGDAO CHINA		

SEQUENCE OF TOTAL	* 27	1/1
FORM OF DOC.CREDIT	* 40A	IRREVOCABLE
DOC.CREDIT NUMBER	* 20	07785LCD0800977
DATE OF ISSUE	* 31C	230526
APPLICABLE RULES	* 40E	UCP LATEST VERSION
DATE/PLACE EXP.	* 31D	230822 CHINA
APPLICANT	* 50	NEW AL DHAI FURNITURE LLC P.O.BOX 30159 AJMAN U.A.E.
BENEFICIARY	* 59	XINGDU FURNITURE INDUSRIES(QINGDAO) CO.LTD. DUCUN TOWN OF JIAOZHOU CITY, QINGDAO, SHANDONG PROVINCE CHINA POST CODE:266327
CURRENCY CODE, AMOUNT	* 32B	USD 49,300.00
AVAILABLE WITH/BY	* 41D	ANY BANK IN CHINA, BY NEGOTIATION
DRAFTS AT...	42C	SIGHT
DRAWEE	42D	DRAW ON US
PARTIAL SHIPMENTS	43P	ALLOWED
TRANSSHIPMENT	43T	ALLOWED
PORT OF LOADING/AIRPORT OF DEPARTURE	44E	QINGDAO, CHINA
PORT OF DISCHARGE/AIRPORT OF DESTINATION	44F	AJMAN
LATEST DATE OF SHIPMENT	44C	230807
DESCRIPTION OF GOODS AND/OR SERVICES	45A	FURNITURE ITEMS AS PER PROFORMA IVOICE NO. PHQ00001 DATE 22/05/2023, I.E

ITEM	QTY	UNIT PRICE	AMOUNT
NAD A-229			
COMPUTER WORKSTATION	1,000SET	USD22.40/SET	USD22,400.00
NAD A-258			
COMPUTER WORKSTATION	1,000SET	USD26.90/SET	USD26,900.00
FOB QINGDAO			

DOCUMENTS REQUIRED 46 A

+ SIGNED COMMERCIAL INVOICE IN FIVE COPIES SHOWING THE NAME AND ADDRESS OF MANUFACTURER/PRODUCER, ORIGINAL OF WHICH MUST BE CERTIFIED BY THE CHAMBER OF COMMERCE AND LEGALIZED BY U.A.E.EMBASSY OR CONSULATE. INVOICE MUST SHOW HARMONIZED SYSTEM COMMODITY CODE NO.FOR MERCHANDISE DESCRIBED THEREIN.

A CERTIFICATE EVIDENCING THAT THE GOODS ARE NEITHER OF ISRAELI ORIGIN NOR DO THEY CONTAIN ANY ISRAELI MATERIALS IS REQUIRED SEPARATELY.THESE INVOICES SHOULD ALSO CONFIRM THAT 2 PERCENT SPARE PARTS OF EACH ITEAMS ARE SHIPPED WITH EACH CONTAINER.

+FULL SET CLEAN ON BOARD OCEAN BILLS OF LADING PLUS TWO NON-NEGOTIABLE COPIES MADE OUT TO OUR ORDER, MARKED FREIGHT PAYABLE AT DESTINATION NOTIFY ACCOUNTEE AND US.INDICATING THE FULL NAME, ADDRESS AND TEL NO. OF THE CARRYING VESSEL'S AGENT IN SHARJAH/DUBAI, U.A.E.BILL(S) OF LADING MUST EVIDENCE CARRING VESSEL IS ALLOWED TO ENTER U.A.E.PORTS AS PER ITS RULES AND REGULATIONS. ALTERNATIVELY CARRIERS/AGENTS CERTIFICATE TO THIS EFFECT IS ACCEPTABLE AND MUST ACCOMPANY THE DOCUMENTS. SHORT FORM BILL(S) OF LADING NOT ACCEPTABLE.BILL OF LADING TO EVIDENCE CONTAINER NUMBER AND SEAL NUMBER IN CASE OF CONTAINER SHIPMENT.

+PACKING LIST IN FIVE COPIES.

+INSURANCE COVERED LOCALLY BY THE APPLICANT, SHIPMENT ADVICE MUST BE SENT TO M/S AL WATHBA NATIONAL INSURANCE CO P.S.C, P.O. BOX 4131, SHARJAH, U.A.E. ON FAX NO.009716-529942 ON OR BEFORCE SHIPMENT DATE REFERRING TO OPEN POLICY NO. 60/400/40/2023/134 QUOTING VESSEL NAME, INVOICE VALUE, CREDIT NUMBER AND COPY OF SUCH TRANSMITTED FAX ALONGWITH FAX TRANSMISSION REPORT TO ACCOMPANY THE DOCUMENTS.

+CERTIFICATE OF ORIGIN ISSUED OR CERTIFIED BY A CHAMBER OF COMMERCE STATING THE NAME OF THE GOODS ARE OF CHINA ORIGIN AND ORIGINAL TO BE LEGALIZED BY U.A.E.EMBASSY OR CONSULATE. CERTIFICATE OF ORIGIN MUST SHOW THE NAME AND ADDRESS OF MANUFACTURERS OF PRODUCERS.

+INSPECTION IS TO BE EFFECTED BEFORE SHIPMENT AND RELEVANT CERTIFICATES/REPORTS ARE COUNTERSIGNED BY MR.CHUA KIEN.

ADDITIONAL CONDITION 47A

+ THE ORIGINAL INVOICE AND CERTIFICATE OF ORIGIN TO BE ATTESTED OR LEGALIZED BY U. A. E EMBASSY OR CONSULATE IN THE EXPORTING COUNTRY OR BENEFICIARY'S COUNTRY. IN THE EVENT OF SUMISSION OF DOCUMENTS WITHOUT LEGALIZATION OR ATTESTATION, WE SHALL DEDUCT FROM THE AMOUNT PAYABLE TO THE BENEFICIARY APPLICABLE FEES AS STIPULATED BY THE LOCAL AUTHORITIES IN U.A.E.

+PAYMENT UNDER RESERVE/GUARANTEE NOT ALLOWED.

+ALL DOCUMENTS MUST BE ISSUED IN ENGLISH LANGUAGE.

+A DISCREPANCY FEE OF USD50.00 OR EQUIVALENT WILL BE CHARGED BY US ON EACH SET OF DOCUMENTS PRESENTED/RECEIVED WITH DISCREPANCY(IES) AND THIS AMOUNT WILL BE DEDUCTED FROM THE PROCEEDS UPON ACCEPTANCE OR WILL BE CLAIMED FROM THE PRESENTING BANK.

+SHIPPING MARKS TO APPEAR ON INVOICE, CERTIFICATE OF ORIGIN, PACKING LIST AND BILL OF LADING AS FOLLOWS:

NEW AL DHAI FURNITURE LLC TEL:06-7349793

+5(FIVE) A4 SIZE PHOTOS OF EACH ITEM SHOULD BE PROVIDED ALONG WITH THE ORIGINAL DOCUMENTS.

+ EACH SET OF DOCUMENTS PRESENTED TO BANK FOR NEGOTIATION SHOULD NOT BE FOR MORE THAN FOUR CONTAINERS.

+HS CODE OF EACH ITEMS ARE REQUIRED.

+SHIPMENT TO BE EFFECTED THROUGH MAERSK LINE SHIPPING CO.ONLY AND B/L TO EVIDENCE THE SAME.

+SHIPPING AGENT'S ADDRESS IN UAE DUBAI OR SHARJAH ACCEPTABLE.

+DECLARATION OF THE BENEFICIARY THAT THE COPY OF INVOICE AND NON-NEGOTIABLE COPY OF B/L HAS BEEN SENT DIRECTLY TO THE OPENER BY COURIER AND THE EVIDENCE TO ATTACH WITH SHIPPING DOCUMENTS.

CHARGES 71D ALL BANKING CHARGES OUTSIDE DUBAI ARE FOR THE ACCOUNT OF BENEFICIARY.INCLUDING REIMBURSEMENT AND COMMISSION CHARGE.

PERIOD FOR PRESENTATION IN DAYS 48 15

CONFIRMAT INSTR *49 WITHOUT

INST/PAYING/ACCPT/NEGOTIABLE BANK	78	+ AFTER RECEIPT OF FULL SET OF DOCUMENTS COMPLYING WITH THE TERMS AND CONDITIONS OF THE CREDIT WE SHALL REMIT PROCEEDS AS REQUESTED LESS OUR REIMBURSEMENT AND COMMUNICATION CHARGES. DOCUMENTS MUST BE SENT TO OUR ADDRESS: BNP PARIBAS, EMAAR BUILDING 1, FLOOR 7, BURJ DUBAI SQUARE. P. O. BOX. 7233, DUBAI, U.A.E TEL: 009714-4248357 IN ONE LOT BY COURIER SERVICE CERTIFYING ALL TERMS AND CONDITIONS OF THE CREDIT COMPLIED WITH.

资料二:背景信息补充

1.B/L No.:COSU50304830

2.VESSEL'S NAME:HENGSHAN V.24W

3.B/L DATE:2023 年 8 月 1 日

4.B/L ISSUED BY:SHANDONG DAHAI SHIPPING CO.LTD 和江作为中远集装箱运输公司的代理签发提单

5.CONTAINER NO.:CBHU1890662、CBHU4252661、CBHU2690801、CBHU2969186、CBHU6347534

6.SEAL NO.:321078、456213、781245、367811、452323 5×40'HQ FCL,CY/CY

7.PORT OF LOADING:QINGDAO

8.SHIPMENT IN ONE SET

9.COMMERDITY:COMPUTER DESK

10.PACKING:IN ONE SET/CARTION,408 CARTIONS IN A CONTAINER

11.G.W:30KGS/CTN N.W:28KGS/CTN

12.MEASUREMENT:120×50×25CMS/CARTION

13.ORIGIN NO.:C233625164590023

14.HS CODE:940310

15.ORIGIN ISSUED BY:林一凡

16.BENEFICIARY AUTHORIZED SIGNATURER:林芳玲

17.DATE OF PRESENTATION:20230804

18.NEGOTIATING BANK:BANK OF CHINA SHAN DONG BRANCH

19.装船通知的传真报告

【 JOURNAL 】

AUG. 03 2023 14:10PM

JOB.	DATE	START TIME	IDENTIFICATION	MODE	PAGES	RESULT
200	2023/08/03	AUG.03 14:10PM	+009716-529942	SND	01	0K

* CODE = FOR SERVICE CENTER USE ONLY

资料三：星都家具实业有限公司信用证分析表

表 13-4　星都家具实业有限公司信用证分析表　　收证日期：

<table>
<tr><td>信用证号码</td><td colspan="3"></td><td colspan="3">合同号</td><td colspan="3"></td><td colspan="2">订单号</td><td colspan="3"></td></tr>
<tr><td>开证行</td><td colspan="6"></td><td colspan="3">开证日期</td><td colspan="5"></td></tr>
<tr><td>开证申请人</td><td colspan="6"></td><td colspan="3">受益人</td><td colspan="5"></td></tr>
<tr><td>货名</td><td colspan="6"></td><td colspan="3">数量</td><td colspan="2"></td><td colspan="2">价格条款与金额</td><td></td></tr>
<tr><td>汇票付款人</td><td colspan="6"></td><td colspan="3">汇票期限</td><td colspan="5"></td></tr>
<tr><td>可否分批</td><td colspan="2"></td><td colspan="2">可否转运</td><td colspan="2"></td><td colspan="3">起运地</td><td colspan="2"></td><td colspan="2">目的地</td><td></td></tr>
<tr><td>装运期限</td><td colspan="2"></td><td colspan="2">信用证有效期</td><td colspan="4"></td><td>信用证
到期地点</td><td colspan="5"></td></tr>
<tr><td>唛头</td><td colspan="6"></td><td colspan="2">交单日</td><td colspan="6"></td></tr>
<tr><td>单据名称</td><td>发票</td><td>装箱单</td><td>产地证</td><td>检验证书</td><td>提单</td><td>保险单</td><td>装运通知</td><td>受益人证明</td><td>汇票</td><td></td><td></td><td></td><td></td><td></td></tr>
<tr><td>银行</td><td></td><td></td><td></td><td></td><td></td><td></td><td></td><td></td><td></td><td></td><td></td><td></td><td></td><td></td></tr>
<tr><td>客户</td><td></td><td></td><td></td><td></td><td></td><td></td><td></td><td></td><td></td><td></td><td></td><td></td><td></td><td></td></tr>
<tr><td>公共</td><td></td><td></td><td></td><td></td><td></td><td></td><td></td><td></td><td></td><td></td><td></td><td></td><td></td><td></td></tr>
<tr><td rowspan="3">提单/运输单据</td><td colspan="2">抬头人</td><td colspan="12"></td></tr>
<tr><td colspan="2">通知人</td><td colspan="12"></td></tr>
<tr><td colspan="2">注意事项</td><td colspan="12"></td></tr>
<tr><td rowspan="2">保险</td><td colspan="2">险别</td><td colspan="12"></td></tr>
<tr><td colspan="2">加成率</td><td colspan="12"></td></tr>
<tr><td colspan="15">其他注意事项：</td></tr>
</table>

第二节　信用证综合实训

本节所选信用证均为实务原证，敏感信息已做处理，供学生自学提高或按照本书“教学内容取舍与教学安排建议”所提实训要求进行综合实训，可复印附录一中对应的空白单据。

第一份 日本信用证(工艺品)

MESSAGE MsgNo:20230131 00157-1 23-02-05 09:20 serial no:R23020500096

RCVD * FIN/Session/OSN:F01 4911 639453
RCVD * Own Address:PCBCCNBJHNX CHINA CONSTRUCTION BANK CORPORATION
RCVD * HNX
RCVD * Output Message Type:700 Issue of a Documentary Credit
RCVD * Input Time: 20230131/1354
RCVD * MIR: 230131PCBCCNBJHNX4911639453
RCVD * Sent by: MHCBJPJTXXX MIZUHO CORPORATE BANK,LTD.
RCVD * XXX
RCVD * Output Date/Time:20230131/1254
RCVD * Priority: Normal
RCVD * MUR: LC
RCVD *
RCVD * 重新打印,仅做副本使用
RCVD *
RCVD * 27 /SEQUENCE OF TOTAL
RCVD * 1/1
RCVD * 40A/FORM OF DOCUMENTARY CREDIT
RCVD * IRREVOCABLE
RCVD * 20 /DOCUMENTARY CREDIT NUMBER
RCVD * ILC08000502875
RCVD * 31C/DATE OF ISSUE
RCVD * 230131
RCVD * 40E/APPLICABLE RULES
RCVD * UCP LATEST VERSION
RCVD * 31D/DATE AND PLACE EXPIRY
RCVD * 230411 AT THE NEGOTIATING BANK
RCVD * 50 /APPLICANT
RCVD * OSAKA BH TRADING CO.,LTD
RCVD * 6-637-1,OHTORI IGASHI-MACHI,SAKAI-CITY,
RCVD * OSAKA,JAPAN
RCVD * 59 /BENEFICIARY
RCVD * JIAN WEI MANUFACTURE(HAINAN) CO.,LTD.
RCVD * NO.6 CHANG YI ROAD,CHENG XI,LONG HUA DISTRICT,HAIKOU CITY,
RCVD * HAINAN PROVINCE,CHINA
RCVD * 32B/CURRENCY CODE,AMOUNT
RCVD * USD26178,00
RCVD * 41D/AVAILABLE WITH...BY...
RCVD * ANY BANK
RCVD * BY NEGOTIATION
RCVD * 42C/DRAFT AT...
RCVD * DRAFT(S) AT SIGHT FOR 100PCT INVOICE VALUE
RCVD * 42D/DRAWEE
RCVD * MIZUHO CORPORATE BANK,LTD.,HEAD OFFICE

MESSAGE MsgNo:20230131 00157-2 23-02-05 09:20 serial no:R23020500096

RCVD * 43P/PARTIAL SHIPMENTS
RCVD * ALLOWED
RCVD * 43T/TRANSHIPMENT
RCVD * ALLOWED
RCVD * 44E/PORT OF LOADING/AIRPORT OF DEPARTURE
RCVD * HAIKOU
RCVD * 44F/PORT OF DISCHARGE/AIRPORT OF DESTINATION
RCVD * OSAKA
RCVD * 44C/LATEST DATE OF SHIPMENT
RCVD * 230401
RCVD * 45A/DESCRIPTION OF GOODS AND/OR SERVICES
RCVD * PALM MAT WALL BASKET
RCVD * FOB HAIKOU
RCVD * 46A/DOCUMENTS REQUIRED
RCVD * +SIGNED COMMERCIAL INVOICE IN ONE COPY INDICATING THIS
RCVD * CREDIT NO.AND APPLICANT'S REF.23-050
RCVD * +2/3 SET OF CLEAN ON BOARD OCEAN BILLS OF LADING MADE OUT TO
RCVD * ORDER OF SHIPPER AND ENDORSED IN BLANK MARKED FREIGHT COLLECT NOTIFY APPLICANT.
RCVD * +PACKING LIST IN 1
RCVD * +1 PHOTOCOPY OF CERTIFICATE OF ORIGIN FORM RCEP
RCVD * +BENEFICIARY'S CERTIFICATE STATING THAT 1/3 ORIGINAL CLEAN ON
RCVD * BOARD OCEAN B/L,ORIGINAL CERTIFICATE OF ORIGIN FORM RCEP,
RCVD * INSPECTION CERTIFICATE ISSUED/SIGNED BY BENEFICIARY,COMMERCIAL
RCVD * INVOICE,PACKING LIST HAVE BEEN SENT TO APPLICANT (ATTN:MR.
RCVD * MIYAJI) BY COURIER SERVICE WITHIN 3 DAYS AFTER SHIPMENT,AND
RCVD * COPY OF MAIL RECEIPT TO BE ATTACHED AT THE NEGOTIATION.
RCVD * 47A/ADDITIONAL CONDITIONS
RCVD * ALL DRAFT(S) DRAWN HEREUNDER MUST BE MARKED "DRAWN UNDER
RCVD * THE MIZUHO CORPORATE BANK,LTD.,HEAD OFFICE CREIDT NO.
RCVD * ILC08000502875 DATED JANUARY 31,2023" AND THE AMOUNT OF SUCH
RCVD * DRAFT(S) MUST BE ENDORSED ON THE REVERSE OF THIS CREDIT.
RCVD * 1)T.T.REIMBURSEMENT IS NOT ACCEPTABLE.
RCVD * 2)INSURANCE IS TO BE EFFECTED BY BUYER.
RCVD * 3)SHIPMENT TO BE EFFECTED BY OOCL.
RCVD * 4)WITHIN 48 HOURS AFTER EACH SHIPMENT BENEFICIARY SHOULD
RCVD * SEND COPY OF ALL SHPPING DOCUMENTS TO APPLICANT BY FAX FOR
RCVD * SHIPPING ADVICE (FAX NO.31-73-374-2877)
RCVD * 5)IN CLEAN ON BOARD B/L,SHALL BE MENTIONED APPLICANT'S REF.NO.23-050.
RCVD * 6)HOUSE B/L AND FORWARDERS B/L NOT ACCEPTABLE.
RCVD * 7)PLACE OF DELIVERY:SENBOKU
RCVD * 71D/CHARGES
RCVD * ALL BANKING CHARGES OUTSIDE JAPAN ARE FOR ACCOUNT OF BENEFICIARY
RCVD * 48 /PERIOD FOR PRESENTATION IN DAYS
RCVD * 10

MESSAGE MsgNo:20090131 00157-3 09-02-05 09:20 serial no:R09020500096

RCVD * 49 /CONFIRMATION INSTRUCTIONS
RCVD * WITHOUT
RCVD * 78 /INSTRUCTIONS TO THE PAYING/ACCEPTING/NEGOTIATING BANK
RCVD * ALL DOCUMENTS INCLUDING BENEFICIARY'S DRAFT(S) MUST BE SENT
RCVD * BY REGISTERED AIRMAIL DIRECTLY TO MIZUHO CORPORATE BANK,
RCVD * LTD.OSAKA OFFICE,4-2-1,IMABASHI,CHIJO-KU OSAKA 541-0042 JAPAN IN ONE LOT(S).
RCVD * UPON OUR RECEIPT OF THE DRAFT(S) AND DOCUMENTS WE SHALL
RCVD * MAKE PAYMENT AS INSTRUCTED BY YOU.
RCVD * 57D/Advise Through Bank
RCVD * CHINA CONSTRUCTION BANK HAINAN BRANCH
RCVD * 2/F.,A BLDG.,CCB MANSION GUOMAO AVENUE,HAIKOU 570125 HAINAN CHINA
RCVD * 72Z/Sender to Receiver Information
RCVD * ACKNOWLEDGE RECEIPT
RCVD * --

Original Date:20230131 Original Sequence:00157

第二份 韩国信用证(水产品)

* * * * * RECEIVED MESSAGE * * * * * 03-02-2023 16:56 page no:2366
Status:MESSAGE DELIVERED
Station: 1 BEGINNING OF MESSAGE

RCVD * FIN/Session/OSN:F01 5331 968820
RCVD * Own Address :COMMCNSHAHNN BANK OF COMMUNICATIONS
RCVD * HAINAN
RCVD * (HAINAN BRANCH)
RCVD * Output Message Type:700 ISSUE OF A DOCUMENTARY CREDIT
RCVD * Input Time :1753
RCVD * MIR :230302SHBKKRSEAXXX5926640437
RCVD * Sent by :SHBKKRSEAXXX SHINHAN BANK
RCVD * SEOUL
RCVD * Output Date/Time :230302/1653
RCVD * Priority :Normal
RCVD * MUR :0001164954
RCVD * ____________________
RCVD * {3:{108:0001164954}}
RCVD * ____________________
RCVD * 27 /SEQUENCE OF TOTAL
RCVD * 1/1
RCVD * 40A/FORM OF DOCUMENTARY CREDIT
RCVD * IRREVOCABLE
RCVD * 20 /DOCUMENTARY CREDIT NUMBER
RCVD * M42BC403RS01060
RCVD * 31C/DATE OF ISSUE

* * * * * RECEIVED MESSAGE * * * * *　　03-02-2023 16:56　page no:2367
Status:MESSAGE DELIVERED
Station:　1　BEGINNING OF MESSAGE

RCVD *　230302
RCVD * 40E/APPLICABLE RULES
RCVD *　UCP LATEST VERSION
RCVD * 31D/DATE AND PLACE EXPIRY
RCVD *　230331 IN YOUR COUNTRY
RCVD * 50 /APPLICANT
RCVD *　PRIME-SEA INTERNATIONAL INC.
RCVD *　RM1310,SIGMA TOWER,8-18
RCVD *　SHINCHEONDONG,SONGPA-GU,
RCVD *　SEOUL,KOREA
RCVD * 59 /BENEFICIARY-NAME & ADDRESS
RCVD *　SANYA YUANTIAO AQUATIC PRODUCTS TRADING CO.,LTD.
RCVD *　SANYA CITY HAINAN PROVINCE.
RCVD *　P.R.,CHINA
RCVD * 32B/CURRENCY CODE,AMOUNT
RCVD *　USD74928,00
RCVD * 39A/PERCENTAGE CREDIT AMT TOLERANCE
RCVD *　10/10
RCVD * 41D/AVAILABLE WITH...BY... - NAME&ADD
RCVD *　ANY BANK
RCVD *　BY NEGOTIATION
RCVD * 42C/DRAFT AT...
RCVD *　AT SIGHT
RCVD * 42D/DRAWEE - NAME & ADDRESS
RCVD *　SHINHAN BANK,SEOUL
RCVD * 43P/PARTIAL SHIPMENTS
RCVD *　ALLOWED
RCVD * 43T/TRANSHIPMENT
RCVD *　ALLOWED
RCVD * 44E/PORT OF LOADING/AIRPORT OF DEPARTURE
RCVD *　ANY CHINESE PORT
RCVD * 44F/PORT OF DISCHARGE/AIRPORT OF DESTINATION LOS ANGELES,U.S.A.
RCVD * 44C/LATEST DATE OF SHIPMENT
RCVD *　230315
RCVD * 45A/DESCRIPTION OF GOODS AND/OR SERVICES
RCVD *　FROZEN BOILED WHITE SHRIMP
RCVD *　PACKING:30P×20/CTN
RCVD *　SIZE:2L (8 - 8.5CM)
RCVD *　117,600PCS USD0.065/PC USD7,644.00
RCVD *　SIZE:3L (8.5 - 9CM)
RCVD *　300,000PCS USD0.095/PC USD28,500.00
RCVD *　SIZE:4L (9 - 9.5CM)
RCVD *　228,000PCS USD0.120/PC USD27,360.00
RCVD *　SIZE:5L (9.5 - 10CM)
RCVD *　81,600PCS USD0.140/PC USD11,424.00
RCVD *　ORIGIN CHINA
RCVD *　CFR LOS ANGELES U.S.A.
RCVD * 46A/DOCUMENTS REQUIRED

＊＊＊＊＊ RECEIVED MESSAGE＊＊＊＊＊ 03-02-2023 16:56 page no:2368
Status:MESSAGE DELIVERED
Station: 1 BEGINNING OF MESSAGE

RCVD＊ +SIGNED COMMERCIAL INVOICE IN TRIPLICATE
RCVD＊ +PACKING LIST IN TRIPLICATE
RCVD＊ +FULL SET OF CLEAN ON BOARD OCEAN BILLS OF LADING MADE OUT
RCVD＊ TO ORDER OF INTERSTATE SEAFOOD,INC.564 S.MATEO ST.LOS ANGELES,CA 90013,
RCVD＊ AND FREIGHT PREPAID AND NOTIFY INTERSTATE SEAFOOD,INC.564 S.
RCVD＊ MATEO ST.LOS ANGELES,CA 90013
RCVD＊ +INSPECTION CERTIFICATE ISSUED BY C.I.Q IN CHINA
RCVD＊ +CERTIFICATE OF ORIGIN ISSUED BY AUTHORITY CONCERNED IN CHINA
RCVD＊ +LETTER OF GUARANTEE THAT IF THE CARGO IS REJECTED BY F.D.A AT
RCVD＊ DESTINATION BENEFICIARY WILL TAKE BACK CARGO AND PAY BACK
RCVD＊ INVOICE VALUE WITH RELATED COST TO PRIME-SEA INT'L INC WITHIN
RCVD＊ 15 DAYS.
RCVD＊47A/ADDITIONAL CONDITIONS
RCVD＊ QUANTITY AND CREDIT AMOUT 10 PCT MORE OR LESS ALOWED
RCVD＊71D/CHARGES
RCVD＊ ALL BANKING CHARGES OUTSIDE KOREA AND REIMBURSING CHARGE
RCVD＊ ARE FOR ACCOUNT OF BENEFICIARY
RCVD＊48 /PERIOD FOR PRESENTATION IN DAYS
RCVD＊ 15
RCVD＊49 /CONFIRMATION INSTRUCTIONS
RCVD＊ WITHOUT
RCVD＊78 /INSTRUCTIONS TO THE PAYING/ACCEPTING/NEGOTIATING BANK
RCVD＊ T/T REIMBURSEMENT NOT ALLOWED.THE DISCREPANCY FEE OF
RCVD＊ USD 70.00 (OR EQUIVATENT) SHOULD BE DEDUCTED FROM YOUR
RCVD＊ REIMBURSEMENT CLAIM TO THE REIMBURSING BANK OR WILL BE
RCVD＊ DEDUCTED FROM PROCEEDS BY US IF DOCUMENTS ARE PRESENTED
RCVD＊ WITH DISCREPANCY(IES).UPON RECEIPT OF ALL DOCS AND DRAFTS IN
RCVD＊ CONFORMITY WITH TERMS AND CONDITIONS OF THIS CREDIT WE
RCVD＊ SHALL REMIT THE PROCEEDS TO THE BANK DESIGNATED BY NEGOTIATING
RCVD＊ BANK.ALL DOCUMENTS MUST BE DESPATCHED BY COURIER IN ONE LOT
RCVD＊ TO SHINHAN BANK,TRADE SERVICE OFFICE,2ND FL.,120,2-KA,
RCVD＊ TAEPYUNG-RO,CHUNG-KU,SEOUL 100-724,KOREA.

第三份　韩国假远期信用证

MT S700 ISSUE OF A DOCUMENTARY CREDIT
Sender: SCBLKRSE
STANDARD CHARTERED FIRST BANK KOREA LIMITED SEOUL
JONG-RO47 SEOUL KOREA,REPUBLIC OF
Receiver: BKCHCNBJ95L
BANK OF CHINA ZHANGJIAGAND SUB-BRANCH
111 MIDDLE RENMIN ROAD ZHANGJIAGANG CHINA

SEQUENCE OF TOTAL 27: 1/1
FORM OF DOC.CREDIT 40 A: IRREVOCABLE
DOC.CREDIT NUMBER 20: M1871008NU00066
DATE OF ISSUE 31C: 230813
APPLICABLE RULES 40E:UCPURR LATEST VERSION
EXPIRY 31D:DATE 230910 PLACE SHANGHAI CHINA
APPLICANT 50:SOE DANG CO.,LTD.
1047-22,SODANG-DONG DONGJAK-KU,
SEOUL,KOREA/TEL:82-2-528-5626
FAX:82-2-528-5447
BENEFICIARY 59:ZHANGJIAGANG YUANDA TEXTILE CO.,LTD.
NO.2 WEST RENMIN ROAD,MIAOQIAO
TANGQIAO TOWN,ZHANGJIAGANG CITY,
JIANGSU,CHINA
AMOUNT 32B:CURRENCY USD AMOUNT 85.979,40
POS./NEG.TOL.(%) 39A:05/05
AVAILABLE WITH/BY 41D:ANY BANK
BY NEGOTIATION
DRAFTS AT 42C:120 DAYS AFTER B/L DATE
DRAWEE 42A:SCBLKRSE
STANDARD CHARTERED FIRST BANK KOREA LIMITED
SEOUL
PARTIAL SHIPMENTS 43P:ALLOWD
TRANSHIPMENT 43T:NOT ALLOWED
PORT OF LOADING 44E:SHANGHAI CHINA
PORT OF DISCHARGE 44F:BUSAN,KOREA
LATEST DATE OF SHIP 44C:230830
DESCRIPT OF GOODS 45A:
COMMODITY DESCRIPTIONS QUANTITY UNIT PRICE TOTAL AMOUNT
HS-CODE:5107-10-9000
2/48NM 50PCT MERINO 22046LBS USD3.9/LBS USD85979.40
WOOL(22.0MIC)50PCT
ACRYLIC(2D)
R/W IN HANK
CIF BUSAN
ORIGIN CHINA
DOCUMENTS REQUIRED 46A:
+SIGNED COMMERCIAL INVOICE IN QUINTUPLICATE
+PACKING LIST IN TRIPLICATE
+FULL SET OF CLEAN ON BOARD OCEAN BILL OF LADING MADE OUT TO THE ORDER OF STANDARD CHARTERED FIRST BANK KOREA LIMITED MARKED FREIGHT PREPAID AND NOTIFY ACCOUNTEE
+FULL SET OF INSURANCE POLICIES OR CERTIFICATES,ENDORSED IN BLANK FOR 110 PERCENT OF INVOICE VALUE,STIPULATING THAT CLAIMS ARE PAYABLE IN THE CURRENCY OF THE DRAFT AND ALSO INDICATING A CLAIM SETTLING AGENT IN KOREA.INSURANCE MUST INCLUDE:THE INSTITUTE CARGO CLAUSES:ALL RISKS

ADDITIONAL COND 47A：
+T/T REIMBURSEMENT NOT ALLOWED
+5 PCT MORE OR LESS IN QUANTITY AND AMOUNT ALLOWED
+ONE ADDITIONAL PHOTOCOPY OF ALL REQUIRED DOCUMENTS SHOULD BE PRESENTED SEPARATELY FOR ISSUING BANK'S FILE.IF NOT PRESENTED,WE WILL DEDUCT OUR HANDLING FEE USD30.00 (OR EQUIVALENT)
+ALL PARTIES TO THIS TRANSACTION ARE ADVISED THAT THE U.S.AND OTHER GOVERNMENT AND/OR REGULATORY AUTHORITIES IMPOSE SPECIFIC SANCTIONS AGAINST CERTAIN COUNTRIES, ENTITIES AND INDIVIDUALS: BANKS MAY BE UNABLE TO PROCESS A TRANSACTION THAT INVOLVES A BREACH OF SANCTIONS,AND AUTHORITIES MAY REQUIRE DISCLOSURE OF INFORMATION.SC FIRST BANK KOREA LIMITED IS NOT LIABLE IF IT,OR ANY OTHER PERSON,FAILS OR DELAYS TO PERFORM THE TRANSACTION,OR DISCLOSES INFORMATION AS A RESULT OF ACTUAL OR APPARENT BREACH OF SUCH SANCTIONS. TRANSSHIPMENT IS PROHIBITED THROUGH IRAN, CUBA, NORTH KOREA,SUDAN AND MYANMAR.
DETALLS OF CHARGES 71D：
ALL BANKING COMMISSIONS AND CHARGES OUTSIDE KOREA PLUS OUR REIMBURSEMENT CHARGES ARE FOR ACCOUNT OF BENEFICIARY
CONFIRMATION 49：WITHOUT
INSTRUCTIONS 78：
ACCEPTANCE COMMISSIONS AND DISCOUNT CHARGES ARE FOR BUYER'S A/C DRAFTS AND ALL DOCUMENTS TO US BY COURIER SERVICE IN ONE LOT FAYMENT UNDER THIS L/C IS TO BE MADE AT SIGHT BASIS REGARDLESS OF DRAFT'S TENOR
UPON RECEIPT OF YOUR COMPLYING DOCUMENTS,WE WILL REMIT THE PROCEEDS AS PER YOUR INSTRUCTIONS A DISCREPANCY FEE OF USD30.00 (OR EQUIVALENT) WILL BE DEDUCTED FROM THE REIMBURSEMENT CLAIM FOR EACH PRESENTATION OF DISCREPANT DOCUMENTS UNDER THIS CREDIT.THIS FEE WILL BE FOR ACCOUNT OF THE BENEFICIARY.
SEND.TO REC.INFO. 72Z：
MAIL ADDRESS：
IMPORT SECTION OF WB OPS CENTER,
STANDARD CHARTERED FIRST BANK KOREA
LIMITED 100 KONGPYUNG-DONG
JONGRO-KU,SEOUL KOREA 110-702
ORDER IS <MAC：> <PAC：> <ENC：> <CHK：> <TNG：> <PDE：>
MAC：18E76F90
CHK：B2EEC2FE9966

第四份 泰国信用证(危险化学品)

Formatted incoming message MT 700 00700010467053 1/1 **AYUDTHBKAXXX/ Viewer SWIFT**

Sent :ID： 2023.11.15 17：27
Reveived :OD： 2023.11.15 18：27
Own BIC/TID :I I： ICBKCNBJASHI BIC ambiguous,possible address is：
INDUSTRIAL AND COMMERCIAL BANK OF CHINA. SHANGHAI MUNICIPAL BRANCH
NO.9 PU DONG AVENUE SHANGHAI,CHINA
200120 SHANGHAI,CHINA
SWIFT Message Type :MT： 700 Issue of Documentary Credit

Correspondents BIC/TID	:IO:	AYUDTHBKAXXX BIC identified as: BANK OF AYUDHYA PUBLIC COMPANY LIMITED 1222,RAMA III ROAD,KHWENG BANGPONGPANG 10120 BANGKOK,THAILAND
SN	:SN:	6968937447
Sequence of Total	:27:	1/1
Form of Documentary Credit	:40A:	IRREVOCABLE
Documentary Credit Number	:20:	00700010467053
Date of issue	:31C:	2023.11.15
Applicable Rules	:40E:	UCP LATEST VERSION
Date and Place of Expiry	:31D:	2024.01.30 CHINA
Applicant	:50:	KOEKIT CHEMICAL CO.,LTD. 398/1 MOP 11,RAJBURANA ROAD, RAJUBURANA,BANGKOK 10140,THAILAND
Beneficiary Customer	:59:	SHANGHAI JIANYING CHEMICAL CO.,LTD. FULL DETALLS OF THE BENEFICIARY NAME AND ADDRESS MOVED TO FIELD 47A
Currency Code Amount	:32B:	USD 39,312.00
Available with By	:41D:	ANY BANK,IN CHINA BY NEGOTIATION
Drafts at	:42C:	AT SIGHT
Drawee	:42A:	AYUDTHBKXXX BIC identified as: BANK OF AYUDHYA PUBLIC COMPANY LIMITED 1222 ,RAMA III ROAD,KHWENGBANGPONGPANG 10120 BANGKOK,THAILAND
Partial Shipments	:43P:	NOT ALLOWED
Transhipment	:43T:	ALLOWED
Port of Loading/Airport of Departure	:44E:	ANY CHINA PORT
Port of Discharge/Airport of Destination	:44F:	BANGKOK,THAILAND
Latest Date of Shipment	:44C:	2023.12.30
Description of Goods and/or Services	:45A:	

22.4 MT (1× FCL.20') TRICHLOROETYLENE PACKING N.W.280KG/DRUM.G.W.301.5KG/DRUM:80 DRUMS IN EACH 1× FCL.20'

BATCH NO.CN13723011

GUARANTEED ANALYSIS CONTENT : PURITY 99.50 PCT.[MIN],

WATER 70 MG/KG ,COLOR,PT-CO LESS THAN 10

CIF BANGKOK ,THALLAND [INCOTERMS 2020]

(AS PER PROFORMA INVOICE NO.PRO-TCE-KB1011-001 DATE NOV 1,2023)

Documents Required :46A:

+MANUALLY SIGNED COMMERCIAL INVOICE 3 COPY(IES) STATING FOB VALUE,FREIGHT CHARGES ,INSURANCE PREMIUM SEPARATELY,TOTAL CIF VALUE AND THIS DOCUMENTARY CREDIT NUMBER.

+ORIGINAL 3/3 ON BOARD BILLS OF LADING WITH 2 NON-NEGOTIABLE COPIES MADE OUT TO THE ORDER OF BANK OF AYUDHYA PUBLIC COMPANY LIMITED, BANGKOK. MARKED FREIGHT PREPAID NOTIFY APPLICANT AND MENTIONING THIS DOCUMENTARY CREDIT NUMBER.

+INSURANCE POLICY OR CERTIFICATE OF INSURANCE IN DUPLICATE ENDORSED IN BLANK FOR 110PCT OF INVOICE VALUE WITH CLAIM PAYABLE IN BANGKOK IN THE SAME CURRENCY AS THE DRAFT COVERING INSTITUTE CARGO CLAUSES(A) INDICATING THIS DOCUMENTARY CREDIT NUMBER.
+PACKING LIST 3 COPY(IES).
Additional Conditions :47A:
+NAME AND ADDRESS OF THE BENEFICIARY FROM FIELD 59
SHANGHAI JIANYING CHEMICAL CO.,LTD.
ROOM 1007,NO.2899 ZHANGYANG ROAD,
PUDONG NEW AREA,SHANGHAI,CHINA
200136
+BENEFICIARY'S TEL.00862150382896 FAX.00862158859962
+ALL DOCUMENTS MUST BE SENT IN ONE LOT BY ANY COURIER TO ISSUING BANK,4TH FLOOR,TRADE AND PAYMENT OPERATIONS DEPARTMENT 1222 RAMA III ROAD,BANGPONGPANG,YANNAWA,BANGKOK 10120 THAILAND
Details of charges :71D:
ALL BANKING CHARGES OUTSIDE THAILAND INCLUDING REIMBURSING BANK'S CHARGES ARE FOR BENEFICIARY'S ACCOUNT.
Confirmation instructions :49: WITHOUT
Inst/paying/Accept/Negotiate Bank :78:
+UPON RECEIPT OF THE DRAFTS AND DOCUMENTS IN ORDER,WE WILL REMIT THE PROCEEDS TO YOUR ACCOUNT WITH THE BANK DESIGNATED BY YOU.OUR REMITTANCE CHARGES WILL BE DEDUCTED FROM THE PROCEEDS IF SETTLEMENT IS MADE BY T/T REMITTANCE.
+THE AMOUNT OF EACH DRAWING TO BE ENDORSED ON THE REVERSE SIDE OF THIS CREDIT BY THE NEGOTIATING BANK.
+IN CASE DOCUMENTS PRESENTED WITH DISCREPANCIES, A DISCREPANCY FEE OF USD50.00 OR EQUIVALENT PLUS OUR SWIFT EXPENSE WILL BE DEDUCTED FROM THE PROCEEDS.
Trailer :—: —
Checksum :CHK:20FE21AE7CB6
Trailer —

第五份 越南信用证(公路运输)

27:Sequence of Total:1/1
40A:Form of Documentary Credit:IRREVOCABLE
20:Documentary Credit Number: 00700010467053
31C:Date of issue: 230901
40E:Applicable Rules: UCP LATEST VERSION
31D:Date and Place of Expiry: 231031 CHINA
50:Applicant:
MINEXPORT SAIGON
35-37 BEN CHUONG DUONG ST.,DIST.1
HOCHIMINH CITY,VIETNAM
59:Beneficiary:
/1207047109045731923
TAIZHOU JIADELI DOOR MACHINE CO.LTD,
NO.188,NORTHERN DAXI ROAD,DAXI TOWN,WENLING CITY,
ZHEJIANG PROVINCE,CHINA
32B:Currency Code Amount: USD 30338.80

41D: Available with by:

ANY BANK BY NEGOTIATION

42C: Drafts at:

SIGHT FOR 100PCT OF L/C VALUE

42A: Drawee: EBVIVNVX

VIETNAM EXPORT IMPORT COMMERCIAL JOINT-STOCK BANK HO CHIMINH CITY, VIETNAM

43P: Partial Shipments: NOT ALLOWED

43T: Transhipment: ALLOWED

44A: Place in Charge/Dispatch from/Place Receipt: PINGXIANG IN CHINA

44B: Place of Final Dest/Trans to/Delivery: HUU NGHI IN VIETNAM

44C: Latest Date of Shipment: 231010

45A: Description of Goods and/or Services

NO.	COMMODITY	Q'TY (PCS)	SPECIFICATIONS	UNIT PRICE (USD/PCS)	AMOUNT (USD)
1	RICE COOKER HC-18CKR	1176	220V/50HZ/700W	9.00	10584.00
2	RICE COOKER HC-18CKB	1000	220V/50HZ/700W	9.50	9500.00
3	RICE COOKER HC-18TMR	1176	220V/50HZ/700W	9.70	11407.20
4	RICE COOKER HC-18TMB	1000	220V/50HZ/700W	9.60	9600.00
5	RICE COOKER DRC-130	180	220V/50HZ/700W	9.90	1782.00

+TOTAL QUANTITY: 4532 PCS

+TOTAL AMOUNT: USD 42873.20

+TRADE TERMS: DAF HUU NGHI, LANG SON, VIETNAM

+QUANLITY: 100PCT NEW BRAND AS SAMPLES APPROVED BY BOTH PARTIES

+ORIGIN: CHINA

+PACKING: THE PACKING MUST CONFIRM TO THE MANUFACTURED'S EXPORT STANDARDS

+MARKING: CARTON BOX DESIGN IS AS THE BUYER'S REQUEST

46A: Documents Required:

(1) SIGNED COMMERCIAL INVOICE ISSUED IN 2 ORIGINALS AND 2 COPIES SHOWING 100PCT OF IVOICE VALUE BEING USD 42873.20 IN WHICH USD 12530.4 WILL BE PAID BY T/T OUTSIDE THIS L/C.

(2) FULL SET OF BILL OF TRUCK SHOWING L/C NUMBER MADE OUT TO THE ORDER OF VIETNAM EXPORT IMPORT COMMERCIAL JOINT-STOCK BANK HO CHIMINH CITY, VIETNAM MARKED PREIGHT PREPAID AND NOTIFY THE APPLICANT.

(3) DETAILED PACKING LIST IN 2 ORIGINALS AND 2 COPIES.

(4) CERTIFICATE OF ORIGIN IN 1 ORIGINAL AND 2 COPY.

(5) COPY OF TELEX/FAX ADVISING APPLICANT PARTICULAR OF SHIPMENT: BILL OF TRUCK NUMBER/ DATE, PLACE OF LOADING, DATE OF SHIPPMENT, INVOICE VALUE AND L/C NUMBER WITHIN 5 DAYS AFTER SHIPMENT DATE, FAX NO.0084.8.88840627.

(6) ONE EXTRA COPY OF ALL DOCUMENTS REQUIRED FOR ISSUING BANK'S FILES.

47A: Additional Conditions

1) ALTERATIONS AND/OR ADDITIONS ON DOCUMENTS MUST BE STAMPED AND SIGNED BY ISSUER.

2) ALL DOCUMENTS MUST BE SIGNED AND DATED BY ISSUER AND WRTITERN IN ENGLISH.

3) PACKING AND MARKING MUST BE MENTIONED ON INVOICE AND PACKING LIST.

71D: Details of charges:

ALL BANKING CHARGES OUTSIDE VIETNAM INCLUDING ADVISING, NEGOTIATING, REIMBURSING COMMISION N AMENDMENTCHARGES AT BEN'S ACC. ADVISING/AMENDMENT CHARGES TO BE COLLECTED BEFORE RELEASE OF

L/C AMENDMENT

48:Period for presentation in days 21

49:Confirmation instructions: WITHOUT

78:Instruction/Paying/Accept/Negotiate Bank:

+ PLS SEND DOCUMENTS IN COMPLIANCE WITH L/C TERMS AND CONDITIONS IN 2 LOTS (THE FIRST LOT BY DHL AND THE SECOND ONE BY REGISTERED AIRMAIL) TO VIETNAM EXIMBANK,NO.7,LETHI HONG GAM ST.,DIST.1 HCMCITY,VIETNAM.

+ WITHIN 07 BANKING DAYS AFTER OUR RECEIPT OF DOCUMENTS STRICTLY COMPLIED WITH L/C TERMSAND CONDITIONS,WE SHALL REIMBURSE YOU ACCORDING TO YR INSTRUCTIONS IN THE CURRENCY OF THE CREDIT.

+ USD50.00 DISCREPANCY FEE WILL BE DEDUCTED FROM THE PROCEEDS FOR EACH DISCREPANT SET OF DOCUMENTS PRESENTED UNDER THIS CREDIT.

57A: Advise through bank:

ICBKCHBJZJP

INDUSTRIAL AND COMMERCIAL BANK OF CHINA HANGZHOU ,CHINA

第六份 巴基斯坦红条款信用证(部分预支信用证)

Message Identifier

Message Preparation Application:Message Modification

Action: Message move to the Text Modification Queue

Unique Message Identifier: I SCBLCNSXXXX 700 LC/01/00/156884 101111

Message Header

FIN MT700 FIN MT 700-Issue of a Documentary Credit

Priority:Normal

Monitoring:None

Sender:

Unit: None

Institution:MPBLPKKACIU

Receiver:

Institution:SCBLCNSXXXX STANDARD CHARTERED BANK(CHINA)LIMITED
SHANGHAI
CN

Message Text

Sequence of Total	*27	1/1
Form of Doc.Credit	*40A	IRREVOCABLE
Doc.Credit Number	*20	LC/01/001/56884
Date of Issue	*31C	231112
Applicable Rules	*40E	UCP LATEST VERSION
Date/Place Exp.	*31D	240115 CHINA

Applicant Bank	51D	HABIB METROPOLITAN BANK LTD, CPUIMPORT,10/2,AKHBAR MANZIL STREET/ NEXT TO JANG OFFICE,OFF:i.i. CHUNDRIGAR ROAD,KARACHI,PAKISTAN.
Applicant	*50	TAYYAP NOURMOHAMED CORPORATION, M.R.9/7,VIRJI STREET,JODIA BAZZAR,KARACHI-74000, PAKISTAN
Beneficiary	*59	SHANGHAI JIANYING CHEMICAL CO.,LTD ROOM 1007,NO.2899 ZHANGYANG ROAD, PUDONG NEWAREA,SHANGHAI, P.R.OF CHINA
Currency Code,Amount	*32B	USD 114441,60
Available with...By...	*41D	ANY BANK IN CHINA BY NEGOTIATION
Drafts at...	42C	SIGHT
Drawee	42D	HABIB METROPOLITAN BANK LTD, CPUIMPORT,10/2,AKHBAR MANZIL STREET/ NEXT TO JANG OFFICE,OFF:i.i. CHUNDRIGAR ROAD,KARACHI,PAKISTAN.
Partial Shipments	43P	ALLOWED
Transhipment	43T	ALLOWED
Port of Loading/Airport of Departure	44E	ANY P.R.OF CHINA SEAPORT
Port of Discharge/Airport of Destination	44F	KARACHI SEAPORT
Latest Date of Shipment	44C	231230
Description of Goods and/or Services	45A	67.20 M.TONS 3FCLS, TRICHLOROETHYLENE 99.5 PERCENT MIN, AT THE RATE OF USD1730/-PER M.TONS CFR KARACHI PACKED IN 280KGS NET NEW IRON DRUMS, AS PER BENEFICIARY'S PROFORMA INVOICE NO. PRO-TCE-Q101102 DATED 04-11-2023.
Documents Required	46A	

1.BENEFICIARY MAUALLY SIGNED ORIGINAL COMMERCIAL INVOICES CFR KARACHI IN OCTUPLICATE IN THE NAME OF APPLICANT WITH FULL ADDRESS INDICATING IMPORT REGISTRATION NO.W-113775,H.S.CODE NO.2903220000,LC NO.AND CERTIFYING THE GOODS ARE OF P.R.OF CHINA ORIGIN.

2.FULL SET OF CLEAN SHIPPED ON BOARD OCEAN BILL OF LADING EVIENCING SHIPMENT OF GOODS BEARING LC NUMBER TOTAL NET AND GROSS WEIGHT DRAWN OR ENDORSED TO THE ORDER OF HABIB METROPOLITAN BANK LTD SHOWING FREIGHT PREPAID AND MARKED NOTIFY OPENING BANK AND TAYYAP NOURMOHAMED CORPORATION,M.R.9/7,VIRJI STREET, JODIA BAZZAR,KARACHI-74000,PAKISTAN.

3.BENEFICIARY'S MANUALLY SIGNED ADDITIONAL DRAFTS IN DUPLICATE TO BE DRAWN ON APPLICANT AT SIGHT FOR FULL INVOICE VALUE OF SHIPMENT.

4.INSURANCE COVERED BY BUYERS, BENEFICIARY SHIPMENT ADVICE QUOTING NAME OF THE CARRYING VESSEL, DATE OF SHIPMENT, AMOUNT, QUANTITY AND THIS CREDIT NUMBER SHOULD BE SENT TO M/S ADAMJEE INSURANCE CO LTD., 5TH FLOOR, VOLKAGON HOUSE, I.I. CHUNDRIGAR ROAD, P.O.BOX NO.5380, KARACHI-74000 PAKISTAN AT FAX NO.92-21-32424687 OR BY REGISTERED POST REFERRING TO THEIR OPEN COVER NOTE NO.01/0/003/00003319/-/02/2023 WITH 7 DAYS AFTER SHIPMENT AND A COPY OF SHIPMENT ADVICE MUST ACCOMPANY ORIGINAL DOCUMENTS.

5.DETAILED BENEFICIARY SIGNED PACKING LIST WITH TOTAL NET AND GROSS WEIHT IN QUADRUPLICATE.

6.CERTIFICATE FROM SHIPPING COMPANY OR THEIR AGENT CERTIFYING

I) THAT SHIPMENT/TRANSSHIPMENT ON ISRAELI FLAG VESSEL NOT EFFECTED.

II) THAT CONSIGNMENT WILL NOT BE DISCHARGED AT PORT QASIM, PAKISTAN.

7.CERTIFICATE OF ANALYSIS.

8.ORIGINAL DOCUMENTS MUST ACCOMPANY SGS QUALITY INSPECTION CERTIFICATE WHICH CERTIFY THAT GOODS IS TRICHLOROETHYLENE 99.5 PERCENT MIN, ASPECT: CLEAR LIQUID, COLOUR HAZEN MAX 15, WATER CONTENT MAX 0.01 PERCENT, DENSITY AT 20C 1.460-1.466, ALKALINITY (NAOH) MAX 0.025 PERCENT, EVAPORATION RESIDUR MAX 0.005PERCENT FREE CHLORINE ABSENT, AS PER SUPPLIER'S SPECIFICATION.

9.ORIGINAL DOCUMENTS MUST ACCOMPANY CERTIFICATE OF ORIGIN IN CONFORMITY WITH THE RULES OF ORIGIN FOR THE CHINA-PAKISTAN FREE TRADE AREA AS NOTIFIED IN THIS REGARD BY THE MINISTRY OF COMMERCE.

Additional Conditions 47A

A) INVOICE EXCEEDING THIS CREDIT AMOUNT IS NOT ACCEPTABLE

B) SHIPMENTS AND DOCUMENTS DATED PRIOR TO THE DATE OF THIS CREDIT ARE NOT ACCEPTABLE

C) SHORT FORM/CHARTER PARTY/BLANK BACK/THIRD PARTY/HOUSE AND FORWARDERS AGENT BILLS OF LADING ARE NOT ACCEPTABLE

D) ALL DOCUMENTS MUST SHOW ITS ISSUANCE DATE, OPENING BANK'S LETTER OF CREDIT NUMBER AND APPLICANT NAME AND ADDRESS

E) BILLS OF LADING MUST SHOW NAME AND ADDRESS OF THE SHIP OWNER'S AGENT AT FINAL DESTINATION

F) ALL DRUMS MUST BE CLEARLY MARKED DESCRIPTION OF GOODS, WEIGHT AND ORIGIN, BENEFICIARY'S CERTIFICATE TO THIS EFFECT REQUIRED WITH ORIGINAL DOCUMENTS

G) TOTAL NO.OF DRUMS, NET WEIGHT AND GROSS WEIGHT MUST APPEAR ON B/L

H) CONTAINER B/L ACCEPTABLE

I) L/C MAY BE CONFIRMED AT BENEFICIARY'S COST AND REQUEST AND IF L/C CONFIRMED THEN DRAFT WILL BE DRAWN ON CONFIRMING BANK AND AVAILABLE WITH ORIGINAL DOCUMENTS

J) BENEFICIARY MUST SEND FULL SET OF NON-NEGOTIABLE SHIPPING DOCUMENTS AFTER SHIPPMENT TO APPLICANT BY COURIER EXPENSES ON BENEFICIARY'S ACCOUNT, BENEFICIARY'S CERTIFICATE TO THIS EFFECT REQUIRED WITH ORIGINAL DOCUMENTS

K) A CERTIFICATE FROM THE BENEFICIARY TO THE EFFECT THAT ONE SET OF INVOICE AND PACKING LIST HAS BEEN PLACED ON THE INNER SIDE OF THE DOOR OF EACH CONTAINER IN CASE OF FCL CARGO OR ATTACHED TO THE GOODS OR PACKAGES AT AN OBVIOUS PLACE IN CASE OF LCL CARGO

L) PLEASE ADVISE THIS D/C ON RECEIPT YOUR ADVISING CHARGES FROM BENEFICIARY.

M) ONLY MASTER VESSEL B/L ACCEPTABLE

N) PAYMENT TERMS:

1) USD28,610.40 (25 PERCENT ADVANCE PAYMENT OF L/C VALUE AGAINST PRESENTATION OF INVOICE AND BILL OF EXCHANGE)

2) USD85,831.20 (75 PERCENT BALANCE PAYMENT AGAINST PRESENTATION OF ORIGINAL SHIPPING DOCUMENTS)

(CONTINUED INSTRUCS TO PAY/ACCPT/NEGO BANK UNDER FIELD 78)

O) NEGOTIATION OF DOCUMENTS WITH DISCREPANCIES UNDER RESERVE NOT ALLOWED WITHOUT OPENING BANK'S PRIOR APPROVAL

P) ORIGINAL SETS OF DOCUMENTS MUST CONSIST OF FIRST ORIGINAL/ORIGINAL BILLS OF LADING

Q) IF DISCREPANT DOCUMENTS ARE PRESENTED AN AMOUNT OF USD 50/- WOULD BE DEDUCTED OUT OF PROCEEDS BEING DISCREPANCY HANDLING CHARGES.

Charges	71D	ALL BANKING CHARGES OUTSIDE THE COUNTRY OF ISSUANCE OF THE CREDIT INCLUDING ADVISING NEGOTIATION REIMBURSEMENT AND CONFIRMATION ARE ON BENEFICIARY ACCOUNT
Period for Presentation in Days	48	15
Confirmation Instructions	*49	MAYADD
Reimbursing Bank	53A	HANYUS33 HABIB AMERICAN BANK NEW YORK, NY US

Instructions to the Paying/Accepting/Negotiating Bank 78

1. AMOUNT OF EACH NEGOTIATION MUST BE ENDORSED ON THE REVERSE OF THE CREDIT. THE NEGOTIATING BANK MUST CERTIFY THAT ALL TEAMS AND CONDITIONS OF LC HAVE BEEN COMPLIED WITH.

2. FORWARD THE ORIGINAL DOCUMENTS IMMEDIATELY BY DHL COURIER AND DUPLICATE SETS BY REGISTERED MAIL.

3. NEGOTIATING BANK MUST INFORM TO OPENING BANK SWIFT: MPBLPKKACIU SAME DAY THE AMOUNT OF NEGOTIATION, TOTAL QUANTITY SHIPPED, VESSEL NAME, B/L NUMBER AND DATE AND COPY OF THE SAME MUST ACCOMPANY WITH ORIGINAL DOCUMENTS.

4. CLAIM REIMBURSEMENT BY DRAWING AFTER THREE WORKING DAYS OF NEGOTIATION OF ORIGINAL DOCUMENTS.

"Advise Through" Bank	57A	ICBKCNBJSHI INDUSTRIAL AND COMMERCIAL BANK OF CHINA (SHANGHAI MUNICIPAL BRANCH) SHANGHAI CN

Sender to Receiver Information 72Z THIS CREDIT IS SUBJECT TO THE UNIFORM CUSTOMS AND PRACTICE FOR DOCUMENTARY CREDIT (2007 REVISION) INTERNATIONAL CHAMBER OF COMMERCE PUBLICATION NO.600

第七份 印度信用证(航空运输)

印度国家银行上海分行 中国上海市淮海中路1010号嘉华中心2202、2203室
2202、2203,K.Wah Centre,1010,Huai Hai Zhong Lu,Shanghai,
STATE BANK OF INDIA SHANGHAI BRANCH P.R.CHINA
Tel:021-54042786/87,54043301/31 Fax:021-54041803,54051025
www.sbishanghai.com.cn

* Incoming Messages *
* * * * * * * ORIGINAL * * * * * * * Runtime:01-Feb-2009

MESSAGE NUMBER:106786
CREATED DATE:
RECIEVER BIC: SBINCNSHXXX
SENDER BIC: SBININBBFXD
STATE BANK OF INDIA,SBI,FOREIGN DEPT
FOREIGN DEPARTMENT
KOLKATA INDIA

MESSAGE TYGE: MT700
NETWORK STATUS: INCOMING MESSAGE
MESSAGE STATUS: R

{1:F01SBINCNSHAXXX0768056827}
{2:O7001259230128SBININBBAFXD0270606598230201125N}
PRIORIY :NORMAL
{3:{108:SBININBB58258699}}
MESSAGE IDENTIFIER: SBININBB58258699
* Message Text *
27:Sequence of Total
1/1
40A:Form of Documentary Credit
IRREVOCABLE
20:Documentary Credit Number
0607009IM0000189
31C:Date of Issue
230127
40E:Applicable Rules
UCPURR LATEST VERSION
31D:Date and Place of Expiry

230420CHINA

51D: Applicant Bank

STATE BANK OF INDIA

TRADE FINANCE CPC, HALLMARK BUSINESS

PLAZA, 2ND FLOOR, SANT DNYANESHWAR

MARG, BANDRA (EAST) MUMBAI-400051

50: Applicant

USV LIMITED

B-1/8, MIDC LOTE PARSHURAM INDL.

ESTATE, CHIPLUN, TALUKA KHED,

DOST.RATNAGIRI, MAHARASHTRA

59: Beneficiary

HANGZHOU PHARMA AND CHEM CO.LTD.

RM1201, QINGLIAN, BLDG NO.139,

QINGCHUN ROAD, HANGZHOU CITY,

ZHEJIANG 310003 CHINA

32B: Currency Code, Amount

Currency: USD   Amount: #116250,00#

41D: Available With...By...

ANY BANK BY NEGOTIATION

42C: Drafts at...

30 DAYS FROM AIRWAY BILL DATE

42A: Drawee

SBININBB582

STATE BANK OF INDIA

TRADE FINANCE CENTRAL PROCESS

HALLMARK BUSINESS PLAZA

2ND FLOOR, BANDRA (EAST)

MUMBAI

INDIA

43P: Partial Shipments

ALLOWED

43T: Transhipment

ALLOWED

44E: Port of Loading/Airport of Departure

CHINA AIRPORT

44F: Port of Discharge/Airport of Destination

MUMBAI AIRPORT

44C: Latest Date of Shipment

230405

45A: Description of Goods and/or Services

75 KGS OF '5-(4-METHOXY-2,3,6-TRIMETHYLPHENYL)-3- METHYL-2,4-PENTADIENYL)'-TRIPHENYLPHOSPHONIUM BROMIDE AS PER PROFORMA INVOICE NO.2301004 DATED 16.01.2023 OF HANGZHOU PHARMA AND CHEM CO.LTD.INCOTERMS CIF

46A: Documents Required

1.DRAFT FOR 100 PERCENT OF THE INVOICE VALUE.

2.ORIGINAL AIR WAY BILL MARKED FREIGHT PREPAID MADE IN THE NAME OF STATE BANK OF INDIA, TRADE FINANCE CPC, HALLMARK BUSINESS PLAZA, 2ND FLOOR, SANT DNYANESHWAR MARG, BANDRA EAST, MUMBAI 400051. ACCOUNT APPLICANT, NOTIFY APPLICANT AND US EVIDENCING SHIPMENT OF GOODS AS MENTIONED ABOVE.

3.SIGNED COMMERCIAL INVOICES IN QUADRUPLICATE QUOTING CIF-AIR.

4.CERTIFICATE OF CHINESE ORIGIN IN TWO COPIES.

5.PACKING LIST IN TWO COPIES.PACKING SHOULD BE AIR WORTHY.A CONFIRMATION TO THIS EFFECT SHOULD BE PART OF THE NEGOTIATING DOCUMENTS.

6.CERTIFICATE OF ANALYSIS STATING THAT NAME OF PRODUCT, BATCH NO. MANUFACTURE AND EXPIRY DATE REQUIRED.CERTIFICATE OF ANALYSIS OF THE MANUFACTURER'S LETTERHEAD ACCEPTABLE.

7.INSURANCE POLICY OR CERTIFICATE IN DUPLICATE COVERING AIRBORNE INSURANCE SUBJECT TO INSTITUTE CARGO CLAUSES(A) INSTITUTE WAR CLAUSES(CARGO) AND INSTITUTE STRIKE CLAUSES(CARGO) COVER FOR CIF VALUE PLUS TEN PERCENT INCLUDING RISK OF TRANSSHIPMENT INSURANCE CLAIMS IF ANY PAYABLE IN INDIA.INSURANCE MUST REMAIN IN PORCE FOR 90 DAYS FROM THE DATE OF LANDING OF GOODS IN INDIA AND ALL RISKS SHOULD BE COVERED FROM THE SUPPLIERS WAREHOUSE TO APPLICANTS WAREHOUSE. THE AIR INSURANCE POLICY OR CERTIFICATE TO MENTION THE FOLLOWING WREHOUSE ADDRESS-USV LIMITED, B-1/8, MIDC LOTE PARSHURAM INDL.ESTATE, CHIPLUN, TALUKA KHED, DIST.RATNAGIRI, M.S.

8.AIRWAY BILL SHOULD BE MARKED TO USV LIMITED, B.S.D.MARG, GOVANDI, MUMBAI- 400 088.

9.ONE SET OF NON NEGOTIABLE DOCUMENTS TO ACCOMPANY THE CONSIGNMENT WITH AN INSTRUCTION TO THE CARRIER TO HANDOVER TO THE APPLICANT ON ARRIVAL.CONFIRMATION TO THIS EFFECT WILL BE PART OF THE NEGOTIATING DOCUMENTS.

10.ONE SET OF NON NEGOTIABLE DOCUMENTS TO BE FAXED AT 9122-25584025 PRIOR TO THE SHIPMENT AND SHIPMENT INFORMATION I. E. AIRWAY BILL NUMBER AND DATE, FLIGHT NUMBER AND DATE ETC. DETAILS IMMEDIATELY ON SHIPMENT.ONE SET OF DOCUMENTS IS TO BE SENT BY COURIER AT THE FOLLOWING ADDRESS: IMPORT DIVISION, USV LIMITED, BSD MARG, GOVANDI, MUMBAI 400088. A CERTIFICATE TO THIS EFFECT TO ACCOMPANY THE DOCUMENTS.

11.MATEIAL SHOULD BE OF GOOD QUALITY AND COMPLY AS PER USV INHOUSE SPECIFIATION, A CERTIFICATE CONFIRMING THIS TO ACCOMPANY DOCUMENTS.

47A: Additional Conditions

1.ALL DOCUMENTS MUST BE MARKED WITH IMPORTERS CODE NO.08881474081.LC NO. AND DATE AND SHOULD STATE THAT THE GOODS ARE FREELY IMPORTABLE AS PER FREE TRADE POLICY OF 2021-2025.

2.ALL ORIGINAL DOCUMENTS TO BE SENT BY COURIER IN ONE LOT TO STATE BANK OF INDIA, TRADE FINANCE CPC, 2ND FLR, HALLMARK BUSINESS PLAZA, SANT DNYANESHWAR MARG, BANDRA EAST, MUMBAI 400 051 INDIA.

3.OUR DISCREPANCY CHARGES USD 50.00 PLUS SWIFT CHARGES AND HOLDING CHARGES IF ANY, WILL BE RECOVERED FROM THE FINAL PAYMENT FOR ALL DISCREPANT DOCUMENTS.THIS CHARGE WILL BE LEVIED WHETHER OR NOT WE ELECT TO CONSULT THE APPLICANT FOR A WAIVER INACCORDANCE WITH UCP600.THESE CHARGES WILL ALWAYS BE TO THE ACCOUNT OF THE BENEFICIARY.

4.ALL DOCUMENTS AND MARKINGS ON CONTAINERS SHOULD BE IN ENGLISH LANGUAGE.CONFIRMATION TO THIS EFFECT WILL BE PART OF THE NEGOTIATING DOCUMENTS.

71D: Charges

ALL BANKING CHARGES OUTSIDE INDIA ARE FOR THE BENEFICIARY'S ACCOUNT

48: Period for Presentation in days

15

49: Confirmation Instructions

WITHOUT

53A: Reimbursing Bank

SBINUS33

78: Instructions to the Paying/Accepting/Negotiating Bank

ON DUE DATE THE NEGOTIATING BANK SHOULD REIMBURSE THEMSELVES FOR THE AMOUNT OF THE BILLS NEGOTIATED UNDER THIS CREDIT BY DRAWING ON STATE BANK OF INDIA, 460 PARK AVENUE, NEW YORK NY 10022 SWIFT SBINUS33 CONFIRMING THAT ALL THE TERMS AND CONDITONS OF THE CREDIT HAVE BEEN COMPLIED WITH.

57D: Advise Through Bank

/2202021349900029414

INDUSTRIAL AND COMMERCIAL BANK OF CHINA, HANGZHOU BRANCH, 90 QING CHUN ROAD, HANGZHOU 310003, CHINA

SWIFT-ICBKCNBJHZU

72Z: Sender to Receiver Information

/TELEBEN/00000030895032561

//THIS SW MSG IS SUB TO UCP

//2007 ICC BROCHURE 600 AND

//UNIFORMS RULES FOR BK TO BK

//REIMB.UNDER DOC.CREDITS ICC

//SBININBB582

-}

{5:{CHK:0F1118832559}{DLM:}{MAC:00000000}}

第八份　乌兹别克斯坦信用证(铁路运输)

Eximbills Enterpriste Incoming Swift

Message Type: MT700

Send Bank: NBFAUZ2XXXX

Recv Bank: BKCHCNBJ300

User Name: sh112001

Print Time: 1

Print Date: 2023-03-24.MIR: 230322 NBFAUZ2XAXXX0688921184

Sequence of Total	*27	1/1
Form of Doc.Credit	*40A	IRREVOCABLE
Doc.Credit Number	*20	P075110240
Date of Issue	*31C	230322
Applicable Rules	*40E	UCP LATEST VERSION
Date/Place Exp.	*31D	230620 TASHKENT, UZBEKISTAN
Applicant	*50	FARM OF "MHJU" 79-HOUSE, BUYUK IPAK YULI STREET, KITAB CITY, THE REPUBLIC OF UZBUKISTAN

Beneficiary	*59	"SHANGHAI VIPEAK HEAVY INDUSTRY MACHINERY CO., LTD" XINJIANXIAO STREET, SHANGHAI CITY, CHINA.
Currency Code, Amount	*32B	USD101250,00
Available with...By...	*41A	NBFAUZ2X BY PAYMENT
Partial Shipments	43P	ALLOWED
Transhipment	43T	ALLOWED
Place of Taking in Charge/Dispatch from.../Place of Receipt	44A	CHINA
Place of Final Destination/ For Transportation to.../Place of Delivery	44B	KARSHI ST., KARSHI CITY, UZBEKISTAN
Latest Date of Shipment	44C	230508
Description of Goods and /or Services	45A	TECHOLOGICAL EQUIPMENT THREE-RINGS MEDIUM SPEED MICRO-POWER MILL HGM80 (INCLUDING MAINFRAME, AIR BLOWER, CLASSIFIER, MOTOR, PIPE), ELEVATOR, ELECTRONIC CONTROL CABINET, VIBRATING FEEDER, HAMMER CRUSHER, DUST CATCHER, SCREEN 3DZSF1025, TRANSPORT (3X40INCH CONTAINER), INSTALLATION, WORKER TRAINING ACCORDING TO THE SUPPLEMENT NO.1 TO THE CONTRACT NO.VIPEAK2022515 DD 15.05.2022 DELIVERY TERMS: CIP- KARSHI ST., KARSHI CITY, REPUBLIC OF UZBEKISTAN (INCOTERMS-2020)
Documents Required	46A	1. ONE ORIGINAL AND TWO COPIES OF COMMERCIAL INVOICE, ISSUED FOR 100 PCT OF SHIPPED GOODS VALUE, INDICATING 20 PCT OF ADVANCE PAYMENT AMOUNT, 75 PCT OF DUE PAYMENT AMOUNT UNDER LC, 5 PCT OF FINAL PAYMENT AMOUNT WILL BE PAID WITHIN 10 BANKING DAYS TO GRANTING FINAL ACCEPTANCE OF THE ACT OUT OF LC AND DULY SIGNED BY BENEFICIARY AND INDICATING OUR LC NUMBER. 2. ONE ORIGINAL AND TWO COPIES OF PRE-SHIPMENT INSPECTION ISSUED BY SGS COMPANY OR CONTROL UNION OR INTERTECH ABOUT THE CORRESPONDENCE OF THE CONTRACT.

		3.INSURANCE POLICY ISSUED 110 PCT OF CIP VALUE OF GOODS,AGAINST ALL RISKS,INDICATING PLACE OF DELIVERY CIP KARSHI STATION, ISSUED OR ENDORSED IN FAVOUR OF APPLICANT IN ORIGINAL. 4.ONE ORIGINAL OF CERTIFICATE OF ORIGIN. 5.ONE ORIGINAL OF CERTIFICATE OF QUALITY ISSUED BY MANUFACTURER. 6.ONE ORIGINAL OF RAILWAY BILL ISSUED TO THE NAME OF APPLICANT,MARKED "FREIGHT PREPAID" WITH STAMP OF CUSTOMS AUTHORITY OF CHINA. 7.THREE ORIGINALS OF PACKING LIST.
Additional Conditions	47A	+IF DOCUMENTS ARE PRESENTED WITH DISCREPANCY(IES), PAYMENT TO BE EFFECTED AGAINST APPLICANT'S ACCEPTANCE AND IN THAT CASE OUR DISCREPANCY FEE USD 75.00 WILL BE DEDUCTED FROM PROCEEDS. +CONSIGNOR:THE SAME AS BENEFICIARY. +CONSIGNEE:THE SAME AS APPLICANT. +THIS L/C IS SUBJECT TO UCP ICC FOR DOCUMENTARY CREDIT NO.600 (2007 REVISION).
Charges	71D	ALL BANKING CHARGES OUTSIDE OF UZBEKISTAN ARE FOR BENEFICIARY'S ACCOUNT.
Period for Presentation in Days	48	099/DOCUMENTS MUST BE PRESENTED WITHIN THE VALIDITY OF THE CREDIT.
Confirmation Instructions	*49	WITHOUT
Instructions to the Paying/Accepting/Negotiating Bank	78	UPON RECEIPT OF CREDIT CONFORM DOCUMENTS BY US WE WILL COVER ACCORDING TO INSTRUCTIONS OF PRESENTING BANK. PLEASE SEND THE DOCUMENTS BY SPECIAL COURIER TO OUR FOLLOWING ADDRESS: 23, ISTIQBOL (FORMERLY AKHUNBABAEV) STREET, TASHKENT, 100047, REPUBLIC OF UZBUKISTAN.
Sender to Receiver Information	72Z	THIS SWIFT IS OPERATIVE INSTRUMENT NO MAIL CONFIRMATION WILL FOLLOW. PLS PROVIDE US THE DATE OF ADVISING THIS LC TO BEN BY SWIFT OR T.T. BEST REGARDS, IMPORT LC AND COLLECTION DEPT.

-}{5:{MAC:4B2CF394}{CHK:2F22C1936BF2}}

第九份　可转让信用证(英国)

HSBC 汇丰

XIAMEN KINGFORD CO.,LTD
2/FL.,HUAYUAN BUILDING,
NO.321 HUOJU ROAD,XIAMEN,CHINA.
T:86 592 5778387 F:86 592 5778397

USD ONE HUNDRED AND TWENTY SEVEN THOUSAND NINE HUNDRED TWENTY ONLY

DEAR SIRS,

IN ACCORDANCE WITH VERSION OF THE UCP RULES(ISSUED BY THE ICC) AS SPECIFIED IN THE CREDIT ,WE ADVISE HAVING RECEIVED THE CAPTIONED DOCUMENTARY CREDIT IN YOUR FAVOUR.
FROM HSBC BANK PLC
(SWIFT ADDRESS: MIDDLGB22)

27　SEQ OF TOTAL: 1/1
40A　FORM OF DC: IRREVOCABLE TRANSFERABLE
20　DC NO: DC MAN337710
31C　DATE OF ISSUE: 230616
40E　APPLICABLE RULES: UCP LATEST VERSION
31D　EXPIRY DATE AND PLACE: 230913 IN COUNTRY OF BENEFICIARY
50　APPLICANT: SPA IMPORTS LTD
UNIT 6 MOUNTHEATH INDUSTRIAL PAPK
PERSIWICH,MANCHESTER,M25 9WB.
UNITED KINGDOM
59　BENEFICIARY: XIAMEN KINGFORD CO.,LTD.
2/FL.,HUAYUAN BULLDING,
NO.321 HUOJU ROAD,XIAMEN,CHINA.
T:86 592 5778387 F:86 592 5778397
32B　DC AMT: USD 127920.00
39A　PCT CR AMT TOLERANCE: 03/03
41D　AVAILABLE WITH/BY: ANY BANK BY NEGOTIATION
42C　DRAFTS AT: AT SIGHT
42D　DRAWEE: ISSUING BANK
43P　PARTIAL SHIPMTS: ALLOWED
43T　TRANSHIPMENT: ALLOWED
44E　LOADING PORT/DEPART AIRPORT: ANY PORT CHINA
44F　DISCHARGE PORT/DEST AIRPORT: ANY PORT UNITED KINGDOM
44C　LATEST DATE OF SHIPMENT: 230830
45A　GOODS:
FOB ANY PORT,CHINA
MENSWEAR,AS PER PURCHASE ORDER:

ITEM NO.	PURCHASE ORDER	STYLE NUMBER	QUTY …	UNIT PRICE USD/PC	TOTAL	LATEST DATE OF SHIPMENT
001	SPA10106	MJ21726	6,000	9.85	59,100.00	30/08/23
002	SPA10107	MJ21727	6,000	11.47	68,820.00	30/08/23

46A DOCUMENTS REQUIRED:

ORIGINAL SIGNED INVOICE PLUS TWO COPIES INDICATING FIBRE CONTENT AND FABRIC COMPOSITION BY PERCENTAGE AND CERTIFYING THE MERCHANDISE AS KNITTED, WOVEN OR MAN MADE.

FULL SET OF ORIGINAL CLEAN ON BOARD MARINE BILLS OF LADING ISSUED BY ORIENT OVERSEAS CONTAINER LINE, MITSUI O.S.K. LINES, NYK LINE, HYUNADI MERCHANT MARINE OR MAERSK LINE OR ITS AGENT, MADE OUT TO THE ORDER OF THE HSBC BANK PLC UK MARKED FREIGHT COLLECT AND NOTIFY APPLICANT QUOTING FULL NAME AND ADDRESS.

BILLS OF LADING SHOWING ANY UNITED KINGDOM PORT AS FINAL PLACE OF DELIVERY VIA ANY EUROPEAN PORT ARE ACCEPTABLE.

ORIGINAL PACKING LIST ISSUED BY THE BENEFICIARY INDICATING SIZE AND COLOUR BREAKDOWN OF EACH CARTON NET WEIGHT, GROSS WEIGHT AND MEASUREMENT OF EACH CARTON TOTAL QUANTITY, TOTAL COLOUR/SIZE BREAKDOWN, TOTAL NET WEIGHT, TOTAL GROSS WEIGHT AND TOTAL DIMENSION.

COPY CERTIFICATE OF CHINA ORIGIN INDICATING TEXTILE CATEGORY NUMBER ISSUED BY A TRADE AUTHORITY OR GOVERNMENT BODY.

ORIGINAL BENEFICIARY'S CERTIFICATE STATING THAT THE ORIGINAL CERTIFICATE OF CHINA ORIGIN INDICATING TEXTILE CATEGORY NUMBER ISSUED BY A TRADE AUTHORITY OR GOVERNMENT BODY AND ONE COPY OF ALL OF THE DOCUMENTS HAVE BEEN SURRENDERED TO MOL CONSOLIDATION SERVICES FOR ONWARD TRANSMISSION TO THE APPLICANT.

ORIGINAL INSPECTION CERTIFICATE ISSUED BY XIAMEN KINGFORD CO., LTD

47A ADDITIONAL CONDITONS:

THIRD PAYTY DOCUMENTS ARE ACCEPTABLE.

SHORT FORM/BLANK BACK BILLS OF LADING NOT ACCEPTABLE.

QUANTITY AND PRICE ARE PER PIECE FOR ALL ORDERS.

THIS LETTER OF CREDIT IS TRANSFERRED. IN THE EVENT THIS LETTER OF CREDIT IS TRANSFERRED, THE TRANSFERS ARE RESTRICTED TO THE ADVISING BANK. WHEN THE NOMINATED BANK IS REQUESTED TO TRANSFER THE WHOLE OR PART OF THIS CREDIT WITHOUT SUBSTITUTION, THE NAME OF THE TRANSFEREE MUST BE ADVISED TO THE ISSUING BANK BY AUTHENTICATED MESSAGE, AND MUST CONFIRM THAT THE AMOUNT OF SUCH TRANSFER HAS BEEN ENDORSED ON THE ORIGINAL CREDIT. ANY OTHER BANK REQUESTED TO TRANSFER THIS CREDIT, MUST SEEK THE PERMISSION OF THE ISSUING BANK BY AUTHENTICATED MESSAGE.

THIS PERMISSION, IF GRANTED, WILL BE BY WAY OF A FORMAL AMENDMENT.

IF AN ONBOARD NOTATION HAS BEEN ADDED TO THE BILL OF LADING THIS MUST BE DATED AND SIGNED BY A FULL SIGNATORY OF THE CARRIER/MASTER OR NAMED AGENT ON BEHALF OF THE CARRIER/MASTER TOGETHER WITH THE APPROPRIATE STAMP.

PLUS OR MINUS 3 PERCENT IN QUANTITY AND VALUE IS ACCEPTABLE.

PAYMENT COMMISSION CALCULATED AT 0.125 PERCENT ON THE DRAWING VALUE SUBJECT TO A MINIMUM CHARGE OF GBP60.00 AND A MAXIMUM CHARGE OF GBP200.00 (OR EQUIVALENT) PER DRAWING, ARE FOR THE ACCOUNT OF THE BENEFICIARY.

ALL PRESENTATIONS CONTAINING DISCREPANCIES WILL ATTRACT A DISCREPANCY FEE OF GBP50.00 PLUS

TELEX AND HOLDING CHARGES, IF ANY. THIS CHARGE WILL BE LEVIED WHETHER OR NOT WE ELECT TO CONSULT THE APPLICANT FOR A WAIVER IN ACCORDANCE WITH UCP600 ARTICLE 16. IN ALL INSTANCES THESE CHARGES WILL BE FOR THE ACCOUNT OF THE BENEFICIARY. IN ACCORDANCE WITH PROVISIONS OF ARTICLE 16C Ⅲ B OF UCP600, IF WE GIVE NOTICE OF REFUSAL OF DOCUMENTS PRESENTED UNDER THIS CREDIT WE SHALL HOWEVER RETAIN THE RIGHT TO ACCEPT A WAIVER OF DISCREPANCIES FROM THE APPLICANT AND, SUBJECT TO SUCH WAINVER BEING ACCEPTABLE TO US, TO RELEASE THE DOCUMENTS AGAINST THAT WAIVER WITHOUT REFERNCE TO THE PRESENTER PROVIDED THAT TO WRITTEN INSTRUCTIONS TO THE CONTRARY HAVE BEEN RECEIVED BY US FROM THE PRESENTER BEFORE THE RELEASE OF THE DOCUMENTS. ANY SUCH RELEASE PRIOR TO THE RECEIPT OF CONTRARY INSTRUCTIONS SHALL NOT CONSTITUTE A FAILURE ON OUR PART TO HOLD DOCUMENTS AT THE PRESENTERS RISK AND DISPOSAL, AND WE SHALL HAVE NO LIABILITY TO THE PRESENTER IN RESPECT OF ANY SUCH RELEASE. UNLESS OTHERWISE EXPRESSLY STATED, ALL DOCUMENTS MUST BE IN ENGLISH.

EXCEPT SO FAR AS OTHERWISE EXPERSSLY STATED, THIS DOCUMENTARY CREDIT IS SUBJECT TO UNIFORM CUSTOMS AND PRACTICE FOR DOCUMENTARY CREDIT ICC PUBLICATION NO.600.

ANY PROCEEDS OF PRESENTATIONS UNDER THIS DC WILL BE SETTLED BY TELETRANSMISSION AND A CHARGE OF GBP40.00 (OR CURRENCY EQUIVALENT) WILL BE DEDUCTED.

WHERE ORIGINAL DOCUMENTS OR SIGNATURES ARE REQUIRED FACSIMILE/PHOTOCOPIES OF DOCUMENTS OR SIGNATURES ARE NOT ACCEPTABLE.

71D DETAILS OF CHARGES: ALL CHGS OUTSIDE COUNTRY OF ISSUE FOR ACCOUNT OF BENEFICIARY/EXPORTER

48 PERIOD FOR PRESENTATION IN DAYS: 14

49 CONFIRMATION INSTRUCTIONS: WITHOUT

78 INFO TO PRESENTING BK:

ON RECEIPT OF DOCUMENTS CONFORMING TO THE TERMS OF THIS DOCUMENTARY CREDIT, WE UNDERTAKE TO REIMBURSE YOU IN THE CURRENCY OF THE CREDIT IN ACCORDANCE WITH YOUR INSTRUCTIONS, WHICH SHOULD INCLUDE YOUR UID NUMBER AND THE ABA CODE OF THE RECEIVING BANK.

57D ADVICE THRU: BANK OF CHINA LTD
XIAMEN BRANCH
GAOKEJI SUB BRANCH, NO 8 HUOJO ROAD XIAMEN

72Z BK TO BK INFO: DOCUMENTS TO BE DISPATCHED BY COURIER SERVICE IN ONE LOT TO HSBC BANK PLC, MANCHESTER TSC, 4 HARDMAN SQUARE SPINNING FIELDS, MANCHESTER M3 3EB

THIS ADVICE CONSTRUCTION A DOCUMENTARY CREDIT ISSUED BY THE ABOVE BANK AND SHOULD BE PRESENTED WITH THE DOCUMENTS/DRAFTS FOR NEGOTIATION/PAYMENT/ACCORDANCE, AS APPLICABLE.

822829-AUTO-000.01-00

* * * * * END OF DC * * * *

Hong Chang Long
006341

HSBC 汇丰

DC AMENDENT ADVIC DATE 18AUG2023

PLEASE QUOTE OUR REF NO.
DC MAN337710-00

XIAMEN KINGFORM CO.,LTD
2/FL.,HUAYUAN BUILDING,
NO.321 HUOJU ROAD,XIAMEN,CHINA.
T:86 592 5778387 F:86 592 5778397
DEAR SIRS,

DOCUMENTARY CREDIT NO.	DC MAN337710
AMOUNT	USD 127,920.00
ISSUING BANK	HSBC BANK PLC
APPLICANT	SPA IMPORT LTD
LATEST SHIPMENT DATE	04SEP2023
EXPIRY DATE	18SEP2023

WE ADVICE HAVING RECEIVED AN AMENDENT TO THE ABOVE DOCUMENTARY CREDIT.PLEASE PROVIDE US WITH YOUR NOTIFICATION OF ACCEPTANCE OR REJECTION OF THIS AMENDENT.PLEASE ATTACH THIS OR ANY OTHER AMENDENT (S) TO THE ORIGINAL DC WHEN PRESENTING DOCUMENTS SHOULD THE AMENDENT(S) BE ACCEPTABLE TO YOU.

IMPORTANT NOTICE TO BENEFICIARY
PLEASE CHECK THE TERMS AND CONDITIONS OF THIS AMENDENT IMMEDIAITELY.NOTE THAT WE ARE UNABLE TO MAKE ANY CHANGES WITHOUT THE ISSUING BANK'S AUTHORITY.ACCORDINGLY,SHOULD ANY OF ITS TERMS AND CONDITIONS BE UNACCEPTABLE,PLEASE CONTACT THE APPLICANT DIRECT,REQUESTING A FURTHER AMENDENT TO BE ADVICE TO US WITHOUT DELAY.

WE ATTACH A COPY OF THE AMENDENT AND WILL BE PLEASED TO RELEASE THE OPERATIVE AMENDENT TO YOU UPON PAYMENT OF THE FOLLOWING OUTSTANDING CHARGES AS OF TODAY:

AMENDENT ADV CHGS	CNY	200.00
POSTAGE/COURIER	CNY	25.00

/// FOR BANK INTERNAL USE ONLY///
EMSC
THIS IS COMPUTER GENERATED ADVICE WHICH DOES NOT REQUIRE AN AUTHORISED SIGNATURE.

XIAMEN KINGFORD CO.,LTD
2/FL.,HUAYUAN BUILDING,
NO.321 HUOJU ROAD,XIAMEN,CHINA.
T:86 592 5778387 F:86 592 5778397

DEAR SIRS,

WE ADVISE HAVING RECEIVED THE FOLLOWING TELETRANSMISSION.
AMENDING THE CAPTIONED DOCUMENTARY CREDIT.
FROM HSBC BANK PLC
(SWIFT ADDRESS: MIDLGB22)

27	Sequence of Total	1/1
20	Sender's Reference	DC MAN337710
21	Receiver's Reference	NONREF
23	Issuing Bank's Reference	DC MAN337710
31C	Date of Issue	230616
26E	Number of Amendment	01
30	Date of Amendment	230817
22A	Purpose of Message	ISSU
31D	Date and Place of Expiry	230918 IN COUNTRY OF BENEFICIARY
59	Beneficiary	XIAMEN KINGFORD CO., LTD 2/FL, HUAYUAN BULDING, NO.321 HUOJU ROAD, XIAMEN, CHINA T: 86 592 5778387 F: 86 592 5778397
44C	Latest Date of Shipment	230904
45B	Description of Goods and/or Services	/DELETE/ 001 SPA10106 MJ21726...9.85 59,100.00 30/08/2023 002 SPA10107 MJ21727...11.47 68,820 00 30/08/2023 /ADD/ 001 SPA10106 MJ21726 6000 9.85 59,100.00 04/09/2023 002 SPA10107 MJ21727 6000 11.47 68,820.00 04/09/2023

* * * * * END OF DC * * * * * * *

Hong Chang Long
006341

第十份　转让信用证(荷兰)

MTS720	**Transfer of a documentary credit**	
Sender:		RABONL2U RABOBANK NEDERLAND UTRECHT (AND ALL MEMBER RABOBANKS)
Receiver:		BKCHCNBJ44T BANK OF CHINA ZHONGSHAN BRANCH YUE LAI ZHONBG ROAD ZHONGSHAN, CHINA
*27	Sequence of Total	1/1

*40B	Form of Doc.Credit	IRREVOCABLE L/C ADDING OUR CONFIRMATION
*20	Transfer Bank's Ref	LM105544TZUD
*21	Doc.Credit Number	8335/IF
*31C	Date of Issue	230912
*40E	Applicable Rules	UCP LATEST VERSION
*31D	Expiry	Date 231029 Place UTRECHT
52A	Issuing Bank	BPLMFR2MXXX * BANQUE POPULAIREGNE * METZ
*50	First Beneficiary	ML WELLNESS B.V.SMS RESEARCH AND KAMPERFOELIELAAN 30 5056 XX BERKEL-ENSCHOT
*59	Second Beneficiary	ZHONGSHAN FOODSTUFFS IMP.AND EXP.CO.LTD.OF GUANGDONG COMPANY ADDS:NO.17 ZHONGSHAN 2 ROAD.ZHONGSHAN.GUANGDONG,P.R.CHINA
*32B	Amount	Currency EUR Amount 31.547,66
*41A	Available with/by	RABONL2UXXX * RABOBANK NEDERLAND * UTRECHT * (AND ALL MEMBER RABOBANKS) BY DEF PAYMENT
42P	Negotiations/Deferred Paym. DET.	DEFERRED PAYMENTS AT 40 DAYS AFTER BILL OF LADING DATE.
43P	Partial Shipments	NOT ALLOWED
43T	Transhipment	ALLOWED
44E	Port of Loading/Airport of departure	CHINESE PORT
44F	Port of Discharge/Airport of destination	ROTTERDAM
44C	latest Date of Ship.	231012
45A	Descript.of Goods	FOB CHINA 7 PCS MAGISTRAL SPA SOANA ALMOND PEARL/BROWN 5 PCS MAGISTRAL SPA SOANA DESSERT HORIZON/GREY 9 PCS MAGISTRAL SPA MONA BAY DES.HORIZON/GREY 1 PC MAGISTRAL SPA MONA BAY DES.HORIZON/GREY 22 MAGISTRAL SPA CONTRIBUTION MOULDS PRO SPA AS PER QUOTE ORDER CONFIRMATION NO 180508 DD 02SEP2023
46A	Documents Required	+ SIGNED COMMERCIAL INVOICE 3 COPIES ISSUED FOR THE TOTAL AMOUNT OF EUR 52.599.43 AND DEDUCTING AN ADVANCE PAYMENT OF 40 PERCENT ALREADY PAID BY T/T +2 COPIES PACKING LIST + COPY OF BILL OF LADING
47A	Additional Cond.	+ THE AMOUNT OF DOCUMENTARY CREDIT REPRESENTS 60 PERCENT OF THE VALUE OF GOODS -ADVANCE PAYMENT OF 40 PC I.E HAS BEEN ALREADY EFFECTED BY T/T. +A DISCREPANCY FEE OF EUR 100,00 OR EQUIVALENT WILL BE DEDUCTED FROM THE PROCEEDS FOR EACH PRESENTATION OF

		DISCREPANT DOCUMENTS UNDER THIS DOCUMENTARY CREDIT NOTWITHSTANDING AND INSTRUCTIONS TO THE CONTRARY. THIS FEE SHALL BE FOR ACCOUNT OF THE SECOND BENEFICIARY. +FIRST BENEFICIARY RETAINS THE RIGHT TO REFUSE TO ALLOW THE TRANSFERRING BANK TO ADVISE AMENDMENTS TO THE SECOND BENEFICIARY. +IN CASE OF DISCREPANCY(IES): THE REMITTING BANK IS REQUESTED TO AUTHORIZE THE TRANSFERRING BANK TO SEND THE DOCUMENTS ON APPROVAL BASIS TO THE ISSUING BANK. + REMITTING BANK MUST STATE REFERENCE NUMBER (LM105544TZUD) OF THE TRANSFERRING BANK ON THEIR REMITTANCE SCHEDULE.
71D	Details of Charges	ALL BANKING CHARGES EXCEPT THOSE OF THE TRANSFERRING AND ISSUING BANK ARE FOR 2ND BENEFICIARIES ACCOUNT. TRANSFERRING BANKS REIMBURSEMENT COSTS OF EUR 100 OR EQUIVALENT ARE FOR 2ND BENEFICIARIES ACCOUNT.
48	Presentation Period in Days	21
* 49	Confirmation	WITHOUT
78	Instruction	1. DOCUMENTS TO BE SENT TO RABOBANK NEDERLAND, ATTN. TRADE SERICES DEPT., GILDENKWARTIER 199, 3511 DH UTRECHT, THE NETHERLANDS BY COURIER SERVICE IN ONE LOT, QUOTING OUR REFERENCE NUMBER: LM105544TZUD. DOCUMENTS RECEIVED BY US ON A NON BANKING DAY. 2. UPON RECEIPT OF CREDIT COMPLYING DOCUMENTS, RABOBANK NEDERAND WILL PAY THE REMITTING PARTY AS PER THEIR INSTRUCTIONS AT MATURITY.
72Z	Send. To Rec. Info.	PLEASE PHONE/FAX/TELEX ADVISE SECOND BENEFICIARY, ACCOUNT NO.: 801805886308091001 KINDLY ACKNOWLEDGE RECEIPT.
	TRAILER BLOCK	Order is <MAC:> <PAC:> <ENC:> <CHK:> <PDE:> MAC: E24950FB CHK: D51F39249B98

第十一份　转通知信用证(尼日利亚)

--------MEASAGE BREAK--------

MT710

SENDER:ZEIBGB2L

ZENITH BANK (UK) LTD

RECEIVER:PCBCCNBJHPX

CHINA CONSTRUCTION BANK

SH TRADE SERVICE CENTER

L/C ARRIVAL DATE:28 JULY 2010

Sequence of Total	*27	1/1
Form of Doc.Credit	*40B	IRREVOCABLE ADDING OUR CONFIRMATION
Sender's Reference	*20	EXPLC1132/10
Doc.Credit Number	*21	ZLC292-1003541
Date of Issue	*31C	230723
Applicable Rules	*40E	UCP LATEST VERSION
Date/Place Exp.	*31D	231021 CHINA
Issuing Bank	52A	ZEIBNGLA
Applicant	*50	HERMONFIELD NIGERIA LTD 1,MOSHOOD TIJANI STREET,OFF RANDLE ROAD APAPA,LAGOS,NIGERIA
Beneficiary	*59	HUBEI HELI SPECIAL AUTOMOBILE MANUF.CO.,LTD NO.1ST XINGGUANG IND.PARK NORTH SUBURB,SUIZHOU CITY,HUBEI PROVINCE, CHINA
Currency Code,Amount	*32B	USD43260,00
Available with...By...	*41D	CREDIT AVAILABLE WITH ANY BANK BY PAYMENT
Drafts at...	42C	SIGHT
Drawee	42A	ZEIBNGLA
Partial Shipments	43P	NOT ALLOWED
Transhipment	43T	NOT ALLOWED
Port of Loading/Airport of Departure	44E	SHANGHAI PORT,CHINA
Port of Discharge/Airport of Destination	44F	TINCAN ISLAND SEAPORT,LAGOS,NIGERIA
Latest Date of Shipment	44C	230930
Description of Goods and/or Services	45A	2 UNITS OF BULK CEMENT SEMI-TRAILER (MODEL HLQ9401GFL) AS PER PROFORMA INVOICE NUMBER CH23070301 DATED 16/07/2023 CFR TINCAN ISLAND SEAPORT,LAGOS,NIGERIA
Documents Required	46A	1) 2/3 ORIGINALS OF OCEAN VESSEL BILL OF LADING CLAUSED "SHIPPED ON BOARD" MADE OUT TO THE ORDER OF ZENITH BANK PLC,PLOT 84,AJOSE ADEOGUN STREET, P. O. BOX 75315, VICTORIA ISLAND, LAGOS, NIGERIA CLAUSED "FREIGHT PREPAID" BEARING FORM

M NUMBER (MF755757, BA 057/20102920485) AND NOTIFY HERMONFIELD HIGERIA LIMITED. 1, MOSHOOD TIJANI STREET, OFF RANDLE ROAD APAPA, LAGOS, NIGERIA
2) TWO ORIGINAL COMBINED CERTIFICATE OF VALUE AND ORIGIN (FORM C16)
3) TWO ORIGINAL PACKING LISTS
4) TWO ORIGINAL MANUFACTURER'S CERTIFICATE OF PRODUCTION WITH STANDARDS ADOPTED STATED THEREIN (INCLUDING THE STANDARD NUMBER)

Additional Conditions 47A

1) (A) 1/3 SET OF ORIGINALS SHIPPING DOCUMENTS (BILL OF LADING, COMBINED CERTIFICATE OF VALUE AND ORIGIN (FORM C16), MANUFATERER'S CERTIFICATE AND PACKING LIST) TOGETHER WITH.
(B) COPIES OF SHIPPING DOCUMENTS SHOULD BE FORWARDED WITHIN 21 DAYS AFTER SHIPMENT DIRECTLY TO ZENITH BANK PLC, PLOT 84, AJOSE ADEOGUN STREET, P. O. BOX 75315, VICTORIA ISLAND, LAGOS, NIGERIA BY BENEFICIARY VIA COURIER SERVICE AND A CERTIFICATE PRESENTED TO THAT EFFECT.
2) A CERTIFICATE FROM THE BENEFICIARY STATING THAT SHIPMENT IS FINAL AND TO GIVE ZENITH BANK PLC IMMEDIATE POWER TO REPURCHASE THE UNUTILISED PORTION IF ANY.
3) DOCUMENTS MUST BE PRESENTED NOT LATER THAN TWENTY ONE(21) DAYS AFTER SHIPMENT.
4) L/C NUMBER AND FORM M NUMBER MUST BE INDICATED ON ALL SHIPPING DOCUMENTS.
5) WHEN A BILL OF LADING IS ENDORSED, IT MUST BE IN THE FOLLOWING FORMAT: NAME, DATE AND SIGNATURE
6) TRANSPORT DOCUMENTS MUST NOT INDICATE THE PLACE OF FINAL DESTINATION AS BEING DIFFERENT FROM THE PORT OF DISCHARGE
7) BENEFICIARY CERTIFICATE SIGNED BY THE AUTHORIZED OFFICERS TO THE EFFECT THAT "PRODUCTS/CARGOES HAD BEEN DELIVERDE IN CONFORMITY WITH THE TERMS OF THE L/C, THAT ALL NECESSARY DOCUMENTS HAVE BEEN FORWARDED TO THE CONSIGNEE AND THAT PAYMENT OF THE INVOICE FOR DELIVERY IS PROPERLY DUE TO THEM AND WOULD BE EXCLUSIVELY USED FOR THE SETTLEMENT OF THE INVOICE"
8) ALL DOCUMENTS MUST BE WRITTEN IN ENGLISH LANGUAGE
9) THE COMBINED CERTIFICATE OF VALUE AND ORIGIN (FORM C16) SIGNED AND WITNESSED MUST CONTAIN THE FOLLOWING DETAILS: FORM M NO, DESCRIPTION OF GOODS, PORT OFDESTINATION IN NIGERIA (SAME AS IN FIELD 45A), PORT OF LOADING, B/L NUMBER/VESSEL ORVOYAGE NUMBER/SHIPPING MARKS, FREIGHT COST, APPLICANT'S NAME, ADDRESS AND CONTACTS, BENEFICIARY'S NAME, ADDRESS AND CONTACTS, DATE OF SHIPMENT, COUNTRY OF ORIGIN AND COUNTRY OF SUPPLY. THE UNIT PROCES, FOB, FREIGHT COST AND CFR VALUES SHOULD BE STATED SEPA-

		RATELY. 10) SHIPMENT DOCUMENTS INCLUDING BILL OF LADING ETC DATED PRIOR TO L/C OPENING DATE (23/07/2023) IS NOT ACCEPTABLE. 11) KINDLY CONTACT BENEFICIARY ON TEL. NO. 86-722-3333735, 86-13797886195, FAX NO.86-722-3328092. 12) FREIGHT FORWARDERS BILL OF LADING NOT ACCEPTABLE. 13) INSURANCE COVERED BY BUYER.
Charges	71D	ALL CHARGES OUTSIDE NIGERIA ARE FOR THE ACCOUNT OF THE BENEFICIARY. CONFIRM 0.25 PCT PER QTR MIN USD100, PAYMT COMM 0.125 PCT MIN USD100, AMENDMENT USD100, DISCREP USD80 IF APPLIC. COURIER USD110 IF APPLIC.
Confirmation Instructions	* 49	WITHOUT
Reimbursing Bank	53A	ZEIBGB2L
Instructions to the Paying/Accepting/Negotiating Bank	78	THIS LC BEAR OUR CONFIRMATION AND WE UNDERTAKE TO HONOUR COMPLYING PRESENTATIONS OF DOCUMENTS RECEIVED BY US AT OUR COUNTERS. OUR MAILING ADDRESS IS: ZENITH BANK (UK) LTD, 39 CORNHILL LONDON, EC3V 3ND, ENGLAND, ALTERNATIVELY, THE NEGOTIATING BANK MAY SEND ITS AUTHENTICATED REIMBURSEMENT CAIM DIRECTLY TO US CERTIFYING THAT A COMPLYING PRESENTATION HAS BEEN FORWARDED TO THE ISSUING BANK, ZENITH BANK PLC, PLOT 84, AJOSE ADEOGUN STREET, P. O. BOX 75315, VICTORIA ISLAND, LAGOS, NIGERIA (IN TWO LOTS) BY COURIER, WE EMPHASISE THAT OUR CONFIRMATION IS CONTINGENT UPON RECEIPT BY US OF COMPLYING PRESENTATIONS. SETTLEMENT OF CAIMS FOR REIMBURSEMENT FROM THE NEGOTIATING BANK WILL BE SUBJECT TO RECEIVING THE ISSUING BANK'S SPECIFIC AUTHORITY TO HONOUR.
"Advise Through" Bank	57D	CHINA CONSTRUCTION BANK CORPORATION ACC 42001813639059928651 OUR REF.42081110000234 XX/YY

第十二份　信开信用证(孟加拉国)

Islami Bank Bangladesh Limited
Chawk Mongaltuly Branch
93, Chawk Mogaltuly, Dhaka, Bangladesh
PHONE: 7313489, 7313508, 7318013
SWIFT: IBBLBDDH105

IRREVOCABLE DOCUMENTTARY CRDIT
NUMBER: 086310010601

Date of issue: 05.07.2023

Date of expiry: 30,09,2023

Advising Bank: HSBC Trade Services Dept.
34/F HSBC TOWER 101 YION CHENG EAST ROAD
PUDONG SHANGHAI, CHINA
SWIFT: HSBCCNSH
Amount: USD2823.51　CFR Dhaka
(U.S.Dollar Two Thousand Eight Hundred Twenty Three and cent fifty one only)

Place of issue: Dhaka Bangladesh

Place of expiry: China

Beneficiary: Ningbo Hanshang Hydraulic Co., Ltd.
118 Qiancheng Road, Zhenhai, Ningbo City,
Zhejiang Province, 315207, China
Tel: 0086-574-86867967
Fax: 0086-574-86867267

Partial shipment: Not Allowed **Transshipment**: Allowed
Port of Load: Any Port of China
Port of Discharge: Chittagong Sea Port, Bangladesh
Latest Date of Shipment: 15,09,2023

Applicant: Arialbil Technology.
2/D Plot No.70 Chereaya Khana Road, Mirpur.
Dhaka-1216 Bangladesh
Tel: +88-2-8615761,
Cell: +88-1912097798

Credit available with any Bank in China by Payment against documents detailed herein and beneficiary's drafts in duplicate at sight drawn on Ourselves under documentary credit for 100% CFR invoice value.

Covering shipment of: Hydraulic valve for Injection Molding Machine Model-HAIDA-168/288: details as per Profoma Invoice No.HSC230630 Dated 30.06.2023 of the beneficiary which must appear in the Invoice and Bill of Lading. Authenticated copy if the Profoma Invoice is enclosed herewith which constitutes an integral part of the credit. The Price, Quantity & all other specification of the goods must be in accordance with the above Profoma Invoice.

Documents Required:

(a) Signed Commerceial invoice in 8 fold certifying merchandise to be of China origin & imported against IRC No.B-0196420. LCAF No.146980 issued under CASH system & H.S.Code No.8477.90.00.

(b) Full set of clean shipped on board ocean Bill of Lading +3 non negotiable B/L marked Freight prepaid drawn on or endorsed to the order of Islami Bank Bangladesh Ltd. Notify opener and us.

(c) Insurance Covered by opener. All shipment under this Credit must be advised by the beneficiary on the date of shipment directed to Islami Commercial Insurance Company Limited, Head Office: Khan Mansion (6th Floor) 107, Motijheel C/A, Dhaka-1000, the opener & us referring to Cover Note No. ICI/DIL/MC-251/07/2023 Dtd. 05.07.2023 (issued by their Dilkusha Branch, Dhaka) & our L/C No. giving full details of shipment. A copy of this advice to accompany each set of documents.

(d) Certificate of origin in duplicate from Chamber of Commerce/Govt./Competent Authority.

(e) Detailed Packing list in 6 fold.

(f) One set of Non Negotiable Documents including detailed packing list must be dispatched to applicant within 5 days after shipment by courier. Courier receipt must accompany documents.

HSBC DHAKA SIGNATURE VERIFIED

Authorised Signature

Authorised Signature

This documents consists of 2 (Two) Signed page (s)

ISLAMI TAWHID-UL
036600

SIGNATURE VERIFIED HSBC

Hong Cheng Long
006341

Additional Condition(S):

01.Packing must be Export Standard.Importer's Name,Address and TIN 006−108−0518 must be mentioned on the packet for at least 2% of total Packet.A Certificate in this regard must accompany with original documents.

02.Country of origin must be mentioned on each Packet.

03.Documents evidencing shipment must not be dated earlier than the date of opening this credit.

04.All foreign bank charges including reimbursement Fees/Commission outside Bangladesh are on beneficiary's account.

05.The name of our Bank and L/C No.must be mentioned on all shipment documents.

06.Shipment/Transshipment of goods destined for Bangladesh by Israeli Flag Carrier Prohibited.A certificate in this regard issued by the Carrier/Agent of the Carrier must accompany with original documents.

07.Third party,Short form,Claused Bill of Lading not acceptable.

08.Control System for Injection Molding Machine Spare Parts must be brand new a certificate in this regard issued by the beneficiary must accompany with original documents.

- Documents to be presented within 15 days from the date of issuance of the transport documents but within the validity of the credit.
- We have issued the documentary credit as detailed above.it is subject to the Uniform Customs and Practice for Documentary Credits (International Chamber of Commerce Publication No.600).
- We request you to advise the credit to the beneficiary under intimation to us.without adding your confirmation.

Instruction for Negotiating Bank:

(i) In reimbursement upon receipt of documents strictly complying credit terms we shall effect payment in New York, USA, as per your instructions along with a certificate that all the terms and condition of the credit have been fully complied with.

(ii) On the date of negotiation, negotiating Bank shall send a SWIFT message to us advising value of documents negotiated.Copy of such SWIFT to accompany each set of documents.

(iii) Original set of documents including 6 copies of invoice and duplicate set of documents along with rest 2 copies of invoice to be sent to us by successive Registered AIR Mail Courier immediately after negotiation.

(iv) Documents with discrepancies not to be negotiated even under reserve without our prior approval.

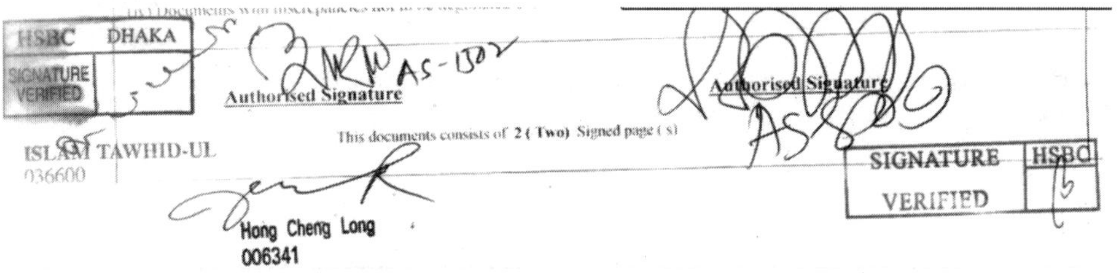

NINGBO HANSHANG HYDRAULIC CO., LTD.

118 **QIANCHENG ROAD, ZHENHAI, NINGBO CITY,**
ZHEJIANG PROVINCE, 315207, **CHINA**
TEL: 0086-574-86867967 **FAX**: 0086-574-86867267

PROFORMA INVOICE

Buyer: ARIALBIL TECHNOLOGY 2/D Plot No.70 Chereaya Khana Road, Mirpur. Dhaka-1216 Bangladesh Tel: +88-2-8615701, Cell: +88-1912097798	**Proforma Invoice No.& Date:** **PI No.**: HSC230630 Date: 2023-06-30
Offer Validity: 2023-08-31	Port of Loading: Any Port of China
Date of Shipment: Within 30 days after received L/C	Terms of Payment: Irrevocable L/C at sight
Part Shipment & Transshipment: Not allowed	Port of Discharge: Chittagong, Bangladesh
Last date of Negotiation: Three weeks from the date of shipment.	

P/I for Hydraulic valve for Injection Molding Machine Model-HAIDA-168/288

SL	Description	Qty	Unit Price	Amount(USD)
1	4DWG6	47Pcs	24.91	1170.77
2	4DWG10	30Pcs	40.32	1209.60
3	PBW-101A_1-60/315V-G24 N	6Ps	54.83	328.98
4	Z2DS 10 A/B 10	4Ps	28.54	114.16
			Total	2823.51

Amount in words: US Dollar Two Thousand Eight Hundred Twenty Three and Cents Fifty One only.

CFR Chittagong

HS Code: 8477.90.00

宁波汉商液压有限公司
NINGBO HANSHANG HYDRAULIC CO.,LTD.

Arialbil Techno...
Proprietor

Authenticated Copy of the Proforma Invoice
Indent which an integral part of
L/C No...... 0863100010601
But the terms and conditions as appearin
in the proforma invoice (S)/indent (S)
which have not been stipulated
in the credit are void.
Authorized Signature
AS-1532
AS-80

附录一　空白单据模板

附表 1-1　中国工商银行信用证开证申请书

不可撤销跟单信用证申请书

APPLICATION FOR IRREVOCABLE DOCUMENTARY CREDIT

TO: **INDUSTRIAL AND COMMERCIAL BANK OF CHINA ________ BRANCH**　　**Date:**

Please establish by □SWIFT □ brief cable □ airmail an Irrevocable Credit as follows:

Advising Bank: (to be left for bank to fill in)	(20) Irrevocable Documentary Credit No. (31D) Expiry Date and place
(50) Applicant: (Full name & detailed address)	(59) Beneficiary: (Full name & detailed address)
(32B) Currency code, Amount (In words and figures) (39A) Quantity and Credit amount tolerance ________%	
(41a) Credit Available With □ any bank □ Issuing Bank□ other (pl.Indicate) By □ Negotiation □ Acceptance □ Sight Payment□ Deferred payment at ________	
(42C) Draft at ________________ for ________% of invoice value	
(42a) Draw on ________________	
(43P) Partial shipment □allowed □ not allowed	(43T) Transshipment□allowed□not allowed
(44A) Place of Taking in Charge /Dispatch from .../Place of Receipt (44E) Port of Loading/Air Port of Departure	(44F) Port of Discharge/Air Port of Destination (44B) Place of Final Destination/ For Transportation to .../Place of Delivery
(44C) Latest shipment date	
(45A) Description of goods Price term: Packing:	
(46A) Documents required: (marked with×) (　) Signed Commercial Invoice in ________ indicating L/C No.and Contract No. (　) ________ set of clean on board ocean Bills of Lading made out to order and blank endorsed marked "freight ________" notifying□Applicant□ (　) Air Waybills showing "freight □ to collect □prepaid" indicating freight amount and consigned to □Applicant □Issuing Bank (　) Forwarding agent's Cargo Receipt (　) Insurance Policy/Certificate in ________ for ________ % of the invoice value showing claims payable in China in currency of the draft, blank endorsed, covering (□Ocean Marine Transportation □Air Transportation □Over Land Transportation) All Risks, War Risks, including ________ as per ________ Clause. (　) Packing List/Weight Memo in ________ indicating quantity/gross and net weights of each package and packing conditions as called for by the L/C. (　) Certificate of Quantity/Weight in ________. (　) Certificate of Quality in ________ issued by □ Beneficiary □ public recognized surveyor □ manufacturer. (　) Beneficiary's certified copy of fax/telex dispatched to the accountees within ________ hours after shipment advising □name of vessel□B/L No. □ Flight No.□Wagon No.□Shipping date□contract No.□L/C No., Commodity, quantity, weight and value of shipment.	
(47A) Additional conditions: (Marked with×) (　) Documents issued earlier than L/C issuing date are not acceptable. (　) All documents to be forwarded in one cover, unless otherwise stated. (　) The remaining ________% of invoice value. (　) Third party as shipper□is□is not acceptable.	
(71B) All banking charges and interest if any outside opening bank are for account of □beneficiary □other (pl.Indicate)	
(48) Documents to be presented within ________ days after the date of issuance of the transport document(s) but within the validity of the credit	

依照国际商会《跟单信用证统一惯例》（2007年修订版）第600号出版物

附表 1–2　信用证修改申请书(招商银行)

APPLICATION FOR AMENDMENT TO LETTER OF CREDIT
信用证修改申请书

No.of Credit Facility :　　　　　　　　　　　　　　　　Date :
授信额度编号:　　　　　　　　　　　　　　　　　　　　日期:

To: China Merchants Bank　　　　　　　　Branch(Sub-Branch)
致: 招商银行　　　　　　分（支）行

L/C No. ____________　　　　　　　　Amount : ____________
信用证号码: ____________　　　　　　金　额: ____________

Amendment No.
修改次数（银行填写）:

Please amend the above L/C by Swift/Telex as follows <marked with (X) > :
请以SWIFT/电传方式修改上述信用证如下<注有（X）部分 > :

(　　) Shipment date is extended to ____________

(　　) Expiry date is extended to ____________

(　　) Increasing/Decreasing credit amount by ____________ to ____________

Others:

(　　) ____

All other terms and conditions remain unchanged.
其余条款不变。

This amendment charges and fees if any,

(　　) are for our a/c No.____________
修改之手续费及电信费用，请从我司____________ 账号扣付。

(　　) are borne for beneficiary's account and will be deducted upon payment.
由受益人负担，将在付款时扣除。

Stamp and signature(s) of the applicant
申　请　人　签　章

____

Authorized Signature(s) and Company Chop

附表 1-3　商业发票

<table>
<tr><td colspan="2">Issuer</td><td colspan="3" rowspan="2">商业发票
COMMERCIAL INVOICE</td></tr>
<tr><td colspan="2" rowspan="2">To</td></tr>
<tr><td>No.</td><td colspan="2">Date</td></tr>
<tr><td colspan="2" rowspan="2">Transport details</td><td>S/C No.</td><td colspan="2">L/C No.</td></tr>
<tr><td colspan="3">Terms of payment</td></tr>
<tr><td>Marks and numbers</td><td>Number and kind of package
Description of goods</td><td>Quantity</td><td>Unit price</td><td>Amount</td></tr>
<tr><td rowspan="2"></td><td colspan="4"></td></tr>
<tr><td></td><td></td><td></td><td></td></tr>
<tr><td colspan="5">Total:
Say total:</td></tr>
</table>

附表 1-4 加拿大海关发票

Canada Border Services Agency	Agence des services frontaliers du Canada	CANADA CUTOMS INVOICE FACTURE DES DOUANES CANADIENNES		Page of de

1.Vendor (Name and address) - Vendeur (Nom et adresse)	2. Date of Direct Shipment to Canada -Date d'expedition directe vers le Canada
	3. Other References (Include Purchaser's Order No.) Autres references (Inclure le n de commande de I' acheteur)
4. Consignee (Name and Address)/ Destinataire (Nom et adresse)	5. Purchaser's Name and Address (if other than Consignee) Nom et adresse de I'acheteur (S'il differed u destinataire)
	6. Country of Transhipment - Pays de transbordement
	7. Country of Origin of Goods Pays d'origine des merchandises IF SHIPMENT INCLUDS GOODS OF DIFFERENT ORIGINS ENTER ORIGINSAGAINST ITEMS IN 12. SIL'EXPEDITION COMPREND DES MARCHANDISE D'ORIGINES DIFFERENTES,PRECISEZ LEUR PROVENANCE EN 12
8. Transportation Give Mode and Place of Direct Shipment to Canada Transport Preciser mode et point d'expedition directe Vers le Canada	9. Conditions of Sale and Terms of Payment (i.e.Sale,Consignment Shipment.Leased Goods,etc.) Conditions de vente et modalites de paiement (p.ex.vente,expedition en consignation,location de marchan-dises.etc.)
	10. Currency of Settlement - Devises du paiement

11.Number of packages Nombre de colis	12. Specification of Commodities (Kind of Packages, Marks and Numbers, General description and characteristics,i.e.Grade, Quality) Designation des articles(nature des colis,marques et numeros,description generale et caracteristiques,p.ex.lasse,qualite)	13. Quantity (State Unit) Quantity (Preciser I'unite)	Selling Price- Prix de vente 14. Unit Price Prix unitaire	15. Total

18. If any of fields 1 to 17 are included on an attached commercial invoice. Check this box ☐ Si tout renselgnement relativement aux zones 1 a 17 figure sur une ou des factures commerclales ci-attachees, cochez cette case Commercial Invoice No. – N0 de la facture commerclale ________	16. Total Weight - Poids Total Net	Gross – Brut	17. Invoice Total Total de la facture

19. Exporter's Name and Address (If other than Vendor) Nom et adresse de I'exportatur (S'il deffere du vendeur)	20. Originator (Name and Address) - Expediteur d'origine (Nom et adresse)
21 Department Ruling (If applicable)/Decision du Ministere (S'il y a lieu)	22 If fields 23 to 25 are not applicable, check this box Si les zones 23 a 25 sont sans object,cocher cete boite ☐

23 If included in field 17 indicate amount Si compris dans le total a la zone 17, Preciser: (i) Transportation charges, expenses and insurance from the place of direct shipment to Canada ________ (ii) Costs for construction, erection and assembly incurred after importation into Canada ________ (iii) Export packing Le cout de l'emballage d'exportation ________	24 If not included in field 17 indicate amount Si non copris dans le total a la zone 17 Preciser: (i) Transportation charges. Expenses and insurance to the place of direct shipment to Canada ________ (ii) Amounts for commissions other than buying commissions ________ (iii) Export packing Le cout de l'emballage d'exportation ________	25. Check (If applicable): Cocher (S'il y a ;jeu): (i) Royalty payments or subsequent proceeds are paid or payable by the purchaser. ☐ (ii) The purchaser has supplied goods or services for use in the production of these goods. ☐

Dans ce formulaire, toutes les expresslons deslgnant des personnes visent a la fols les homes et les femmes

附表 1-5　装箱单

<table>
<tr><td colspan="2">Issuer</td><td colspan="5" rowspan="2">装箱单
PACKING LIST</td></tr>
<tr><td colspan="2" rowspan="2">To</td></tr>
<tr><td colspan="3">Invoice No.</td><td colspan="2">Date</td></tr>
<tr><td>Marks and numbers</td><td>Number and kind of package
Description of goods</td><td>Package</td><td>Quantity</td><td>G.W.</td><td>N.W.</td><td>Meas.</td></tr>
<tr><td></td><td></td><td></td><td></td><td></td><td></td><td></td></tr>
<tr><td colspan="7">Total:
Say total:</td></tr>
</table>

附表 1-6　集装箱货物托运单

BOOKING ORDER(托运单)

<table>
<tr><td colspan="3" rowspan="2">SHIPPER(托运人)</td><td colspan="3">SERVICE ITEM</td></tr>
<tr><td>(　)CY
(　)CFS
(　)DOOR</td><td>TO</td><td>(　) CY
(　) CFS
(　) DOOR</td></tr>
<tr><td colspan="3" rowspan="3">CONSIGNEE(收货人)</td><td colspan="3">拖车
(　)委托拖车　(　)自拖</td></tr>
<tr><td colspan="3">报关
(　)委托报关　(　)自报</td></tr>
<tr><td colspan="3">报检
(　)委托报检　(　)自报</td></tr>
<tr><td colspan="3">NOTIFY(被通知人)</td><td colspan="2">运费
(　)预付
(　)到付</td><td>委托办理保险
(　)是
(　)否</td></tr>
<tr><td colspan="2">VESSEL/VOY(船名/航次)</td><td>CLOSING DATE(截关期)</td><td colspan="3" rowspan="2">柜型/数量
(　)×20'　(　)×40'
(　)×40HQ'　(　)×45'
LCL(散货)(　)</td></tr>
<tr><td colspan="2"></td><td></td></tr>
<tr><td colspan="2">PORT OF LOADING(装货港)</td><td>PORT OF DISCHARGE(卸货港)</td><td colspan="3">PORT OF DELIVERY(目的港)</td></tr>
<tr><td colspan="2"></td><td></td><td colspan="3"></td></tr>
</table>

MARKS 标记/号码	QTY 数量	DISCRIPTIONG OF GOODS 货名	G.W. 毛重	N.W. 净重	CBM 体积

REMARKS(如要委托拖车,请在此标明拖货地点)	FREIGHT CONFIRM(运费确认)

SHIPPER'S SEAL & SIGNED(托运人签章)

联系人:　　　　电话:　　　　传真:

附表 1-7　空运货物托运单

国　际　航　空　货　运　输　托　运　书

SHIPPER'S INSTRUCTIONS TO ARRANGE FOR SHIPMENT OF GOODS

<table>
<tr><td colspan="4">Shipper's Name and Address 发货人</td><td rowspan="2">祥麟国际货运代理有限公司
KYLIN CARGO LTD
Kylin Cargo
Tel:+86-755-26457586 Fax:26457300</td></tr>
<tr><td colspan="4">Consignee's Name and Address 收货人</td></tr>
<tr><td colspan="4" rowspan="2">Notify Party 通知人</td><td>Airfreight Charges:　To be prepaid □　To be collected □(If service available)</td></tr>
<tr><td rowspan="2">Other Charges:　To be prepaid □　To be collected □(If service available)</td></tr>
<tr><td colspan="4">Flight Required 要求航班</td></tr>
<tr><td colspan="2">Departure 始发港</td><td colspan="2">Destination 目的地</td><td rowspan="3">Special Instruction:
航空公司对随机文件不负保管责任。
Airlines don't take the responsibility for takekeeping of Doc.Attached.</td></tr>
<tr><td colspan="4">Air Rate 运费</td></tr>
<tr><td>D/D
门到门</td><td>D/P
门到机场</td><td>P/D
机场到门</td><td>P/P
机场到机场</td></tr>
</table>

Marks, №s, № and Kind of Packages 唛码件数及包装种类	Description of Goods 货物品名(中英文)	Gross Weight 毛重	Measurement 尺寸

Declared value for carriage	Declared value for Customs	Insured Value	Documents to accompany Air waybill of House Air waybill(随机文件)
N.V.D	**As Per Inv.**	**N.I.L.**	Packing List □　Commercial Invoice □ Certificate □　Other Document □

* 我们将于承诺的时间将运输完成,请您同目的地客人保持联系,以确认是否按时收到。如果目的地没有不正常的反馈,我们认为运输正常完成! 代理人	日期 Date ______________ 经手人 Agent ______________ 托运人签字盖章 Signature of Shipper ______________

* * 托运人证明以上所填全部属实,并无违禁物品,愿意遵守承运人的一切载运章程,并愿意承担由此产生的法律责任。

附表 1-8 海运提单

1.Shipper Insert Name, Address and Phone	B/L No. 中远集装箱运输有限公司 COSCO CONTAINER LINES TLX:33057 COSCO CN FAX:+86(21) 6545 8984 **ORIGINAL** Port-to-Port or Combined Transport **BILL OF LADING**
2.Consignee Insert Name, Address and Phone	
3.Notify Party Insert Name, Address and Phone (It is agreed that no responsibility shall attach to the Carrier or his agents for failure to notify)	RECEIVED in external apparent good order and condition except as otherwise noted. The total number of packages or unites stuffed in the container, The description of the goods and the weights shown in this Bill of Lading are Furnished by the merchants, and which the carrier has no reasonable means of checking and is not a part of this Bill of Lading contract. The carrier has issued the number of Bills of Lading stated below, all of this tenor and date, one of the original Bills of Lading must be surrendered and endorsed or signed against the delivery of the shipment and whereupon any other original Bills of Lading shall be void. The merchants agree to be bound by the terms and conditions of this Bill of Lading as if each had personally signed this Bill of Lading. SEE clause 4 on the back of this Bill of Lading (Terms continued on the back Hereof, please read carefully). * Applicable only when document used as a Combined Transport Bill of Lading.

4.Combined Transport * Pre-carriage by	5.Combined Transport * Place of Receipt
6.Ocean Vessel Voy.No.	7.Port of Loading
8.Port of Discharge	9.Combined Transport * Place of Delivery

Marks & Nos. Container/Seal No.	No.of Containers or Packages	Description of Goods (If Dangerous Goods, See Clause 20)	Gross Weight Kgs	Measurement
		Description of Contents for Shipper's Use Only (Not part of This B/L Contract)		

10.Total Number of containers and/or packages (in words)
Subject to Clause 7 Limitation

11.Freight & Charges	Revenue Tons	Rate	Per	Prepaid	Collect
Declared Value Charge					

Ex. Rate:	Prepaid at	Payable at	Place and date of issue
	Total Prepaid	No.of Original B(s)/L	Signed for the Carrier, COSCO CONTAINER LINES

LADEN ON BOARD THE VESSEL
DATE BY

附表 1-9 中国国际航空公司货运单

999			999-	

Shipper's Name and Address	Shipper's Account Number	Not Negotiable Air Waybill Issued by 中国国际航空公司 AIR CHINA BEIJING CHINA
		Copies 1,2 and 3 of this Air Waybill are originals and have the same validity.
Consignee's Name and Address	**Consignee's Account Number**	It is agreed that the goods described herein are accepted for carriage in apparent good order and condition (except as noted) for carriage SUBJECT TO THE CONDITIONS OF CONTRACT ON THE REVERSE HEREOF. ALL GOODS MAY BE CARRIED BY AND OTHER MEANS INCLUDING ROAD OR ANY OTHER CARRIER UNLESS SPECIFIC CONTRARY INSTRUCTIONS ARE GIVEN HEREON BY THE SHIPPER. THE SHIPPER'S ATTENTIONIS DRAWN TO THE NOTICE CONCERNING CARRIER'S LIMITATION OF LIABILITY. Shipper may increase such limitation of liability by declaring a higher value for carriage and paying a supplemental charge if required.
Issuing Carrier's Agent Name and City		Accounting Information
Agent's IATA Code	Account No.	
Airport of Departure (Addr. of First Carrier) and Requested Routing		

To	By First Carrier Routing and Destination	to	by	to	by	Currency	CHGSCode	WT/VAL PPD	WT/VAL COLL	Other PPD	Other COLL	Declared Value for Carriage	Declared Value for Customs

Airport of Destination	Flight/Date For Carriervse only	Flight/Date	Amount of Insurance	INSURANCE – If Carrier offers insurance, and such insurance is requested in accordance with the conditions thereof, indicate amount to be insured in figures in box marked "Amount of Insurance".

Handing Information

(For USA only) These commodities licensed by U.S.for ultimate destination ··················.Diversion contrary to U.S.law is prohibited

No of Pieces RCP	Gross Weight	Kg lb	Rate Class Commodity Item No.	Chargeable Weight	Rate Charge	Total	Nature and Quantity of Goods (incl.Dimensions or Volume)

Prepaid	Weight Charge Collect	Other Charges
Valuation Charge		
Tax		Shipper certifies that the particulars on the face hereof are correct and that insofar as any part of the consignment contains dangerous goods, such part is properly described by name and is in proper condition for carriage by air according to the applicable Dangerous Goods Regulations.
Total other Charges Due Agent		
Total other Charges Due Carrier		
		·························· Signature of Shipper or his Agent
Total Prepaid	Total Collect	
Currency Conversion Rates	CC Charges in Dest.Currency	
		·························· Executed on (date) at(place) Signature of Issuing Carrier or its Agent
For Carrier's Use only at Destination	Charges at Destination	Total Collect Charges 999-

ORIGINAL 3 FOR SHIPPER

附表 1-10　国际铁路联运单(正面)

运单正本—Оригиал накладной
(给收货人)—(для　получателя)

发送路简称(Сокращенное наименование дороги отправления) 中铁 КЖД **1**

1　发货人,通信地址—Отправитель, почтовый　а дрес

批号—Отправка №
25 (检查标签—контрольная этикетка)

运输号码

2　合同号码—Договор №

3　发　站
Станция отправления

4　发货人的特别声明—Особые заявления отпра вителя

5　收货人,通信地址—Получатель, почтовый　а дрес

26　海关记载—Отметки　таможни

6　对铁路无约束效力的记载—Отметки, необязательные для железной дороги

7　通过的国境站—Пограничные станции перехода

27 车辆—Вагон／ 28 标记载重(吨) Подьемная сила(т)／ 29 轴数—Оси
30 自重—Масса тары／31 换装后的货物重量—Масса груза после перегрузки

27	28	29	30	31

8　到达路和到站—Дорога и станция назначения

国际货协—运单　慢运
СМГС – Накладная малой скорости

9　记号、标记、号码 Знаки, марки, номера	10　包装种类 Род упаковки	11　货物名称 Наиме нование груза	50 附件第 2 号 прил. 2	12　件数 Число мест	13　发货人确定的重量(公斤)—Масса(в кг) определен отпра вителем	32　铁路确定的重量(公斤)—Масса(в кг) определен железной дорогой

14　共计件数(大写)—Итого　мест　прописью

15　共计重量(大写)—Итого　масса　прописью

16　发货人签字—Подпись отправителя

17　互换托盘—Обменные поддоны
数量—Количество

集装箱／运送用具—Контейнер／Перевозочные средства
18　种类—Вид
类型—Категория
19　所属者及号码
Владелец и №

20　发货人负担下列过境铁路的费用—Отправителем приняты платежи за следующие транзитные дороги

21　办理种别—Род отправки
整车*) повагон－ная*)　零担*) мелкая*)　大吨位集装箱*) Крупнотоннажного Контейнера*)

22 由何方装车 Погружено
发货人*) отправи－телем*)　铁路*) железной дорогой*)

*)不需要的划销—Ненужное зачеркнуть

23　发货人添附的文件—Документы, приложенные отправителем

24　货物的声明价格 Обьявленная ценность груза за
瑞士法郎 шв. фр.

45　封印 Пломбы

个数 Количество	记号—Знаки

33
34
35
36
37
38
39
40
41
42
43
44

46　发站日期戳—Календарный штемпель　станции　отправления	47　到站日期戳—Календарный штемпель　станции　назначения	48　确定重量方法 Способ определения массы	49　过磅站戳记,签字—Штемпель станции взвешивания, подпись

附表 1-11　国际铁路联运单(背面)

53 联运—Сообщение	60 类项号码 № позиции	61 等级 Класс	62 费率 Ставка	63 计费重量(公斤) Расчётная масса(кг)	68 向发货人计算的费用 Расчёты с отпра вите ле м 70 款项 卢布—Сумма в рублях	71 款额单位 Сумма в	69 向收货人计算的费用 Расчёт ы с полу чателем 72 款项 卢布—Сумма в рублях	73 款额单位 Сумма в
54 运费 Провоз на я плата 自 от 至 до					74	75	76	
杂费 Дополните ль ные сборы = = =	= =			▶	78	79	80	
64　65　66 км 公里　67 运价 Та риф				共计 Итого	82	83	84	85
55 运费 Провоз на я плата 自 от 至 до	60	61	62	63	74		76	
杂费 Дополните ль ные сборы = =	=			▶	78		80	
64　65　66 км 公里　67 运价 Та риф				共计 Итого	82	83	84	85
56 运费 Провоз на я плата 自 от 至 до	60	61	62	63	74		76	
杂费 Дополните ль ные сборы = =	=			▶	78		80	
64　65　66 км 公里　67 运价 Та риф				共计 Итого	82	83	84	85
57 运费 Провоз на я плата 自 от 至 до	60	61	62	63	74		76	
杂费 Дополните ль ные сборы = =	=			▶	78		80	
64　65　66 км 公里　67 运价 Та риф				共计 Итого	82	83	84	85
58 运费 Провоз на я пла та 自 от 至 до	60	61	62	63	74		76	
杂费 Дополните ль ные сборы = =	=			▶	78		80	
64　65　66 км 公里　67 运价 Та риф				共计 Итого	82	83	84	85
59 运费 Провоз на я плата 自 от 至 до	60	61	62	63	74		76	77
杂费 Дополните ль ные сборы = = =	= =			▶	78		80	81
64　65　66 км 公里　67 运价 Та риф				共计 Итого	82	83	84	85
90 兑换率—Курс пе рес чёта								
发送路—дороги отпра вления	到达路—дороги назна че ния			总计 Всего	86	87	88	89

91 有关计费记载 Отме т ки о рас чётах платежей	87′ 应向发货人核收的总额(大写)—Всего взыскать с отпра вите ля (пропис ью)　　签 字—Подпись
	89′ 应向收货人核收的总额(大写)—Всего взыскать с полу чате ля (пропис ью)　　签 字—Подпись
	92 应向发货人补收的费用—Дополнительно взыскать с отправителя за

附表 1-12　公路运单

广西华越国际物流有限公司
GUANGXI HUAYUE INTERNATIONAL LOGISTICS CO., LTD.

正本
ORIGINAL

公路提单
BILL OF TRUCK

发货人： Shipper		编号： (NO)	
		发票号：(Invoice No)	
收货人： Consignee		合同号： (Contract No)	
		信用证号 L/C NO.:	
		装运日期 Date of Shipment	车号 Truck No:
通知方： Notify			
发自： From	经由 Via　　运至 To		

唛头及号码 Marks and Nos	件数及包装 Number & Kind of Pkgs	货名 Description of goods	毛重(公斤) G.W.(KG)	尺码(立方米) Measurement (M^3)
		合计 Total:		

合计件数(大写) Total Pkgs(in words)		
运费付讫地点 Freight payable at		请向下列地点接洽提货 For Delivery apply to
正本份数 (Number of Original)		
其中任何一份经完成提货手续后，其余各份即失效。 One of which being accompished, the other(s) to be void.		

发货人盖章 Shipper's Endorsement	收货人签收 Consignee's Signature	签单地点及日期 Place and Date of Issue	
		广西华越国际物流有限公司 GUANGXI HUAYUE INTERNATIONAL LOGISTICS CO., LTD.	

附表 1-13 装运通知

海南天一进出口公司
HAINAN TIANYI IMPORT & EXPORT CORPORATION
NO.34 NAHAI ROAD ,HAIKOU,HAINAN,CHINA

TEL:0898-67331504,0898-64715787 FAX:88961196

SHIPPING ADVICE

TO:

ISSUE DATE:
L/C NO.:
S/C NO.:

Dear Sir or Madam:

We are Please to Advice you that the following mentioned goods has been shipped out,Full details were shown as follows:

Invoice Number:
Bill of loading Number:
Ocean Vessel:
Port of Loading:
Date of shipment:
Port of Destination:
Estimated date of arrival:
Containers/Seals Number:
Description of goods:

Shipping Marks:

Quantity:
Gross Weight:
Net Weight:
Total Value:

Thank you for your patronage.We look forward to the pleasure of receiving your valuable repeat orders.

Sincerely yours,

附表 1-14　出口货物报关单

中华人民共和国海关出口货物报关单

预录人编号：　　　　海关编号：　　　　页码/页数：

<table>
<tr><td>境内发货人</td><td colspan="2">出境关别</td><td colspan="2">出口日期</td><td colspan="2">申报日期</td><td>备案号</td></tr>
<tr><td>境外收货人</td><td colspan="2">运输方式</td><td colspan="2">运输工具名称及航次号</td><td colspan="3">提运单号</td></tr>
<tr><td>生产销售单位</td><td colspan="2">监管方式</td><td colspan="2">征免性质</td><td colspan="3">许可证号</td></tr>
<tr><td>合同协议号</td><td colspan="2">贸易国(地区)</td><td colspan="2">运抵国(地区)</td><td colspan="2">指运港</td><td>离境口岸</td></tr>
<tr><td>包装种类</td><td>件数</td><td>毛重(千克)</td><td>净重(千克)</td><td>成交方式</td><td>运费</td><td>保费</td><td>杂费</td></tr>
<tr><td colspan="8">随附单证及编号
随附单证 1：　　　　随附单证 2：</td></tr>
<tr><td colspan="8">标记唛码及备注</td></tr>
<tr><td colspan="8">项号 商品编号 商品名称及规格型号 数量及单位 单价/总价/币制 原产国(地区) 最终目的国(地区) 境内货源地 征免</td></tr>
<tr><td colspan="8">1</td></tr>
<tr><td colspan="8">2</td></tr>
<tr><td colspan="8">3</td></tr>
<tr><td colspan="8">4</td></tr>
<tr><td colspan="8">5</td></tr>
<tr><td colspan="8">6</td></tr>
<tr><td colspan="8">7</td></tr>
<tr><td colspan="8">8</td></tr>
<tr><td colspan="8">特殊关系确认：　价格影响确认：　支付特许权使用费确认：　自报自缴：</td></tr>
<tr><td colspan="5">报关人员　报关人员证号　电话　兹申明以上内容承担如实申报、依法纳税之法律责任
申报单位　　　　申报单位(签章)</td><td colspan="3">海关批注及签章</td></tr>
</table>

附表 1-15　进口货物报关单

中华人民共和国海关进口货物报关单

预录入编号：　　　　　　　　　　海关编号：　　　　　　　　　　页码/页数：

<table>
<tr><td>境内收货人</td><td colspan="2">进境关别</td><td colspan="2">进口日期</td><td colspan="3">申报日期</td><td colspan="2">备案号</td></tr>
<tr><td>境外发货人</td><td colspan="2">运输方式</td><td colspan="2">运输工具名称及航次号</td><td colspan="3">提运单号</td><td colspan="2">货物存放地点</td></tr>
<tr><td>消费使用单位</td><td colspan="2">监管方式</td><td colspan="2">征免性质</td><td colspan="3">许可证号</td><td colspan="2">启运港</td></tr>
<tr><td>合同协议号</td><td colspan="2">贸易国(地区)</td><td colspan="2">启运国(地区)</td><td>经停港</td><td colspan="4">入境口岸</td></tr>
<tr><td>包装种类</td><td>件数</td><td>毛重(千克)</td><td>净重(千克)</td><td>成交方式</td><td colspan="2">运费</td><td colspan="2">保费</td><td>杂费</td></tr>
<tr><td colspan="10">随附单证及编号
随附单证 1：　　　　　　　　随附单证 2：</td></tr>
<tr><td colspan="10">标记唛码及备注</td></tr>
<tr><td colspan="10">项号 商品编号 商品名称及规格型号 数量及单位 单价/总价/币制 原产国(地区) 最终目的国(地区) 境内目的地 征免</td></tr>
<tr><td colspan="10">1</td></tr>
<tr><td colspan="10">2</td></tr>
<tr><td colspan="10">3</td></tr>
<tr><td colspan="10">4</td></tr>
<tr><td colspan="10">5</td></tr>
<tr><td colspan="10">6</td></tr>
<tr><td colspan="10">7</td></tr>
<tr><td colspan="10">8</td></tr>
<tr><td colspan="10">特殊关系确认：　　价格影响确认：　　支付特许权使用费确认：　　自报自缴：</td></tr>
<tr><td colspan="5">报关人员　报关人员证号　电话　兹申明以上内容承担如实申报、依法纳税之法律责任
申报单位　　　　　　　　申报单位(签章)</td><td colspan="5">海关批注及签章</td></tr>
</table>

附表 1-16　一般原产地证

ORIGINAL

<table>
<tr><td colspan="2">1. Exporter</td><td colspan="3" rowspan="2">Certificate No.

**CERTIFICATE OF ORIGIN
OF
THE PEOPLE'S REPUBLIC OF CHINA**</td></tr>
<tr><td colspan="2">2. Consignee</td></tr>
<tr><td colspan="2">3. Means of transport and route</td><td colspan="3" rowspan="2">5. For certifying authority use only</td></tr>
<tr><td colspan="2">4. Country / region of destination</td></tr>
<tr><td>6. Marks and numbers</td><td>7. Number and kind of packages; description of goods</td><td>8. H.S. Code</td><td>9. Quantity</td><td>10. Number and date of invoices</td></tr>
<tr><td colspan="2">11. Declaration by the exporter
The undersigned hereby declares that the above details and statements are correct, that all the goods were produced in China and that they comply with the Rules of Origin of the People's Republic of China.

Place and date, signature and stamp of authorized signatory</td><td colspan="3">12. Certification
It is hereby certified that the declaration by the exporter is correct.

Place and date, signature and stamp of certifying authority</td></tr>
</table>

附表 1-17 普惠制原产地证

ORIGINAL

1.Goods consigned from (Exporter's business name, address, country)	Reference No. **GENERALIZED SYSTEM OF PREFERENCES CERTIFICATE OF ORIGIN** (Combined declaration and certificate) **FORM A** Issued in ------------------------ (country) See Notes overleaf
2.Goods consigned to (Consignee's name, address, country)	
3.Means of transport and route (as far as known)	4.For official use

5.Item number	6.Marks and numbers of packages	7.Number and kind of packages; description of goods	8.Origin criterion (see Notes overleaf)	9.Gross weight or other quantity	10.Number and date of invoices

11.Certification It is hereby certified, on the basis of control carried out, that the declaration by the exporter is correct. -- Place and date, signature and stamp of certifying authority	12.Declaration by the exporter The undersigned hereby declares that the above details and statements are correct, that all the goods were produced in -- (country) and that they comply with the origin requirements specified for those goods in the Generalized System of Preferences for goods exported to ------------------------ (import country) -- Place and date, signature and stamp of authorized signatory

附表 1-18　中国—东盟自由贸易区优惠原产地证

Original

<table>
<tr><td colspan="3">1.Goods consigned from(Exporter's business name, address, country):</td><td colspan="3" rowspan="2">Reference No.:

ASEAN CHINA FREE TRADE AREA
PREFERENTIAL TARIFF
CERTIFICATE OF ORIGIN
(Combind Declaration and Certificate)
FORM E
Issued in <u>The People's Republic of China</u>
(Country)
See Notes Overleaf</td></tr>
<tr><td colspan="3">2.Goods consigned to(Consignee's name, address, county):</td></tr>
<tr><td colspan="3">3.Mears of transport and route(as far as known):

Departure date:

Vessel's name/Aircraft etc.:

Port of Discharge:</td><td colspan="3">4.For Official Use:
□Preferential Treatment Given Under ASEAN-CHINA Free Trade Area Preferential Tariff;
□Preferential Treatment Not Given(Please state Reason/s)

____
Signature of Authorised Signatory of the Importing Country</td></tr>
<tr><td>5.Item number</td><td>6. Marks and numbers on packages</td><td>7. Number and type of packages, description of goods (including quantity where appropriate and HS number of the importing Country)</td><td>8. Origin criterion (See Notes overleaf)</td><td>9. Gross weight or other quantity and value(FOB)</td><td>10.Number and date of invoices</td></tr>
<tr><td></td><td></td><td></td><td></td><td></td><td></td></tr>
<tr><td colspan="3">11.Declaration by the exporter
The undersigned hereby declares that the above details and Statement are correct; that all the goods were produced in

____
(Country)
and that they comply with the origin requirements specified for these goods in the ASEAN-CHINA Free Trade Area Preferential Tariff for the goods exported to______________
(Importing Country)

____
Place and date, signature of authorised signatory</td><td colspan="3" rowspan="2">12.Certification
it is hereby certified, on the basis of control carried out, that the Declaration by the exporter is correct.

____
Place and date, signature and stamp of certifying authority</td></tr>
<tr><td colspan="3">13.
□Issued Retroactively　□Exhibition
□Movement Certificate　□Third Party Invoicing</td></tr>
</table>

附表 1-19　中国—巴基斯坦自由贸易区优惠原产地证

ORIGINAL

<table>
<tr><td colspan="3">1.Exporter's Name, Address, Country</td><td colspan="3" rowspan="3">CERTIFICATE NO.:

CERTIFICATE OF ORIGIN
CHINA-PAKISTAN FTA
(Combind Declaration and Certificate)

Issued in THE PEOPLE'S REPUBLIC OF CHINA
(Country)

See Instructions Overleaf</td></tr>
<tr><td colspan="3">2.Consignee's Name, Address, County</td></tr>
<tr><td colspan="3">3.Producer's Name, Address, County</td></tr>
<tr><td colspan="3">4.Means of transport and route (as far as known):

Departure date:

Vessel/Flight/Train/Vehiche No.

Port of loading:

Port of discharge:</td><td colspan="3">5.For Official Use Only
□Preferential Treatment Given Under China-Pakistan FTA Free Trade Area Preferential Tariff;
□Preferential Treatment Not Given (Please state Reason/s)

____
Signature of Authorised Signatory of the Importing Country</td></tr>
<tr><td>6.Item number</td><td>7.Marks and numbers on packages Number and kind of packages, description of goods HS code of the importing Country</td><td>8.Origin criterion</td><td>9. Gross Weight Quantity and FOB value quantity</td><td>10. Number and date of invoices</td><td>11.Remarks</td></tr>
<tr><td></td><td></td><td></td><td></td><td></td><td></td></tr>
<tr><td colspan="3">12.Declaration by the exporter
The undersigned hereby declares that the above details and Statement are correct; that all the goods were produced in
____
(Country)
and that they comply with the origin requirements specified for these goods in the China-Pakistan Free Trade Area Preferential Tariff for the goods exported to ______________
(Importing Country)

____
Place and date, signature of authorised signatory</td><td colspan="3">13.Certification
it is hereby certified, on the basis of control carried out, that the Declaration by the exporter is correct.

____
Place and date, signature and stamp of certifying authority</td></tr>
</table>

附表 1-20　亚太贸易协定原产地证

<table>
<tr><td colspan="3">1.Goods consigned from:
(Exporter's business name, address, country)</td><td colspan="3">Reference No.
CERTIFICATE OF ORIGIN
Asia-Pacific Trade Agreement
(Combined declaration and certificate)
Issued in ....
(Country)</td></tr>
<tr><td colspan="3">2.Goods consigned to:
(Consignee's name, address, country)</td><td colspan="3">3.For Official use</td></tr>
<tr><td colspan="6">4.Means of transport and route:</td></tr>
<tr><td>5. Tariff item number:</td><td>6. Marks and number of Packages:</td><td>7. Number and kind of packages/description of goods:</td><td>8. Origin criterion (see notes over-leaf)</td><td>9. Gross weight or other quantity:</td><td>10. Number and date of invoices:</td></tr>
<tr><td></td><td></td><td></td><td></td><td></td><td></td></tr>
<tr><td colspan="3">11.Declaration by the exporter:
The undersigned hereby declares that the above details and statements are correct: that all the goods were produced in
____
(Country)
and that they comply with the origin requirements specified for these goods in the Asia-Pacific Trade Agreement for goods exported to__________________
(Importing Country)

Place and date, signature of authorized Signatory</td><td colspan="3">12.Certificate
It is hereby certified on the basis of control carried out, that the declaration by the exporter is correct.

Place and date, signature and Stamp of Certifying Authority</td></tr>
</table>

附表 1-21 中国—智利自由贸易区优惠原产地证

ORIGINAL

<table>
<tr><td colspan="4">1.Exporter's name, address, country:</td><td colspan="3" rowspan="3">Certificate No.:

CERTIFICATE OF ORIGIN

Form F for China-Chile FTA

Issued in ____________
(see Instruction overleaf)</td></tr>
<tr><td colspan="4">2.Consignee's Name, Address, County</td></tr>
<tr><td colspan="4">3.Producer's Name, Address, County</td></tr>
<tr><td colspan="4" rowspan="2">4.Means of transport and route (as far as known)

Departure Date

Vessel /Flight/Train/Vehicle No.

Port of loading

Port of discharge</td><td colspan="3">5.For Official Use Only
☐ Preferential Tariff Treatment Given Under Chia-Chile FTA
☐ Preferential Treatment Not Given (Please state reasons)
……………………………………………
Signature of Authorized Signatory of the Importing Country</td></tr>
<tr><td colspan="3">6.Remarks</td></tr>
<tr><td>7.Item number</td><td>8.Marks and numbers on packages</td><td>9.Number and kind of packages; description of goods</td><td>10.HS code (Six digit code)</td><td>11.Origin criterion</td><td>12.Gross weight, quantity (Quantity Unit) or other measures (liters, m³, etc.)</td><td>13.Number, date of invoice and invoiced value</td></tr>
<tr><td colspan="4">14.Declaration by the exporter
The undersigned hereby declares that the above details and statement are correct, that all the goods were produced in

____
(Country)
and that they comply with the origin requirements specified in the FTA for the goods exported to ____________
(Importing Country)

____
Place and date, signature of authorized signatory</td><td colspan="3">15.Certification
It is hereby certified, on the basis of control carried out, that the declaration of the exporter is correct.

____
Place and date*, signature and stamp of certifying authority

Certifying authority
Tel:　　　　Fax:</td></tr>
</table>

* A Certificate of Origin under China-Chile Free Trade Agreement shall be valid for one year from the date of issue in the exporting country.

附表 1-22 中国—新西兰自由贸易协定优惠原产地证(FORM N)

ORIGINAL

1.Exporter's name, address, country:	Certificate No.: **CERTIFICATE OF ORIGIN** **Form for the Free Agreement between the Government of the People's Republic of China and the Government of New Zealand** **Issued in** ____________ (see Instruction overleaf)
2.Producer's name and address, if known:	
3.Consignee's name, address, country:	
4.Means of transport and route (as far as known) Departure Date Vessel /Flight/Train/Vehicle No. Port of loading Port of discharge	5.For Official Use Only ☐ Preferential Tariff Treatment Given Under __________ ☐ Preferential Treatment Not Given (Please state reasons) ______________________ Signature of Authorized Signatory of the Importing Country 6.Remarks

7.Item number	8.Marks and numbers on packages	9.Number and kind of packages; description of goods	10.HS code (Six digit code)	11.Origin criterion	12. Gross weight, quantity (Quantity Unit) or other measures (liters, m^3, etc.)	13.Number, date of invoice and invoiced value

14.Declaration by the exporter The undersigned hereby declares that the above details and statement are correct, that all the goods were produced in ______________ (Country) and that they comply with the origin requirements specified in the FTA for the goods exported to______________ (Importing Country) ______________________ Place and date, signature of authorized signatory	15.Certification on the basis of control carried out, It is hereby certified that the information herein is correct and that the goods described comply with the origin requirements specified in the Free Trade Agreement between the Government of the People's Republic of China and the Government of New Zealand ______________________ Place and date, signature and stamp of certifying authority

附表 1-23　中国—新加坡自由贸易区优惠原产地证

Original

1. Goods consigned from (Exporter's business name, address, country)	Reference No. **CHINA-SINGAPORE FREE TRADE AREA PREFERENTIAL TARIFF CERTIFICATE OF ORIGIN** Issued in ____________ (Country) See Notes Overleaf
2. Goods consigned to (Consignee's name, address, country)	
3. Means of transport and route (as far as known) Departure date Vessel's name/Aircraft etc. Port of Discharge	4. For Official Use ☐ Preferential Treatment Given Under CHINA-SINGAPORE Free Trade Area Preferential Tariff ____________ ☐ Preferential Treatment Not Given (Pleasestate reason/s) ____________ Signature of Authorized Signatory of the Importing Country Signature of Authorised Signatory of the Importing Country

5. Item number	6. Marks and-numbers on-packages	7. Number and type of packages, description of goods (including quantity where appropriate and HS number of the importing country)	8. Origin criterion (see Notes overleaf)	9. Gross weight or other quantity and value (FOB)	10. Number and date of invoices

11. Declaration by the exporter The undersigned hereby declares that the above details and statement are correct; that all the goods were produced in ____________ (Country) and that they comply with the origin requirements specified for these goods in the China-Singapore Free Trade Area Preferential Tariff for the goods exported to ____________ (Importing Country) ------------------------------ Place and date, signature of authorised signatory	12. Certification It is hereby certified, on the basis of control carried out, that the declaration by the Exporter is correct. ------------------------------ Place and date, signature and stamp of certifying authority

附表 1-24　新加坡国原产地证

Singapore's Certificate of Origin

<table>
<tr><td>1.Exporter(Name & Address)</td><td rowspan="2">REPUBLIC OF SINGAPORE

PREFERENTIAL CERTIFICATE OF ORIGIN

No.

NO UNAUTHORISED ADDTION/ALTTERATION MAY BE MADE TO THIS CERTIFICATE</td></tr>
<tr><td>2.Consignee(Name, Full Address & Country)</td></tr>
<tr><td>3.Departure Date</td><td rowspan="5">8.DECLARATION BY THE EXPORTER
We hereby declare that the details and statements provided in this Certificate are true and correct.

Signature:

Name:

Designation:
Stamp
Date:</td></tr>
<tr><td>4.Vessel's Name/Flights No.</td></tr>
<tr><td>5.Port of Discharge</td></tr>
<tr><td>6.Country of Final Destination</td></tr>
<tr><td>7.Country of Origin of Goods</td></tr>
<tr><td colspan="2">9.Marks & Numbers　　10.No.& Kind of Packages Description of Goods(include brand name if necessary)　　11.Quantity & Unit</td></tr>
<tr><td colspan="2">12.CERTIFICATION BY THE COMPETENT AUTORITY
We hereby certify that evidence has been produced to satisfy us that the goods specified above originate in the country shown in box 7.</td></tr>
</table>

附表 1-25　中国—秘鲁自由贸易协定优惠原产地证

ORIGINAL

1.Exporter's name, address:	Certificate No.: **CERTIFICATE OF ORIGIN** **Form for China-Peru FTA** Issued in ________ (see overleaf Instruction)
2.Producer's name and address, if known:	
3.Consignee's name, address:	
4.Means of transport and route (as far as known) Departure Date Vessel /Flight/Train/Vehicle No. Port of loading Port of discharge	For Official Use Only 5.Remarks

6. Item number	7.Number and kind of packages; description of goods	8. HS code (Six digit code)	9.Origin criterion	10.Gross weight, quantity (Quantity Unit) or other measures (liters, m^3, etc.)	11.Number, date of invoice	12.invoiced value

13.Declaration by the exporter The undersigned hereby declares that the above details and statement are correct, that all the goods were produced in ________ (Country) and that they comply with the origin requirements specified in the FTA for the goods exported to ________ (Importing Country) ________ Place and date, signature of authorized signatory	14.Certification on the basis of control carried out, It is hereby certified that the information herein is correct and that the goods described comply with the origin requirements specified in the China-Peru FTA. ________ Place and date, signature and stamp of certifying authority

附表 1-26　中国—哥斯达黎加自由贸易协定优惠原产地证

<table>
<tr><td colspan="3">1.Exporter's name, address:</td><td colspan="4" rowspan="3">Certificate No.:

CERTIFICATE OF ORIGIN

Form for China-Costa Rica Free Trade Agreement

Issued in ________________
(see overleaf Instruction)</td></tr>
<tr><td colspan="3">2.Producer's name and address, if known:</td></tr>
<tr><td colspan="3">3.Importer's name, address:</td></tr>
<tr><td colspan="3" rowspan="2">4.Means of transport and route (as far as known)

Departure Date

Vessel /Flight/Train/Vehicle No.

Port of loading

Port of discharge</td><td colspan="4">For Official Use Only</td></tr>
<tr><td colspan="4">5.Remarks</td></tr>
<tr><td>6. Item number</td><td>7.Marks and Numbers on packages</td><td>8. Number and kind of packages; description of goods</td><td>9. HS code (6 digit code)</td><td>10.Origin criterion</td><td>11.Gross weight or other quantity (e.g. Quantity Unit, liters, m³)</td><td>12. Number, date of invoice and Invoiced value</td></tr>
<tr><td colspan="3">13.Declaration by the exporter
The undersigned hereby declares that the above stated information is correct, and that all the goods are produced in
____
(Country)
and that they comply with the origin requirements specified in the Free Trade Agreement for the goods exported to ____________
(Importing country)

____
Place and date, signature of authorized person</td><td colspan="4">14.Certification
on the basis of control carried out control, It is hereby certified that the information herein is correct and that the described goods comply with the origin requirements of the China-Costa Rica Free Trade Agreement.

Place and date, signature and stamp of the Authorized Body

Tel:　　　　　　　　Fax:
Address:</td></tr>
</table>

____

* A Certificate of Origin under China-Costa Rica Free Trade Agreement shall be valid for one year from the date of issuance in the exporting country.

附表 1-27　ECFA 原产地证明书正本

海峡两岸经济合作框架协议原产地证书
正本

如有任何涂改、损毁或填写不清均将导致本原产地证书失效

1.出口商(名称、地址): 电话:　　　　　　传真: 电子邮件:	编号: 签发日期: 有效期至:
2.生产商(名称、地址): 电话:　　　　　　传真: 电子邮件: 3.进口商(名称、地址): 电话:　　　　　　传真: 电子邮件:	5.受惠情况 □依据海峡两岸经济合作框架协议给予优惠关税待遇; □拒绝给予优惠关税待遇(请注明原因) ______________________ 进口方海关已获授权签字人签字
4.运输工具及路线: 离港日期: 船舶/飞机编号等: 装货口岸: 到货口岸:	6.备注:

7.项目编号	8.HS 编码	9.货品名称、包装件数及种类	10.毛重或其他计量单位	11.包装唛头或编号	12.原产地标准	13.发票价格、编号及日期

14.出口商声明 -本人对于所填报原产地证书内容的真实性与正确性负责; -本原产地证书所载货物,系原产自本协议一方或双方,且货物属符合海峡两岸经济合作框架协议之原产货物。 ______________________ 出口商或已获授权人签字 ______________________ 地点和日期	15.证明 依据《海峡两岸经济合作框架协议》临时原产地规则规定,兹证明出口商所做申报正确无讹。 ______________________ 地点和日期,签字和签证机构印章 电话:　　　　　　传真: 地址:

附表 1-28　ECFA 原产地证明书正本续页

正本续页

证书编码：　　　　　　如有任何涂改、损毁或填写不清均将导致本原产地证书失效

7.项目编号	8.HS 编码	9.货品名称、包装件数及种类	10.毛重或其他计量单位	11.包装唛头或编号	12. 原产地标准	13. 发票价格、编号及日期

14.出口商声明 -本人对于所填报原产地证书内容的真实性与正确性负责； -本原产地证书所载货物，系原产自本协议一方或双方，且货物属符合海峡两岸经济合作框架协议之原产货物。 出口商或已获授权人签字 地点和日期	15.证明依据《海峡两岸经济合作框架协议》临时原产地规则规定，兹证明出口商所做申报正确无讹。 地点和日期，签字和签证机构印章 电话：　　　　　　传真： 地址：

附表 1-29　中国—冰岛自由贸易区优惠原产地证(正面)

ORIGINAL

1.Exporter(Name,full address,country)

2.Consignee(Name,full address,country)

No.:

Certificate of Origin used in FTA between
CHINA
and
ICELAND
(See notes overleaf before completing this form)

3.Transport details(as far as known)

Departure Date

Vessel /Flight/Train/Vehicle No.

Port of loading

Port of discharge

4.Remarks

5.Item number	6.Marks and numbers	7.Number and kind of packages; Description of goods	8.HS code (Six digit code)	9.Origin criterion	10.Gross Mass (kg) or other measure(liters, m^3,etc.)	11.Invoices (Number and date)

12.ENDORSEMENT BY THE AUTHORISED BODY

It is hereby certified,on the basis of control carried out, that the declaration of the exporter is correct.

____

Place and date,signature and stamp of authorised body

13.Declaration by the exporter

The undersigned hereby declares that the details and statement are correct,that all the goods were produced in

______________________________ (Country)

and that they comply with the origin requirements specified in the FTA for the goods exported to

______________________________ (Importing country)

____

Place and date,signature of authorized signatory

附表 1-30 中国—冰岛自由贸易区优惠原产地证(背面)

<table>
<tr><td>14.REQUEST FOR VERIFICATION, to:</td><td rowspan="2">15.RESULT OF VERIFICATION
Verification carried out shows that this certificate (1)
□was issued by the authorised body indicated and that the information contained therein is accurate.
□does not meet the requirements as to authenticity and accuracy (see remarks appended)

____
(Place and date)
Stamp
____
(Signature)
____
(1) Insert X in the appropriate box.</td></tr>
<tr><td>Verification of the authenticity and accuracy of this certificate is requested.

____
(Place and date)
Stamp
____
(Signature)</td></tr>
</table>

NOTES

1. Certificate must not contain erasures or words written over one another.

2. No spaces shall be left between the items entered on the certificate and each item shall be preceded by an item number. If the space of the box is not completely filled, " * " (stars) or " \ " (finishing slash) should be added after the description of the goods, or a horizontal line should be drawn below the last line of the description, and the empty space crossed through.

3. Goods must be described in accordance with commercial practice and with sufficient detail to enable them to be identified.

4. The number of items listed should not exceed 50.

5. This certificate should be issued in one original and two copies.

6. For each good described in box 7, state which criterion is applicable, according to the following instructions. The rules of origin are contained in Chapter 3 and Annex II.

Origin Criterion	Insert in Box 9
The product is "wholly obtained" in the territory of a Party, as referred to in Article 22 or the product specific rules of Annex 4.	WO
The product was produced in a Party exclusively from materials originating from one or both Parties conforming to the provisions of Chapter 3.	WP
The product is produced in the territory of one or both Parties, using nonoriginating materials that conform to the Product Specific Rules and other applicable provisions of Chapter 3.	PRS

附表 1-31　中国—冰岛自由贸易区优惠关税声明书

Declaration for Preferential Tariff Treatment

Free Trade Agreement between China and Iceland

Serial number of Declaration ________________

I ____being the

(print name and position)

APPROVED EXPORTER (Registration number __________) hereby declare that the goods listed in the invoice as attached to this declaration __________(insert invoice number) has complied with the Rules of Origin of Free Trade Agreement between China and Iceland, being entitled to the preferential tariff treatment under that Agreement.

Description of goods	HS code (Six digit code)	Gross mass (kg) or other measure (liters, m^3, etc.)

Signature and stamp: ____

Date: ____

Note: This declaration must be printed and presented as a separate document accompanying the commercial invoice. The maximum number of items covered by this declaration should not exceed 50.

附表 1-32　中国—瑞士自由贸易区优惠原产地证(正面)

ORIGINAL

1.Exporter (Name, full address, country)	No.: Certificate of Origin used in FTA between CHINA and SWITZERLAND (See notes overleaf before completing this form)
2.Consignee (Name, full address, country)	
3.Transport details (as far as known) Departure Date Vessel /Flight/Train/Vehicle No. Port of loading Port of discharge	4.Remarks

5.Item number	6.Marks and numbers	7.Number and kind of packages; Description of goods	8.HS code (Six digit code)	9.Origin criterion	10.Gross Mass (kg) or other measure(liters, m^3, etc.)	11.Invoices (Number and date)

12.ENDORSEMENT BY THE AUTHORISED BODY It is hereby certified, on the basis of control carried out, that the declaration of the exporter is correct. ________________________________ Place and date, signature and stamp of authorised body	13.Declaration by the exporter The undersigned hereby declares that the details and statement are correct, that all the goods were produced in ________________________________ (Country) and that they comply with the origin requirements specified in the FTA for the goods exported to ____________________________(Importing country) ________________________________ Place and date, signature of authorized signatory

附表 1-33　中国—瑞士自由贸易区优惠原产地证(背面)

<table>
<tr><td>14.REQUEST FOR VERIFICATION,to:</td><td rowspan="2">15.RESULT OF VERIFICATION
Verification carried out shows that this certificate [1]
□was issued by the authorised body indicated and that the information contained therein is accurate.
□does not meet the requirements as to authenticity and accuracy (see remarks appended)

(Place and date)
Stamp

(Signature)

(1) Insert X in the appropriate box.</td></tr>
<tr><td>Verification of the authenticity and accuracy of this certificate is requested.

(Place and date)
Stamp

(Signature)</td></tr>
</table>

NOTES

1.Certificate must not contain erasures or words written over one another.

2.No spaces shall be left between the items entered on the certificate and each item shall be preceded by an item number.If the space of the box is not completely filled,"*"(stars) or "\"(finishing slash) should be added after the description of the goods,or a horizontal line should be drawn below the last line of the description,and the empty space crossed through.

3.Goods must be described in accordance with commercial practice and with sufficient detail to enable them to be identified.

4.The number of items listed should not exceed 50.

5.This certificate should be issued in one original and two copies.

6.For each good described in box 7,state which criterion is applicable,according to the following instructions.The rules of origin are contained in Chapter 3 and Annex II.

Origin Criterion	Insert in Box 9
The product is "wholly obtained" in the territory of a Party, as referred to in Article 3.3 or the product specific rules of Annex II.	WO
The product was produced in a Party exclusively from materials originating from one or both Parties conforming to the provisions of Chapter 3.	WP
The product is produced in the territory of one or both Parties,using nonoriginating materials that conform to the Product Specific Rules and other applicable provisions of Chapter 3.	PRS

附表 1-34　中国—瑞士自由贸易区原产地声明

ORIGIN DECLARATION

Free Trade Agreement between China and Switzerland

Serial-No.____________

The exporter of the products covered by this document (registration No.____________) declares that, except where otherwise clearly indicated, these products are of ____________①preferential origin according to the China-Switzerland FTA.

This exporter is legally responsible for the truthfulness and authenticity of what is declared above.

____

(Place and date)

____

① The origin of the product must be indicated in this space (Chinese or Swiss), ISO Alpha2 codes are permitted (CN or CH). Reference may be made to a specific column of the invoice or other commercial documents, as deemed valid by the importing customs administration, in which the country of origin of each product is referred to.

附表 1-35　中国—韩国自由贸易协定优惠原产地证

ORIGINAL

<table>
<tr><td colspan="4">1.Exporter's name and address, country:</td><td colspan="3" rowspan="3">Certificate No.:

CERTIFICATE OF ORIGIN
Form for China-Korea FTA

Issued in ________________
(See overleaf Instruction)</td></tr>
<tr><td colspan="4">2.Producer's name and address, country:</td></tr>
<tr><td colspan="4">3.Consignee's name and address, country:</td></tr>
<tr><td colspan="4">4.Means of transport and route (as far as known):

Departure Date

Vessel /Flight/Train/Vehicle No.

Port of loading

Port of discharge</td><td colspan="3">5.Remarks:</td></tr>
<tr><td>6.Item number</td><td>7. Marks and Numbers on packages</td><td>8.Number and kind of packages? Description of goods</td><td>9.HS code (Six digit code)</td><td>10.Origin criterion</td><td>11.Gross weight, quantity (quantity unit)or other measure (liters,m3,etc.)</td><td>12.Number and date of invoice</td></tr>
<tr><td colspan="3">13.Declaration by the exporter:
The undersigned hereby declares that the details and statement are correct, that all the goods were produced in ____________
(Country)
and that they comply with the origin requirements specified in the FTA for the goods exported to ________________
(Importing Country)

____
Place and date, signature of authorized signatory</td><td colspan="4">14.Certification:.
On the basis of control carried out, it is hereby certified that the information herein is correct and that the goods described comply with the origin requirements specified in the China-Korea FTA.

____
Place and date, signature and stamp of authorized body</td></tr>
</table>

附表 1-36　中国—澳大利亚自由贸易协定优惠原产地证

ORIGINAL

<table>
<tr><td colspan="3">1.Exporter's name, address and country:</td><td colspan="4" rowspan="3">Certificate No.:

CERTIFICATE OF ORIGIN
Form for China-Australia Free Trade Agreement

Issued in ________________
(See overleaf Instruction)</td></tr>
<tr><td colspan="3">2.Producer's name and address (if known):</td></tr>
<tr><td colspan="3">3.Importer's name, address and country (if known):</td></tr>
<tr><td colspan="3">4.Means of transport and route (if known):

Departure Date

Vessel /Flight/Train/Vehicle No.

Port of loading

Port of discharge</td><td colspan="4">5.Remarks:</td></tr>
<tr><td>6.Item number</td><td>7. Marks and Numbers on packages (optional)</td><td>8.Number and kind of packages; Description of goods</td><td>9.HS code (6-digit code)</td><td>10.Origin criterion</td><td>11.Gross or net weight or other quantity (e. g. quantity unit, liters, m³)</td><td>12.Invoice number and date</td></tr>
<tr><td colspan="3">13.Declaration by the exporter:
The undersigned hereby declares that the above-stated information is correct and that the goods exported to
____
(Importing Party)
comply with the origin requirements specified in the China-Australia Free Trade Agreement.

____
Place and date, signature of authorized signatory</td><td colspan="4">14.Certification:.
On the basis of control carried out, it is hereby certified that the information herein is correct and that the described goods comply with the origin requirements of the China-Australia Free Trade Agreement.

____
Place and date, signature and stamp of authorized body

Tel:　　　　　　　　Fax:

Address:</td></tr>
</table>

附表 1-37 中国—澳大利亚自由贸易协定优惠原产地证附页

Continuation Sheet

Certificate of Origin-Form for China-Australia Free Trade Agreement

Certificate No.:

6.Item number	7. Marks and Numbers on packages (optional)	8.Number and kind of packages; Description of goods	9.HS code (6-digit code)	10.Origin criterion	11.Gross or net weight or other quantity (e. g. quantity unit, liters, m^3)	12.Invoice number and date

13.Declaration by the exporter: The undersigned hereby declares that the above-stated information is correct and that the goods exported to ____________________ (Importing Party) comply with the origin requirements specified in the China-Australia Free Trade Agreement. ____________________ Place and date, signature of authorized signatory	14.Certification:. On the basis of control carried out, it is hereby certified that the information herein is correct and that the described goods comply with the origin requirements of the China-Australia Free Trade Agreement. ____________________ Place and date, signature and stamp of authorized body Tel: Fax: Address:

附表 1-38　中国—澳大利亚自由贸易协定原产地声明

DECLARATION OF ORIGIN

China-Australia Free Trade Agreement

On behalf of

____

____, being the

(print exporter's or producer's name and address)

EXPORTER / PRODUCER / EXPORTER AND PRODUCER,

(strike out those which do not apply)

I hereby declare that the goods described below are originating goods from

AUSTRALIA / CHINA

(strike out that which does not apply)

in accordance with the rules of origin requirements of the China-Australia Free Trade Agreement. I am legally responsible for the truthfulness and authenticity of what is declared in this document.

Item No.	Description of goods	Harmonised system code six (6) digits	Number and date of invoice	Reference number of advance ruling	Origin-conferring criteria

Signature: ____

Name: ____

Position: ____

Date: ____

Note: This declaration must be printed and presented as a separate document accompanying the commercial invoice. The maximum number of items covered by this declaration should not exceed 50.

附表 1-39　中国-格鲁吉亚自由贸易协定优惠原产地证

<table>
<tr><td colspan="3">1.Exporter's name, address and country:</td><td colspan="4" rowspan="2">Certificate No.:

CERTIFICATE OF ORIGIN
Form for China-Georgia Free Trade Agreement

Issuedin: ____________</td></tr>
<tr><td colspan="3">2.Producer's name, address and country:</td></tr>
<tr><td colspan="3">3.Importer's name, address and country:</td><td colspan="4">For official use only:</td></tr>
<tr><td colspan="3">4.Means of transport and route (if known)

Departure date:

Vessel/Flight/Train/Vehicle No.:

Port of loading:

Port of discharge:</td><td colspan="4">5.Remarks:</td></tr>
<tr><td>6. Item number</td><td>7. Marks and numbers on packages</td><td>8. Number and kind of packages; description of goods</td><td>9.HS code (6-digit code)</td><td>10.Origin criterion</td><td>11.Gross or net weight or other quantity (e.g. Quantity Unit, litres, m^3)</td><td>12. Number and date of invoice</td></tr>
<tr><td></td><td></td><td></td><td></td><td></td><td></td><td></td></tr>
<tr><td colspan="3">13.Declaration by the exporter or producer
The undersigned hereby declares that the above stated information is correct, and that all the goods are produced in

____
(Country)
and that they comply with the origin requirements specified in the Free Trade Agreement for the goods exported to

____
(Importing country)

____
Place, date and signature of authorized person</td><td colspan="4">14.Certification
On the basis of the control carried out, it is hereby certified that the information herein is correct and that the described goods comply with the origin requirements of the China-Georgia Free Trade Agreement.

____
Place and date, signature and stamp of the Authorized Body</td></tr>
</table>

附表 1-40　中国-毛里求斯自由贸易协定优惠原产地证

1. Exporter's full name, address and country:

Certificate No.:

CERTIFICATE OF ORIGIN

China-Mauritius Free Trade Agreement

Issued in: ____________

2. Consignee's full name, address, country

For official use only:

3. Means of transport and route (as far as known)

Departure date:

Vessel/Flight/Train/Vehicle No.:

Port of loading:

Port of discharge:

4. Remarks:

5. Item number	6. Marks and numbers on packages; Number and kind of packages; Description of goods	7. HS code (6-digit code)	8. Origin criterion	9. Quantity (e.g. Quantity Unit, litres, m^3)	10. Number, Date of Invoice

11. Declaration by the producer/exporter

The undersigned hereby declares that the above stated information is correct and that the goods exported to

____

(Importing Party)

comply with the origin requirements specified in the China-Mauritius Free Trade Agreement.

____

Place, date and signature of authorized person

12. Certification

On the basis of the control carried out, it is hereby certified that the information herein is correct and that the described goods comply with the origin requirements of the China-Mauritius Free Trade Agreement.

Place and date

Signature or stamp of the Authorized Body

附表 1-41　中国—柬埔寨自由贸易协定优惠原产地证

<table>
<tr><td colspan="3">1.Products consigned from(Exporter's business name, Address, country)</td><td colspan="3" rowspan="2">Reference No.

**CHINA-CAMBODIA
FREE TRADE AGREEMENT
CERTIFICATE OF ORIGIN**
(Combined Declaration and Certificate)

Issued in *The People's Republic of China*
(Country)
See Notes Overleaf</td></tr>
<tr><td colspan="3">2.Products consigned to(consignee's name, address, county):</td></tr>
<tr><td colspan="3">3.Means of transport and route(as far as known):
Departure date:

Vessel's name/Aircraft etc.

Port of Discharge:</td><td colspan="3">4.For Official Use
□Preferential Treatment Given
□Preferential Treatment Not Given(Please State Reason/s)

____
Signature of Authorised Signatory of the ImportingParty</td></tr>
<tr><td>5.ItemNumber</td><td>6. Marks and numbers on packages</td><td>7.Number and type of packages, description of Products (including quantity where appropriate and HS numberin six digit code)</td><td>8.Origin criterion(See overleaf Notes)</td><td>9.Gross weightor other quantity and value(FOB) only when RVC criterionis applied</td><td>10.Number, date of invoices</td></tr>
<tr><td></td><td></td><td></td><td></td><td></td><td></td></tr>
<tr><td colspan="3">11.Declaration by the exporter
The undersigned hereby declares that the above details and Statement are correct; that all the products were produced in ______________________ (Country) and that they comply with theorigin requirements specified for these products in the Rules of Origin for the CCFTA for the products exported to ______________________ (Importing Country)

____
Place and date, signature of authorised signatory</td><td colspan="3">12.Certification
It is hereby certified, on the basis of control carried out, that the declaration by the exporter is correct.

____
Place and date, signature and stamp of certifying authority</td></tr>
<tr><td colspan="3">13.□Issued Retroactively　□Exhibition　□Third Party Invoicing</td><td colspan="3"></td></tr>
</table>

附表 1-42　区域全面经济伙伴关系协定(RCEP)优惠原产地证

1.Goods Consigned from (Exporter's name, address and country)

Certificate No.　　　　Form RCEP

REGIONAL COMPREHENSIVE ECONOMIC PARTNERSHIP AGREEMENT

CERTIFICATE OF ORIGIN

Issued in ____________________

(Country)

2.Goods Consigned to (Importer's/ Consignee's name, address, country)

3.Producer's name, address and country (if known)

4.Means of transport and route (if known)

Departure Date:

Vessel's name/Aircraft flight number, etc.:

Port of Discharge:

5.For Official Use

Preferential Treatment:

☐Given　　　☐Not Given (Please state reason/s)

Signature of Authorised Signatory of the Customs Authority of the Importing Country

6.Item number	7.Marks and numbers on packages	8.Number and kind of packages; and description of goods.	9.HS Code of the goods (6 digit-level)	10.Origin Conferring Criterion	11.RCEP Country of Origin	12.Quantity (Gross weight or other measurement), and value (FOB) where RVC is applied	13.Invoice number(s) and date of invoice(s)

14.Remarks

15.Declaration by the exporter or producer

The undersigned hereby declares that the above details and statements are correct and thatthe goods covered in this Certificate comply with the requirements specified for these goods in the Regional Comprehensive Economic Partnership Agreement.

These goods are exported to:

____

(importing country)

____

Place and date and signature of authorised signatory

16.Certification

On the basis of control carried out, it is hereby certified that the information herein is correct and that the goods described comply with the origin requirements specified in theRegional Comprehensive Economic Partnership Agreement.

____

Place and date, signature and seal or stamp of Issuing Body

17.☐Back-to-back Certificate of Origin　　☐Third-party invoicing　　☐ISSUED RETROACTIVELY

附表 1-43　中国—尼加拉瓜自由贸易协定优惠原产地证

1.Exporter's full name, address and country:	Certificate No.: **CERTIFICATE OF ORIGIN** **China-Nicaragua Free Trade Agreement** Issuedin: ________
2.Consignee's full name, address, country:	For official use only:
3.Means of transport and route (as far as known) Departure date: Vessel/Flight/Train/Vehicle No.: Port of loading: Port of discharge:	4.Remarks:

5.Item number	6. Marks and numbers on packages; Number and kind of packages; Description of goods	7.HS code (6-digit code)	8.Origin criterion	9.Quantity (e.g.Quantity Unit, litres, m^3)	10.Number, Date of Invoice

11.Declaration by the producer/exporter The undersigned hereby declares that the above stated information is correct and that the goods exported to ________ (Importing Party) comply with the origin requirements specified in the China-Nicaragua Free Trade Agreement. ________ Place, date and signature of authorized person	12.Certification On the basis of the control carried out, it is hereby certified that the information herein is correct and that the described goods comply with the origin requirements of the China- Nicaragua Free Trade Agreement. Place and date Signature and stamp of the Authorized Body

附表 1-44　加工装配证书

ORIGINAL

<table>
<tr><td colspan="3">1.Exporter(full name and address)</td><td colspan="2" rowspan="2">Certificate No.

CERTIFICATE OF PROCESSING</td></tr>
<tr><td colspan="3">2.Consignee(full name and address)</td></tr>
<tr><td colspan="3">3.Means of transport and route</td><td colspan="2" rowspan="2">5.For certifying authority use only</td></tr>
<tr><td colspan="3">4.Destination Port</td></tr>
<tr><td>6. Marks and numbers of packages</td><td colspan="2">7.Description of goods; number and kind of packages</td><td>8.HS Code</td><td>9.Quantity or weight</td></tr>
<tr><td colspan="5">10.Number and date of invoices</td></tr>
<tr><td colspan="3">11.Country/territory of manufacture</td><td colspan="2" rowspan="2">13.This is to certify that the goods described above were processed in the People's Republic of China.

Place and date, signature and stamp of certifying authority</td></tr>
<tr><td colspan="3">12.Processes carried out in the People's Republic of China.

Place and date, signature and stamp of authorized signatory</td></tr>
</table>

附表 1-45　转口证明书

ORIGINAL

<table>
<tr><td>1.Exporter(full name and address)</td><td rowspan="3">Certificate No.

CERTIFICATE OF RE-EXPORT</td></tr>
<tr><td>2.Consignee(if required)</td></tr>
<tr><td>3.Departure date(on or about)</td></tr>
<tr><td>4.Destination Port</td><td>5.Vessel/Flight/Vehicle No.</td></tr>
<tr><td>6.Place of loading
CHINA</td><td>7.Port of discharge</td></tr>
<tr><td>8.Final destination if on carriage</td><td>9.Country of origin</td></tr>
</table>

10. Marks and numbers of packages	11. Description of goods ; number and kind of packages	12.HS Code	13.Quantity or weight	14.Number and date of invoices

15.It is hereby certified that the goods described above were from ______________ and re-exported from China.
Country/territory

Place and date, signature and stamp of certifying authority

附表 1-46 CEPA 香港原产地证书打印版本

原產地證書[內地與香港關於建立更緊密經貿關係的安排]

CERTIFICATE OF HONG KONG ORIGIN

(CLOSER ECONOMIC PARTNERSHIP ARRANGEMENT)(CEPA)

出口商(名稱及香港地址) Exporter (Full name and Hong Kong address)		證書編號 Certificate No.
收貨人(名稱及內地地址) Consignee (Full name and Mainland address)收貨人：		簽證日期 Date of Issue
		證書有效截止日期 Valid Up To
離港日期 Departure Date	工廠登記編號 Factory Number	內部專用 For Internal Use Only
運輸方式 Mode of Transport	裝貨地 Place of Loading	
到貨口岸 Port of Discharge		

商品序號 Item No.	包裝標誌,數量及貨櫃編號;包裹件數及種類;貨物摘要及產品內地協制編號;離岸價(港元) Marks, Nos and Container No.; No. and Kind of Packages; Description of Goods and Mainland HS Code; FOB Value (HK $)	數量(計量單位) Quantity (Quantity Unit)	商標名稱或標籤 Brand Names or Labels (if any)

本人謹證明以上描述之貨物均符合〈內地與香港關於建立更緊密經貿關係的安排〉下貨物貿易的原產地規則的要求。

I HEREBY CERTIFY THAT THE GOODS DESCRIBED ABOVE COMPLY WITH THE REQUIREMENTS OF THE RULES OF ORIGIN FOR TRADE IN GOODS UNDER CEPA.

原產地證書簽發機構　【原產地證書簽發機構名稱】

Issuing Organization　【Name of Issuing Organization】

證書編號 Certificate No.　Page 1 of 1

註:上述《安排》下的原產地證書已經由電子發出。此證書爲電腦編印的列印本。

Note: The above Certificate of Hong Kong Origin (CEPA) is issued electronically. This is a computer generated print-out of the Certificate

附表 1-47 CEPA 澳门原产地证书打印版本

原產地證書[内地與澳門關於建立更緊密經貿關係的安排]
CERTIFICADO DE ORIGEM DE MACAU
(ACORDO DE ESTREITAMENTO DAS RELAÇÕES ECONÓMICAS E COMERCIAIS ENTRE O CONTINENTE CHINÊS E MACAU)

出口商(名稱及澳門地址) Exportador (nome completo e morada em Macau)	證書編號 N°. DO CERTIFICADO
收貨人(名稱及内地地址) Consignatário (nome completo e morada no continente chinês)	簽證日期 DATA DA EMISSÃO
	證書有效截止日期 VÁLIDO ATÉ

離境日期 Data de Saida	工業准照編號 N°. de Licença Industrial	内部專用 Apenas para Uso Interno
船隻/飛機/火車/貨車編號 N°. de Navio/Voo/Comboio/Veículo	裝貨地 Local de Carregamento	
到貨口岸 Porto de Descarga	最終目的地(貨物須駁運者適用) Destino Final (no caso de haver Transbordo)	

商品序號 N°. de mercadoria	包裝標誌,數量及貨櫃編號;包裹件數及種類;貨物摘要及產品内地協制編號;離岸價(澳門幣) Marcas, Quantidades e Número de Contentor; Quantidades e Tipos de Embalagem; Descrição das Mercadorias e Número de SH do continente chinês; Valor FOB (MOP)	數量(計量單位) Quantidade (Unidade)	商標名稱或標籤 Denominação da Marca ou Etiqueta (se tiver)

本人謹證明以上描述之貨物均符合「内地與澳門關於建立更緊密經貿關係的安排」下貨物貿易的原產地規則的要求。
EU, ABAIXO ASSINADO, CERTIFICO QUE AS MERCADORIAS ACIMA MENCIONADAS OBEDECEM AS REGRAS DE ORIGEM ESPECIFICADAS NO ÂMBITO DO ACORDO DE ESTREITAMENTO DAS RELAÇÕES ECONÓMICAS E COMERCIAIS ENTRE O CONTINENTE CHINÊS E MACAU.

印章 Selo	簽署 Assinatura

附表 1-48　中国给予最不发达国家特别优惠关税待遇原产地证

ORIGINAL

1.Exporter's name and address:	Certificate No.: **CERTIFICATE OF ORIGIN** **Form for the Special Preference Treatment** **(Combination of Declaration and Certificate of Origin)** Issued in ____________ (see Overleaf Instruction)
2. Producer's name and address:	
3.Consignee's name and address:	
4.Means of transport and route Departure Date: Vessel/Flight/Train/Vehicle No.: Port of loading: Port of discharge:	Official use only: 5.Remarks:

6.Item number	7. Marks and packages No.	8. Number and kind of packages; description of goods	9. HS code (Six-digit code)	10. Origin criterion	11. Net weight, quantity (Quantity Unit) or other measures (liters, m3, etc.)	12. Number, date and value of invoice

13. Declaration by the Exporter:	14.Certification:	15. Verification of Customs or Port Competent Department:
The undersigned hereby declares that the above details and statements are correct, that all the goods were produced in -------------------- (Country) and that they comply with the origin requirements specified in the Special Preference Treatment for the goods exported to China. -------------------- Place and date, signature of authorized signatory	On the basis of control carried out, it is hereby certified that the declaration the exporter made is authentic. -------------------- Place and date, stamp of authorized body	It is certified that the goods declaring export are the same as described on the Certificate. -------------------- Place and date, stamp or signature of the Customs or Port Competent Department of export country

附表 1-49　中国给予最不发达国家特别优惠关税待遇原产地证(续页)

Certificate No.

6.Item number	7. Marks and packages NO.	8. Number and kind of packages; description of goods	9. HS code (Six-digit code)	10. Origin criterion	11. Net weight, quantity (Quantity Unit) or other measures (liters, m^3, etc.)	12. Number, date and value of invoice

13. Declaration by the Exporter: The undersigned hereby declares that the above details and statements are correct, that all the goods were produced in ------------------------------ (Country) and that they comply with the origin requirements specified in the Special Preference Treatment for the goods exported to China. ------------------------ Place and date, signature of authorized signatory	14.Certification: On the basis of control carried out, it is hereby certified that the declaration the exporter made is authentic. ------------------------------ Place and date, stamp of authorized body	15. Verification of Customs or Port Competent Department: It is certified that the goods declaring export are the same as described on the Certificate. ------------------------------ Place and date, stamp or signature of the Customs or Port Competent Department of export country

附表 1-50　中国人保财产股份有限公司投保单

PICC
中国人保财险

中国人民财产保险股份有限公司常州分公司

The People's Insurance(Property) Company of China Changzhou Branch

总公司设于北京　　　　一九四九年创立
Head Office Beijing　　　　Established in 1949

货物运输保险投保单

APPLICATION FORM FOR CARGO TRANSPORTATION INSURANCE

发票号(INVOICE NO.)
合同号(CONTRACT NO.)
信用证号(L/C NO.)
发票金额(INVOICE AMOUNT.)　　　　投保加成(PLUS)
被保险人:
Insured:
兹有下列货物向中国人民财产保险股份有限公司常州分公司投保:
INSURANCE REQUESTED ON THE FOLLOWING COMMODITIES:

标　记 MARKS&NOS	包装及数量 QUANTITY	保险货物项目 DESCRIPTION OF GOODS	保险金额 AMOUNT INSURED

启运日期　　　　装载运输工具:
DATE OF COMMENCEMENT　　　　PER CONVEYANCE:
自　　经　　至
FROM:　　VIA　　TO
提单号:　　赔款偿付地点
B/L No.:　　CLAIM PAYABLE AT
投保险别:(PLEASE INDICATE THE CONDITIONS &/OR SPECIAL COVERAGES):

请如实告知下列情况:(如"是"打"√","不是"打"×")
1.货物种类:　袋装　散装　冷藏　液体　活动物　机器/汽车　危险品等级
GOODS　BAG/JUMBO　BULK　REEFER　LIQUID　LIVE ANIMAL　MACHINE/AUTO　DANGEROUS CLASS
2.集装箱种类:　普通　开顶　框架　平板　冷藏
CONTAINER　ORDINARY　OPEN　FRAME　FLAT　REEFERAGERATOR
3.装运工具:　海轮　飞机　驳船　火车　汽车
BY TRANSIT　SHIP　PLANE　BARGE　TRAIN　TRUCK
4.船舶资料:　船籍　船龄
PARTICULAR OF SHIP　REGISTRY　AGE

备注:被保险人确认本保险合同条款和内容已经完全了解。 THE ASSURED CONFIRMS HEREWITH THE TERMS AND CONDITIONS OF THIS INSURANCE CONTRACT FULLY UNDERSTOOD. 投保日期(DATE)	投保人(签名盖章)APPLICANT'S SIGNATURE 电话:(TEL) 地址:(ADD)

本公司自用(FOR OFFICE USE ONLY)
费率　　保费
RATE:　　PREMIUM
经办人　　核保人　　负责人　　承保公司签章
BY　　　　INSURANCE COMPANY'S SIGNATURE

地址(ADD):中国常州市和平南 128 路八楼　　　　电话(TEL):(0519)-8150007 8114833
邮编(POST CODE):213001　　　　传真(FAX):(0519) -8150007 8114834

附表 1-51　中国人民财产保险股份有限公司保险单

PICC

中国人保财险

中国人民财产保险股份有限公司常州分公司

The People's Insurance(Property) Company of China Changzhou Branch

总公司设于北京　　　一九四九年创立

Head Office Beijing　　　Established in 1949

货物运输保险单

CARGO TRANSPORTATION INSURANCE POLICY

发票号(INVOICE NO.)　　　保单号次

合同号(CONTRACT NO.)　　　POLICY NO.

信用证号(L/C NO.)

被保险人:

Insured:

中国人民保险公司(以下简称本公司)根据被保险人的要求,由被保险人向本公司缴付约定的保险费,按照本保险单承保险别和背面所载条款与下列特款承保下述货物运输保险,特立本保险单。

THIS POLICY OF INSURANCE WITNESSES THAT THE PEOPLE'S INSURANCE COMPANY OF CHINA (HEREINAFTER CALLED"THE COMPANY")AT THE REQUEST OF THE INSURED AND IN CONSIDERATION OF THE AGREED PREMIUM PAID TO THE COMPANY BY THE INSURED,UNDERTAKES TO INSURE THE UNDERMENTIONED GOODS IN TRANSPORTATION SUBJECT TO THE CONDITIONS OF THIS POLICY AS PER THE CLAUSES PRINTED OVERLEAF AND OTHER SPECIL CLAUSES ATTACHED HEREON.

标　记 MARKS&NOS	包装及数量 QUANTITY	保险货物项目 DESCRIPTION OF GOODS	保险金额 AMOUNT INSURED

总保险金额

TOTAL AMOUNT INSURED:____________________

保费:　　　启运日期　　　装载运输工具:

PERMIUM: AS ARRANGED　　　DATE OF COMMENCEMENT:________　　　PER CONVEYANCE:________

自　　　经　　　至

FROM:__________　VIA__________　TO__________

承保险别:

CONDITIONS:

所保货物,如发生保险单项下可能引起索赔的损失或损坏,应立即通知本公司下述代理人查勘。如有索赔,应向本公司提交保单正本(本保险单共有____份正本)及有关文件。如一份正本已用于索赔,其余正本自动失效。

IN THE EVENT OF LOSS OR DAMAGE WITCH MAY RESULT IN A CLAIM UNDER THIS POLICY,IMMEDIATE NOTICE MUST BE GIVEN TO THE COMPANY'S AGENT AS MENTIONED HEREUNDER.CLAIMS,IF ANY,ONE OF THE ORIGINAL POLICY WHICH HAS BEEN ISSUED IN____ORIGINAL(S)TOGETHER WITH THE RELEVENT DOCUMENTS SHALL BE SURRENDERED TO THE COMPANY.IF ONE OF THE ORIGINAL POLICY HAS BEEN ACCOMPLISHED.THE OTHERS TO BE VOID.

中国人民财产保险股份有限公司常州分公司

The People's Insurance (Property) Company of China Changzhou Branch

赔款偿付地点

CLAIM PAYABLE AT__________

出单日期

ISSUING DATE__________

____

Authorized Signature

地址(ADD):中国常州市和平南128路八楼

邮编(POST CODE):213001

电话(TEL):(0519)-8150007 8114833

传真(FAX):(0519) -8150007 8114834

附表 1-52　汇票样式 1

BILL OF EXCHANGE

凭　　　　　　　　　　　　　　　　　　　　　　　　不可撤销信用证
Drawn Under ________________________　　Irrevocable L/C No. ____________

日期　　　　　　　　　　　　　支　取　　　　　　　　按____息____付款
Date ____________________ Payable With interest @ ____ % ____

号码　　　　　　　　　　汇票金额
No. ____________　　Exchange for

见票　　　　　　　　　　　　　　　　　日后（本汇票之副本未付）
at ________　sight of this FIRST of Exchange (Second of Exchange Being unpaid)

付交
Pay to the order of

金额
the sum of

此致
To ________________________

____

附表 1-53　汇票样式 2

BILL OF EXCHANGE

No. ____________________

For ____________________　　____________________

(amount in figure)　　(place and date of issue)

At ____________________ sight of this FIRST Bill of exchange (SECOND being unpaid)

pay to ________________________________ or order the sum of

____

(amount in words)

Value received for ____________________ of ____________________

(quantity)　　(name of commodity)

Drawn under ________________________________

L/C No. ____________________ dated ____________________

To:　　　　　　　　　　　　For and on behalf of

(Signature)

参考文献

文献资源:

[1]许罗丹,王集寨.出口单据业务[M].广州:中山大学出版社,1992.

[2]林泽拯.外贸单证处理技巧[M].北京:中国对外经济贸易出版社,2005.

[3]顾民.UCP600 制单兑用实务手册[M].北京:对外经济贸易大学出版社,2008.

[4]中国国际商会,国际商会中国国家委员会.关于审核 UCP 600 下单据的国际标准银行实务(ISBP821)[M].北京:对外经贸大学出版社,2023.

[5]中国国际商会,国际商会中国国家委员会.关于审核 UCP600 下单据的国际标准银行实务(ISBP745)[M].北京:中国民主法制出版社,2013.

[6]国际商会中国国家委员会.关于审核跟单信用证项下单据的国际标准银行实务(ISBP)[M].北京:中国民主法制出版社,2007.

[7]国际商会中国国家委员会.ICC 跟单信用证统一惯例(UCP600)[M].北京:中国民主法制出版社,2006.

[8]国际商会中国国家委员会编译.国际贸易术语解释通则 2020:英汉对照[M].北京:对外经贸大学出版社,2019.

[9]周树玲,郝冠军.外贸单证实务(第五版)[M].北京:对外经济贸易大学出版社,2021.

[10]宁波市对外经济贸易培训中心.外贸单证实务[M].上海:上海交通大学出版社,2007.

[11]全国国际商务单证专业培训考试办公室.国际商务单证理论与实务[M].北京:中国商务出版社,2009.

[12]苏宗祥,徐捷.国际结算[M]. 7 版.北京:中国金融出版社,2020.

[13]田运银.国际贸易单证精讲[M]. 2 版.北京:中国海关出版社,2010.

[14]童宏祥.新编外贸单证实务[M].上海:华东理工大学出版社,2007.

[15]王正华,杨杰.国际贸易实务操作教程[M]. 2 版.北京:中国经济出版社,2011.

[16]中国商业企业管理协会.国际商务单证教程[M].北京:科学技术文献出版社,2008.

[17]庄乐梅.出口商如何保障安全收汇——L/C、D/P、D/A、O/A 精讲[M].北京:中国海关出版社,2008.

[18]曹顺祥.外贸单证经理的成长日记[M]. 2 版.北京:中国海关出版社,2016.

[19]王为.国际铁路货物联运[M].北京:中国商务出版社,2007.

[20]崔艳萍,魏玉光.中欧班列实务[M].北京:中国铁道出版社,2019.

[21]崔云洪,韩伯领,高德庆,等.中国铁路国际货物运输理论与实务[M].北京:中国商务出版社,2010.

[22]铁道部国际合作司.国际货约/国际货协运单指导手册(国际铁路货物联运协定附件第 22 号)[M].北京:中国铁道出版社,2011.

[23]南京出入境检验检疫局.如何通过原产地证尽享关税优惠(2009 最新修订版)[M].北京:中国海关出版社,2009.

[24]洪雷,肖文清,张敏,等.原产地证书申领实用教程[M].上海:格致出版社,2011.

[25]国家质量监督检验检疫总局通关业务司,江苏出入境检验检疫司."一带一路"和"走出去"战略:原产地签证概要与操作实务[M].北京:中国标准出版社,2016.
[26]林建煌.品读 UCP600[M].厦门:厦门大学出版社,2008.
[27]林建煌.品读 ISBP745[M].厦门:厦门大学出版社,2013.
[28]陈广.慎对提单收货人抬头[J].中国外汇,2013(7):66-67.
[29]陈广.开证行在什么条件下拒付才有效[J].对外经贸实务,2013(11):65-67.
[30]陈广.各类信用证结算合同中支付条款的要求及要注意的问题[J].对外经贸实务,2014(2):63-65.
[31]陈广.与兑用相关的 SWIFT 信用证栏位探析[J].对外经贸实务,2017(1):61-64.
[32]陈广.也谈 SWIFT 信用证报文的阅读与理解:兼与相关作者商榷[J].对外经贸实务,2020(6):58-61,65.

网站资源:

[1]中华人民共和国海关总署.http://www.customs.gov.cn.
[2]中国国际贸易促进委员会.http://www.ccpit.org.
[3]中国自由贸易区服务网.http://fta.mofcom.gov.cn.
[4]中国国际贸易单一窗口.https://www.singlewindow.cn/.
[5]外贸实务查询服务. http://wmsw.mofcom.gov.cn/.
[6]贸易单证指南.http://tradedoc.mofcom.gov.cn/.
[7]福步外贸网.http://www.fobshanghai.com.
[8]swift 官网.http://www.swift.com.

教材勘误与补充

页	行	原内容	替换或补充的内容	备注
25	1	汇单	汇票	
35	↑14	后融资	后期融资	
45	1	15	5	
45	6	NEWYORK	NEW YORK	
81	8-9	“呼和浩特海关驻出口加工区办事处”(简称“呼加工区”)	“呼和浩特海关驻呼和浩特综合保税区办事处”(简称“呼综合区”)	按国际贸易单一窗口数据更新
94	↑9	《中华人民共和国进出口关税条例》	《中华人民共和国关税法》	自 2024 年 12 月 1 日起实施
95	表 6－5“包装种类”栏	纸箱	纸制或纤维板制盒/箱	按国际贸易单一窗口数据更新
103		I SET	1 SET	
110	↑6	5	14	
131	2	最不达国家	最不发达国家	
140	表 7－5 续表“备注”栏	三处“第 7 栏”	上下两处改为“第 6 栏”,中间一处保持不变	
144	14	填写方法一栏,内容类似	在填写方法上内容表达类似	
146	表 7-6 第 4 栏	TOINCHEON	TO INCHEON	
162	1	开让	开证	
179	↑4	,	删	
206	表 10-9 序号 5	HENGLHE	HENGHE	
212	表 11-1 第 8 栏	BANK OF CHINA SEOUL BRANCH INCHEON BRANCH	BANK OF CHINA NEW YORK BRANCH 1045 AVENUE OF THE AMERICAS NEW YORK UNITED STATES	
251	↑19	BARCELONA	REYKJAVIK	

此外,中国—厄瓜多尔自由贸易协定、中国—塞尔维亚自由贸易协定分别于 2024 年 5 月 1 日与 2024 年 7 月 1 日正式实施,两个协定项下的优惠原产地证样式及缮制方法请读者在中国自由贸易区服务网相关协定文本中查阅。